W9-BDY-932

Droits de Citoyenneté des Femmes au Maghreb

La condition socio-économique et juridique des femmes
Le mouvement des femmes

Belarbi Aïcha
Benabdenbi Djerrari Fattouma
Bennani Farida
Boudiaf Menoubia-Akila
Chafai Leila
Chammari Cherif Alya
Chaouachi Saida
Chekir Hafidha
Farro Antimo L.
Mahfoudh Dorra
Miadi Zineb
Ruggerini Maria Grazia
Temsamani Haji Touria
Triki Souad

Editions Le Fennec

La recherche, qui a donné lieu à la publication de cet ouvrage
a été réalisée avec le soutien
de la Commission européenne - D.G. VIII

© Istituto per il Mediterraneo
Roma
© Editions Le Fennec
pour la version française
Casablanca
ISBN 9981-838-62-4

Maquette de couverture : Abdallah Hariri
Détail photo - Christian Lignon

SOMMAIRE

Présentation

Les essais publiés dans cet ouvrage sont le fruit d'une recherche-action réalisée par l'IMED-Institut Méditerranéen avec le soutien de la Commission européenne. Il s'agit de la première phase d'un projet d'actions positives pilote pour le développement des droits de citoyenneté des femmes au Maghreb et, notamment, au Maroc et en Tunisie. La partie relative à l'Algérie, retardée à cause de la situation interne de ce pays, a pris le départ au mois de septembre 1997.

A son tour, ce projet n'est que la première étape d'un programme bien plus vaste de l'IMED sur les droits de citoyenneté en Méditerranée visant à la construction d'une citoyenneté euro-méditerranéenne.

La déclaration de Barcelone sur le Partenariat euro-méditerranéen, adoptée en novembre 1995 par les 15 pays de l'union européenne et 12 pays méditerranéens, sanctionnant l'indissolubilité du trinôme « développement-démocratie-sécurité » a jeté les fondements pour la construction d'une citoyenneté euro-méditerranéenne. La conférence tripartite sur l'espace social euro-méditerranéen (Catane 1996), promue par la Présidence italienne de l'U.E. et réalisée par l'IMED, a précisé le cadre des principes affirmés à Barcelone. En effet, son objectif était la construction d'un espace social euro-méditerranéen, sans lequel l'espace économique que l'on veut construire dans toute la région se réduirait à une pure zone de libre échange. Avec l'espace social l'ébauche de citoyenneté euro-méditerranéenne, dérivant de l'engagement commun pris à Barcelone pour le respect des droits de l'homme, s'étendrait à la citoyenneté sociale à travers la définition d'un noyau commun de droits sociaux, considérés fondamentaux. Nous parlons de droits car la citoyenneté s'exprime à travers l'exercice des droits.

Ce n'est pas un hasard si nous avons voulu aborder le thème de la citoyenneté en Méditerranée en commençant par les femmes. En effet, les droits des femmes passent par tous les problèmes de la citoyenneté et, en Méditerranée, ils en sont un véritable banc d'essai.

Qu'il s'agisse de droits civils, de droits politiques ou de droits sociaux, la question essentielle pour la citoyenneté c'est la question de l'universalité des droits, à savoir l'égalité de tous les citoyens devant ces droits. Eh bien, en Méditerranée ce problème n'est toujours pas résolu pour une multitude de femmes qui doivent encore se confronter avec la discrimination sexuelle.

Qui plus est, les droits des femmes assument également un caractère de centraliste vis-à-vis d'une autre problématique cruciale de la citoyenneté : la dialectique égalité formelle/égalité substantielle. Dans le premier sens, l'égalité comporte la reconnaissance des mêmes droits à tous les citoyens et une même sujétion à la loi ; dans le deuxième, elle comporte la prévision d'interventions économiques, sociales et culturelles, qui doivent éviter de rendre vaine l'égalité formelle face aux sujets les plus faibles.

Voilà pourquoi l'identification d'actions positives pour l'égalité des chances entre les hommes et les femmes a représenté le point d'arrivée du travail ici illustré. Des actions positives qui doivent combattre non seulement la marginalisation économique et l'exclusion sociale, mais aussi les causes culturelles de la discrimination sexuelle.

Aujourd'hui cependant on se demande si l'action sur l'égalité des chances ne finit pas par déterminer un passage de la subordination à l'homologation. Il s'agit là d'un autre terrain où les droits des femmes sont exemplaires vis-à-vis de la question plus générale de la citoyenneté. En effet, surtout si l'on parle de citoyenneté euro-méditerranéenne, celle-ci doit être conçue de façon moderne pour répondre aux besoins d'un espace commun qui se différencie inévitablement du point de vue technique et culturel. La reconnaissance des droits civils, politiques et sociaux fondamentaux ne suffit donc plus car il faut tenir compte des questions liées aux différentes identités et, par conséquent, affirmer les droits à la différence.

Voilà pourquoi en premier lieu nous exprimons toute notre reconnaissance aux associations de femmes qui ont participé à la réalisation de ce travail. Nous adressons également nos sincères remerciements aux organisations syndicales l'USTMA (Union Syndicale des Travailleurs du Maghreb Arabe), l'UMT (Union Marocaine du Travail) et l'UGTT (Union Générale Tunisienne du Travail) qui en ont permis le déroulement grâce à leur collaboration concrète et passionnée.

Nous remercions enfin les dirigeants de la D. G. VIII/5 pour avoir cru en cette initiative et l'avoir soutenue financièrement.

Andréa Amato
Président de l'IMED-Istituto per il Mediterraneo

De l'analyse aux actions positives
Un parcours de recherche

Maria Grazia Ruggerini
Donatella Barbalarga

1. Introduction

L'analyse menée en Tunisie et au Maroc a porté sur deux objectifs fondamentaux, à savoir la détermination de thématiques et de situations spécifiques dans le cadre desquelles engager des actions en faveur des femmes, et l'établissement de relations avec des groupes, des associations mais aussi des individus (principalement des femmes, mais dans certains cas aussi des hommes) en mesure de constituer le réseau de soutien pour les actions futures.

Toutefois, le fait de tendre vers des objectifs spécifiques et déterminés n'a pas exclu la nécessité de reconstruire le cadre général, c'est-à-dire le contexte social, économique, juridique au sein duquel devront s'insérer les actions spécifiques et concrètes relatives à la deuxième phase.

Autre élément caractérisant cette première partie du projet : le choix d'adopter une pluralité de méthodologies de recherche et, tout en préservant un ensemble d'intentions homogènes, une multiplicité de points de vue inhérents à différentes disciplines et cultures.

Une option dictée par la nécessité de trouver des outils appropriés pour comprendre un univers complexe, tels que le sont ceux de la Tunisie et du Maroc dans la phase historique actuelle, où cœxistent la tradition et la modernité dans un entrelacement pas toujours pacifique.

Il s'est ainsi constitué une mosaïque de compétences et de connaissances qui permettent de reconstruire les conditions d'existence des femmes dans ces deux pays, ainsi que les besoins pour lesquels il est le plus urgent d'intervenir.

Cela s'est avéré tout à fait nécessaire compte tenu des difficultés (évoquées récemment par le Rapport ONU) à reconstruire la condition féminine dans tous ses aspects : nous sommes en effet contraints de recourir à des catégories inadaptées, incapables d'envisager – par exemple sur le plan économique – des activités essentiellement de type informel, ou d'autres travaux aujourd'hui non reconnus, tels que le « care » et toutes les tâches domestiques et familiales.

2. Déroulement de la recherche

L'équipe de recherche

Les travaux annexés sont ceux de chercheuses qui ont joué des rôles différents : certaines d'entre elles ont contribué en qualité d'expertes spécialistes des problématiques spécifiques attenantes à leur discipline (économique, sociologique, juridique), et d'autres en qualité de chercheuses. Des expertes italiennes ont donné leur contribution à la recherche en jouant un rôle de consultation et de monitorage dans des matières spécifiques.

Si à propos des chercheuses et des expertes nous nous sommes exprimés au féminin, ce n'est pas par méconnaissance de la grammaire, mais parce que, dans la très grande majorité des cas, les chercheurs sont de sexe féminin. Cependant, notre propos ne consiste aucunement à exclure le genre masculin ou les hommes, dont nous avons reçu des apports, des contributions et des confrontations fort intéressants ; à noter d'ailleurs qu'un homme occupe un rôle scientifique d'une grande importance au sein du groupe européen (italien) de l'équipe de recherche et d'autres hommes figurent dans l'équipe des experts.

Le fait que, pour la première partie du projet, les études rédigées par des expertes et des chercheuses comportent de nombreuses voix féminines, constitue plutôt un signe positif et digne d'intérêt. Cela montre en effet que même dans les pays du Maghreb, un prestigieux savoir féminin s'est imposé, notamment dans le domaine des problèmes concernant le genre féminin, et d'une manière plus générale, dans le domaine des questions liées au développement et au rôle que les femmes peuvent jouer dans ce processus.

Phases de la recherche

La première phase a consisté à recueillir la documentation sur la condition féminine dans le cadre de la famille, du travail, de la société, relativement à chacun des pays mais visant au Maghreb en général. Pour cela, on ne s'est pas uniquement attaché aux statistiques officielles ou aux lois en vigueur, mais on s'est aussi penché sur des analyses préalablement effectuées par des chercheurs et des chercheuses provenant de différentes disciplines, ceci pour mieux comprendre les réelles conditions de vie des femmes et mesurer la distance existant entre le statut formel des droits et leur application au quotidien.

Parallèlement à la recherche documentaire on a effectué une cinquantaine d'interviews d'information à des témoins privilégiés. Ces dernières se sont démontrées un outil précieux pour connaître, sous des angles différents et sur la base d'expériences diverses, les problématiques à approfondir au cours de la recherche.

La deuxième phase s'est à son tour elle aussi divisée en deux moments.

Tout d'abord on a tenu deux séminaires (à Tunis et à Rabat) au cours desquels on a présenté et discuté les grandes lignes directrices du projet en présence d'un public relativement réduit mais extrêmement qualifié. Composé par des représentants (femmes et hommes) d'organismes gouvernementaux et de différents mouvements expression de la société civile : organisations féminines de diverses tendances, organisations syndicales, organismes internationaux, etc. Ces réunions ont permis d'identifier des domaines et des problèmes pour lesquels il était nécessaire de demander des approfondissements aux chercheuses et expertes. C'est également dans le cadre de ces séminaires que l'on a procédé, d'une part, à la définition des échantillons pour les interviews qualitatives et la distribution de questionnaires, et d'autre part, à la désignation des représentantes du mouvement des femmes en vue d'une étude plus approfondie sur l'histoire et l'actualité du mouvement lui-même et à son interaction avec la société civile.

Ensuite on est passé à la phase centrale de l'activité. Elle a, d'un côté, permis l'approfondissement de la recherche sur le plan théorique (surtout de la part des expertes) et, de l'autre, la réalisation de l'enquête sur le terrain.

En Tunisie, après avoir examiné la riche documentation existante, en mesure de fournir de nombreux éléments de connaissance au niveau macro, on a décidé, en accord avec l'équipe locale, de procéder à l'approfondissement de certains thèmes spécifiques, dans des aires socio-économiques bien délimitées. En particulier on a opté pour des analyses qualitatives s'adressant à des sujets déterminés, en expérimentant l'application de méthodologies innovatrices pour analyser le rôle joué par le mouvement des femmes (et féministe) dans la société civile. On a procédé à l'analyse de l'histoire passée et des perspectives futures du mouvement des femmes au cours de cinq ateliers d'étude en présence de représentantes des différentes orientations de ce mouvement. Ces ateliers ont constitué un moment préparatoire du Séminaire final et en ont été une partie intégrante. D'un autre côté, pour mieux comprendre le vécu et les besoins des femmes des différentes classes socio-culturelles, on a organisé des interviews de groupe en milieu rural et en milieu urbain. L'interview s'est déroulée autour des problématiques déjà contenues dans le questionnaire, mais la modalité adoptée a permis de saisir des nuances et des aspects complexes que le schématisme des réponses d'un questionnaire rigide appauvrit obligatoirement. Les colloques ont été enregistrés, puis transcrits pour en analyser le contenu sur la base d'une grille définie par l'équipe italo-maghrébine.

Au Maroc la recherche sur le terrain s'est déroulée d'une manière légèrement différente. Dans ce cas on a maintenu le choix initial de soumettre les questionnaires à un échantillon donné. Il s'agissait d'une sorte de pré-enquête qui va être complétée dans une perspective de recherche-intervention avec la phase des actions positives. L'échantillon auquel on s'est adressé n'est pas très vaste, mais il possède des caractéristiques bien définies (par exemple, il s'agit d'ouvrières du secteur industriel ou de femmes de la région du Moyen-Atlas dont les activités professionnelles rentrent totalement et exclusivement dans le secteur informel), de façon à obtenir des informations significatives même avec un certain nombre d'interviews. En outre, les intervieweuses ont dû recevoir une formation particulièrement soignée (une dizaine de femmes diplômées d'études secondaires et universitaires qui devraient continuer à être le point de référence pour les actions futures) afin d'obtenir des informations rigoureuses et homogènes, malgré les différents contextes culturels et linguistiques (arabe, berbère, français) dans lesquels ce questionnaire devait être soumis.

Même au Maroc, toutefois, on a trouvé utile d'enrichir l'enquête par une étude ultérieure, conduite moyennant des interviews collectives réalisées dans des aires socio-culturelles homogènes (milieu rural et milieu urbain, travailleuses et femmes au foyer, classes sociales moyennes-basses et moyennes-élevées...) afin d'obtenir des informations plus amples et articulées sur les conditions de vie concrètes des femmes. La méthodologie adoptée est la même que celle déjà décrite pour la Tunisie.

Dans une troisième phase ont été tenus deux séminaires conclusifs à Marrakech et à Tunis.

A Marrakech on a illustré, à un public composé de plus d'une cinquantaine de représentants des différentes expressions de la société civile, les principaux résultats obtenus au cours de la recherche, mais aussi des propositions pour les futures actions positives, dans l'optique d'une majeure reconnaissance des droits de citoyenneté aux femmes, et plus en général dans celle d'un plus grand exercice de la démocratie pour tous les citoyens.

A Tunis, où s'est tenu le Séminaire conclusif du projet dans son ensemble, les lignes directrices ont été les mêmes, mais en cherchant à comparer les analyses et les propositions d'intervention pour les deux pays, dans l'optique d'une extension possible de ces actions pilotes à tout le Maghreb. Le résultat de ces réunions a été très intéressant et constructif, les débats vifs et sincères ont permis une certaine dialectique entre des interlocuteurs appartenant à des versants différents.

En outre, dans le cadre d'une réunion de l'équipe euro-maghrébine qui s'est tenue à Rome, il y a eu une rencontre élargie à des experts italiens, hommes et femmes. A cette occasion, sur le sillage des résultats de la Conférence Internationale de Pékin, on a soulevé un débat centré sur l'importance d'une confrontation entre les femmes du Nord et les femmes du Sud du monde (entre l'Europe et le Maghreb, dans notre cas spécifique) pour construire des stratégies en mesure d'agir à l'échelle transnationale mais aussi d'avoir une incidence sur les mécanismes de développement.

3. Aperçu des principaux travaux effectués

Les essais publiés dans cet ouvrage constituent les résultats des différents segments d'étude et de recherche définis dans la phase préliminaire et développés dans les mois suivants.

En particulier, les essais de Dorra Mahfoudh et Tourya Haji Temsamani reconstruisent pour chacun des deux pays les conditions de vie générales et les conditions de travail des femmes, tout en accordant une grande attention au travail informel. Dans son étude, Saïda Chaouachi examine le statut juridique des Tunisiennes et les actions menées par les organisations de femmes en vue de l'affirmation des principes de parité et d'égalité des chances ; quant à Leïla Chafai, elle se penche davantage sur le rôle joué au Maroc par les ONG et les organisations politiques et syndicales féminines pour l'affirmation des droits des femmes.

L'essai de Maria Grazia Ruggerini est un travail transversal sur les interviews qualitatives effectuées auprès des représentantes des ONG, des associations professionnelles, du gouvernement, des partis politiques ou des organisations syndicales mais aussi à de simples femmes. L'autrice a « lu » les interviews en soulignant les éléments de comparaison entre les femmes européennes et celles du Maghreb.

Alya Cherif Chammari approfondit, sur un plan essentiellement théorique, le thème des droits de citoyenneté des femmes au Maghreb en se penchant plus particulièrement sur le cas tunisien. Ce thème est repris par Hafida Chekir dans un essai portant sur les éventuelles modifications de la situation existante à travers la mise en œuvre d'une stratégie d'actions positives. L'étude de Souad Triki offre une analyse ponctuelle des conditions socio-économiques des femmes tunisiennes (en établissant toujours une comparaison avec la population masculine) et, après avoir fait le compte rendu de la situation existante, elle termine encore une fois par une série de suggestions visant à transformer les conditions actuelles afin de les rendre plus favorables aux femmes.

Pour le Maroc, Aicha Belarbi observe les transformations de la société civile ainsi que le rôle que les femmes ont joué par le passé et qu'elles jouent encore aujourd'hui.

Sur le plan de l'économie, Fattouma Benabdenbi Djerrari s'occupe plus particulièrement des petites et moyennes entreprises féminines.

Deux essais rédigés par Farida Bennani et Zineb Miadi (l'un dans une optique principalement juridique, l'autre davantage socio-historique) analysent les aspects juridiques, et plus particulièrement le droit de la famille ainsi que – plus généralement – toute la sphère que l'on appelle le Code du Statut Personnel.

Les éléments spécifiques attenant à la Tunisie et au Maroc s'insèrent plus en général dans le cadre de référence maghrébin, qui est décrit dans l'essai de Menoubia-Akila Boudiaf. Cet essai permet en outre de rattacher la partie du travail relative aux deux pays au projet régional d'origine, par rapport auquel la recherche effectuée jusqu'ici ne représente que la première pièce de la mosaïque.

L'étude d'Antimo Farro rapporte une analyse effectuée suivant une méthodologie spécifique et particulière qu'à l'avenir on pourra cependant élargir à d'autres réalités : il s'agit de l'expérience d'« intervention sociologique » effectuée en Tunisie avec des responsables d'organisations féminines et féministes dans le but de mieux comprendre l'action et les dynamiques du mouvement des femmes, mais aussi de renforcer leur capacité d'intervention dans la vie sociale.

4. Quelques thèmes

La condition féminine en Tunisie et au Maroc

Formation et travail

Tel qu'il se dessine à travers les contributions de nos chercheuses et expertes, le tableau de la condition féminine dans ces deux pays est extrêmement intéressant. Tant au Maroc qu'en Tunisie, on remarque une nette évolution de la situation dans le sens d'une participation croissante de la femme à l'ensemble de la sphère « publique », ce qui implique une redéfinition de son rôle « privé ». Ceci dit, il est tout aussi clair que nous sommes encore bien loin d'une effective parité des sexes, surtout en ce qui concerne l'égalité des chances dans le domaine des choix socio-économiques.

Au-delà des spécificités caractérisant la Tunisie et le Maroc, on remarque dans ces deux pays, en ce qui concerne les femmes, des tendances communes, à savoir une augmentation de l'espérance de vie, une propension à se marier plus tard qu'auparavant – surtout en milieu urbain – une diminution du taux de fécondité (qui demeure toutefois trois fois plus élevé que celui des pays du Nord de la Méditerranée), et enfin une augmentation du nombre des divorces. Il en va de même pour l'analphabétisme qui, d'une manière générale, diminue dans les deux pays, mais touche cependant un nombre plus élevé de femmes que d'hommes, surtout si l'on tient compte de l'analphabétisme de retour. A ce propos, mais aussi dans d'autres domaines, les femmes vivant en milieu rural sont encore plus discriminées que les autres. Les données relatives à une augmentation de la scolarisation se rapportent en effet aux jeunes femmes qui vivent en ville.

En ce qui concerne la formation professionnelle, les femmes s'orientent pour la plupart vers les secteurs plus traditionnellement féminins, secteurs qui demeurent en marge d'une compétition avec la main-d'œuvre masculine tout en renforçant leur rôle atavique d'épouse et de mère. On enregistre cependant les signes – fort intéressants – d'une tendance opposée. Une enquête réalisée au Maroc par l'Office de la Formation Professionnelle (OFPPT) pour une période allant de 1981 à 1987, montre une augmentation de la présence féminine dans des secteurs plus qualifiés et caractérisés par une très forte prédominance masculine, comme le design industriel, la chimie ou l'électronique.

Une autre donnée, certes plus générale mais extrêmement significative, concerne le prix payé par les femmes lors des crises économiques. Cela ressort clairement de l'analyse des données relatives aux périodes caractérisées par une contingence défavorable dans les deux pays. La vaste restructuration économique touche surtout les femmes, du fait même des caractéristiques du travail féminin qui se distingue par une syndicalisation des plus modestes, par une précarité, une instabilité et une flexibilité de l'emploi qui font que les femmes peuvent être expulsées du monde du travail dès que leur présence n'est plus nécessaire ou dès qu'elle ne répond plus aux lois du marché.

Le rapport femmes/activité professionnelle s'avère être encore fortement conditionné par la vie familiale et matrimoniale, comme en témoigne le nombre supérieur de travailleuses célibataires, veuves ou divorcées. Du fait de la primauté de leurs devoirs d'épouse et de mère, la durée de l'activité professionnelle des femmes est nettement plus courte que celle des hommes. Dans ce sens, le manque de structures sociales (telles que des crèches ou des jardins d'enfants) susceptibles de venir en aide aux femmes qui travaillent, ne fait qu'aggraver la situation.

En ce qui concerne les secteurs d'activité, on observe qu'en Tunisie il y a plus de femmes dans l'industrie qu'au Maroc. Lorsque l'on analyse ces données, il faut toutefois tenir compte du fait qu'il est plus facile de procéder à une quantification statistique des salariés travaillant dans les villes plutôt qu'à une évaluation des différentes formes d'activité propres au milieu rural. En tout cas, la ruralisation occupe au Maroc une place plus importante qu'en Tunisie. Dans l'analyse de la condition féminine au Maroc, un tel facteur constitue un élément d'une importance extrême. En milieu rural, les femmes sont en effet confrontées à beaucoup plus de difficultés dues à un manque d'infrastructures, à une précarité de la situation sanitaire et à un accès difficile à la scolarisation. A ce propos, il suffit de signaler qu'au Maroc, le taux de femmes non scolarisées s'élève à 3,7 % en milieu urbain, tandis que ce pourcentage dépasse 60 % en milieu rural.

Travail formel et informel

Au Maroc comme en Tunisie, la donnée la plus significative concerne cependant le secteur informel, là où la présence des femmes maghrébines est la plus importante. Une vaste tranche du travail informel est statistiquement qualifiée « d'aide familiale », expression générique qui reflète la négation effective de l'important apport économique découlant des multiples activités associées à cette définition. Prenons par exemple l'artisanat où la femme seconde l'homme (l'artisan) en effectuant les tâches les plus ennuyeuses et les moins gratifiantes ou se consacre à des travaux de tissage ou de couture destinés à une petite clientèle. Dans le secteur alimentaire, les femmes s'occupent souvent de productions saisonnières – comme la confection de pâtisseries traditionnelles – et elles arrivent parfois à se constituer un petit capital qui leur permet de se mettre à leur compte. Dans le textile, on enregistre souvent le phénomène inverse : des femmes travaillant à leur compte se retrouvent dans un deuxième temps au service de grossistes qui empochent la valeur ajoutée des marchandises vendues.

Compte tenu de la précarité qui le rend difficilement quantifiable, le secteur informel constitue cependant pour les femmes une opportunité d'accéder au monde du travail et d'affirmer leur créativité ainsi que leur esprit d'initiative.

Par les termes de « travail informel », on désigne également les petites entreprises qui constituent en tout état de cause la nouveauté la plus « révolutionnaire » dans le cadre du travail féminin, et qui répondent à un désir croissant des femmes qui ne veulent plus simplement travailler pour satisfaire aux simples besoins matériels, mais également s'affirmer en s'érigeant de ce fait contre quelques-unes des forclusions les plus puissamment ancrées, comme par exemple l'accès au crédit. Au Maroc, les organisations de « tantines » (qui permettent aux femmes d'accéder à un crédit parallèle par rapport à celui du système bancaire traditionnel) sont à ce titre tout à fait intéressantes.

Si la création d'une petite entreprise indépendante constitue, dans le meilleur des cas, un débouché pour les activités féminines dans le secteur informel, il est tout aussi vrai que celles-ci sont fortement désavantagées dans les secteurs les plus traditionnels. Ainsi, dans l'industrie, les entrepreneurs profitent des caractéristiques propres au travail féminin, mais sans les reconnaître ou presque, aussi bien en ce qui concerne le salaire que la possibilité de carrière professionnelle. La situation qui en résulte est normalement toute autre que positive pour la main-d'œuvre féminine : spécialisation médiocre, vie active limitée aux années les plus productives, faible syndicalisation, etc.

Dans le secteur agricole, la femme échappe bien souvent aux statistiques non seulement parce que les catégories d'analyse ne sont pas appropriées, mais aussi parce que ce sont souvent les femmes elles-mêmes qui ne savent pas valoriser l'activité féminine ni lui accorder une certaine reconnaissance. En tout cas, même dans l'éventualité d'un travail salarié, sa rétribution est nettement inférieure à celle des hommes. C'est également ce que l'on constate en Tunisie où, d'un point de vue juridique, une totale égalité de traitement est garantie pour les hommes et les femmes. Dans ce sens, les résultats d'une récente enquête menée en Tunisie parmi les saisonniers sont tout à fait éloquents : si différents membres d'une même famille participent au travail, la rétribution – y compris celle des femmes – est de toute façon remise au chef de famille.

Femmes et processus décisionnels

Une autre donnée significative : celle d'une possibilité d'évolution de la carrière pour les femmes. Ici encore, il ressort clairement que dans les secteurs où la présence féminine est la plus forte – comme la santé, l'enseignement ou l'administration publique – rares sont les femmes occupant des postes clef. Si telle est la participation des femmes dans le monde du travail, la situation semble encore plus critique dans la vie publique et politique, même si, en Tunisie tout comme au Maroc, les femmes ont le droit de vote depuis l'indépendance nationale. La présence des femmes dans les partis et les syndicats a, au cours de ces dernières années, considérablement augmenté d'un point de vue quantitatif mais non pas qualitatif. Les femmes demeurent généralement des militantes de base et n'accèdent pas à la fonction de cadre. Ou bien, comme cela arrive au Maroc, leur rôle devient significatif, mais au sein d'organisations féminines qui épaulent les différents partis politiques, tout en restant séparées d'eux. La présence des femmes au sein des organes décisionnels, tant locaux que gouvernementaux, est en outre tout à fait symbolique.

Compte tenu de la pertinence des spécificités relevées dans chacune des recherches effectuées, le fait que ces données soient communes aux deux pays conduit à un certain nombre de réflexions. De fait, d'un point de vue strictement juridique, la situation en Tunisie et au Maroc est tout à fait différente. Si, au Maroc, la loi continue d'affirmer une condition d'inégalité de la femme tant dans le domaine privé que public, le législateur tunisien a – depuis l'institution du Code du Statut Personnel en 1956 – progressivement supprimé les principes discriminatoires en garantissant ainsi une égalité de droits pour les deux sexes, et ceci dans tous les domaines (éducation, travail, participation à la vie politique).

Les obstacles à une parité effective entre hommes et femmes au sein des différents aspects de la participation à la vie publique semblent donc être causés par d'autres facteurs, à savoir : une tradition religieuse et culturelle, ainsi qu'une structure familiale au sein de laquelle la femme se trouve trop souvent encore dans une situation de dépendance et d'infériorité. Même si l'on ne peut nier que le rôle de la femme en Tunisie et au Maroc a profondément changé au cours des dernières décennies, les discriminations demeurent significatives. Personne ne pourrait désormais nier que les femmes constituent un élément fondamental dans le développement des sociétés maghrébines. Il faut donc, à travers l'information, l'éducation, la reconnaissance, la valorisation et l'auto-valorisation, les batailles civiles, abattre les obstacles qui s'opposent à la pleine citoyenneté des femmes.

Le statut juridique de la femme en Tunisie et au Maroc

D'un point de vue strictement juridique, en ce qui concerne les droits de la femme, l'attention des chercheuses et des expertes s'est focalisée, dans chacun des deux pays, sur le Code du Statut Personnel.

Pour le Maroc le code, appelé la *Moudawana*, est, comme on le sait, en vigueur depuis avril 1958, et il est basé sur les principes de l'Islam, à la différence du reste de la législation qui s'aligne sur le droit français. Avant les amendements de 1993, le code reflétait fidèlement une société de type patriarcal où la femme se trouvait dans une position d'infériorité absolue. Celui-ci légitimait en effet la polygamie, le recours à la répudiation sans que le consentement de la femme ne soit nécessaire, tandis que la tutelle légale des enfants était confiée au père. Les rudes luttes des associations de femmes au Maroc, et l'attention que leur a portée l'opinion publique internationale, ont conduit aux amendements de 1993, amendements concernant les points du code évoqués ci-dessus. En réalité, les principes discriminatoires vis-à-vis des femmes n'ont pas été entamés et, de fait, on ne leur a pas reconnu une pleine citoyenneté. On a plutôt procédé à des « retouches », comme dans le cas de la polygamie, où la première femme doit être informée de la volonté de son époux de s'unir à une autre femme. Il en est de même pour la tutelle légale des enfants qui est reconnue à la femme uniquement si son conjoint est décédé ou s'il souffre d'une maladie mentale.

Plus généralement, les amendements ne tiennent aucun compte des profondes transformations de la société marocaine ni de la présence croissante des femmes à l'extérieur du noyau familial ; les droits et les devoirs réciproques des époux n'ont donc pas été redéfinis de manière adaptée.

Du moins sur le papier, la situation en Tunisie est tout à fait différente. D'un point de vue strictement juridique, la position de la Tunisienne se distingue considérablement de celle des femmes des autres pays musulmans. Le Code du Statut Personnel (C.S.P), approuvé en août 1956, élimine la répudiation, affirme que le mariage ne peut advenir qu'après le consentement préalable de chacun des époux, instaure l'égalité des deux sexes en cas de divorce et, cas unique dans le monde arabe et musulman, il abolit la polygamie.

Si l'on examine de plus près le code, on s'aperçoit cependant que le caractère « révolutionnaire » de certains articles est en réalité partiellement invalidé par de singulières exceptions. Ainsi, l'article 3 établissant que le mariage doit être librement contracté, nie toutefois la validité d'un mariage unissant une femme musulmane et un homme non musulman, à moins que celui-ci ne se convertisse à l'Islam.

Cette apparente contradiction est possible parce qu'en 1985, au moment de la ratification de la convention de Copenhague contre toutes les formes de discrimination vis-à-vis des femmes, les autorités tunisiennes ont déclaré que leur adhésion était valable uniquement dans la mesure où aucune disposition n'allait contre l'article 1 de la Constitution qui déclare l'Islam religion d'État.

Comme au Maroc, le Code du Statut Personnel tunisien a été révisé en 1993. L'un des principaux pas en avant concerne l'article 23 qui se rapporte aux relations entre les époux. Le mari demeure le chef de famille, mais on souligne que le rapport entre les conjoints doit être fondé sur la réciprocité et la solidarité. La reconnaissance des enfants demeure cependant la prérogative du père. De la même manière, l'inégalité entre l'homme et la femme est encore évidente en ce qui concerne l'attribution de la nationalité tunisienne qui est réglée par un code à part. Tandis qu'un Tunisien marié à une étrangère donne automatiquement sa nationalité à ses enfants, une Tunisienne mariée à un étranger ne peut le faire qu'après le consentement de ce dernier.

De toute façon, malgré un certain nombre de contradictions sur lesquelles nous pourrions nous attarder, la législation tunisienne s'avère être plus « moderne » que celle des autres pays arabes et musulmans. Ceci est également confirmé par les mesures législatives qui réglementent la planification des naissances. Un décret-loi de septembre 1973 établit le droit à l'interruption volontaire de grossesse durant les trois premiers mois et, en cas de danger psychophysique pour la mère ou le nourrisson, l'IVG peut être pratiquée au-delà de cette période. Aucune limite n'est en outre posée à la circulation des contraceptifs qui sont assimilés aux autres produits pharmaceutiques.

Si d'après ce que nous avons dit jusqu'ici, il y a, d'un point de vue strictement législatif, une nette différence entre le Maroc et la Tunisie, celle-ci s'émousse si l'on passe à une analyse de la condition effective des femmes dans les deux pays. Les travaux de nos expertes et chercheuses montrent en effet clairement que la discrimination vis-à-vis des femmes n'est pas tant fondée juridiquement, mais qu'elle découle plutôt d'une mentalité de type patriarcal qui s'est consolidée au cours des siècles et qui imprègne encore, même si c'est de manière plus subtile, tous les aspects de la vie sociale.

5. Des analyses aux propositions d'intervention

Les points conclusifs

5.1. La recherche, dans les diverses articulations que nous venons, a fourni de multiples suggestions : les unes explicites, c'est le cas par exemple de plusieurs expertes qui, comme conséquence logique des analyses exposées, ont proposé en conclusion de leur essai une série de mesures et d'interventions selon elles prioritaires, les autres implicites : c'est le cas par exemple de celles qui se dégagent (sous forme de plaintes, demandes, besoins et désirs) du matériel provenant de la recherche sur le terrain.

Le passage de l'ensemble des informations obtenues au programme d'actions pilotes n'a pas été automatique ni linéaire car il a dû faire une synthèse unitaire des différentes hypothèses, en cherchant de déterminer quels étaient leurs axes communs. Il ne s'est donc pas agi d'un simple « reflet » mais d'une élaboration ultérieure qui s'est faite au cours des trois derniers mois du projet, de façon formelle (séminaire, réunions, etc.) et informelle (rencontres avec des opérateurs dans les secteurs de la coopération, de la formation et de l'information).

En résumé, des études réalisées pendant ces mois-ci et des confrontations qui s'en sont suivies, on peut dégager plusieurs fils conducteurs thématiques à partir desquels établir l'action ou l'exercice et l'accroissement des droits de citoyenneté des femmes dans les pays du Maghreb pris en examen, à savoir :
– information, mais plus encore prise de conscience des droits existants ;
– confrontation entre les droits formels et l'application de ces derniers ;
– élargissement de la sphère des droits à partir des inégalités internes aux systèmes juridiques eux-mêmes et des contradictions avec les conventions internationales souscrites ;
– formation, sur le plan strictement professionnel comme sur celui plus étendu de l'acquisition d'instruments culturels ;
– reconnaissance du rôle et de la valeur des femmes aussi bien au sein de la famille que dans le contexte socio-économique ;
– reconnaissance et élargissement du pouvoir décisionnel des femmes dans la sphère politique, institutionnelle et professionnelle.

5.2. Les débouchés opérationnels qui constituent le résultat des études et des recherches obéissent à deux grandes lignes directrices.

La première est représentée par la nécessité de valoriser le rôle des femmes au sein des processus de développement, une mise en circulation d'énergies jusqu'ici sous-employées pouvant donner lieu à des avantages, non seulement pour les femmes, mais pour la société toute entière.

La deuxième est constituée par l'urgence de reconnaître, tout en préservant le respect des différentes cultures, des droits humains universels féminins en tant que variable nécessaire à une démocratie égalitaire et de participation. Cette ligne directrice contient l'affirmation d'une égalité qui, loin d'homologuer les femmes aux hommes, leur offre une situation d'égalité des chances afin également d'exprimer et de mettre en valeur la différence des sexes.

C'est là un ensemble de problèmes et de thématiques qui s'accordent bien avec la plate-forme basée sur le concept de « empowerment » qui a été au centre des débats de la Conférence Internationale de Pékin. Cela revient à promouvoir la condition de vie des femmes aux plans de la famille, de l'économie, de la politique... reconnaître aux femmes une valeur, des responsabilités, un crédit – mais aussi une certaine autorité et un certain pouvoir – leur permettant de contribuer également aux processus de développement. Opter pour cette stratégie ne signifie pas agir « progressivement » : mettre en pratique les droits de citoyenneté signifie agir immédiatement en faveur de l'égalité dans tous les secteurs et à tous les niveaux, et ce également dans les lieux où l'on prend les décisions, afin de combattre l'affirmation de cette pyramide au sommet de laquelle on trouve essentiellement des hommes, tendance qui représente actuellement un obstacle important aussi pour les femmes européennes.

5.3. Quelles propositions peut-on avancer concrètement à l'issue de cette recherche préliminaire ?

Sachant qu'il est impossible de suggérer des stratégies globales pour chaque pays, nous voudrions expérimenter un certain nombre de cas susceptibles par la suite de se multiplier et de donner lieu à une généralisation. De même, nos propositions essayent de tenir compte des différents sujets féminins vers lesquels il est important d'orienter les actions. Ces sujets diffèrent sur les plans de la génération (femmes jeunes/âgées), de la localisation géographique (ville/campagne), du niveau d'instruction (femmes analphabètes/scolarisées) des conditions de travail (femmes au foyer, travail informel, salarié, indépendant...). En outre, le programme d'actions ne pourra pas s'« adresser » uniquement aux femmes, elles devront en être les protagonistes. Le processus que l'on veut mettre en œuvre vise tout d'abord à une plus vaste prise de conscience des droits, à l'anéantissement des stéréotypes sexuels et, en même temps, à une reconnaissance (et à une auto reconnaissance) des capacités et des valeurs. Dans la plupart des cas, il s'agira en effet d'un plan d'action – essentiellement au niveau culturel et social – qui tentera de fournir de nouvelles acquisitions tout en exploitant également des ressources qui existent déjà dans l'univers féminin afin d'augmenter l'autonomie et l'amour-propre des femmes.

Mais devant opérer à l'échelle des modèles culturels il faudra aussi intéresser des groupes d'hommes, surtout dans le but d'abattre les stéréotypes au travers desquels sont perçues les femmes.

A propos de la citoyenneté des femmes et de l'égalité des droits au Maghreb

Akila Boudiaf[*]

Introduction

Le débat sur les droits des femmes est aujourd'hui courant et des plus ordinaires. Il n'est plus exclusif au discours avant-gardiste du féminisme mondial et n'est plus l'apanage des juristes.

Ce n'est d'ailleurs plus un discours révolutionnaire propre aux pensées réformistes qui sont à l'origine du rejet des idéologies exclusivistes et discriminatoires, comme cela a été le cas longtemps au début du siècle.

Les concepts « d'égalité, d'équité, de parité, de citoyenneté et de non-discrimination... » constituent la teneur même de la problématique de la condition féminine et font partie du langage pratique le plus commun. Ce sont désormais des valeurs qu'il faut non seulement respecter, mais vers lesquelles il faut tendre.

Ceci montre de prime abord, combien l'approche de la question féminine a évolué dans le monde.

Au Maghreb, l'évolution de cette approche puise ses origines dans la dialectique qui s'établit entre le positivisme juridique et l'action collective d'une composante sociale qui, à force d'avoir participé aux mouvements nationaux d'indépendance au même pied d'égalité avec les hommes... se découvre l'ambition de promouvoir sa condition de vie en conformité avec les principes élémentaires de liberté, de citoyenneté et des droits de l'Homme.

Le positivisme juridique qui caractérise les pays du Maghreb n'est pas toujours l'émanation d'une réalité sociale conflictuelle porteuse de changements structurels, mais il est souvent le fait d'impératifs économiques ou politiques recourant aux formes modernes de la rationalité.

Dès le début du siècle, le statut égalitaire de la femme maghrébine a été revendiqué par nombre de courants révolutionnaires et a été porté par le mouvement réformiste de la Nahda[1].

---

[*] Psychologue, diplômée de l'Université d'Alger, elle est l'auteur d'un nombre d'études, de projets et d'articles relatifs à diverses questions liées au développement, à la réadaptation professionnelle, à la conception des plans de formation et aux femmes. elle est, entre autres, experte et consultante auprès de l'OIT, de l'UNESCO, de la CEE et de diverses ONG internationales dans les domaines du micro-entreprenariat, du syndicalisme et des normes internationales du travail, dans les politiques et programmes d'emploi et de formation ainsi que pour les questions des droits des femmes.
1. « Renaissance » mouvement réformiste prônant le changement social du Mechrek au Maghreb sur la base d'une interprétation actualisée de l'Islam aux exigences du monde moderne.

Aux indépendances des pays Maghrébins, l'égalité constitutionnelle et législative de tous les citoyens a été proclamée. Mais aujourd'hui, au nom de ce positivisme juridique et par volontarisme politique, la femme maghrébine se trouve enfermée dans des schémas imposant la négation permanente du caractère multidimensionnel de sa condition et de son statut.

La problématique définie vers les années soixante-dix à partir de l'approche des besoins essentiels (ou besoins humains fondamentaux) et du nouvel ordre économique international (NŒI)[2] illustre bien cette vision partielle, qui dénote en fait, d'une incapacité des États à percevoir la femme comme un vecteur primordial de développement et de progrès social.

Cette approche sera d'ailleurs mise en cause, quant à l'utilité de ses principes pour les femmes du fait « qu'ils se cantonnent aux aspects légaux, politiques et institutionnels des inégalités » sans faire mention des changements d'attitudes qui restent nécessaires.[3]

Le concept de « l'intégration des femmes au développement » dont l'émergence coïncide avec la proclamation par les Nations Unies de la décennie de la femme lors de la conférence mondiale de Mexico (1975), permettait d'espérer encore une fois la fin des inégalités avec l'entrée en force des femmes dans l'économie de marché.

Au Maghreb, comme partout dans le monde, la question de la nature même du développement n'était posée que dans un cadre restrictif de la croissance économique.

Toute vision féministe du développement était considérée comme marginale et irréaliste. La situation des femmes au plan économique allait en empirant, d'autant que leur travail n'était pas toujours reconnu dans les statistiques et dans les comptabilités nationales.

La santé, l'éducation et l'emploi des femmes ont certes été considérés par les planificateurs et les décideurs maghrébins comme des objectifs et des investissements à long terme et d'intérêt national. Ceci explique les progrès remarquables réalisés dans ces domaines.

Néanmoins, le déficit social qui s'est accumulé au détriment des femmes dans les domaines économiques et politiques n'est plus à démontrer.

Vingt ans après la proclamation de la décennie mondiale de la femme, le triptyque « Égalité, Développement et Paix », qui a fait office de slogan lors de la Conférence Internationale sur la femme de 1995 à Beijing, prouve que le débat reste d'actualité et dénote d'une évolution lente de la condition féminine mondiale.

S'il est évident que « l'égalité des chances entre hommes et femmes ne se rencontre dans aucune société actuelle » comme l'affirme le PNUD[4], il est encore plus difficile d'affirmer que les droits des femmes

---

2. Concepts introduits par la Conférence Mondiale sur l'emploi de l'O.I.T., 1976.
3. Rapport de Devaki Jain. Institute of Social Studies de New-Delhi, cité par Marilee Karl dans « *les femmes et le développement rural* ». Articles sur le féminisme. France, 1989.
4. Chapitre 2. *La persistance des inégalités dans le monde*. Rapport mondial sur le développement humain. PNUD, 1995.

maghrébines soient des acquis irréversibles.

En effet, une adhésion internationale autour des valeurs avancées depuis les Conférences de Vienne, de Copenhague et du Caire semble être acquise : « La Conférence de Vienne avait fait triompher le principe de l'universalité des droits de l'Homme et celle du Caire a valorisé celui de la spécificité des cultures. Après Beijing, c'est la dialectique de ces deux termes qu'il faut faire jouer ».[5]

Or, est-il opportun d'aborder le débat sur les droits de citoyenneté des femmes au Maghreb selon cette approche ?

En tout état de cause, la spécificité des femmes maghrébines ne peut être appréhendée sous le seul angle culturel.

La littérature et les recherches sur la femme maghrébine sont exhaustives et elles abordent la question sous divers discours. Aussi, l'objet de cette réflexion se bornera à l'exposé de quelques éléments d'analyse en fournissant un cadre de questionnement visant à contribuer au renforcement des moyens d'action et de promotion des droits de citoyenneté des femmes dans cette région.

Dans une vision globale, nous tenterons de voir dans quelle mesure les cadres législatifs maghrébins ont intégré le principe de l'égalité des droits. Il sera utile d'identifier les éléments de progrès vers l'égalité des chances ainsi que les facteurs principaux d'inégalité sociologique dans quatre pays maghrébins, à savoir, l'Algérie, le Maroc, la Mauritanie et la Tunisie.

La notion d'égalité des droits sera abordée par référence aux instruments et normes internationales relatives aux droits des femmes, et aux principes des Droits de l'Homme, cela en rapport avec les législations nationales consacrées en la matière.

La condition des femmes ainsi que leur participation aux processus de développement seront appréhendées à partir des éléments d'information et d'analyse fournis par le rapport mondial sur le développement humain de l'année 1995 et à partir de la documentation existante sur les pays concernés.

I. Du contexte d'exclusion et de l'égalité des droits au Maghreb

Un des thèmes qui sera au centre des débats internationaux et nationaux dans la prochaine décennie est sans doute « l'exclusion », puisque c'est autour de ce phénomène que convergent les principaux changements intervenus dans les sociétés actuelles.

En effet, la société moderne est globalisante et tout ce qui n'entre pas dans le système est considéré comme marginal et par conséquent, rejeté vers la périphérie.

Qu'il prenne la forme de ségrégation, de discrimination, de non-intégration ou de crise identitaire, le problème de l'exclusion est plus ou moins présent à tous les niveaux des hiérarchies sociétaires et sociales.

---

5. Dossier égalité et droit. *Entre universalité et spécificité.* Z. Benromdhane, Publication ENDA, Tunisie. « vivre autrement », 5ᵉ série., numéro bilan sur Beijing, 1995.

C'est à juste titre, qu'Alain Touraine affirme à propos des langages symboliques qui portent sur la citoyenneté et sur les sociétés locales que « la vie des sociétés est très largement faite d'alternances entre les problèmes de conflictualité interne et les problèmes au contraire d'intégration et d'exclusion. Le problème d'aujourd'hui n'est pas l'exploitation, mais l'exclusion, par conséquent le problème concret est de créer les instruments et les formes d'action politique qui permettent une intégration sociale... »[6].

Si ce propos est adéquat aux sociétés libérales modernes, il est tout aussi valable pour les sociétés d'économies sous-développées en transition vers l'économie de marché, et à plus forte raison pour les sociétés maghrébines. L'élément commun à ces deux types de sociétés est la tendance à se référer de moins en moins à des modèles alternatifs de développement fondés exclusivement sur la croissance économique.

Au risque de verser dans la masse des communautés mondiales périphériques, les pays du Maghreb se développent et se modernisent de plus en plus. Mais, la modernité dans cette région ne s'opère pas toujours dans une intégration symbiotique des principes et des pratiques puisant leur double source à la fois dans la culture humaine universelle et dans les sub-cultures locales.

A l'aube du XXIe siècle et comme beaucoup de sociétés post-modernes, le Maghreb vit « le passage de sociétés verticales à des sociétés horizontales »[7], mais à la différence de ces dernières, les sociétés maghrébines sont jeunes et n'ont pas encore l'expérience d'une transition achevée entre l'état de droit et la démocratie : la société civile est embryonnaire, le multipartisme effectif est récent ou factice ; la culture participative et le respect de la différence se réduiraient à des discours élitistes ou officiels.

Il est vrai que les pays maghrébins ont réalisé en trois décennies d'indépendance, des résultats en développement humain que les pays industrialisés ont obtenus en plusieurs siècles comme le confirment les différents rapports du PNUD[8]. Mais, ils figurent toujours parmi les pays où le développement humain se caractérise par des disparités persistantes entre milieux ruraux et zones urbaines et au sein des composantes humaines de chaque société.

Or, les femmes sont les personnes qui ont de tout temps été les plus exposées à la marginalité et/ou à l'exclusion.

Vers les années soixante-dix, la prise de conscience de cette situation ne pouvait s'opérer, en premier, qu'au sein des élites intellectuelles, comme ce fut le cas au début du siècle et à une certaine période de l'occupation coloniale des pays maghrébins.

Encore une fois, l'auto-conscience s'est effectuée à cette époque, en comparaison avec ce qui constitue un modèle de progrès et de modernité à savoir, l'Occident. Mais à la différence du passé, les femmes sont plus nombreuses à revendiquer des droits et cette fois-ci, leurs aspira-

---

6. « Face à l'exclusion » in citoyenneté et urbanité. Alain Touraine, Ed Esprit, 1991.
7. Alain Touraine. op cit.
8. Rapports sur le développement humain de 1990 à 1995.

tions ne sont pas portées seulement par des hommes réformateurs[9].

Depuis, à potentialités égales avec les hommes, les femmes aspiraient peu à peu à des opportunités en rapport au moins avec leurs expectations et l'approche de la question s'est peu à peu modifiée : le problème de la discrimination envers les femmes est complexe et il serait erroné de chercher une solution partielle au seul aspect législatif du phénomène. L'approche purement juridique comme d'ailleurs, l'approche strictement culturaliste ou développementaliste classique seraient trop réductionnistes.

Selon le rapport mondial sur le développement humain de 1995 « la législation peut devenir un allié de premier ordre pour les femmes »[10].

Pour cela, une des conditions principales de l'abolition des discriminations juridiques serait l'intégration de l'égalité des droits dans les législations nationales et « S'il ne s'agit pas de proposer un modèle universel en matière d'égalité des sexes »[11], il devient urgent de se démarquer clairement vis-à-vis des principes fondamentaux consacrés par la norme internationale en matière de droits des femmes.

Le PNUD rapporte que « Quatre-vingt dix pays dans le monde n'ont pas encore accepté l'ensemble des principes d'égalité entre hommes et femmes »[12] et le Maghreb en fait partie.

Si l'évaluation des acquis des femmes dans les domaines éducatifs, économiques et sanitaires peut être appréhendée de façon tangible sur la base d'indicateurs normatifs, l'approche de la question des droits des femmes et de non-discrimination au Maghreb est par contre, complexe. Cette question obéit à des champs d'analyse relevant aussi bien du rationnel que de la subjectivité la plus profonde.

Le principe de l'égalité des droits, dans cette région, oscille entre l'universalité et la spécificité, affirment à l'unanimité les experts du droit et les spécialistes de la condition féminine[13]. La dialectique entre ces deux pôles caractérise, sous des formes nuancées et diverses, les législations maghrébines en matière d'égalité des droits.

La conviction que le développement durable des sociétés ne peut se réaliser que sous la condition principale de la promotion de la condition féminine[14] impose donc de considérer l'égalité des droits comme

---

9. Penseurs réformateurs ayant mené des mouvements nationaux et de défense de la femme. En Algérie, Messali El-Hadj, Abdelhamid Boudiaf et Ferhat Abbas. Au Maroc, Allal El-Fassi. En Tunisie, Bendhiaf et Tahar El-Haddad (de 1930 à 1960).
10. Vers l'égalité des sexes - Chapitre 5. Rapport Mondial sur le Développement Humain 1995.
11. Vers l'égalité des sexes - Chapitre 5. Rapport Mondial sur le Développement Humain 1995.
12. Vers l'égalité des sexes - Chapitre 5. Rapport Mondial sur le Développement Humain 1995.
13. Alia Chamari, Moulay R'chid, Noureddine Saadi, *La femme et la loi*, en Tunisie, au Maroc, en Algérie. Collection « Femme Maghreb 2000 ». Projet WIDER dirigé par Fatema Mernissi, U.N.U/Ed. Bouchène 1991. Hocine Zahouane et Iyad Ben-Achour présenté par El-Hadi Chalabi dans la revue d'études et de critique sociale NAQD n°3, Algérie, 1992.
14. Rapport préliminaire de la CIPD du Caire, Nation Unies/PNUD, 1994.

principe absolu. Ce principe est fondé aussi bien sur les droits des femmes dans la cité que sur leur droit en tant que personne humaine.

C'est donc par référence aux normes internationales consacrées en la matière qu'il s'agit de voir dans quelle mesure les cadres législatifs des pays maghrébins ont intégré l'égalité des droits.

• Quelques éléments essentiels permettent de tirer l'énoncé, loin d'être exhaustif, de la signification de la notion d'égalité des droits telle que reconnue et admise par les cadres législatifs maghrébins. Ces éléments sont reconstitués à partir :

• de l'engagement des États maghrébins vis-à-vis des ratifications des principaux instruments Onusiens relatifs aux Droits de l'Homme et à la non-discrimination ;

• des droits constitutionnels maghrébins ;

des cadres législatifs maghrébins relatifs aux statuts de la femme dans la famille.

1. Ratification des principaux Instruments Internationaux relatifs a l'égalité des droits dans le Maghreb

L'ordre juridique inhérent aux normes du droit international consacre la non-discrimination comme principe fondamental des droits de l'Homme, et s'impose moralement à la communauté internationale, à travers sa proclamation dans les Constitutions des États membres des Nations Unies.

La clarification qui consiste à dire que « les dispositions ratifiées du droit international ont une primauté sur les législations internes »[15] devrait en principe figurer dans les législations nationales.

Si la quasi-totalité des États maghrébins adhèrent, ratifient et incluent dans leurs législations beaucoup de Traités, Chartes et Déclarations relatifs aux droits de l'Homme en général, ils formulent tous des réserves à l'encontre des normes internationales consacrées au droit de la femme. Parfois ils les rejettent purement et simplement et cela est significatif de l'ambivalence juridique des cadres législatifs maghrébins.

Cette ambivalence s'exprime à travers des engagements contradictoires, ou plus ou moins nuancés vis-à-vis des instruments internationaux proclamant l'égalité des droits entre les sexes.

Parmi les principaux instruments universels relatifs aux droits de l'Homme, généralement admis ou non contestés dans le Maghreb, à partir desquels il est possible de dégager le sens du principe de l'égalité des droits telle que reconnue par les législateurs maghrébins, il est possible de citer :

• La Déclaration Universelle sur les Droits de l'Homme (1948).

• Le Pacte International relatif aux droits économiques, sociaux et culturels (1966).

• La Déclaration relative à l'article 41 du Pacte International relatif aux droits civils et politiques, entrée en vigueur en 1979.

• La Déclaration sur l'élimination de la discrimination à l'égard des femmes adoptée en 1967.

---

15. N. Saadi. Op. cit.

D'autres instruments juridiques ont été adoptés à l'occasion de la décennie de la femme. Malgré leur caractère juridique non obligatoire, les instruments afférents à la Déclaration Universelle des Droits de l'Homme ont été déterminants dans l'adhésion des États maghrébins aux normes des Nations Unies sur les droits des femmes.

La Convention Internationale de Copenhague de 1979 relative à l'élimination de toutes les formes de discrimination à l'égard des femmes est un repère intéressant pour apprécier la place du principe d'égalité des droits dans les cadres législatifs maghrébins.

Parmi les quarante-trois États membres de L'ONU qui ont ratifié la dite convention, se trouvent la Tunisie (1985) et le Maroc (1993). Les deux ratifications en question sont assorties de déclarations ou de réserves concernant, notamment, les droits liés au choix et au contrôle des femmes de leur sexualité, les droits à l'héritage égal entre membres de la famille, et certains droits civils.[16]

L'Algérie et la Mauritanie font partie des quarante-et-un pays membres de l'ONU qui n'ont ni signé ni accédé à la Convention de Copenhague.[17]

Il est assez significatif que la Tunisie, unique pays arabo-musulman à avoir promulgué un code de statut personnel relativement égalitaire par rapport aux autres codes maghrébins soit classée en tête des pays maghrébins ayant ratifié (avec réserves) la Convention de Copenhague.

Par ailleurs, l'absence de l'Algérie sur la liste des pays ayant ratifié la convention sur l'élimination de toutes les formes de discrimination à l'égard des femmes, est tout aussi révélatrice des entraves juridiques dont sont victimes les Algériennes.

Selon les médias algériens la dite convention aurait été soumise au débat lors d'une des séances du Conseil National de Transition tenues après les élections présidentielles de novembre 1995 en vue d'une ratification assortie de réserves.[18]

Encore une fois, la reconnaissance de l'égalité *de jure* en Algérie est au centre des luttes que mènent les femmes et pour lesquelles elles ont payé un lourd tribu dans leur combat séculaire pour la liberté et la démocratie.

Il a fallu à l'Etat Algérien une démonstration sur la capacité des femmes à peser de leur poids électoral (élections présidentielles de 1995) en faveur de la paix et de la dignité humaine pour qu'il concède à soumettre la Convention de Copenhague à discussions.

En effet, depuis 1989, la loi électorale à travers les dispositions des articles 53 et 54 empêchait les Algériennes d'exercer pleinement leurs droits de citoyenneté, par le maintien du vote par procuration. Les élections législatives de 1990 ont été la démonstration de l'abus par les hommes (époux, pères, frères et fils) de ces dispositions. Ce n'est qu'après que l'Algérie ait sombré dans l'instabilité politique et sociale,

---

16. Rapport Mondial sur le Développement Humain. PNUD 1995. Op. cité.
17. Rapport Mondial sur le Développement Humain. PNUD 1995. Op. cité.
18. Informations émanant de la Radio Algérienne chaîne III, novembre 1995.

et que la violence se soit déchaînée que les gouvernants ont compris que les Algériennes sont un enjeu électoral et d'avenir.

Les amendements des dispositions antérieures du code électoral (suppression du vote par procuration) ont enfin permis aux Algériennes de récupérer un droit confisqué et de l'exercer pleinement.

Les dernières élections présidentielles de novembre 1995 ont été marquées par une participation massive des femmes qui ont exprimé, à cette occasion, leur refus de tout système politique totalitaire.

Vingt ans après la proclamation de la décennie de la femme en 1975, et au lendemain de la Conférence mondiale de Beijing, il est évident que l'égalité des droits dans le Maghreb reste tributaire de la volonté politique des pouvoirs en place.

Lorsque la volonté politique accorde la reconnaissance formelle de l'égalité des droits, la prédominance des fonctions reproductives des femmes rejaillit dans « le moi collectif », d'où les réserves émises par les États maghrébins sur certaines dispositions de la Convention de Copenhague.

Pour apprécier le chemin parcouru au Maghreb en matière d'égalité des droits, il suffit de faire état des conventions internationales relatives aux droits des femmes par rapport à leurs ratifications.

A titre d'exemple, la convention de l'UNESCO de 1960 contre la discrimination dans l'enseignement a bénéficié de l'adhésion et de la signature des quatre États maghrébins considérés.

Ils ont aussi adhéré à la convention des Nations Unies sur la répression de la traite des êtres humains et de l'exploitation de la prostitution d'autrui de 1949.

Concernant les conventions adoptées par les Nations Unies sur la nationalité de la femme mariée (1957), sur le consentement au mariage et sur l'enregistrement des mariages (1962), les informations disponibles révèlent que ces normes font généralement l'objet de résistance de la part des pays maghrébins soit sous forme de réserves soit sous forme de rejet.

Seule la convention de 1962 sur le consentement au mariage, sur l'âge du mariage et l'enregistrement des mariages aurait été ratifiée par la Tunisie. Ceci pourrait s'expliquer par l'existence d'un code de statut personnel moins infériorisant que ceux des pays voisins.

Parmi les principales conventions de l'OIT[19] relatives aux droits des femmes travailleuses ratifiées par les quatre pays maghrébins (Algérie, Maroc, Mauritanie et Tunisie) nous citerons :

• Les conventions relatives au travail de nuit des femmes, notamment les conventions n° 04 de 1919, n° 41 (révisée) de 1934 ; et n° 89 (révisée) de 1948.

• La convention n° 11 sur le droit d'association (agriculture) de 1921.

• La convention n° 19 sur l'égalité de traitement (accidents du travail) de 1925.

---

19. Liste des ratifications par convention et par pays en 1994. Rapport III, partie 5, BIT Genève 1995.

- La convention n° 29 sur le travail forcé de 1930.
- La convention n° 111 concernant la discrimination (emplois et professions) de 1958.
- La convention n° 122 sur la politique de l'emploi de 1964.

Quant aux principales conventions de l'OIT relatives aux droits des femmes travailleuses non ratifiées par les quatre pays maghrébins, il y a :

- La convention n° 60 sur l'âge minimum (travaux non industriels) de 1937 ; seule la Mauritanie a ratifié la convention de base n° 33 sur l'âge minimum (travaux non industriels) de 1932.
- La convention n° 103 sur la protection de la maternité (révisée) de 1956.
- La convention n° 156 sur les travailleuses ayant des responsabilités familiales de 1981, entrée en vigueur en 1983.

D'autres conventions de l'OIT protégeant les femmes travailleuses, notamment les mineures, et certaines autres permettant la liberté d'association et le droit syndical et par extension aux femmes ont été ratifiées par les États maghrébins. Les principales sont :

- La convention de l'OIT portant sur la protection de la maternité n° 3 de 1919 ratifiée par l'Algérie et la Mauritanie.
- Les conventions, n° 05 sur l'âge minimum dans l'industrie de 1919 ratifiée par la Mauritanie en 1961 et n° 59 (révisée) de 1937 ratifiée par la Tunisie en 1970.
- La convention n° 138 sur l'âge minimum de 1973 ratifiée seulement par l'Algérie signifiant par cet acte son adhésion à l'ensemble des normes limitant l'âge minimum du travail indifféremment des secteurs d'activités professionnelles.
- La convention n° 06 sur le travail de nuit des enfants (industrie) de 1919, ratifiée par l'Algérie en 1962, par la Mauritanie en 1961 et par la Tunisie en 1959.
- La convention n° 45 sur les travaux souterrains (femmes) de 1935 ratifiée par le Maroc en 1956 et la Tunisie en 1957.
- La convention n° 87 sur la liberté syndicale et la protection du droit syndical de 1948, ratifiée par l'Algérie en 1962, la Mauritanie en 1961 et la Tunisie en 1957.
- La convention de l'OIT n° 100 relative à l'égalité de rémunérations (1951), ratifiée par tous les États maghrébins à l'exclusion de la Mauritanie.
- La convention n° 105 sur l'abolition du travail forcé de 1957, ratifiée par l'Algérie en 1969, le Maroc en 1966 et la Tunisie en 1959.
- La convention n° 118 relative à l'égalité de traitement (sécurité sociale) de 1962, ratifiée par la Mauritanie et la Tunisie.
- La convention n° 142 sur la mise en valeur des ressources humaines de 1975 n'a bénéficié des ratifications que de l'Algérie en 1984 et de la Tunisie en 1989. Ceci traduit les efforts déployés par ces deux pays en politiques de formation et d'emploi.

L'examen de l'état de ratification des conventions de l'O.I.T par les pays du Maghreb autorise à tirer un bref énoncé :

* Aux lendemains de leurs indépendances, les États maghrébins manifestaient plus de volontarisme juridique en faveur des droits des femmes travailleuses qu'à l'heure actuelle. La crise économique internationale et ses répercussions sur les conditions de travail et sur les marchés de l'emploi en général, relèguent au second plan les questions spécifiques aux travailleuses. Le nombre de conventions de l'OIT en la matière ratifiées au-delà des années quatre-vingt en témoigne.

* La non ratification de la convention n° 156 sur les travailleurs ayant des responsabilités familiales par l'ensemble des pays maghrébins traduit une résistance au changement et une sous-évaluation du nombre de plus en plus croissant de femmes chefs de ménage. En effet, les taux des ménages ayant une femme pour chef de famille rapportés par le PNUD en 1995, démontrent l'évolution de ce phénomène : en 1980, la Tunisie comptait 10,4 % de ménages ayant pour chef de famille une femme ; l'Algérie en comptait 11 % en 1990 ; le Maroc avait en 1990 17,3 % de ménages dont le chef de famille était une femme.

* A l'exclusion de la Mauritanie, les trois autres pays adhèrent plus facilement aux normes protégeant les femmes travailleuses et notamment celles abolissant le travail des filles mineures. Les données du PNUD de 1995 démontrent l'évolution de ce phénomène au Maroc et sa décroissance progressive en Algérie et en Mauritanie. L'absence de données sur la Tunisie reflètent la non-maîtrise ou l'invisibilité de ce phénomène.

Il ressort de l'exposé des ratifications des instruments Onusiens relatifs aux droits des femmes et à l'égalité des droits que les adhésions des pays maghrébins à ces instruments s'effectuent de manière partielle et hésitante et ont généralement lieu avec des réserves interprétatives.

Ceci s'explique par les engagements simultanés des pays maghrébins à d'autres instruments régionaux dont ceux relevant des communautés islamiques et arabes.

Les instruments découlant des instances régionales, comme la Ligue Arabe, l'ALECSO, l'Organisation de la Conférence Islamique..., dont les teneurs sont parfois basées sur des fondements immuables dits de la charia et s'interposent aux principes d'égalité des droits de non-discrimination entre les sexes.

En fait, s'agissant de la femme, la réalité immuable des débats théologiques engendre des situations juridiques ambivalentes, contradictoires et souvent intolérantes.

2. L'égalité des droits à travers les constitutions maghrébines

La Charte des Nations Unies, les instruments internationaux des Droits de l'Homme ainsi que toutes les normes universelles y afférentes, provenant des institutions et organisations spécialisées et intergouvernementales de l'ONU posent le principe de la condamnation de toutes les formes de discrimination[20] et engagent les États à inscrire

---

20. Articles 01, 13, 76 de la Charte des Nations Unies, Déclaration Universelle des Droits de l'Homme, 1948. Déclaration des Droits de l'Enfant, 1959. Déclaration sur l'élimination de la discrimination à l'égard des femmes, 1967.

dans leur constitution nationale ou dans d'autres dispositions législatives l'application effective du dit principe.[21]

La norme internationale relative aux droits des femmes consacre trois principes importants «la liberté, l'égalité et la non-discrimination ».

Ce sera donc par référence à ces normes que sera cernée la teneur du principe d'égalité entre hommes et femmes dans les constitutions maghrébines.

La Constitution Algérienne de 1963 proclamait que « tous les citoyens des deux sexes ont les mêmes droits et les mêmes devoirs ».

La notion d'égalité entre les sexes telle que constitutionnalisée est, on ne peut plus, claire. Elle est conforme aux instruments internationaux relatifs à l'égalité des droits et aux Droits de l'Homme.

L'article 28 de la Constitution Algérienne de 1988 proclame que « Les citoyens sont égaux devant la loi, sans que puisse prévaloir aucune discrimination pour cause de naissance, de race, de sexe, d'opinion ou de toute autre condition ou circonstance personnelle ou sociale ».

L'article 30 de cette Constitution engage à fond ses institutions à « assurer l'égalité en droit et en devoir de tous les citoyens et citoyennes, en supprimant les obstacles qui entravent l'épanouissement de la personne humaine et empêchent la participation effective de tous à la vie politique, économique, sociale et culturelle ».

Le Maroc dans ses Constitutions de 1962 et de 1972 s'inspire de la *Déclaration Universelle des Droits de l'Homme* et pose le principe de l'égalité des Marocains devant la loi (Article 5 de la Constitution de 1972). La Constitution Marocaine garantit à tous les citoyens sans distinctions :

• La liberté d'association et la liberté d'adhésion à toute organisation syndicale et politique de leur choix.

• La liberté de circuler dans le royaume.

• La liberté d'opinion, de réunion et d'expression sous toutes ses formes.

• L'inviolabilité du domicile (Article 10).

• Le secret de la correspondance (Article 11).

• L'accès égal, dans les mêmes conditions aux fonctions et emplois publics (Article 12).

• Le droit égal à l'éducation et au travail (Article 13).

• La garantie du droit de grève (Article 14).

• La garantie de l'égalité des droits à la propriété (Article 15).

Selon Moulay R'chid, la Constitution Marocaine aborde la femme dans les limites des droits politiques à travers son article 08 qui stipule « l'homme et la femme jouissent de droits politiques égaux »[22].

---

21. Pacte International relatif aux droits économiques et socio-culturels, 1966. Le Pacte International relatif aux droits civils et politiques, 1966 et protocoles y afférents. Convention sur l'élimination de toutes les formes de discriminations à l'égard des femmes, 1989.

22. *La femme et la loi au Maroc*, Moulay R'chid, UNU, Fennec Maroc, 1991.

L'égalité des droits et la non-discrimination dans les domaines culturel, socio-économique et politique sont totalement proclamés dans les autres articles de la Constitution (Articles 01 à 15)[23].

Au Maroc, la hiérarchie des normes internationales sur les normes nationales ne semble pas clairement définie[24], à la différence des autres pays maghrébins tels que l'Algérie et la Tunisie qui mentionnent dans leurs Constitutions la supériorité de l'autorité des Traités sur les Lois internes. Toutefois, la Constitution marocaine aborde les droits de citoyenneté de façon aussi égalitaire et avec la même teneur que celle contenue dans les autres Constitutions maghrébines. Les textes législatifs en découlant intègrent dans les mêmes formes et significations l'égalité des droits dans les domaines socio-économique, culturel et politique que les autres pays maghrébins.

S'agissant de la Tunisie, le principe de l'égalité des droits est consacré par la Constitution à travers son article 06 qui stipule que « Tous les citoyens ont les mêmes droits et les mêmes devoirs. Ils sont égaux devant la loi ».

Comme dans la Constitution marocaine, cet article qui se caractérise par autant de souplesse que d'ampleur n'évoque ni la femme ni la discrimination entre les sexes.

Il pourrait prêter à équivoque si l'ambiguïté n'avait pas été levée par les législations nationales spécifiques qui prouvent clairement la reconnaissance et l'adhésion de l'Etat tunisien au principe de l'égalité des droits.

Il s'agit, notamment, du Code du Statut Personnel, du Code Pénal (Article 232), du Code de la Nationalité (Article 6), de la Loi relative au Système Éducatif (Article 1) et du Code des Obligations et des Contrats (Article 7)[25]. L'article (21) de la Constitution laisse toutefois apparaître une discrimination envers les citoyens tunisiens nés de mère tunisienne et de père étranger. Ceci dénote d'une infériorisation du statut de la femme dans le sens où la nationalité acquise par celle de la mère ne donne pas droit à la députation puisque cet article stipule « est éligible à la chambre des députés tout électeur né de père tunisien... ». Cette interprétation est rendue possible par la discrimination que l'article 21 introduit en restant muet sur les citoyens nés de mère tunisienne.

En somme, l'élément fondamental qui singularise les constitutions maghrébines et qui permet de comprendre et d'interpréter la notion d'égalité des droits et le concept de citoyenneté des femmes tels qu'admis par les législateurs maghrébins est la proclamation de l'Islam comme religion d'Etat. Ce dénominateur commun aux États maghrébins, à savoir l'inexistence de la séparation entre le pouvoir politique et la religion fait que les questions d'égalité des droits soient encore des sujets de débats conflictuels entre l'universalité et la spécificité des « droits au féminin ».

---

23. Moulay R'chid, op.cité.
24. Moulay R'chid, op cité.
25. *Droits de la femme et la petite fille en Tunisie*. CREDIF, ISBN, 1994.

La question féminine reste confinée dans des discours puisant leurs origines soit dans des doctrines théologiques soit dans des doctrines politiques.

Pourtant l'ouverture du Maghreb sur le monde qui date déjà de plusieurs siècles durant lesquels les cultures latines et ottomanes se sont mêlées aux civilisations berbères, africaines et arabes aurait dû constituer un atout interculturel en faveur de la tolérance, de la liberté et de l'autodétermination individuelle et collective.

La réalité maghrébine est toute autre : elle porte encore des régressions et des fixations sur le passé et des anxiétés sur le futur. Cet atout s'alterne d'une quête continuelle d'identité affectant la représentation du « moi social » et structurant la personnalité de base maghrébine dans une projection psychosociale confuse, oscillant entre le mythe d'un passé glorieux et sécurisant et le mirage d'un avenir meilleur et prometteur. C'est dans cette sphère socio-culturelle qu'évoluent les femmes au Maghreb.

Pourtant, l'égalité des droits s'impose à la réalité maghrébine. Mais, il ne s'agit pas de verser dans l'homologation juridique et culturelle excessive qui risque d'accentuer la crise identitaire des Maghrébins, laquelle pourrait se manifester suite à des schémas culturels imposés sous des formes diverses et à des intensités variables dans le temps et dans l'espace.

3. Le statut juridique de la femme maghrébine dans la famille : De l'infériorité à l'égalité différenciée.

L'ambivalence et le morcellement de l'interprétation de la notion d'égalité des droits, qui se dégagent de la lecture des législations nationales inhérentes aux droits des femmes dans la famille et dans la société, trouvent son fondement dans les contradictions et les conflits doctrinaux et théologiques dont a toujours fait l'objet la question féminine tout au long de l'histoire du Maghreb.

Aujourd'hui, les contradictions qui s'exercent sur les scènes politiques et les conflits socio-culturels deviennent des facteurs déterminants dans l'intégration ou l'exclusion des femmes du processus de développement. Selon que les rapports de force au niveau des pouvoirs et des sociétés civiles jouent en leur faveur ou à leur désavantage, les Maghrébines évoluent dans une double ressource du droit.

L'aboutissement à un phénomène d'ambivalence juridique, dit N. Saadi[26] se manifeste et s'explique par :

• une égalité des sexes dans la Constitution et la citoyenneté conformément aux normes du droit international ;

• une inégalité dans les droits de la personne sur le plan civil par l'application de la charia ou des lois découlant du Fikh.

Cette affirmation exprimée dans le cas de l'Algérie semble tout aussi valable pour les autres pays du Maghreb, mais avec des nuances pour ce qui concerne la Tunisie, du moins sur le plan des droits formels.

---

26. N. Saadi, *La femme et la loi en Algérie*. Collection Femme Maghreb 2000. Editions Le Fennec, Casablanca, 1991 et Bouchène, Alger, 1991.

En effet, quand bien même les volontés politiques s'expriment officiellement pour une égalité *de jure*, le statut de la majorité des femmes au Maghreb évolue encore dans le syllogisme qui consiste à admettre leurs droits avec ambiguïté. Si les femmes sont des citoyennes à part égale devant la loi, si elles sont soumises autant que les citoyens hommes aux règles de l'Islam proclamé religion d'Etat, elles sont donc citoyennes dans les limites de l'égalité des droits telles que admises par les législateurs.

Ce syllogisme explique l'ambivalence juridique de la condition féminine oscillant entre le droit positif dans les domaines socio-économiques, culturels et politiques et entre les valeurs sacralisées appliquées dans les statuts personnels maghrébins.

Loin d'être exhaustive, la lecture des statuts juridiques des femmes tels que formalisés par les pays maghrébins jugera de la teneur juridique et de la signification de l'égalité des droits dans la famille. En matière de statut personnel, trois codes seront considérés : le Code de la Famille algérien, la Moudawana marocaine et le Code du Statut Personnel tunisien ; celui de la Mauritanie étant encore en projet. En Mauritanie, les fondements du droit des femmes, rapporte un document officiel émanant du Secrétariat à la Condition Féminine, sur lesquels s'appuie la magistrature sont, la charia. Un texte comprenant 320 articles et traitant de la représentation légale, de la succession, du mariage et de sa dissolution..., ainsi que des relations parentales, est en projet. Ce projet de code de statut personnel aurait été élaboré en tenant compte des exigences de la vie moderne et de la conformité avec les principes immuables de la charia.[27]

En Algérie, comme dans tous les États maghrébins ayant constitutionnalisé la religion, le Code de la Famille promulgué en juillet 1984, vingt-deux ans après l'indépendance est fondé sur une lecture interprétative des principes de la charia. Il rattache l'organisation des relations matrimoniales et parentales au type de la famille agnatique des civilisations patrilinéaires.

Il est décrit par les spécialistes[28] comme le texte le plus régressif dans la législation algérienne et le plus discriminatoire à l'égard des Algériennes.

Les circonstances de sa discussion à l'Assemblée Populaire Nationale et de sa promulgation ne sont pas neutres. C'est dans une situation de malaise social et économique sans précédent, dans le tourbillon d'une crise identitaire dont le paroxysme a favorisé la montée de l'islamisme et dans le contexte d'une répression massive des militantes de mouvements féministes et d'opposition, entre autres, trois femmes du comité d'action contre le code ont été incarcérées, que ce code a été adopté.

Ceci a eu lieu en dépit de la réprobation exprimée lors des discussions et des débats de 1980 à 1984. Les sept femmes députées à l'Assemblée Nationale et les deux femmes ministres du gouvernement

---

27. *Diagnostic de la situation de la femme en Mauritanie*, M. Mint Ahmed Aïcha, SECF, Mauritanie. 1995.
28. Monique Gardant, Zakia Daoud, Fatema Mernissi. Op. cités.

en place se sont ralliées au mouvement de protestation mené par les féministes, les moudjahidates (combattantes de la lutte d'indépendance) et des milliers de femmes au foyer ou de travailleuses.[29]

Ce code donnerait force de loi au droit musulman dans une interprétation équivoque des principes de la charia et du Fikh et dans un esprit réducteur de l'adaptation de l'Islam (Ijtihad)[30] au contexte moderne des relations humaines.

• Il est en contradiction quasi-totale aussi bien avec la Constitution Algérienne qu'avec les instruments et normes internationaux ratifiés par l'Algérie. Parmi les quelques aspects positifs de ce code, il y a :

• La fixation de l'âge légal du mariage à 18 ans pour les femmes et à 21 ans pour les hommes, ce qui est conforme à la recommandation des N.U de 1965 qui fixe l'âge minimum du mariage à 15 ans (Article n° 7).

• L'égalité entre les époux dans le consentement au mariage, malgré l'obligation de la présence d'un tuteur matrimonial pour la femme (père, parent proche ou juge) (Article 9). Ceci, atténuerait du sens de l'égalité si le législateur algérien n'avait prévu des dispositions à travers l'article 12 empêchant le père de s'opposer au mariage de sa fille.

• L'article 36 du code impose des droits et devoirs réciproques pour la sauvegarde des liens conjugaux et les devoirs de la vie commune. Prise dans l'absolu, cette disposition est certes non discriminatoire, mais elle perd de son contenu dans la mesure où l'article 19 du même texte donne la primauté dans la relation matrimoniale non seulement à l'homme sur son épouse, mais aussi à la parenté du mari sur celle de la femme. La réciproque n'étant pas de rigueur, les droits et devoirs réciproques semblent ambigus et plutôt discriminatoires !

• L'une des seules dispositions du code totalement égalitaire est celle relative à la liberté et à la maîtrise de l'épouse et de la femme en général, de ses revenus propres et sur son patrimoine (Article 38). Cette disposition qui est conforme aux instruments internationaux sur l'élimination des discriminations et sur l'égalité des droits, est fondée sur les principes de la charia instituant la capacité légale de la femme et sa liberté de gérer ses biens.

Enfin, la tendance à l'inégalité et à la discrimination prédomine dans la quasi-totalité des dispositions du Code de la Famille algérien.

L'institution du tuteur matrimonial quels que soient l'âge, le niveau d'instruction et l'activité économique de la femme est mise en vigueur à travers l'article 11 du CFA.

Par ailleurs, le maintien de la polygamie sous condition de l'acceptation de l'épouse précédente et du traitement équitable entre les épouses (Article 08) constitue un élément d'inégalité entre les sexes. Et ce, d'autant plus que la prééminence de l'autorité masculine comme chef de famille, est établie dans la relation conjugale (Article 39).

---

29. Cité par Zakia Daoud dans *Féminisme et politique au Maghreb.* Ed. Eddif Maroc, 1993. P. 256.
30. Interprétation animée d'un esprit réformateur des principes de l'Islam.

L'inégalité devant la dissolution du mariage est abordée sous la forme de répudiation déclarée devant le tribunal (Article 48). Bien que le divorce par consentement mutuel soit réintroduit par l'article 52, il reste toujours en faveur de l'homme puisque le domicile conjugal lui est dévolu et que l'épouse est tenue de restituer sa dot dans le cas où elle abandonne le domicile conjugal quelles que soient les circonstances. Après le divorce, et dans le cas où la mère qui a acquis le droit de garde des enfants mineurs se remarie, elle est déchue de ce droit. Ceci est en contradiction avec le Code Civil algérien (Article 467), avec la Constitution ainsi qu'avec les principes du droit universel.

L'inégalité des droits est, par ailleurs, instituée par des dispositions régissant la relation parentale et dans laquelle la filiation légitime est exclusivement paternelle (Article 41). La filiation maternelle est de fait, interdite.

La tutelle sur les enfants est du ressort exclusif du père. La mère d'enfants mineurs, comme partout au Maghreb, n'acquiert cette tutelle qu'en cas de décès ou d'incapacité du père.

Le système successoral qui occupe une place importante dans ce code, ouvre le droit d'héritage aux Algériennes de façon inégalitaire du fait qu'un homme vaut le double d'une femme.

Enfin, pour conclure ce tableau qui démontre que la loi algérienne régissant le statut des femmes dans la famille est inégalitaire, il est opportun de rappeler la remarque de N. Saadi qui dit que : « Le frein... n'est pas inhérent à l'Islam, mais à une certaine relecture de l'Islam par le décideur politique ».[31]

Au Maroc, c'est dans le sillage de l'indépendance nationale proclamée en 1956, et dans un recours strict à la codification du rite Malékite, qu'a été promulguée la Moudawana à partir de 1957 et par tranches successives jusqu'à l'année 1959.

Malgré les déclarations du nationaliste et réformateur Allal-El-Fassi qui disait : « Qu'il était possible de mettre fin à la contrainte matrimoniale et aux mariages forcés, d'interdire la polygamie et de limiter la répudiation sans toucher à l'Islam »[32], la Moudawana est animée d'une signification réductrice de l'égalité des droits.

Un des aspects positifs de la Moudawana a été l'élaboration d'une réglementation fixant l'âge du mariage à 15 ans pour les femmes et à 18 ans pour les hommes sans dérogation d'âge.

L'autre aspect positif et qui est conforme à l'esprit des instruments internationaux est celui relatif à la capacité juridique de la Marocaine et de sa liberté d'user et de disposer de ses biens propres et de son patrimoine (Article 35 proclamant le principe de la séparation des biens).

La non-discrimination est par ailleurs instituée par l'article 39 qui réglemente les cas de contestations en matière de propriétés d'objets domestiques et mobiliers.

La Moudawana ouvre droit à la dissolution du mariage soit par consentement mutuel, soit sur la demande d'un des époux. Les articles 44 et 67 ouvrent droit à d'autres formes de divorce. La femme a

---

31. N.Saadi, op.cité
32. Déclaration de A. Fassi dans *L'autocritique* citée par Z.Daoud, op.cité.

droit au divorce sur sa propre demande lorsqu'elle prétend être l'objet d'un préjudice quelconque (Article 56).

Toutefois, il y a lieu de préciser que le pouvoir de répudiation est exclusivement un droit masculin, d'où l'atténuation, voire même l'annulation des quelques dispositions non-discriminatoires formelles légiférant le divorce.

La Moudawana présente des dispositions inégalitaires en matière de consentement et de contrainte matrimoniale. Mais, les réformes introduites en septembre 1993 ont aboli la contrainte matrimoniale du père ou du tuteur qui obligeait la femme à se marier sans son propre consentement et permettent aux femmes majeures de consentir personnellement à leur mariage en cas de décès du père.

Toutefois, la contrainte matrimoniale (jebr) demeure dans la mesure où le tuteur légal oblige une femme à se marier s'il juge qu'une conduite immorale est à craindre de sa part (Article 12).

Parmi les dispositions juridiques les plus inégalitaires et les plus infériorisantes du statut des Marocaines, il y a :

• La polygamie qui est maintenue par l'article 30, dans un esprit certes restrictif et formellement conditionnel et renforce l'inégalité des droits.

• La prééminence de l'homme en tant que chef de famille, comme dans toute la région méditerranéenne, et quelles que soient les circonstances (Article 01 de la Moudawana).

La suprématie de l'homme dans la relation matrimoniale entraîne évidemment des abus de la part des époux, d'autant qu'il est exigé de la femme la cohabitation, l'obéissance au mari et le respect de la famille de ce dernier sans réciprocité aucune.

Comme en Algérie et en Tunisie, la Moudawana confirme la puissance paternelle dans la filiation, dans la tutelle sur les enfants sauf cas de décès ou d'incapacité du père.

L'inégalité des droits en matière successorale est de rigueur dans la mesure où la femme n'hérite que de la moitié de la part d'un homme dans tous les cas de figure et au même degré de liens familiaux avec la personne décédée.

Enfin, « L'image de la femme véhiculée par la Moudawana, dit Zakia Daoud, est celle d'une femme riche... dont le statut est garanti par des stratégies familiales... ».[33]

En Tunisie, le Code du Statut Personnel adopté le 13 août 1956 dans l'enthousiasme de la récupération de la souveraineté nationale acquise le 20 mars 1956, constitue indéniablement l'œuvre séculaire qui sacralise l'impact du mouvement réformiste entamé au XIXe siècle.

Iyad Ben Achour dit que c'était : « Un rêve d'Etat... c'étaient autant d'éléments précurseurs du rêve des réformistes qui préparaient une division caractéristique du droit de l'Etat et de son administration et le droit de la société civile ».[34]

Portée par les réformateurs modernistes, tel Tahar El-Haddad puis légitimée par le mouvement d'indépendance nationale en la personne

---

33. Z.Daoud op. cité.
34. Yadh B. Achour, *Politique, religion et droit dans le monde Arabe*, Ed. Cérès Productions, Tunis, 1992.

de Habib Bourguiba, la conquête de l'égalité des droits se concrétise en Tunisie avant même la proclamation de la République en juillet 1957 et avant que la Tunisie Républicaine ne promulgue sa Constitution en 1959.

C'est en ce sens, que le code de Statut Personnel Tunisien, à l'inverse des codes algérien et marocain, est l'expression du positivisme juridique introduit par la conception qui consiste à « percevoir les différentes catégories sociales comme trop préoccupées par leurs intérêts ou trop ignorantes pour porter un projet réformateur... donc, la réforme de la société se fait par l'Etat ».[35] Selon les spécialistes en la matière[36], l'Etat tunisien à l'époque, aurait su légitimer la rupture avec le droit musulman pour investir la société et la famille par le biais d'idées révolutionnaires de liberté, d'égalité et de dignité humaine sans grands heurts.

Les principaux éléments de distinction et de rupture avec les lois et les pratiques antérieures sont ceux relatifs au mariage et à sa dissolution.

Le premier point de rupture est la levée de la contrainte matrimoniale (Jebr) à travers l'institution du consentement personnel des deux époux (Article 3). Le consentement du père, du tuteur ou du juge n'est de rigueur qu'en cas de mariage avant la majorité civile.

Les réformes de 1993 ont introduit de nouvelles dispositions en faveur de la mère qui doit, conjointement avec le tuteur légal, autoriser le mariage des enfants mineurs.

Néanmoins, en cas de décès du père, la mère qu'elle soit tutrice légale ou non ne peut à elle seule autoriser le mariage de ses enfants mineurs. Seul le juge de tutelle peut passer outre l'autorisation du tuteur matrimonial.

Cette disposition qui abolit la contrainte matrimoniale est certes innovatrice par rapport au rite Malékite, mais elle conserve encore une discrimination vis-à-vis de la femme dans le sens où la mère ne peut pas être tutrice matrimoniale à part entière.

L'âge du mariage (Article 5) a été fixé à 17 ans pour la femme et à 20 ans pour l'homme, au lieu de 15 et 18 ans.

Le second élément de rupture est l'interdiction de la polygamie à travers l'article 18 du C.S.P qui va plus loin en prévoyant une sanction d'un an de prison pour les époux dans le cas de la non-dissolution du premier mariage de l'homme. Cette disposition, très controversée par les conservateurs, a été soutenue et justifiée par référence à la charia qui interdit la polygamie sous réserve d'assurer l'équité entre les co-épouses.

La troisième disposition révolutionnaire est celle instituée par l'article 30 du CSP abolissant la répudiation. Cette disposition a instauré le divorce judiciaire dans un esprit d'égalité des sexes, du moins pour ce qui concerne les motifs et les procédures de la dissolution du mariage.

---

35. *Politique, religion et droit dans le monde Arabe*, Yadh B. Achour. Ed. Cérès Productions, Tunis, 1992.
36. Y. Ben Achour, M. Gadant, Z. Daoud, A. Chamari, op. cité. Et S. Bessis et S. Belhassen in *Femmes du Maghreb : l'enjeu*, Ed. Cérès Productions, Tunis, 1992.

La quatrième disposition en faveur de l'égalité des droits est celle introduite par les réformes de 1993 qui ont modifié l'article 23 du CSP et qui ont atténué le pouvoir absolu du mari dans la relation matrimoniale. L'abolition du devoir d'obéissance de la femme vis-à-vis de son époux et de sa famille, a été remplacée par les notions de « bienveillance, de respect des devoirs conjugaux conformément aux usages et coutumes ». La référence aux usages et coutumes laisse, toutefois, entrevoir la persistance d'une ambiguïté qui donne lieu à des interprétations abusives en faveur de l'époux proclamé juridiquement et par us et coutumes chef de famille.

Par ailleurs, la capacité juridique de la femme tunisienne dans l'usage et la gestion de ses biens et patrimoine est définie par le CSP. Seulement cette disposition est atténuée par une autre introduite par les réformes de 1993 qui, à la différence des Algériennes et des Marocaines, fait obligation aux Tunisiennes de contribuer aux charges familiales, en contrepartie de la suppression du devoir d'obéissance au mari.

Un autre élément de réforme qui semble distinguer la Tunisie des autres pays maghrébins, bien que clairement réprouvé par la charia, c'est l'institution de l'adoption comme mode d'établissement de la filiation et sans discrimination de sexes.

Tels sont les points essentiels qui singularisent le CSP Tunisien en matière d'égalité des droits dans la famille.

Les principaux points de discrimination contenus dans le CSP non conformes aux instruments et normes internationales ratifiées par l'Etat tunisien, sont ceux découlant de la prééminence masculine dans la relation familiale, et de ce fait dans la société.

La référence à la notion de chef de famille dévolue à l'homme (Article 23) a des conséquences multiples sur les relations familiales, d'autant qu'il est fait appel à l'appréciation du juge de façon fréquente, notamment dans les procédures de dissolution du mariage, dans l'instauration du délit de violence conjugale, dans la tutelle sur les enfants mineurs et dans la gestion de la vie des enfants (administration, déplacements, culte, gestion scolaire et financière...).

Par ailleurs, le législateur tunisien comme tous les autres maghrébins, ne prévoit pas de statut « de mère célibataire ». La filiation légitime étant exclusivement paternelle, soit par le mariage soit par la reconnaissance du père dans les formes légales. L'enfant né en dehors des liens conjugaux n'est rattaché qu'à la mère, sans pour autant pouvoir bénéficier de droits par référence à la filiation légitime maternelle.

La discrimination dans la relation parentale s'exerce par les dispositions instituant la tutelle des enfants mineurs comme prérogative absolue du père. L'accès de la mère à la tutelle n'est devenue possible qu'à partir des réformes de 1993 qui lui ont aménagé quelques prérogatives de tutelle à travers l'article 23 du CSP et qui ont introduit la notion de coopération des parents et appellent la femme à autoriser le mariage de ses enfants mineurs en même temps que le tuteur légal. Autrement la mère n'accède à la tutelle légale de ses enfants qu'en cas de décès ou d'incapacité du père.

En matière successorale, quand bien même le législateur tunisien ait introduit plus d'équité entre les héritiers par les techniques du retour successoral (Radd), la différence des cultes dans le couple continue à véhiculer des discriminations et des injustices vis-à-vis des épouses non musulmanes, sauf dans les cas où elles se convertissent à l'Islam ou si elles bénéficient des biens de leur époux par voie testamentaire.

Il ressort de cet exposé général que les freins en matière d'égalité des droits dans les familles maghrébines ne sont pas totalement inhérents à l'Islam, mais aussi à une certaine interprétation de l'Islam par les législateurs.

La Tunisie s'est ouverte davantage sur les exigences de la vie moderne, en équilibrant les rapports familiaux et en éliminant les plus importantes discriminations (polygamie, répudiation, devoir d'obéissance absolue, contrainte matrimoniale...), mais beaucoup de discriminations sexuelles persistent encore dans le statut juridique de la famille tunisienne.

Les autres pays maghrébins résistent aux changement induits par les évolutions de leurs propres sociétés et, au nom du conformisme religieux, enferment les femmes dans des statuts infériorisants. En somme, l'égalité des droits dans les familles maghrébines oscille entre l'infériorité et l'égalité différenciée.

Dans la vie quotidienne, la plupart des Maghrébines vivent plus ou moins les mêmes inégalités induites par des relents phallocrates de domination présents dans les comportements individuels ou collectifs.

Les discriminations dont sont victimes les femmes sont souvent renforcées par la passivité, voire la complicité des jurisprudences et des institutions sensées les protéger des inégalités.

Ainsi, les codes de statut personnel maghrébins se trouvent otages de deux types d'argumentation, l'une tributaire d'une structure mentale introvertie et d'un système de valeurs impératif et clos, l'autre plus égalitaire car renforcée par un recours aux normes internationales.

Le CSP constitue un acquis à préserver et un modèle positif à suivre et à généraliser dans tous les pays arabo-musulmans en tant que seuil minimum des stratégies d'action pour l'égalité des droits. Il n'en demeure pas moins que ce dernier subit des assauts et des velléités à la régression motivés, entre autres, par une volonté d'unification du droit des États arabes.

C'est en effet à ce titre qu'a été élaboré le Code de Statut Personnel Arabe Unifié (appelé document de Koweït) adopté par le 2ᵉ congrès des ministres arabes de la Justice dans le cadre du plan de Sanâa[37]. Composé de 286 articles, ce texte réaffirme la seule référence à la charia et garde la division sexuelle traditionnelle des tâches au sein du couple, ainsi que la polygamie et la répudiation.

Le constat fait par Hocine Zahouane à propos du code de la famille algérien pourrait aussi bien s'appliquer aux autres codes de la région : « Entre les courants réformistes, ceux qui veulent l'amender et ceux qui revendiquent l'application à la lettre de la charia, la crise de

---

37. M. R'Chid, op. cité.

l'institution matrimoniale recoupe bien la crise institutionnelle en général ».[38]

Il lance à ce propos, l'idée d'une législation optionnelle entre un régime civil et un régime religieux qui seraient laissés au choix des futurs époux. Cette idée semble intéressante dans la mesure où elle se fonde sur la liberté des choix individuels et sur l'exercice égalitaire des droits de citoyenneté. Elle implique, par contre, l'existence d'une société civile bien établie, laquelle constitue justement un enjeu de taille dans les pays maghrébins.

L'examen des législations nationales et des positions officielles des quatre États vis-à-vis des instruments et normes internationales en matière d'égalité des droits autorise à conclure que ce principe ne bénéficie pas au Maghreb d'une adhésion totale. Dans tous les cas, sa teneur porte une connotation fortement ambivalente.

Autant il y a adhésion aux normes concernant l'égalité des droits dans les domaines culturels et économiques, autant il y a conflit entre les droits positifs locaux et les normes universelles, lorsqu'il s'agit de droits privés et de prise de décision. Mais, un des acquis juridiques essentiels et inhérents à la Charia dont bénéficient les Maghrébines en tant que musulmanes sans pour autant en jouir en toute conscience est le droit et la liberté de disposer de leurs biens et patrimoines personnels sans droit de regard du conjoint ; ce droit leur donne la liberté d'entreprendre et des possibilités d'investir le monde extra-muros par le biais du micro-entrepreneuriat et de l'autofinancement. Cette brèche ouverte dans le droit privé devrait être exploitée par toutes les femmes afin de récupérer des droits par ailleurs usurpés.

II. La Participation des femmes à la vie publique et l'accès à l'égalité des chances au Maghreb

La quatrième conférence mondiale sur les femmes qui a eu lieu en 1995 à Beijing, a été l'occasion pour les femmes de faire une rétrospective sur l'évolution de leurs conditions de vie et sur l'impact de leurs actions collectives en rapport avec les processus de développement et de démocratisation des sociétés.

En 1975, la Conférence de Mexico a fait ressortir l'invisibilité de la majorité des femmes dans les statistiques mondiales et nationales et a permis de progresser dans l'approche de la condition féminine.

Les stratégies prospectives de la Conférence de Nairobi en 1985 ont suscité beaucoup d'espoir, d'autant qu'on parlait pour la première fois, timidement mais clairement, des fonctions reproductives et de la sexualité des femmes. On n'avait plus recours aux périphrases pour désigner l'exploitation et l'oppression séculaire des femmes. Les bilans devenaient de plus en plus alarmants en même temps que les exigences des femmes se faisaient plus radicales.

A la Conférence des Droits de l'Homme de Vienne tenue en 1993, le principe de la reconnaissance des droits fondamentaux des femmes est enfin acquis à l'unanimité.

---

38. *Théorie de l'optionnalité et statut matrimonial en Algérie*, H. Zahouane. NAQD étude et critique sociale d'Alger n° 03, op. cité.

Mais juste après, en 1994, les négociations internationales qui ont eu lieu lors de la Conférence du Caire sur la population et le développement firent émerger une alliance fondamentaliste mondiale quant aux droits des femmes de contrôler leur vie et de mettre à profit leurs potentialités individuelles et culturelles dans les processus de développement.

La Conférence de Copenhague de 1995, centrée sur le développement social, fit quelque peu ombrage sur l'oppression des femmes qui perdure dans beaucoup de sociétés.

Après Beijing, écrit Antoine de Ravignon, « Le contexte mondial est théoriquement plus favorable à un meilleur investissement dans les problèmes jusque là trop souvent considérés comme secondaires. Mais, il est aussi marqué par un désengagement général des États, au Nord comme au Sud, de leurs responsabilités économiques et sociales ».[39]

Pourtant les systèmes Onusiens internationaux et régionaux, la Banque mondiale ne veulent plus concevoir de projets ou de programmes de développement qui n'intègrent pas les femmes.

James D.Wolfenshon, Président de la BIRD, dit à Beijing en s'adressant aux États[40], « La banque investit aujourd'hui 15 % du volume de ses prêts dans les secteurs où les femmes sont particulièrement concernées ».

Paradoxalement, la diminution des investissements sociaux comme corollaire des politiques d'équilibrage budgétaire et d'ajustement structurel entreprises à partir des années quatre-vingt par les pays du Maghreb poussent les femmes vers le marché du travail. L'encouragement des ONG à l'intensification des activités rémunératrices tend à circonscrire l'égalité des droits dans une vision restrictive du développement. En effet, et comme dans plusieurs pays en développement, la contribution des Maghrébines au développement a lieu à travers des activités rentables certes à l'économie, mais repose essentiellement sur les catégories de femmes les plus pauvres.

En règle générale, la bataille économique des femmes maghrébines s'oppose à une conjoncture où la crise économique internationale frappe de plein fouet les pays du tiers monde.

Force est de constater que les États maghrébins acteurs principaux du développement de leur pays tentent de se frayer un chemin pour rejoindre la masse des pays centralisateurs du développement en intégrant leurs économies au marché mondial.

La sous-estimation du rôle économique des femmes dans les comptabilités nationales (inexistence d'indicateurs d'évaluation des activités dans les secteurs non structurés et du temps de travail et de vie...), les enferment dans des rôles de consommatrices et de bénéficiaires du développement plutôt que dans des rôles d'actrices du développement.

Vécue différemment d'un pays à un autre, la situation des femmes maghrébines est aggravée par les tendances économiques qui décou-

---

39. « Programme d'action peut mieux faire ». Bilan. 5e série. ENDA Inter Arabe Tunisie, op.cité.
40. Message de la BIRD adressé aux Gouvernements à Beijing, Septembre 1995.

lent de la régression de la croissance et de la chute des investissements intervenues depuis les années quatre-vingt, en conséquence de
la chute des prix du pétrole et de la diminution de ses recettes ainsi
que de la détérioration des termes de l'échange et de l'accumulation de
la dette extérieure.

Qu'elle prenne l'appellation de « restructuration de l'économie ou
des entreprises » en Algérie, de « mise à niveau des entreprises » en
Tunisie, ou de « privatisation » au Maroc, les réorganisations des économies ordonnent le désengagement et le désinvestissement des États.

Les règles du marché libre s'imposent à tous et la question des
femmes devient secondaire dans la course sponsorisée par le nouvel
ordre mondial.

Les interventions institutionnelles des États maghrébins pour la
promotion de la condition féminine prennent plus la forme de politiques féminines formelles que de politique effectives.

En effet, qu'elles prennent la forme d'un « féminisme d'Etat »
comme en Tunisie, « d'une tutelle protectrice » comme au Maroc, ou
« d'un paternalisme déniant la réalité... » comme en Algérie, les volontés politiques des États maghrébins en faveur de l'égalité des chances
ne sont toujours pas clairement assumées.

La condition féminine au Maghreb est aussi le contentieux des sociétés en crise vis-à-vis du monde post-moderne ; et, l'égalité des
droits dans ce contexte reste largement tributaire de la volonté politique des États à admettre le principe de la non-discrimination dans
son sens le plus conforme à la justice et à la dignité humaine.

La conférence de Beijing a été un témoignage pour illustrer la position des États maghrébins vis-à-vis des principes d'égalité et de non-
discrimination. Lors de cette rencontre, les quatre États maghrébins
ont fait partie des quarante pays qui ont émis des réserves sur les
paragraphes du programme d'action relatifs aux droits des femmes en
matière de contrôle de leur sexualité et de dépénalisation de
l'avortement ainsi qu'au droit à l'héritage égal entre enfants des deux
sexes.

Les représentants des États maghrébins, rapporte Siavash Ghazi[41],
ont évoqué des raisons religieuses et éthiques ou leurs lois nationales.

Dans la même logique, les réserves émises par les États maghrébins qui ont ratifié la Convention de Copenhague (relative à
l'élimination de toutes les formes de discrimination à l'égard des femmes), à savoir le Maroc et la Tunisie, portent le même label et limitent
la notion de l'égalité des droits.

Globalement et à l'inverse des statuts juridiques des femmes dans
la famille, la reconnaissance de l'égalité des droits dans la vie publique
des pays maghrébins est conforme aux instruments et normes internationales consacrées en la matière. Mais, la reconnaissance juridique
n'est pas la panacée dans la mesure où elle n'est pas concrètement
traduite en termes d'égalité des droits dans les programmes de développement humain.

---

41. Ghazi Siavash. Article sur Beijing: « La Sainte Alliance fait front ». numéro
bilan ENDA Tunis, op. cité.

Aujourd'hui, la situation des femmes au Maghreb s e résume bien dans le constat global fait par le PNUD pour apprécier les progrès réalisés durant l es deux dernières décennies dans le monde en matière d'égalité entre les sexes : « un statut inférieur e t inégalitaire (...), de plus amples potentialités pour des opportunités restant limitées ».[42] Cette situation peut être appréhendée à partir :

– des progrès réalisés dans la réduction des disparités entre les sexes et les inégalités sociologiques qui persistent en matière de développement humain ;

– de la participation des femmes dans les activités économiques, professionnelles et politiques de leur pays.

En raison des réalités complexes caractérisant les sociétés en question, et compte tenu du matériel certes riche mais disparate et parfois partial produit en la matière, il serait utile d'aborder la situation des femmes dans une approche globale qui puise ses données dans des informations permettant des comparaisons aussi objectives que possibles.

Au risque d'être trop techniciste, la grille de lecture et d'analyse fournie par le PNUD, à partir des indicateurs de développement humain qui intègrent l'analyse de genre, est des plus actuelles et la plus fiable.

1. Les progrès réalisés dans la réduction des disparités sexuelles au Maghreb

Aujourd'hui, la condition féminine au Maghreb est indéniablement meilleure comparée à celle prévalant aux lendemains des indépendances. Les données statistiques des quatre pays concernés indiquent une amélioration considérable dans les potentialités sanitaires, culturelles et économiques des femmes depuis 1970. Ces améliorations ont permis une réduction des écarts entre les hommes et les femmes notamment, dans les domaines de l'éducation et de la santé.

En matière de sécurité sanitaire

Les indicateurs sur les durées de vie font état d'une évolution plus rapide de la situation des femmes par rapport à celle de la population masculine.

L'avantage dont jouissent les femmes par rapport aux hommes, en termes d'espérance de vie a augmenté partout ; il reste néanmoins, en deçà de celui des femmes occidentales. Comme la durée de vie globale des Maghrébins, l'espérance de vie des femmes à la naissance a augmenté de près de 20 % dans l'ensemble des pays maghrébins.

En 1992, une légère prédominance du nombre des femmes se dessinait dans les populations maghrébines :

• 103 femmes/100 hommes en Algérie et en Tunisie ;

• 106 femmes/100 hommes au Maroc et en Mauritanie.

Entre 1970 et 1992, cet avantage s'est accompagné d'une baisse des mortalités maternelles de plus d'un tiers en Algérie et de la moitié en Tunisie.

---

42 . *Des femmes et des chiffres*, ONU, op.cité. et Rapport PNUD, 1995, op.cité

Au Maroc et beaucoup plus en Mauritanie, c'est dans les taux de mortalité maternelle que l'on observe encore le déficit sanitaire des femmes. L'effet des investissements sociaux n'a pas été assez conséquent dans ces deux pays. Les taux de mortalité maternelle restent élevés (330 décès/100 000 naissances vivantes au Maroc et davantage en Mauritanie durant la période 1980-1992).

L'évolution de la sécurité sanitaire des femmes s'exprime entre autres par une diminution de la fécondité particulièrement en Tunisie, au Maroc, puis en Algérie.

Entre 1990 et 1992, les indices synthétiques de fécondité[43] sont passées de :

- 6,8 à 5,4 en Mauritanie.
- 5,4 à 3,9 en Algérie.
- 4,8 à 3,8 au Maroc.
- 4,1 à 3,2 en Tunisie.

Malgré une légère diminution, ces taux restent élevés et sont rapprochés les uns des autres, comparés aux taux mondiaux. Ils traduisent des comportements procréatifs globalement similaires au Maghreb central, du moins chez une catégorie de femmes précise.

En effet, entre 1986 et 1993, 50 % des Tunisiennes, 48 % des Algériennes et 42 % des Marocaines contrôlaient leur vie reproductive ; ce qui revient à dire que près de 47 % des femmes au Maghreb central utilisent des contraceptifs féminins.

Au même moment, seulement 03 % des femmes en Mauritanie utilisent la contraception. Moins instruites et majoritairement rurales, elles n'ont pas un accès facile aux moyens d'information et de contrôle de leur vie procréative. Ceci diminue sensiblement leurs chances d'utiliser pleinement leurs potentialités individuelles dans les activités économiques et publiques par rapport aux hommes mauritaniens. Économiquement, elles ne sont pas pour autant moins actives que leurs voisines de la région. A potentialités égales, elles seraient en tête de liste dans les d'activités professionnelles puisque en 1991, elles étaient déjà classées au second rang dans le Maghreb et ont la réputation d'excellentes commerçantes.

Le comportement procréatif des femmes du Maghreb central présente des similitudes : généralement, les femmes âgées de moins de 30-35 ans, les femmes instruites et les citadines font usage plus fréquent des contraceptifs au Maghreb central. Ceci est un corollaire des programmes de maîtrise de la croissance démographique et de scolarisation des enfants sans discrimination de sexe.

Des sondages cités dans « L'Etat du Maghreb », rapportent qu'une des caractéristiques essentielles et communes de la demande de limitation des naissances dans les pays du Maghreb central est que la contraception n'est souhaitée et recherchée que lorsque les moyens sont disponibles, lorsque la taille voulue de la famille est atteinte et généralement lorsque le conjoint y consent.[44]

---

43 . *Des femmes et des chiffres*, ONU.Op.cité. et Rapport PNUD, 1995 op.cité.
44 . Z.Daoud, *Le contrôle des naissances, l'Etat du Maghreb.* C. et Y. Lacoste. Ed. Fennec, 1991.

L'usage des contraceptifs masculins est encore inconnu par la quasi-totalité des hommes y compris chez les plus instruits. Au plan psychologique, la contraception masculine est perçue comme une atteinte à la virilité de l'homme.

Cette attitude certainement propre à la majorité des hommes dans le monde, est l'une des premières discriminations sexuelles pratiquées à l'égard des femmes dans le sens où dans le couple, « le genre sexuellement actif » à savoir l'homme, ne doit pas agir « contre nature » en usant des produits régulant ses fonctions reproductives.

Ce vécu discriminatoire, très répandu au Maghreb, traduit en fait une attribution d'office de la fonction de reproduction au « genre féminin » et explique toutes les discriminations subséquentes au sein de la famille et dans la vie publique ou sociale.

La fécondité étant du ressort des femmes, elles assument généralement seules les conséquences de leur attribut y compris lorsqu'elles sont atteintes de stérilité. Dans cette situation, l'époux et parfois sa famille se voient autorisés à décider d'un divorce unilatéral et/ou de polygamie, certains que les candidates au mariage ne manquent pas.

En effet, la disponibilité numérique de candidates au mariage encourage nombre d'hommes à la pratique du chantage au divorce y compris dans les milieux intellectuels où la dissolution du mariage est encore perçue comme une infériorisation du statut familial et social de la femme.

Les indices synthétiques de fécondité signalés pour 1992, corrélés à l'âge moyen du premier mariage qui a généralement évolué, expliquent les différences entre les quatre pays concernant l'état de santé des femmes.

Pays	Évolution des cycles de vie					% scolarisation des femmes
	Âge en 1er mariage/femmes		Hommes	Utilisation contraception	indices fécondité	
	1970	1990	1990	1992	1992	1992
Tunisie	20,9 ans	25 ans	28,1 ans	50 %	3,2	60 %
Algérie	19,3 ans	23,7 ans	25,3 ans	48 %	3,9	60 %
Maroc	19,4 ans	21,3 ans	25,3 ans	42 %	3,8	35 %
Mauritanie	18,1 ans	23,1 ans	25,1 ans	3 %	5,4	27 %

La corrélation entre les potentialités féminines acquises à travers l'évolution des cycles de vie des femmes (l'âge du premier mariage, la fécondité...) et le niveau d'instruction révèle que l'âge du mariage semblerait plus élevé en fonction de l'élévation du niveau d'instruction. L'indice synthétique de fécondité et l'utilisation de la contraception aussi sont inversement proportionnels au niveau d'instruction. L'éducation des femmes constitue au Maghreb, un facteur essentiel de développement de leurs potentialités ; elle réduit les écarts culturels entre les sexes et leur ouvre des perspectives de protection sanitaire et d'évolution professionnelle certaines.

Les femmes et l'éducation au Maghreb

Parmi les résultats remarquables obtenus grâce à un effort substantiel dans le développement humain dont ont le plus bénéficié les femmes au Maghreb, il y a l'instruction.

La réduction des disparités sexuelles au plan éducatif trouve son fondement dans l'égalité *de jure* clairement définie dans les droits culturels par l'ensemble des législations nationales maghrébines.

Les politiques de généralisation de l'instruction sans distinction de sexes sont un fait indéniable dans les quatre pays.

En Algérie, l'instruction est pratiquement le capital le plus important dont disposent les femmes. Le principe de l'égalité sexuelle dans le droit à l'instruction est proclamé dans l'article 50 de la Constitution Algérienne. Les textes organisant le système éducatif garantissent l'instruction et son obligation sans discrimination de sexe durant les neuf années de l'enseignement fondamental.

Au plan juridique strict, les textes algériens, dont l'ordonnance de 1976 sur l'organisation de l'éducation et de la formation, sont conformes aux principaux instruments internationaux et, notamment, à la Convention internationale pour les droits de l'enfant de novembre 1989 dans son chapitre éducation.

Au Maroc, le droit à l'éducation est reconnu aux filles à égalité avec les garçons par l'article 13 de la Constitution Marocaine et par le Dahir du 13 novembre 1963 qui a proclamé le caractère obligatoire de l'enseignement de base durant 09 ans.

Conforme aux normes internationales, l'égalité juridique est clairement définie et la démocratisation de l'enseignement public et de la formation des jeunes est un des acquis juridiques au Maroc.

En Mauritanie, l'égalité des droits culturels entre les sexes est proclamée en tant que droit fondamental des citoyens.

Toutefois, les vides réglementaires en matière d'organisation du système éducatif donnent lieu à quelques interprétations ambiguës laissant introduire des discriminations en direction des filles, notamment en milieu rural.

En Tunisie, les programmes de généralisation de l'enseignement mis en place depuis 1958 sont juridiquement renforcés par la loi relative au système éducatif de 1991 et confirment le principe de non-discrimination entre les sexes. Conforme aux principaux instruments internationaux, dont ceux régissant les droits de l'enfant, la législation tunisienne a permis un essor significatif de l'instruction des femmes.

Les données du PNUD de 1995, permettent de comparer certains aspects de la situation des filles et des femmes maghrébines au plan éducatif en 1990 par rapport d'une part à celle des hommes, et d'autre part à leur situation de 1970.

Pays	Alphabétisation adultes femmes/hommes en %		Taux bruts alphabétisation femmes adultes en %
	1970	1992	1992
Algérie	30 %	63 %	44,1 %
Tunisie	29 %	67 %	50,2 %
Maroc	29 %	52 %	27,7 %
Mauritanie	-	52 %	24,9 %
Total	29,3 %	58 %	36,7 %

Les données disponibles révèlent des progrès réalisés dans les taux d'alphabétisation des femmes adultes et particulièrement dans les taux d'instruction des filles dans les différents cycles de scolarisation.

L'alphabétisation des femmes par rapport aux hommes ne dépassait pas le taux de 30 % en 1970 pour tous les pays maghrébins, alors qu'en 1992, la population des femmes alphabétisées par rapport aux hommes a plus que doublé en Algérie et en Tunisie. Durant la même période, ce taux a presque doublé au Maroc passant de 29 % à 52 %.

Par ailleurs, au début des indépendances des pays maghrébins, les femmes alphabétisées ne faisaient partie que des familles aisées et cultivées, alors qu'en 1992 l'alphabétisation des adultes concerne la moitié des Tunisiennes, près de 45 % des Algériennes mais seulement 28 % des Marocaines et 25 % des Mauritaniennes.

L'évolution des taux d'analphabétisme qui interviennent à partir des années soixante-dix signale une régression plus rapide chez les femmes jeunes (15-24 ans) et en faveur du milieu urbain par rapport au milieu rural.

La comparaison des taux bruts d'alphabétisation des femmes en 1992 fait ressortir un retard plus accentué chez les Marocaines et les Mauritaniennes par rapport à leurs voisines Algériennes et Tunisiennes qui se situent au dessus de la moyenne des pays arabes, laquelle est de l'ordre de 40,7 %, et en dessous du seuil des pays en développement qui est de l'ordre de 59,3 %.

Ceci s'explique par l'importance des dépenses publiques en matière d'éducation plus soutenues en Algérie et en Tunisie qu'au Maroc et en Mauritanie.

Les données sur l'instruction des femmes et des filles sont aussi révélatrices du développement des potentialités culturelles et éducatives des Maghrébines.

Pays	Taux de scolarisation des femmes tous niveaux confondus	Taux de scolarisation des femmes/100 hommes en 1990		
	1992	primaire 6-11 ans	secondaire 12-17 ans	supérieur 18-23 ans
Algérie	60 %	88 %	79 %	60 %
Tunisie	60 %	92 %	75 %	70 %
Maroc	35 %	71 %	70 %	62 %
Mauritanie	27 %	76 %	57 %	29 %
Total	45 %	81,7 %	70,2 %	55,2 %

Les taux de scolarisation des populations féminines de 1992, tous niveaux confondus, classent l'Algérie et la Tunisie à égalité, puis vient le Maroc avec 35 %. En Mauritanie, par contre, seulement 27 % des femmes sont scolarisées.

L'évolution en croissance de la scolarisation des filles dans les différents cycles ainsi que les taux de scolarisation des populations féminines témoignent d'une réduction progressive des inégalités sociologiques. Toutefois, les disparités sexuelles persistent au fur et à mesure que l'on monte dans la pyramide des âges. Les disparités sont sure que l'on monte dans la pyramide des âges. Les disparités sont plus accentuées en milieu rural et en fin de cycle secondaire.

En 1992 dans le cycle primaire, on comptait :
– Tunisie　　 : 92 filles pour 100 garçons
– Algérie　　 : 88 filles pour 100 garçons
– Maroc　　　: 71 filles pour 100 garçons
– Mauritanie : 76 filles pour 100 garçons.

Dans le cycle secondaire, les disparités entre sexes s'accentuent et donnent pour 1992 :
– Tunisie　　 : 79 filles pour 100 garçons
– Algérie　　 : 75 filles pour 100 garçons
– Maroc　　　: 70 filles pour 100 garçons
– Mauritanie : 57 filles pour 100 garçons.

Dans le cycle supérieur, les écarts entre les sexes s'accentuent durant le parcours scolaire entre les cycles primaire et supérieur :
– 09 filles quittent l'enseignement pour 100 garçons au Maroc
– 22 filles quittent l'enseignement pour 100 garçons en Tunisie
– 28 filles quittent l'enseignement pour 100 garçons en Algérie
– 47 filles quittent l'enseignement pour 100 garçons en Mauritanie.

Les déperditions scolaires féminines semblent plus importantes en Mauritanie, en Algérie et en Tunisie qu'au Maroc.

Ces données autorisent à dire qu'à partir de l'âge de 15 ans (fin de l'enseignement de base) et après la puberté des filles, les disparités entre les sexes se manifestent par un contrôle social et familial plus grand, *a fortiori* en cas d'insuffisance des résultats scolaires.

Les mariages plus précoces en Mauritanie constituent encore une entrave dans le parcours éducatif des femmes.

En Algérie, la pression démographique et le rejet scolaire lors du passage de la 9ᵉ année fondamentale au cycle secondaire favorisent davantage les garçons que les filles.

Celles-ci s'orientent de plus en plus vers un enseignement technique et professionnel gratuit et disponible et qui semblerait être l'un des plus diversifiés et des moins discriminatoires, du moins en matière d'accès aux spécialités techniques et aux qualifications professionnelles.[45]

Toutefois, les menaces, la situation sécuritaire et les pressions pour la séparation des sexes subies durant les années « 90 » ne sont pas faites pour encourager les études.

En Tunisie, les déperditions scolaires ont lieu entre le cycle primaire et le cycle secondaire. Si au primaire, la Tunisie se distingue par l'écart le plus réduit entre les sexes, elle rejoint les autres pays et dépasse même le Maroc en matière de disparités sexuelles dans le mouvement de progression vers l'enseignement supérieur, d'autant plus que les filles s'orientent beaucoup plus vers les filières les moins techniques.

Le Maroc se singularise par la proportion la plus faible de filles par rapport aux garçons dans le cycle primaire mais, il rattrape ce retard

---

45. Point relatif à la formation professionnelle au Maghreb. Doc. IMED/CEE. A. Boudiaf, op. cité.

dans les cycles secondaire et universitaire. Les opportunités en faveur des Marocaines augmentent en proportion avec leur évolution dans les cycles d'enseignement. Les déperditions scolaires féminines ne sont que de 01 % entre le cycle primaire et le cycle secondaire, alors qu'en Tunisie et en Algérie elles sont de l'ordre de 13 %. L'habilitation des Marocaines à la réduction des écarts entre les sexes dans le domaine éducatif semble plus importante que celles des Algériennes et des Tunisiennes et des Mauritaniennes.

Globalement, et malgré des potentialités éducatives et culturelles considérables, les femmes maghrébines ne jouissent pas d'une égalité *de facto* en conformité avec l'égalité *de jure* proclamée par les législations nationales relatives aux droits culturels.

La réduction des écarts entre les sexes dans l'enseignement de base est plus présente en Tunisie et en Algérie. Dans l'ensemble des pays maghrébins, les inégalités sociologiques s'accentuent avec l'âge; cependant, le Maroc est mieux loti en ce qui concerne la réduction des inégalités au niveau de l'enseignement secondaire. A égalité de chances, les Marocaines semblent évoluer plus rapidement que les Marocains.

Les évolutions des indicateurs sur la santé et l'éducation des femmes s'accompagnent de plus grandes opportunités dans les sphères publiques des sociétés.

Elles se traduisent par une libération plus grande par rapport aux fonctions domestiques en particulier pour les femmes âgées de 15 à 19 ans sous réserve de pouvoir poursuivre une scolarité et/ou une formation sans interruption.

Le mariage et les charges familiales semblent constituer dans l'ensemble du Maghreb une entrave à l'égalité des chances dans les domaines économiques et publics.

2. La participation des femmes aux activités économiques et politiques : Persistance des inégalités sociologiques

Le niveau global de développement humain considéré dans un pays détermine généralement la qualité et les conditions de vie des femmes qui y vivent. L'amélioration de la condition féminine dépend du développement des bases infrastructurelles et sociales, mais aussi d'autres facteurs liés aux contextes culturel et politique d'une société donnée.

La contribution invisible des femmes dans les activités économiques affecte sérieusement la perception de leur participation réelle à la sphère publique et ne joue pas en faveur de la promotion de leur condition au sein de leurs sociétés.

La traduction en valeur monétaire du travail qu'effectuent les femmes en dehors du marché représente au-delà du principe de justice et d'équité sociales, une question économique.

Or, la discrimination qu'opèrent les législations nationales dans les domaines économiques et politiques constitue l'expression la plus visible du statut défavorisé de la femme dans ces sociétés et ce malgré le fait que les Maghrébines aient occupé l'espace public dans une double inversion de la liberté qui leur est octroyée en privé.

Le cas des Algériennes, actuellement victimes d'attentats et de répressions quotidiennes, constitue un exemple significatif de la résolution des Algériennes à occuper, par résistance ou par mécanisme de défense, les espaces publics (plages, administrations, magasins, rues..) malgré l'insécurité qui règne dans le pays et le contexte socio-politique et juridique en leur défaveur. Cet état de fait explique la chute enregistrée dans le classement de l'Algérie en termes de développement humain et l'approfondissement des inégalités sociologiques entre les sexes dans la sphère publique du développement.

En Tunisie, le volontarisme en faveur de l'égalité des droits, la stabilité politique et sociale jouent en faveur de la réduction des inégalités sociologiques entre les sexes.

Au Maroc, et malgré la persistance des inégalités sociologiques, l'entrée de plus en plus croissante des femmes dans les activités publiques, permet un changement du statut des femmes, notamment des travailleuses.

Moins favorisées juridiquement que les Tunisiennes dans la vie privée, les Marocaines ne sont pas pour autant découragées à se frayer un chemin dans les activités économiques et politiques.

Les données des Nations Unies de 1995 les placent d'ailleurs, en tête de file en matière de participation aux activités économiques et professionnelles au Maghreb.

Deux indicateurs principaux ont été pris en compte par les spécialistes du développement humain pour mesurer l'inégalité sociologique entre les sexes sur la base de variables identiques et pour un nombre de pays déterminé. Il s'agit, notamment, de l'indicateur sexo-spécifique du développement humain (ISDH) qui se fonde sur les mêmes variables que l'indicateur du développement humain (IDH), mais qui se concentre sur les inégalités sociologiques entre hommes et femmes dans le niveau de développement général moyen. Celui-ci tient compte des avantages biologiques des femmes, de leur niveau d'éducation et de la part des revenus féminins dans le travail.

Un autre instrument indicateur de la participation des femmes au processus de décision économique et politique (IPF) met beaucoup plus l'accent sur l'habilitation des femmes à participer aux activités de la vie publique en termes de débouchés professionnels, de participation dans les fonctions d'encadrement administratif, dans les professions libérales et à travers les possibilités de carrières dans la politique.

Le palmarès des pays maghrébins fait ressortir quelques données significatives.

L'ISDH classe les Tunisiennes et les Algériennes en meilleure position par rapport aux Marocaines et aux Mauritaniennes, en termes d'évolution des potentialités biologiques (espérance de vie à la naissance, fécondité et mortalité maternelle).

Leurs potentialités culturelles (taux d'alphabétisation des femmes, scolarisation des filles tous cycles confondus...) les favorisent plus que les Marocaines et les Mauritaniennes en termes de contexte réducteur des disparités sexuelles.

En 1992, c'est en Tunisie que la réduction des inégalités sociologiques est plus marquée par rapport aux deux dernières décennies. Par contre, en 1970 les Algériennes faisaient moins l'objet d'inégalités sociologiques qu'en 1992.

L'IPF (l'indicateur de participation féminine) définit l'habilitation et la participation des femmes aux activités économiques, professionnelles et politiques. Il classe les quatre pays considérés parmi 116 autres dans l'ordre suivant :

- Le Maroc en 85ᵉ position.
- L'Algérie en 87ᵉ position.
- La Tunisie en 91ᵉ position.
- La Mauritanie en 111ᵉ position.

Le Maroc est classé en tête de file au Maghreb en matière d'habilitation des femmes à participer aux activités économiques professionnelles et politiques.

Les variables considérées pour apprécier la part des Maghrébines dans les fonctions administratives et d'encadrement, dans les professions libérales et techniques ainsi que dans les populations actives peuvent illustrer les disparités sexuelles dans les activités économiques.

Il ressort ainsi, de l'analyse de ces variables que les discriminations sexuelles sont plus persistantes que dans les domaines sanitaire et culturel et ce, malgré des cadres législatifs plus égalitaires comparés à ceux régissant la sphère privée.

En Algérie, les articles 08 et 52 de la Constitution, le Statut Général de la Fonction Publique et la Loi sur les Relations de Travail de 1990 ne contiennent pas de discriminations sexuelles.

Au Maroc, la Constitution (Articles 05 à 13) ainsi que les législations régissant le travail, notamment les amendements de 1993 du Code du Commerce et les textes de la Fonction Publique, ont éliminé les discriminations sexuelles.

En Tunisie, l'article 06 de la Constitution, les articles 05 bis, 53, 54 et 55 du Code du Travail et l'article 48 de la loi de la Fonction Publique garantissent le droit de la femme au travail à égalité avec l'homme. Ils protègent la travailleuse notamment la mère, en intégrant des dispositions spécifiques aux femmes.

Malgré cela, les discriminations de fait ne sont pas pour autant éliminées. Bien au contraire, l'entrée en force des femmes sur le marché du travail depuis 1970, particulièrement au Maroc, en Mauritanie et même en Tunisie les expose davantage aux discriminations et creuse les écarts entre hommes et femmes particulièrement en temps de récession économique et de chômage.

Les activités économiques et le travail des femmes au Maghreb

La situation du travail féminin au Maghreb est le résultat de la combinaison de plusieurs facteurs : démographique, juridique, économique et socio-culturel.

Les efforts accomplis dans le développement humain pour significatifs qu'ils soient sur le plan de la santé et de l'éducation des femmes ne doivent pas occulter l'importance des besoins non satisfaits et du déficit social accumulé dans le domaine de l'emploi. Loin de reculer, le chômage s'est accru en moyenne de 70 000 unités/an en Algérie, de 75 000 unités/an au Maroc et de 24 000 unités/an en Tunisie[46].

---

46 . The year book of labour statistics. Table1, 1991, Geneva.

A l'exception de l'Algérie, le chômage affecte davantage les femmes que les hommes. Les taux de chômage des populations actives féminines augmentent de plus en plus et sont élevés si l'on considère la force du travail féminin.

En 1990, le chômage féminin en Tunisie présentait un taux 4 fois supérieur à celui des hommes, soit 24 %.

Au Maroc, les taux de féminisation du chômage de la population active ont doublé en milieu rural entre 1987 et 1990. Ils sont passés de 11 % à 21 %. En milieu urbain, ces taux sont passés durant la même période de 31,7 % à 40 %[47].

Le chômage et le sous-emploi des hommes participent au glissement de la population active féminine dans des activités marginales ou dans le secteur informel.

Le développement de l'auto-emploi féminin sous forme de micro-activités, de travail à domicile ou du commerce illégal deviennent les substituts de l'emploi salarié féminin.

C'est cela qui autorise certaines estimations des Nations Unies à avancer que les chances des femmes maghrébines en matière d'emploi ont augmenté relativement à celles des hommes.

En 1994, les estimations émanant de diverses statistiques nationales révèlent qu'au Maghreb, plus de deux millions et demi de femmes sont actives sur une population féminine de plus de 33 millions. C'est dire combien le phénomène est récent et limité.

Les définitions et des concepts à la base de la comptabilisation du travail féminin qui reste soumis dans les quatre pays à des traitements sous-évaluant ou surévaluant certaines formes d'activités occasionnelles et non structurées, tel que le travail à domicile, l'aide familiale, le travail saisonnier, le commerce non déclaré...

De grandes différences caractérisent le travail féminin au Maghreb. Quelques chiffres peuvent illustrer la participation des femmes aux activités économiques.

Pays	Population active/pop totale en %	Taux de participation des femmes			
		Dans la population active	Cadres et dans l'administration	Dans les prof. libérales et techniques	Dans la part des revenus du travail
	1990-1993	1994	1992	1992	1992
Maroc	-	21 %	25,6 %	24,1 %	16,4 %
Algérie	24 %	10 %	06 %	27,6 %	07,5 %
Tunisie	30 %	24 %	07 %	18 %	18,5 %
Mauritanie	-	23 %	08 %	21 %	19,5 %

Le classement montre que le Maroc se place en tête de file, puis arrive l'Algérie, ensuite la Tunisie suivie de la Mauritanie.

---

47. Direction de la statistique, enquêtes 1970-1990. Rabat, Maroc

Si **les Marocaines** n'ont pas le taux d'activité féminine le plus élevé au Maghreb (21 % au Maroc, 2 3 % en Mauritanie et 2 4 % en Tunisie) elles occupent par contre une place privilégiée dans les professions libérales et techniques et dans les fonctions d'encadrements et de responsabilité administrative (25,5 % de l'encadrement administratif marocain).

La corrélation de leur participation économique et professionnelle avec l'analyse du contexte juridique et culturel qui les défavorise plus que les Tunisiennes, autorise à dire qu'à potentialités et à opportunités moins avantageuses, elles ont plus d'habilitation à participer aux activités économiques et professionnelles de leurs pays.

L'inégalité juridique dans les sphères privée et publique pourrait être à l'origine d'une combativité plus importante que chez les autres Maghrébines.

Les performances par lesquelles se distinguent les Marocaines en termes de participation à la vie économique et professionnelle se confirment par leurs relatives réussite et efficacité dans le secteur de la micro-entreprise et de l'entrepreneuriat féminin en général, en comparaison avec les autres femmes travailleuses de la région.

Les résultats relatifs au parcours éducatif des Marocaines qui marquent moins de déperditions scolaires durant les cycles secondaire et universitaire que les autres Maghrébines, et ce, malgré moins de potentialités et d'opportunités et malgré toutes les discriminations sexuelles dont elles sont sujettes à la base du cycle primaire, peuvent aussi confirmer leur habilitation et leur meilleur performance dans la vie professionnelle par rapport à leurs voisines de la région.

Les Tunisiennes, selon les données disponibles, seraient plus performantes dans le travail agricole et s'investissent relativement plus que leurs voisines de la région dans les petites entreprises familiales rurales, alors que **les Mauritaniennes** réussissent mieux dans le commerce. Leurs activités commerciales traduiraient forcément le taux élevé (19,5 %), signalé par le PNUD concernant la part des femmes au revenu du travail de 1992.

Les Algériennes semblent investir plus que les autres Maghrébines les professions libérales et techniques (bureau d'étude, consultation médicale, engineering...) avec le taux le plus élevé dans la région soit, 27,6 %.

Dans tous les cas, cela mérite plus d'investigation en vue de la définition d'une stratégie d'action pour le renforcement du travail féminin et de l'auto-emploi au Maghreb.

La structure par âge des populations actives féminines démontre pour les quatre pays considérés que les points les plus culminants de l'âge d'activité féminine sont situés dans la structure d'âge 26-29 ans.

Les taux d'activité féminine commencent à chuter à partir de 30 ans.

Ces taux sont en adéquation avec l'activité de procréation qui est plus intense à cette période de la vie des jeunes mariées.

Le mariage et la procréation ou plus exactement l'éducation et la prise en charge des enfants semblent partout au Maghreb constituer des facteurs de blocage ou tout au moins d'interruption de l'activité économique et professionnelle féminine.

L'insuffisance de structures de soutien et d'appui social et éducatif aux familles (jardins d'enfants, garderies, cantines scolaires...) ainsi que les charges qui affectent le temps de vie des femmes sont autant de facteurs limitatifs des opportunités économiques et professionnelles qui s'offrent aux femmes.

Une enquête sur les femmes diplômées au Maghreb central fait ressortir une corrélation entre l'attitude des femmes des trois pays concernés quant à l'attachement des femmes à la carrière professionnelle en rapport avec leur attachement à l'autonomie. Cette enquête révèle que 79 % des Algériennes, 18 % des Marocaines et 75 % des Tunisiennes ciblées au début des années quatre-vingt-dix, pensent qu'il est très important de réussir dans la carrière.

Cette enquête révèle que 13 % des Algériennes et des Tunisiennes et 11 % des Marocaines, arrêteraient leurs activités professionnelles si le revenu du conjoint était suffisant. Au Maghreb, l'activité professionnelle est généralement perçue par les femmes diplômées comme un renforcement de leur autonomie.[48]

Depuis les années « 80 » le secteur informel est devenu un terrain d'activité très intense pour les Maghrébines. Le besoin d'affirmation de soi et les nécessités matérielles ainsi que l'aspiration à l'autonomie financière ont poussé des milliers de femmes à l'auto-emploi malgré l'invisibilité de leurs activités dans les comptabilités nationales.

Une proportion importante parmi les femmes actives (les plus pauvres) restent les plus vulnérables économiquement et sont la proie du chômage.

En conclusion, il y a lieu de noter que s'il y a une concordance formelle entre les normes internationales et les législations maghrébines en matière de droits fondamentaux et économiques, l'activité économique et professionnelle des femmes au Maghreb reste écartelée entre l'égalité de principe et la discrimination de fait.

La participation des femmes à la vie politique et sociale.

Bien que les femmes maghrébines aient acquis le droit de vote dès l'indépendance de leurs pays, leur participation à la vie politique et au pouvoir législatif reste encore faible.

Elles sont systématiquement écartées des postes de décision politique, malgré quelques éclaircies leur octroyant une part réduite du pouvoir exécutif généralement restreint à des départements ministériels chargés des affaires féminines ou de la famille.

Dans le meilleur des cas, elles sont à la tête de postes ministériels dans les secteurs éducatif des affaires sociales ou de la jeunesse, tel fut le cas en Algérie durant les années « 80 » où plus de cinq femmes étaient simultanément membres du Gouvernement.

Si formellement, l'égalité des droits politiques est reconnue par les pays maghrébins, les subterfuges juridiques et les discriminations de fait sont des pratiques courantes.

---

48. S. Triki, *Investissement dans la vie professionnelle*, in « *Etude sur les femmes diplômées au Maghreb* », Ouvrage collectif publié par le PNUD, 1994.

La Constitution Algérienne, à travers son article 30 assigne à ses institutions la finalité d'« assurer l'égalité en droits et devoirs de tous les citoyens et citoyennes en supprimant les obstacles qui entravent l'épanouissement de la personne humaine et empêchent la participation effective de tous à la vie politique... ».

Toutefois, les pratiques antidémocratiques participent à atténuer la signification de l'égalité politique devant la loi, proclamée par les textes fondamentaux du pays.

Pour s'en apercevoir, il n'y a qu'à se référer à la loi électorale qui a maintenu jusqu'aux années « 90 » des dispositions discriminatoires à travers ses articles 53 et 54 qui autorisaient le vote par procuration.

Au Maroc, le droit positif affirme le principe de l'égalité des droits politiques.

L'article 5 de la Constitution consacre l'égalité de la femme et de l'homme en matière de droit de vote et d'éligibilité. Mais, les entraves de fait à ce droit se retrouvent dans les législations régissant certains corps de la sûreté nationale, du secteur des postes et télécommunications, des douanes... à travers des dispositions dérogatoires qui sont au désavantage des femmes.

En Tunisie, l'article 20 de la Constitution Tunisienne reconnaît l'égalité des droits d'électeur entre les sexes.

Le Code Électoral le confirme. L'article 03 de la Loi sur les partis politiques lève toute équivoque concernant la discrimination entre les sexes en matière d'organisation des partis politiques.

Cependant, si l'égalité entre les sexes est clairement définie en matière de droit électoral, il n'en est pas de même lorsqu'il s'agit des droits d'éligibilité.

En effet, l'article 21 de la Constitution porte une certaine connotation discriminatoire dans la mesure où la nationalité tunisienne de la mère ne donne pas droit à l'éligibilité à la chambre des députés lorsque le père n'est pas tunisien.

L'égalité des droits politiques dans les pays maghrébins semblerait porter une connotation ambivalente du fait que les droits fondamentaux sont atténués par des dispositions législatives subséquemment inégalitaires. Ceci explique les inégalités de fait.

Au niveau des instances représentatives et législatives

La représentation des femmes est ascendante dans l'ensemble des pays maghrébins.

Depuis leurs indépendances jusqu'à 1994, cette évolution est très lente en Tunisie et en Mauritanie, rapide mais irrégulière en Algérie et quasiment nulle au Maroc.

En Algérie, l'évolution des taux de participation des femmes aux sièges parlementaires signale une croissance en dents de scie. En 1995, 12 sur 120 sièges seulement sont occupés par des femmes, alors que la législation prévoit un quota équivalent au 1/3 des sièges pour les femmes dans le Conseil National de Transition (qui fait office de parlement dans l'attente des prochaines législatives).

Cette situation s'explique en partie par la situation perturbée que traverse ce pays.

Année	1962	1977	1982	1987	1994	1995
Taux députées	4,06 %	3,3 %	1,7 %	2,3 %	6,7 %	10 %

Au Maroc, jusqu'à 1992, aucune femme ne siégeait au parlement.

A partir de 1993, le taux de femmes députées est de près de 1 %, soit deux (02) sur 333 députés.

En Tunisie, les taux d'évolution des femmes députées sont croissants.

En 1994, 11 sièges étaient occupés par des femmes, soit 6,7 %.

Années	1956	1969	1979	1987	1994
Taux	0 %	3,9 %	1,6 %	5,6 %	6,7 %

En Mauritanie, le pourcentage des femmes occupant des sièges parlementaires était nul en 1994.

Quant à la représentation des femmes dans les collectivités locales (municipalités) ou dans les instances équivalentes entre 1990 et 1996, elle ne dépasse pas le seuil maximum de 16 %.

En Algérie, il y a lieu de noter une nette régression de la représentation des femmes dans les Assemblées Populaires Communales (APC) et Wilayas (provinces ou préfectures) entre 1990 et 1994. Néanmoins, plus de 04 femmes maires étaient à la tête des APC d'Alger, sans compter quelques autres à l'intérieur du pays et plus d'une centaine de femmes membres des conseils communaux.

En Tunisie, les élections locales de 1990 comptaient 14 % de femmes parmi ses élus locaux. Depuis les élections de 1995, 16 % des élus locaux sont des femmes. Toutefois, toutes les femmes sont issues du parti au pouvoir. Aucune femme des partis d'opposition n'a été élue.[49]

Au Maroc, lors des élections de 1983, on a enregistré 43 femmes qui ont occupé des sièges aux élections communales et municipales. Le nombre des candidates aux élections communales de 1992 était de 1086 sur 93 000 candidats (1,16 %). 75 femmes ont été élues sur un total de sièges de 22 282 élus.[50]

Au niveau du pouvoir exécutif, la proportion de postes au niveau ministériel occupés par des femmes en 1995 est égale entre l'Algérie, la Tunisie et la Mauritanie soit, 4 %. Le dernier gouvernement algérien (décembre 1995) compte parmi ses membres une seule femme détenant le portefeuille de Ministre Délégué chargé de la famille et de la solidarité nationale. La Mauritanie a une femme Secrétaire d'Etat à la condition féminine. La Tunisie compte dans son gouvernement une femme Ministre chargée de la femme et de la famille auprès du Premier Ministre.

Au niveau des syndicats, les femmes sont très peu représentées et n'ont pas de cadres ou de structures autonomes. Le nombre de fem-

---

49. Information donnée par une députée lors d'un atelier de travail (intervention sociologique) dans le cadre de la recherche-action de l'IMED. Tunis, 1995.

50. Résumé du rapport national à la 4ᵉ conférence mondiale de la femme. Ministère de l'Emploi et des Affaires Sociales, Maroc, 1995.

mes syndiquées diffère d'un pays à l'autre. En Algérie, la majorité des syndiquées proviennent des secteurs de la santé et de l'enseignement. En Tunisie, une proportion majoritaire des femmes syndiquées proviennent des secteurs du textile, de la santé et de l'enseignement. Au Maroc, les secteurs de l'industrie et de l'enseignement fournissent la majorité des travailleuses syndiquées. Dans l'ensemble des pays concernés, les femmes agricultrices sont sous-représentées dans les syndicats et les questions spécifiques aux conditions de travail et à la protection des travailleuses restent noyées dans les préoccupations générales des travailleurs et dans les luttes politiques. Néanmoins, lors du congrès de l'Union Marocaine des Travailleurs (UMT) de 1995, des mesures positives ont été prises pour réserver aux femmes un quota de 30 % des sièges au sein du bureau national. Cette mesure a été suivie en Tunisie par la réactivation du comité des femmes au sein de l'UGTT mais avec moins d'autonomie par rapport aux cadres syndicaux hommes que celle constatée chez les Marocains. La position du syndicat algérien vis-à-vis de l'égalité des droits reste conservatrice et hésitante dans le sens où la question féminine est reléguée au second plan, voire non opportune dans la conjoncture actuelle. Ceci explique l'absence d'un comité des femmes au sein de l'UGTA et se traduit souvent par des attitudes paternalistes qui vont jusqu'à l'encadrement masculin de délégations syndicalistes féminines à l'occasion de manifestations internationales et régionales. La sous-représentation des femmes au niveau politique est à l'origine de leur orientation vers les associations autonomes et vers les ONG afin de faire entendre leurs voix et de promouvoir des idées et des actions en adéquation avec leurs besoins et leurs aspirations spécifiques. En 1995, une recherche sur les mouvements féminins maghrébins ayant regroupé des femmes indépendantes, des députés, des représentantes d'ONG, des fonctionnaires et des délégués d'organes gouvernementaux, fait ressortir un certain désenchantement dans le mouvement féminin tunisien.

Ce travail dirigé selon une méthode d'Alain Touraine a permis de tirer quelques conclusions qui restent à approfondir par extension aux autres mouvements féminins de la région, à savoir que le mouvement féminin tunisien serait « une élite féminine intellectuelle qui aurait beaucoup plus une tendance culturaliste qu'une transposition politique. La problématique féminine est le résultat d'une dialectique entre la subjectivité féminine et la rationalité instrumentaliste représentée par l'Etat ».

Les actions féminines se situeraient principalement sur deux pôles : un premier pôle constitué par l'encouragement de l'exemple occidental de la construction du féminisme et du refus de la variante culturelle singulière au pays, combiné à un caractère religieux[51].

Cette tendance serait représentée par les femmes démocrates à vision surtout culturaliste. L'autre tendance représentant le second pôle serait constituée de femmes jeunes qui tentent de définir une combi-

---

51. L'intervention sociologique d'A. Touraine. Méthode utilisée par A. Farro dans le cadre d'ateliers de travail organisés comme outils méthodologiques de la recherche-action de l'IMED/CEE en Tunisie, 1995.

naison entre la subjectivité féminine et la réalité culturelle locale. Cette tendance serait représentée par la frange des femmes démocrates qui sont d'anciennes syndicalistes ou militantes issues des partis de l'opposition et qui prendraient plus de recul par rapport au passé.

A ce propos et dans ce cadre, une syndicaliste maghrébine questionnera : « Avant de penser à reconstruire le mouvement féminin, il faudrait peut-être se demander si dans le passé nous avons été un mouvement. En général, on passe du parti unique vers une multiplicité d'organisations. Nous, c'est le chemin inverse que nous avons fait. Tant qu'il y avait une certaine autonomie, le mouvement des femmes été vivant... le passage à l'unité du mouvement féminin a affaibli ce dernier. Cela ne pouvait plus fonctionner, car l'action féminine s'est elle-même institutionnalisée à l'image des appareils de l'Etat »[52]. Cette constatation faite dans le cas de la Tunisie ne serait-elle pas une question valable à tous les mouvements féminins maghrébins ?

Dans le cas où ce mouvement féminin existe, il n'évolue pas encore en intégrant la notion de société civile qui reste d'ailleurs à bâtir. Il oscille entre des revendications tantôt culturalistes, tantôt politiques mais certainement pas encore féministes. Il se compose plutôt d'une élite intellectuelle qui n'est pas toujours représentative de toutes les sensibilités politiques et de l'ensemble des couches sociales féminines, lesquelles évoluent pour leur part, soit dans la soumission, soit dans l'aliénation, soit dans la fuite ou la rébellion.

Les acquis juridiques relatifs à leurs statuts dans la sphère publique laissent apparaître un écart entre l'égalité juridique formelle et la réalité discriminatoire subséquente à un statut inégalitaire dans la famille, particulièrement en Algérie, au Maroc et en Mauritanie.

Le volontarisme juridique en faveur de l'égalité des droits plus clairement exprimé en Tunisie et plus hésitant dans les trois autres pays est marqué par une dichotomie entre les instruments internationaux concernant les droits Humains et entre les législations nationales puisant leurs normes aussi bien dans le droit positif que dans des valeurs ontologiques les plus profondes.

Le débat entre le féminisme et le politique reste éminemment posé en dépit de l'introduction du multipartisme. Et, malgré tout, le domaine politique redevient peu à peu monopole du pouvoir et constitue, pour des raisons sécuritaires, de souverainetés ou d'intérêts nationaux un droit d'Etat quasi-exclusif.

Conclusion

Les femmes au Maghreb central ont conquis plusieurs terrains et ont développé des potentialités considérables aux plans sanitaire, éducatif et économique.

---

52. L'intervention sociologique d'A. Touraine. Méthode utilisée dans le cadre d'ateliers de travail organisés dans le cadre de la la recherche-action de l'IMED/CEE, Tunisie, 1995.

Les acquis juridiques relatifs aux statuts des femmes dans la sphère publique laissent apparaître un écart entre l'égalité juridique formelle et la réalité discriminatoire subséquente à un statut inégalitaire dans la famille, particulièrement en Algérie, au Maroc et en Mauritanie.

L'opposition des États maghrébins à l'adhésion à certaines normes internationales telle que l'Algérie, ou la ratification avec réserves de la Convention de Copenhague sur l'élimination de toutes les formes de discrimination à l'égard des femmes sont révélatrices d'une admission partielle des principes d'égalité.

L'exercice des droits de citoyenneté des femmes au Maghreb traduit les contradictions fondamentales vécues dans les sociétés maghrébines en termes de crise identitaire, de crise économique et de quête de l'Etat de droit en substitution à l'Etat Nation.

La démocratie qui est une condition principale à l'avènement d'une société égalitaire et d'un développement humain durable se trouve ainsi, reléguée au second plan des préoccupations étatiques.

Or, en présence de sociétés civiles embryonnaires et d'États modernisateurs et principaux acteurs sociaux (santé, instruction, emploi, programmes de développement...), la promotion de la condition féminine dépend aussi bien de la volonté politique de ces États que de la capacité de l'action collective des femmes notamment les élites, à contribuer aux changements structurels de leurs sociétés.

La question des femmes et celle de l'égalité des droits sont plus ou moins manifestes dans :

• la recherche de nouvelles formes de symboles culturels et d'expression sociale susceptibles de contrecarrer « l'homologation culturelle »[53] et de représenter les identités collectives (dichotomie entre universalité et spécificité des valeurs et normes culturelles).

• la recherche de légitimation des formes traditionnelles d'autoritarisme étatique par des initiatives d'instauration d'Etat de droit (droit positif... reconnaissance des inégalités économiques, culturelles et politiques...) et par une timide stimulation des actions et des formes d'expression démocratiques (la reconnaissance et l'instauration du multipartisme cohabitent avec l'hégémonie résiduelle des partis uniques des périodes post-indépendance).

La définition et la mise en œuvre de politiques sociales destinées à limiter la segmentation et la hiérarchisation de la société, qui semblent constituer des sources potentielles d'instabilité et de désintégration sociales.

Tels sont les éléments essentiels de la problématique de la citoyenneté des femmes et de l'égalité des droits au Maghreb.

Aussi, toute action en faveur de l'égalité des droits au Maghreb devrait tenir compte aussi bien du caractère complexe et contrasté de cette population qui représente plus de la moitié des citoyens maghrébins que des cadres sociaux, culturels, politiques et économiques dans lesquels elles évoluent.

---

53. M. Gadant, *Nationalité et citoyenneté*, in *Les femmes et la modernité, peuples méditerranéens*, Juil. déc 1988.

Or, les Maghrébines sont plurielles : elles sont blanches, noires, modernes et traditionnelles ; elles sont conservatrices, laïques, féministes, islamistes, démocrates, totalitaires, progressistes ; elles sont autant instruites qu'illettrées, aussi intellectuelles qu'analphabètes.

Leurs comportements laissent apparaître une recherche continuelle de quiétude et de sérénité reflétant des tensions entre un « surmoi » anxieux et censeur et un « moi » aspirant pleinement à la vie. Leurs structures de pensée ne sont pas toujours conformes à leurs sphères affectives laissant choir, selon les circonstances des processus intellectuels et des mécanismes de défense qui puisent leurs normes et leurs valeurs tantôt dans l'universel moderne, tantôt dans le séculaire le plus profond. Leurs vécus et leurs modes de vie, de type syncrétique, sont un amalgame d'arabité, d'africanité, de berbérité et d'occidentalité : elles sont méditerranéennes mais réfutent autant l'occidentalisme culturel extrême que l'arabisme doctrinal radical. La dimension africaine est insécable du vécu civilisationnel d'une proportion non négligeable des femmes dans les régions sahariennes, particulièrement en Mauritanie.

Qu'elles soient soumises ou rebelles, cartésiennes ou irrationnelles, modernes ou traditionnelles, les femmes maghrébines se caractérisent par une « double spécificité » liées, d'une part, à leur subjectivité féminine qui les différencie sexuellement des hommes, et d'autre part à leur spécificité inhérente à leurs situations socio-économique et culturelle qui les singularisent par rapport aux autres femmes du monde.

Indifféremment de leurs statuts social ou économique, elles aspirent majoritairement à rejoindre la masse des citoyens qui ont l'opportunité d'être « in » plutôt que « out » des systèmes constitutifs de leurs sociétés comme les décrit si bien Alain Touraine.

Mais, la majorité d'entre elles évolue dans des systèmes politiques et idéologiques reproduisant les principes et les stéréotypes afférents à la culture tutélaire et paternaliste dans une cohabitation d'autoritarisme et de velléité d'exercer des droits de citoyenneté. L'école et les médias des différents pays maghrébins sont les instruments privilégiés parmi les appareils d'Etat qui véhiculent l'idéologie du pouvoir dominant et qui servent le conditionnement et l'amnésie collectifs. La négation de phases importantes dans l'histoire des peuples maghrébins témoignant de la cœxistence de diverses civilisations et notamment, de régimes matrilinéaires, participe pour une part non négligeable à renforcer la vision inégalitaire des rapports sociaux.

La négation du patriarcat ou la revendication du matriarcat comme normes civilisationnelles alternatives ne sont ni opportunes, ni réalistes, ni essentielles. Le plus important réside dans l'attitude qui consiste à désacraliser le régime patriarcal et à lui consacrer sa juste valeur de norme sociale et conventionnelle propre à un type précis de civilisation. Ce type de régime puise ses origines dans des instincts de conservation et dans des réflexes d'auto-protection liés à un environnement phallocratique.

L'option pour un régime matriarcal ne semble pas pour autant égalitaire. Mais s'y référer de temps à autre en citant la reine Touareg « Tin Hinane » des déserts algériens ou d'autres cheftaines de tribus sud maghrébines, pourrait démystifier les relations dominatrices persistantes dans nos sociétés.

La reconnaissance des passés glorieux de femmes comme « Dihya » nommée la *kahina* qui régnait sur les Berbères « Imazighen » de l'Afrique du Nord avant l'ère arabo-musulmane ou comme la reine Didon « Alyssa » fondatrice de Carthage, contribuerait certainement à réhabiliter une partie de l'histoire du Maghreb.

La réhabilitation du statut des femmes passe aussi par la réhabilitation de l'histoire des peuples maghrébins.

Or, s'il ne s'agit pas de faire une fixation nostalgique sur le passé, il y a lieu de mettre à profit les aspects positifs des sociétés maghrébines, tels que l'entraide, la générosité, le sens de l'honneur et de la dignité que l'on rencontre encore dans les communautés rurales. Il y a lieu par ailleurs, de tirer profit de l'expérience des pays avancés en matière d'égalité des droits et de luttes féminines, sans omettre que le modèle occidental des rapports entre les sexes n'est pas l'idéal. Pour illustrer cela, les indicateurs sexo-spécifiques en développement humain de quelques pays industrialisés sont éloquents. Les données sur la participation des femmes à la vie économique et politique en Espagne, en Belgique, en France ou encore aux USA et au Canada, démontrent une disproportion entre les potentialités féminines et les opportunités que leur offrent leurs sociétés.

L'important serait que toute action positive[54] en faveur de l'égalité des droits entre hommes et femmes au Maghreb doive autant aider à sortir les femmes de la pauvreté, du sous-développement et de l'oppression, que mettre l'accent sur le renforcement des législations nationales et leur adéquation avec les aspirations spécifiques des femmes en conformité avec les valeurs universelles des Droits de l'Homme.

---

54. Synthèse sur *Les actions positives dans la Communauté européenne*, A. Boudiaf, IMED/CEE, 1995.

Les actions positives au profit des femmes dans le domaine économique et social

Hafidha Chekir[*]

D'une manière générale, le domaine socio-économique comprend essentiellement l'éducation, le travail et le domaine syndical, en somme tous les aspects de la vie de la personne que couvre le pacte international relatif aux droits économiques, sociaux et culturels qui a été adopté par l'assemblée générale des Nations Unies en décembre 1966 et qui a été ratifié par la Tunisie en vertu de la loi n° 68-30 du 29 novembre 1968.

C'est ce domaine qui nous intéressera aujourd'hui dans la mesure où la promotion du statut des femmes dans notre société se réalise par la place importante qu'elles peuvent jouer dans la vie socio-économique et le développement et exige une protection juridique spéciale de leurs droits socio-économiques. Certes, nous croyons que la protection juridique doit couvrir tous les domaines de la vie des femmes parce que leurs droits sont indivisibles et intangibles, mais aussi à cause de notre conviction profonde que l'évolution du statut des femmes dans notre société est tributaire de leur reconnaissance en tant que citoyennes et en leur qualité de sujets de droit, tant dans les domaines politiques, civiques, familiaux qu'économiques sociaux et culturels.

Mais les exigences de cette étude la limitant au domaine économique et social, nous nous intéresserons, pour ce faire, à l'éducation des femmes, à leur accès au marché de l'emploi et à leur syndicalisation pour la défense de leurs droits. Nous essayerons de réfléchir sur les conditions socio-économiques des femmes et proposerons les solutions adéquates pour aboutir à la réalisation de la non-discrimination entre les sexes dans ce domaine et ce, notamment, par l'adoption d'« actions positives » entendues comme étant « des instruments qui doivent permettre, par la mise en œuvre d'un train de mesures cohérentes, de promouvoir l'égalité des chances entre les hommes et les femmes et de lever les inégalités de fait[1] ».

* *Hafidha Chekir* (Tunisie)
Féministe tunisienne, elle est membre fondatrice de l'Association Tunisienne des Femmes Démocrates, elle est l'auteur de plusieurs recherches en français et en arabe sur les droits et la condition juridique des femmes en Tunisie et dans le monde arabe. Juriste, elle est enseignante universitaire à la Faculté de Droit et de Sciences politiques de Tunis.
1. Guide pratique des actions positives dans les entreprises. Cabnet du secrétaire d'Etat à l'émancipation. Bruxelles 1988, p.55

Compte tenu de cet objectif, nous nous pencherons d'abord sur les fondements de cette politique socio-économique d'adoption d'« actions positives». Nous essayerons ensuite de dégager les inégalités ou les discriminations qui persistent. Nous présenterons enfin les instruments de cette politique d'« actions positives».

I. Le fondement de la politique d'actions positives : l'interdiction légale de la discrimination

En Tunisie, l'interdiction de la discrimination s'est réalisée par la conjonction de deux actes juridiques importants, d'abord la ratification des conventions internationales relatives à la discrimination, ensuite l'insertion du principe de non-discrimination dans la législation sociale.

1. La ratification des conventions internationales relatives à la discrimination

Il est une certitude absolue, c'est que la Tunisie occupe le premier rang des pays arabes dans la liste des États qui ratifient les conventions internationales relatives aux droits des femmes et d'une façon générale celles portant sur les droits humains des femmes.

C'est ainsi que la Tunisie a ratifié les deux pactes internationaux relatifs aux droits civiques et politiques et aux droits économiques sociaux et culturels[2]. Ces deux pactes énoncent, dans une disposition qui leur est commune « que les États parties aux présents pactes s'engagent à assurer le droit égal qu'ont l'homme et la femme au bénéfice de tous les droits qui y sont énumérés »[3].

En outre, la Tunisie a ratifié la convention n°111 concernant la discrimination en matière d'emploi et de profession qui a été adoptée par la conférence générale de l'Organisation internationale du travail à sa quarante-deuxième session, le 25 juin 1958[4].

Elle a *ratifié* la convention concernant la lutte contre la discrimination dans le domaine de l'enseignement qui a été adoptée par la conférence générale de l'UNESCO le 14 décembre 1960[5].

Elle a aussi ratifié la convention n° 100 concernant l'égalité de rémunération entre la main-d'œuvre masculine et la main-d'œuvre féminine pour un travail de valeur égale qui a été adoptée par la conférence générale de l'Organisation Internationale du Travail à sa trente-quatrième session, le 29 juin 1951[6].

Enfin, elle a ratifié la convention sur l'élimination de toutes les formes de discrimination à l'égard des femmes qui a été adoptée et ouverte à la signature, à la ratification et à l'adhésion par l'assemblée générale des Nations Unies dans sa résolution 34/180 du 18 décembre 1979[7]. L'avantage de ces ratifications est double.

---

2. Ces deux pactes ont été ratifiés par une même loi. La loi n° 68-30 du 29 novembre 1968. J.O.R.T. p. 1260.
3. Article 3 commun aux 2 pactes.
4. Loi n° 59-94 du 20.08.1959, JORT 1959, p. 886.
5. Loi n° 69-40 du 26.7.1969, JORT 1969, p. 908.
6. Loi 68-21 du 2.7.1968, JORT 1968, p. 743/
7. Loi n° 85-68 du 12 juillet 1985, JORT 1985, p. 919.

Du point de vue formel, la ratification est une opération juridique qui est, en vertu des articles 32 et 33 de la Constitution tunisienne[8], de la compétence du législateur et se fait par la loi dite loi de ratification.

Elle entraîne l'intégration de la convention dans le système juridique interne de la Tunisie et oblige les autorités judiciaires et administratives à veiller à son application. Mais surtout elle donne à la convention dûment ratifiée une valeur juridique supérieure à la loi. Ce qui normalement devrait aboutir d'une part à l'application des dispositions de la convention, dans le cas où la loi qui régit le même domaine renferme des dispositions qui lui sont contraires, et, d'autre part, à la modification par le législateur de ces dispositions afin qu'elles soient conformes ou du moins compatibles avec l'esprit et la lettre de la convention.

Du point de vue matériel, la ratification des conventions relatives aux discriminations va permettre la généralisation et l'adoption d'une définition unique de la discrimination puisque tous ces instruments internationaux ont le mérite d'avoir dégagé des critères identiques de la discrimination et de l'avoir identifiée à « toute distinction, exclusion ou restriction fondée sur le sexe qui a pour effet de compromettre ou de détruire la reconnaissance, la jouissance ou l'exercice par les femmes, quelque soit leur état matrimonial, sur la base de l'égalité de l'homme et de la femme, des droits de l'homme et des libertés fondamentales dans les domaines politique, économique, social, culturel ou familial ou dans tout autre domaine »[9].

De même, la ratification va obliger les États parties dont la Tunisie, en partant du constat du maintien des discriminations, de vérifier d'abord leur existence et ensuite de prendre « les mesures appropriées y compris les dispositions législatives... pour garantir l'exercice et la jouissance des droits de l'homme et des libertés fondamentales sur la base de l'égalité avec les hommes »[10] et parfois d'adopter « des mesures temporaires spéciales visant à accélérer l'instauration d'une égalité de fait entre les hommes et les femmes »[11].

A côté de cette interdiction internationale admise par les instances diverses de l'organisation des Nations Unies, le législateur tunisien a admis une interdiction interne qui découle de la reconnaissance du principe de non-discrimination dans la législation sociale.

2. La consécration du principe de non-discrimination dans la législation sociale

---

8. La Constitution tunisienne du 1er juin 1959 dispose dans ses articles 32 et 33, que :
Art. 32 : Les traités n'ont force de loi qu'après leur ratification. Les traités dûment ratifiés ont une autorité supérieure à celle des lois.
Art. 33 : Les traités sont ratifiés par la loi.
9 . Telles sont, à titre d'exemple, les dispositions de l'article 1er de la convention internationale relative à l'élimination de toutes les formes de discrimination subies par les femmes.
10 . Article 3 de cette même convention.
11 . Article 4 de cette même convention.

Malgré le silence de la Constitution[12] dans les différents domaines de la vie sociale, le principe de non-discrimination a été reconnu et consacré.

En matière d'éducation, l'accès à l'école pour tous les enfants en âge d'être scolarisés est un principe qui a été admis depuis 1958 quand le législateur a édicté une loi relative à l'enseignement dont l'article 2 stipule expressément que « l'accès à l'éducation et à l'instruction est ouvert à tous les enfants à partir de l'âge de six ans »[13]. Ce principe a été confirmé en 1991 du fait de l'édiction d'une nouvelle loi relative au système éducatif[14], dont l'un des objectifs est... « la préparation des jeunes à une vie qui ne laisse place à aucune forme de discrimination ou de ségrégation fondée sur le sexe, l'origine sociale, la race, la religion ».

Pour permettre l'accès de tous les enfants à l'école et leur garantir des conditions et des chances égales devant l'instruction et l'éducation, le législateur a d'abord affirmé le caractère gratuit de l'enseignement depuis 1958, tout en prévoyant l'adoption de mesures ultérieures qui fixeront la date à partir de laquelle l'obligation d'assurer aux enfants l'instruction de six à douze ans sera imposée à tous les parents et sur tout le territoire tunisien. Mais, en fait, ce n'est qu'en 1991 que cette obligation a été consacrée légalement. Aux termes de l'article 7 de la loi de 1991, « l'enseignement de base est obligatoire à partir de l'âge de six ans jusqu'à l'âge de seize ans, pour tout élève à même de poursuivre régulièrement ses études selon la réglementation en vigueur. »

Ainsi, aujourd'hui, et pendant neuf ans, délai du terme de l'enseignement de base, l'enseignement devient obligatoire et des sanctions sont même prévues en cas de non respect de cette règle. En effet, le tuteur qui s'abstient d'inscrire son enfant à l'un des établissements de l'enseignement de base ou le retire avant l'âge de seize ans alors qu'il est à même de continuer normalement ses études, conformément à la réglementation en vigueur, s'expose à une amende allant de 10 à 100 D. Cette amende est de 200 D en cas de récidive.

Dans le domaine du travail, un phénomène important est à signaler depuis l'indépendance, c'est l'accès des femmes à l'emploi salarié en dehors du foyer, notamment dans le secteur industriel et dans celui des services privés, parapublics ou publics.

Dans le secteur public, celui de la fonction publique, on constate que le statut de la fonction publique édicté depuis 1959 et modifié en 1968 et en 1983[15] a consacré le principe de non-discrimination entre

12. La constitution s'est contentée d'affirmer le principe de l'égalité des citoyens devant la loi dans son article 6.
13. Loi n° 58-118 du 4 novembre 1959 relative à l'enseignement, JORT 1958, p.1056. Loi n°91-65 du 29.07.1991 relative au système éducatif, JORT 1991, p.1398.
14. Loi n° 91-65 du 29.7. 1991, relative au système éducatif, JORT, 1991, p 1398.
15. Le statut de la fonction publique actuellement en vigueur est organisé par la loi n° 83-112 du 12 décembre 1983 portant statut général des personnels de l'Etat, des collectivités publiques locales et des établissements publics à caractère administratif.

les sexes. L'article 11 de ce statut énonce clairement que « sous réserve des dispositions spéciales commandées par la nature des fonctions et qui peuvent être prises à ce sujet, aucune distinction n'est faite entre les deux sexes pour l'application de la présente loi ».

Comme on le remarque, le législateur utilise la distinction au lieu de la discrimination, peut-être pour pointer la différence de traitement en amont de toute appréciation sur son caractère légitime ou non.

Par la reconnaissance de ce principe dans l'article 11 dont les dispositions sont la reproduction presque intégrale de la loi française du 19 octobre 1946 (art. 7), la différenciation est basée sur le sexe. Il s'agit alors de rétablir un équilibre qui a été souvent rompu au profit des hommes et de faire acquérir aux femmes les qualités reconnues aux hommes. Ce qui implique la prévalence du principe de l'égale admissibilité de tous dans le recrutement, tant par la voie des concours que par la voie des nominations, l'application du principe de l'égalité de traitement au niveau du déroulement de la carrière et à sa fin, l'égalité de salaire, l'égalité des chances et l'égalité dans la jouissance des droits des fonctionnaires et du droit syndical en particulier.

Mais des exceptions à cette règle sont permises par la loi elle-même. Il peut désormais être apporté des dérogations entre les sexes en raison de la nature des fonctions. Ainsi lorsque l'intérêt du service l'exige, des discriminations sont permises notamment dans le cadre des statuts régissant certains corps spéciaux[16].

Dans le secteur privé ou parapublic, c'est seulement depuis 1993 que le principe de non-discrimination a été introduit dans le code du travail par l'insertion d'un nouvel article 5 bis[17]. Auparavant, c'était la convention collective cadre adoptée en 1973 qui garantissait ce principe relativement aux droits des femmes en stipulant expressément « que la présente convention s'applique indistinctement aux travailleurs de l'un et de l'autre sexe. Les jeunes filles et les femmes remplissant les conditions requises pourront au même titre que les jeunes gens et les hommes accéder à tous les emplois, sans discrimination dans les classifications et les rémunérations »...

Depuis 1993, l'article 5 bis du code du travail énonce clairement « qu'il ne peut être fait de discrimination entre l'homme et la femme dans l'application des dispositions du présent code et des textes pris pour son application. C'est là une grande évolution que connaît le code. L'article 5bis énonce solennellement le principe de non-discrimination, confirme son application au niveau des diverses dispositions du code et contrairement au statut de la fonction publique ne laisse pas la porte ouverte à toute dérogation.

En outre et en plus de la reconnaissance de ce principe, le code du travail et le statut de la fonction publique ont prévu un certain nombre de droits spécifiques aux femmes qui sont de nature à protéger son droit au travail et à prendre en considération ses responsabilités familiales. Il s'agit du congé de maternité, du congé postnatal, de la

---

16. S. Chérif et M. Kamoun, *La fonction publique tunisienne*, ENA-CREA, 1991, p. 96.
17 . Ajouté par la loi n°93 du 5 juillet 1993.

mise en disponibilité pour l'éducation des enfants ou pour la prise en charge d'un enfant handicapé, de la retraite anticipée des mères...

Ainsi l'interdiction de la discrimination semble être un acquis juridique important. Mais est-ce un acquis réel ? La réalité est-elle conforme à la loi en la matière ou y a-t-il un décalage effectif entre le droit qui interdit toute discrimination et les conditions socio-économiques qui maintiennent ces discriminations ?

II. L'application du principe de non-discrimination ou le maintien des inégalités

Autant les pouvoirs publics que les personnes intéressées ne peuvent aujourd'hui ignorer le décalage entre les dispositions juridiques qui interdisent la discrimination et la réalité sociale qui la maintient à tous les niveaux de la vie économique et sociale.

1- En matière d'éducation

Si la reconnaissance des mêmes droits est une certitude pour les filles et les garçons, la jouissance du droit à l'éducation reste limitée d'abord par rapport à l'analphabétisme féminin, ensuite relativement à la scolarisation des filles.

L'analphabétisme féminin, a certes subi une nette diminution de 1956 à 1989 passant de 96 % à 48,3 %[18] mais il reste très important au niveau des petites filles : 13,3 % des filles âgées de 10 à 14 ans sont analphabètes alors que seulement 3,5 % des garçons de cet âge le sont[19].

La scolarisation des filles est importante mais elle n'est pas totale au niveau de l'accès à l'enseignement primaire. Elle atteint 82 % en 1993-1994 contre 66,4 % en 1981-1982 et 51 % en 74-75[20].

Cependant il existe un taux d'abandon important et croissant de 1,7 % à la première année à 23,4 % à la sixième année pour les petites filles[21]. Il est dû au coût élevé de l'éducation, aux faibles résultats scolaires, aux travaux domestiques, à l'éloignement de l'école, à l'emploi dans une activité familiale ou en dehors de la famille, mais aussi et surtout au problème du changement de l'organisation sociale de la famille et aux contraintes familiales qui obligent les filles à sacrifier leurs études pour s'occuper des travaux domestiques et des activités économiques de la famille[22].

La scolarisation des filles va en décroissant. 35 % ont un niveau primaire, 15 % ont un niveau secondaire, 1,4 % des femmes ont un niveau supérieur[23]. Elles sont orientées essentiellement dans les disciplines littéraires et sont sous-représentées dans les institutions scientifiques et techniques.

2 - Au niveau du travail

On constate que l'accès à l'emploi reste tributaire du taux d'anal-

---

18. *Femmes de Tunisie*, CREDIF, Tunis, 1994, p. 74.
19. *Femmes de Tunisie*, CREDIF, op. cité, p. 74.
20. *Femmes de Tunisie*, CREDIF, op. cité, pp. 64-65.
21. *Femmes de Tunisie*, CREDIF, op. cité, p. 69.
22. L'UNICEF-UNFT, étude sur l'abandon scolaire des filles en milieu rural, Tunis, janvier 1992, p. 74.
23. Statistiques annuelles du ministère de l'éducation. Chiffres datant de 1993.

phabétisme féminin et de la faiblesse générale de leur niveau d'instruction. L'école primaire fournit la main-d'œuvre non qualifiée, l'enseignement professionnel produit les ouvrières qualifiées et semi-qualifiées pour le secteur moderne du textile, l'enseignement secondaire forme les employées et le personnel administratif, l'enseignement supérieur sélectionne une fraction limitée de femmes pour les professions les plus élevées et les plus valorisées socialement, à savoir les professions libérales et les cadres supérieurs de l'administration[24].

Dans la fonction publique, malgré la consécration du principe de non-discrimination, les femmes sont loin d'égaler les hommes. La répartition des femmes fonctionnaires dans les différents grades de l'administration révèle leur faible présence dans les grades supérieurs et une grande concentration dans les grades inférieurs (10,67 % contre 54 %). Les femmes se retrouvent essentiellement dans les fonctions d'exécution et rarement dans les fonctions de direction et de contrôle.

De plus, il existe des secteurs qui ont tendance à se féminiser de plus en plus et qui constituent le prolongement du rôle traditionnel des femmes. Ainsi en est-il des secteurs de la santé et de l'enseignement où les femmes représentent 33,06 % des femmes dans l'administration et 43,08 % de l'ensemble des employés[25].

Mais même dans ces domaines, les femmes sont plus présentes au bas de l'échelle. Ainsi dans l'enseignement, il existe une concentration des femmes dans le rang des instituteurs (45,5 %) pour une faible présence au niveau du supérieur (21,6 %)[26]. Dans la santé, c'est dans le paramédical que la présence des femmes est la plus manifeste (52 %)[27].

Au niveau de la promotion, quand on compare le nombre des promouvables à celui des promus, on constate que l'accès aux postes fonctionnels n'a pas suivi l'évolution du recrutement des cadres par sexe. Ainsi en 1992, il n'a été fait appel, parmi les cadres éligibles à des emplois fonctionnels, qu'à 2,6 % des femmes contre 12 % des hommes[28].

Dans certains secteurs, notamment économiques et financiers, les femmes sont presque absentes dans les emplois fonctionnels. Ainsi au Ministère des Finances, parmi l'ensemble des cadres 15 % seulement sont des femmes et parmi les cadres ayant un poste fonctionnel 9,7 % sont des femmes[29]. Dans le même esprit on constate, en 1994, que 9 femmes seulement sont directrices générales dans la fonction publique. Aucune n'est secrétaire générale[30].

Ainsi on remarque une inégalité entre les hommes et les femmes tant au niveau des grades occupés que dans la répartition des respon-

24 . D. Mahfoudh-Draoui, « Formation et travail des femmes en Tunisie. Promotion ou aliénation », AAN, 1980, p.255.

25 . INS, Enquête population emploi, 1989, Tunis, p. 409.

26 . *Femmes de Tunisie*, CREDIF, op.cité, p. 188.

27 . Femmes de Tunisie, CREDIF, op. cité, p. 188.

28 . *Femmes de Tunisie*, CREDIF, op. cit. p. 197.

29 . *Femmes de Tunisie*, CREDIF, op. cit. p. 199.

30 . H. Sghidi, *Les femmes fonctionnaires*. Etude statistique, ENA, Tunis, 5 décembre 1994.

sabilités entre eux. La situation n'est guère meilleure dans le secteur privé ou parapublic.

L'analyse de l'emploi féminin dans ces secteurs révèle que les femmes travaillent essentiellement dans le secteur de l'agriculture et de l'industrie.

Dans l'agriculture, elles sont essentiellement aides familiales, travail indissociable du travail domestique, ou restent confinées dans le statut d'ouvrières saisonnières, c'est-à-dire ouvrières non qualifiées, constituant une main-d'œuvre docile et le plus souvent sous-rémunérée, percevant 50 à 70 % du salaire des hommes de la même catégorie[31].

Dans l'industrie, c'est dans la branche des industries manufacturières, et plus particulièrement dans la sous-branche textile et cuir, qu'on trouve la majorité des femmes, en 1984 87 % de la main-d'œuvre travaillant dans cette sous-branche était féminine[32].

D'une manière générale, les femmes sont principalement salariées dans le secteur structurel. Elles représentent dans ce secteur 57,3 % de la population active occupée contre 19,3 % de patrons et travailleurs indépendants, 22 % d'aides familiales et 1,6 d'apprentis[33]. Les autres travaillent dans le secteur non structuré, secteur qui fait appel à des techniques rudimentaires et à une main-d'œuvre peu qualifiée composée de femmes travaillant à domicile, souvent pour le compte d'entreprises du secteur structuré ou en tant qu'aides familiales ou exercent une activité artisanale en tant qu'indépendantes[34]. Ce travail n'étant ni réglementé ni protégé par la loi, les femmes perçoivent le plus souvent un revenu inférieur au salaire minimum du secteur structuré en plus des conditions de travail pénibles et de la méconnaissance totale de leurs droits.

D'une façon générale, les femmes se trouvent dans une situation très précaire surtout depuis 1986 quand le programme d'ajustement structurel a été appliqué en Tunisie et qu'il s'est manifesté au niveau du travail par la primauté du recrutement par voie de contrat à durée déterminée, par les stages ou par les techniques de flexibilité de l'emploi. Ajouter à cela les avatars d'une formation professionnelle qui reste l'apanage des hommes et des quelques femmes qui vivent en milieu urbain et qui se spécialisent dans les secteurs du textile, dans l'artisanat, dans le secteur des services mais jamais dans les disciplines techniques[35].

3. Dans le domaine syndical

Tous ces inégalités maintenues dans le domaine du travail devraient normalement inciter les femmes à se regrouper dans les

---

31 . Selon l'enquête agricole de base du Ministère de l'Agriculture, Tunis, 1990.
32 . *Femmes de Tunisie*, CREDIF, op. cit., p. 146.
33 . INS, Enquête nationale population emploi, op. cit.,Tunis, 1989.
34 . Ch. Bemard, *Les femmes salariées ou non salariées au Maghreb. Des travailleuses à plein temps et hors du temps*, in *Les femmes du Maghreb au présent*, Ed. Alif., CNRS, Tunis, 1992, p. 159.
35 . UNFT, *La formation professionnelle en Tunisie. Le cas de la formation professionnelle féminine*, Tunis, décembre 1993.

structures syndicales pour se défendre et revendiquer la jouissance de leurs droits et de meilleures conditions de travail. Pourtant, le syndicat reste le monde des hommes malgré le mouvement de syndicalisation féminine qui s'est développé à partir des années soixante-dix sous l'effet conjugué des mutations socio-économiques, de l'évolution objective du travail féminin et de l'incapacité des structures féminines officielles existantes à encadrer les luttes féminines.

Le poids des femmes reste très limité dans le syndicat et ne peut jouer un rôle auprès des responsables syndicaux et des structures syndicales dans la défense des droits des femmes et particulièrement de leurs droits spécifiques. Jusqu'à présent, et depuis la création du syndicat, le 20 janvier 1946, une seule femme a été membre du bureau exécutif du syndicat lors du congrès constitutif de la centrale syndicale (Union générale des travailleurs tunisiens/U.G.T.T.).

En réalité, plus on monte dans la hiérarchie structurelle syndicale, moins il y a de femmes, pour arriver à leur absence des structures syndicales de prise de décision.

Il n'existe pas de département femmes au sein de la centrale syndicale, mais il existe une commission syndicale féminine nationale consultative auprès du responsable de la formation cependant elle n'est pas représentée dans les réunions de la commission administrative ou du bureau exécutif.

A l'exception des secteurs féminisés comme le textile ou la confection, ou l'enseignement, la présence des femmes dans les syndicats est nulle. En 1992 et pour le grand Tunis, elles constituent 20 % des adhérents du syndicat de l'enseignement supérieur, 40,6 % des adhérents du syndicat de l'enseignement secondaire et 39 % des adhérents du syndicat de l'enseignement primaire[36].

Cette situation s'explique de différentes manières. Depuis ses origines, le syndicat n'a jamais considéré les droits des femmes comme une priorité à défendre. Les statuts de l'UGTT et son règlement intérieur ne font nullement référence à la condition de la femme ouvrière.

Les rapports moraux des congrès de l'UGTT ne se sont intéressés réellement à la condition de la femme qu'à partir de 1984 dans le 16e congrès sous l'influence de femmes syndicalistes qui s'étaient regroupées dès 1982 au sein d'une commission nationale de la femme travailleuse[37] commission qui n'a été institutionnalisée qu'en 1991 à l'occasion de l'amendement du règlement intérieur de l'UGTT et de l'introduction d'un article 44 nouveau qui a fixé le nombre de ses membres à 15 et l'a rattachée au bureau exécutif et plus précisément au département de l'éducation ouvrière et de la formation syndicale.

Pour toutes ces raisons qui tiennent au décalage entre le texte de la loi et la réalité, au maintien des discriminations et des inégalités de fait, l'heure est venue de penser à des actions positives afin de rattraper le retard accumulé mais aussi afin de promouvoir le statut des femmes.

---

36 . UGTT, Département de la formation statistique, 1992.

37 . Bulletin de la commission syndicale féminine 1983-1984, publié à l'occasion de la célébration de la Journée internationale des femmes, le 8 mars 1983.

III. La mise en œuvre des actions positives

Il s'agit dans cette partie de proposer des mesures concrètes susceptibles de favoriser l'égalité des chances et de créer les conditions réelles d'une participation non-discriminatoire des femmes dans le développement socio-économique de la Tunisie.

Pour ce faire, il convient d'œuvrer à l'élaboration d'un programme général d'actions positives dont le contenu doit toucher les questions éducationnelles, professionnelles et syndicales.

1. L'élaboration d'un programme d'actions positives

Normalement, et si l'on prend appui sur les techniques d'élaboration des conventions collectives du travail, le programme d'actions positives doit être le fruit d'une concertation sociale entre les différents partenaires sociaux. Le but est la mise en œuvre commune d'un programme unique aux femmes étant donné la similarité des conditions socio-économiques des femmes.

Ces partenaires doivent être :

– des femmes syndicalistes que la direction syndicale désignera en fonction des responsabilités qu'elles assument au sein des structures syndicales et en raison de leur appartenance à la commission de la femme travailleuse ;

– des représentantes de toutes les associations féminines officielles et indépendantes intéressées par la condition socio-économique des femmes ;

– des représentantes des organisations syndicales patronales.

La présence de ces différents partenaires permettra d'avoir un point de vue global et exhaustif sur la condition réelle des femmes dans ce domaine, tant du côté des représentantes des femmes travailleuses que du côté de celles des chefs d'entreprise.

L'État, représenté par des représentants du Ministère des Affaires sociales et du Ministère de la Famille et de la Promotion de la femme, jouera le rôle d'arbitre entre ces différents partenaires mais il veillera aussi à l'application des termes du programme, une fois le consensus autour de lui réalisé.

De la sorte, il obligera les entreprises à respecter les dispositions de ce programme et à les intégrer dans les conventions collectives cadre ou sectorielle.

De même, il veillera à leur application dans les services administratifs de quelque nature qu'ils soient et procédera à la modification de la législation sociale afin que les mesures que comprend ce programme revêtent une valeur juridique certaine et soient soumises au contrôle des services des inspections du travail régionaux ou nationaux.

Les autorités judiciaires et particulièrement les conseils de prud'hommes connaîtront alors des affaires relatives à leur irrespect de la part des chefs d'entreprise ou des autorités administratives.

L'État organisera aussi des campagnes d'information autour du contenu de ce programme afin d'attirer l'attention des services intéressés sur leur importance et sur la nécessité de les respecter.

Les syndicats nationaux interviendront auprès des chefs d'entreprise pour leur demander de les reconnaître et d'en faire bénéficier les femmes travailleuses au sein de leurs entreprises.

Les syndicats ouvriers, les associations de femmes et celles des droits humains organiseront à leur tour des réunions conjointes de sensibilisation autour des femmes de ce programme auprès des hommes afin de les convaincre de leur importance et auprès des femmes afin qu'elles puissent en jouir, mais surtout afin qu'elles puissent se défendre auprès des autorités administratives et judiciaires compétentes en cas de leur violation.

2. Le contenu du programme d'actions positives

Pour la commodité de l'analyse, nous séparerons les domaines.

– Dans le domaine de l'éducation, même si l'enseignement est en principe gratuit et obligatoire, il faudrait créer des services ruraux, locaux, régionaux et nationaux pour veiller à la réelle application de cette règle impérative tant pour les garçons que pour les filles tout en accordant un traitement préférentiel pour les filles.

De même et pour lutter contre l'abandon scolaire des filles avant l'achèvement de leurs études, il faudrait demander aux autorités locales et régionales de créer un fonds pour la prise en charge des coûts de scolarisation des filles.

Dans l'enseignement supérieur, il faudrait prévoir un quota de bourses ou d'aides financières et de places disponibles pour les étudiantes dans toutes les disciplines de l'enseignement supérieur et notamment là où elles sont sous-représentées, comme dans les instituts techniques et les écoles d'ingénieurs afin de leur permettre d'accéder à tous les domaines de la vie professionnelle.

– Dans le domaine du travail, pour mener une politique d'égalité des chances entre toutes les travailleuses et tous les travailleurs, il faudrait :

Au niveau du recrutement

* Prévoir une politique de sélection axée sur les femmes dans tous les domaines et même dans les domaines techniques ou délicats et cela en consacrant un certain nombre de postes vacants aux femmes.

* Lutter contre la tendance vers la féminisation de certains métiers afin de mettre fin à cette mentalité de continuité des rôles traditionnels des femmes en instaurant la règle de la parité dans les fonctions d'enseignement, de santé ou d'assistance sociale.

* Prévoir et garantir une présence des femmes dans tous les services et surtout dans les services de l'économie, des finances et dans les administrations de souveraineté telles que les affaires étrangères, la défense ou la sécurité intérieure.

* Veiller au respect du principe de l'égalité des salaires dans tous les secteurs structuré ou informel et cela en imposant un contrôle systématique *a priori* des émoluments qui constituent le salaire au moment de leur détermination et en prévoyant des sanctions pénales en cas de discrimination entre les sexes relativement au salaire.

Au niveau de la promotion

* Prévoir un quota de femmes au niveau de la répartition des res-

ponsabilités et à tous les niveaux de la hiérarchie administrative afin de garantir une représentation égale ou du moins équitable des femmes et des hommes dans toutes les instances de prise de décision.

* Il faudrait aussi, et pour ce faire, consacrer un nombre important de places à pourvoir aux femmes au moment de l'ouverture des concours internes et externes.

Au niveau de la formation professionnelle

* Ouvrir des centres dans tous les gouvernorats afin que les femmes puissent en bénéficier et que ce ne soit pas l'apanage des hommes mais aussi ouvrir tous les centres, quelle que soit leur vocation, aux femmes et aux hommes sans discrimination.

Quant à la formation en cours d'emploi

* Il faudrait songer à organiser des cours de formation pendant les heures de travail, dans les entreprises dans les administrations afin de donner aux femmes les mêmes chances de promotion qu'aux hommes puisque, actuellement, les formations en cours d'emploi, sont organisées le soir et en dehors des heures de travail. Ce qui exclut automatiquement les femmes qui vaquent à leurs occupations familiales après la fin de la journée de travail.

Concernant les actions positives qui ont été déjà fixées par le législateur, il faudrait, dans un souci de rentabilité économique, les réviser afin qu'elles ne retombent pas seulement sur les femmes et n'altèrent pas de façon exclusive la promotion des femmes.

Ainsi faut-il d'abord commencer par considérer la fonction de maternité comme une fonction sociale que doivent partager les parents avec l'État.

Dans ce cadre, le congé de maternité doit, à l'image des autres pays et conformément à la législation internationale, être à la fois postnatal et prénatal pour protéger la santé de la mère et celle de l'enfant.

Le congé postnatal qui est accordé à l'issu du congé de maternité pour une durée de 4 mois avec demi-salaire doit être transformé en congé parental et laissé à la discrétion et aux choix des parents. Celui qui a le plus de possibilités de ne pas perturber le déroulement de sa carrière pourra en jouir pour le bien-être de la famille et l'éducation des enfants.

La mise en disponibilité spéciale qui est accordée pour une durée de 2 ans renouvelable 2 fois pour la femme fonctionnaire à l'effet d'élever ses enfants âgés de moins de 6 ans ou atteints d'infirmité exigeant des soins continus, doit être accordée sans distinction à l'un des parents et non pas seulement aux femmes. Il en est de même du droit à la retraite anticipée qui est actuellement reconnue aux femmes et liée à leur statut de mère.

L'interdiction du travail de nuit et dans les métiers souterrains ou insalubres doit être levée pour la reconnaissance des mêmes droits aux hommes et aux femmes. Si le législateur veut la maintenir, c'est en cas d'exception pour les femmes enceintes ou pour celles qui allaitent un enfant dont l'équilibre physique et physiologique peut être perturbé à cause de l'absence des femmes pendant la nuit.

Dans le but d'améliorer les conditions de travail, il faudrait songer à instaurer la séance unique et à généraliser la flexibilité de l'horaire de travail comme cela existe dans certains pays européens ou dans certaines organisations internationales telles que le BIT. Ce qui permettrait aux deux parents de s'occuper des tâches familiales après la fin de la journée de travail.

Mais il faudrait aussi installer des crèches, des jardins d'enfants et des cantines publiques dans les lieux de travail qui seraient pris en charge par l'État et par les entreprises afin que les charges de la famille et de l'Éducation des enfants soient partagées par tous les acteurs sociaux.

Peut-être, avec toutes ces mesures et ce programme, pourrait-on arriver à mettre fin à la conviction profonde de certains décideurs « de l'infériorité morale et physique intangible des femmes et du péril encouru par les familles en raison de l'accès des femmes à l'emploi ».

Pour l'application de ce programme, il faudrait exiger des structures syndicales qu'elles prennent en charge la promotion sociale et économique des femmes et qu'elles considèrent la défense des droits des femmes comme une question prioritaire.

Dans ce cadre et parmi les actions positives à préconiser, il faudrait :

– appeler à une syndicalisation massive des femmes ;

– prévoir un quota de femmes dans toutes les instances syndicales de la base vers le sommet ;

– créer un département femmes au sein de la centrale syndicale et élire à sa tête une responsable connue pour son militantisme pour les droits des femmes et pour ses compétences professionnelles ;

– prévoir une responsable chargée des droits des femmes au sein du bureau exécutif et en tant que membre de plein droit de cette instance syndicale suprême ;

– garantir aux femmes syndicalistes une protection et une immunité syndicale afin qu'elles puissent mener leurs actions en toute sécurité ;

– sensibiliser tous les responsables syndicaux à la défense des droits des femmes travailleuses et à la prise en charge de leurs problèmes spécifiques ;

– sensibiliser toutes les femmes pour la conquête de leurs droits, leur défense et la revendication de leurs consolidations ;

– agir avec tous les acteurs de la société civile pour la transformation des mentalités ancestrales patriarcales qui véhiculent un discours rétrograde et infériorisant des femmes.

Une fois ces actions positives acceptées par les pouvoirs publics, nous pourrions aider à la réalisation des conditions favorables pour la promotion des femmes et pour leur participation réelle au processus du développement.

Analyse socio-économique
de la condition de la femme au Maroc

Touria Haji Temsamani[*]

Introduction

Observée à travers la comparaison des résultat des recensements de 1982 et 1994, la condition féminine au Maroc enregistre une évolution plutôt timide.

L'analphabétisme recule certes, mais à un rythme qui fait craindre que le maintien de taux d'analphabétisme élevés chez la femme, ne reporte à une date lointaine une nette amélioration des comportements démographiques et des indicateurs socio-économiques de la population féminine.

Cette tendance à un changement lent de la condition féminine est confirmée par le maintien de taux de scolarisation faibles. Un peu plus de la moitié de la population féminine âgée de 8 à 13 ans est scolarisée (51,5 %). La situation est exaspérée en milieu rural ou à peine le quart (25 %) de l'effectif de cette classe d'âge fréquente l'école.

En matière d'activité la présence de la femme ne rend pas compte de son poids démographique. Une faible proportion de femmes se déclare active, 13,4 % au niveau national. Les citadines sont plus nombreuses à vouloir rejoindre le monde du travail (17,3 %). Les rurales, malgré une présence de tous les jours sur le champ d'activité, ne se déclarent que très faiblement comme actives (9,3 %). Le chômage féminin s'est exacerbé et a connu un fort développement depuis 1982, en s'amplifiant de onze points. Les urbaines sont d'ailleurs les plus exposées (29,6 %).

La comparaison *Femmes/hommes* montre bien que les quelques progrès réalisés sont loin d'atténuer les disparités qui caractérisent les rapports entre ces deux composantes de la population (voir tableaux).

Dans le domaine de l'éducation l'écart entre *Femmes/Hommes* se réduit. Des scores appréciables sont enregistrés dans la scolarisation des urbaines. Il est à signaler, par contre, que l'écart s'est amplifié entre les sexes en milieu rural, où la scolarisation semble avoir touché principalement les garçons pendant la décennie écoulée.

* *Touria Haji Temsamani* (Maroc)
Elle a travaillé comme expert au Centre Africain de Formation et de Recherche pour le Développement de 1970 à février 1996. Elle est actuellement consultante en matière d'intégration des femmes et, notamment, des personnes défavorisées, des jeunes et des ONG locales dans les programmes et projets de développement. Elle est également présidente fondatrice d'une ONG qui opère en matière de développement durable dans le Nord du Maroc.

En ce qui concerne la population active, les femmes en quête d'une activité sont de plus en plus nombreuses, même si le comportement de la femme rurale, en rapport avec l'activité, fausse quelque peu le problème. Cet investissement du monde du travail par la femme est surtout apparent dans les données concernant le chômage. Si en 1982 il y avait une certaine parité qui se dégageait des taux de chômage, 1994 apparaît avec une amplification des écarts entre les sexes. L'élément féminin subit assez sévèrement les effets d'une conjoncture économique frileuse et n'arrive pas à rivaliser à égalité avec son homologue masculin.

Évolution du rapport femme/homme dans les recensements de 1982 et 1984

Alphabétisation

	1982	1994
Urbain	61.3	68,2
Rural	17.1	
TOTAL	44.9	55,7

Scolarisation (8-13 ans)

	1982	1994
Urbain	90	92
Rural	46,9	44,3
TOTAL	70,9	71,6

Taux brut d'activité

	1982	1994
Urbain	31,6	33,4
Rural	19,00	18,2
TOTAL	24,2	26

Taux de chômage

	1982	1994
Urbain	121	173
Rural	65	96
TOTAL	100	164

Population féminine

Aspects socio-démographiques

Les résultats préliminaires du recensement de la population et de l'habitat, organisé en 1994, ont établi la population du Maroc à 26 073 593 habitants. Ce chiffre dégage un taux d'accroissement annuel moyen de 2,06 % et un ajout annuel moyen de 471 000 personnes. D'un autre côté la répartition urbaine/rurale a montré, pour la première fois, la prédominance de la population citadine qui rassemble désormais plus de la moitié des Marocains. En effet lors de la dernière période intercensitaire 1982-1994 la population urbaine a continué à connaître un rythme d'accroissement annuel rapide (3,6 % en moyenne) alimenté dans une large mesure par l'exode rural, comme cela peut être dégagé à travers le taux d'accroissement annuel moyen de la population rurale (0,7 %) pour la même période.

Recensement de la Population et de l'Habitat 1994

Population Totale	Urbaine	Rurale
26 073 593	13 414 560	12 659 033
100 %	51,45 %	48,55 %

Cependant les résultats publiés jusqu'à présent (juin 1995) ne permettent pas encore d'avoir de renseignements plus détaillés. Ainsi en est-il de la répartition par sexe notamment. L'approche de la population tiendra donc compte essentiellement des recensements antérieurs à 1994 et des enquêtes menées par la Direction de la Statistique. La composante féminine de la population marocaine représente la moitié de l'effectif global. Une légère domination féminine semble se dessiner. Les flux migratoires vers l'étranger, principalement masculins, et une espérance de vie plus longue de la femme, renforcent cette tendance.

Évolution de la population féminine
(Chiffres en milliers)

	1960[1]	1971[1]	1982[1]	1993[2]
Population Totale	11,626	15,379	20,419	26,069
Population femme	5,813	7,645	10,086	13,277
Part	50 %	49,7 %	49,4 %	50,9 %

1 *Recensements*
2. *Projections CERED*

Quand on considère la plupart des indicateurs démographiques, force est de constater les évolutions appréciables qui se sont produites et qui témoignent d'une très nette amélioration de la condition féminine, ou du moins d'une plus grande prise en charge par la femme de ses propres intérêts. On ne peut non plus manquer de constater que cette évolution n'est pas homogène et que, dans certains cas, l'écart population urbaine/population rurale est allé en s'approfondissant.

Dans tous les cas une évolution à deux vitesses est apparente en fonction du milieu de résidence. Durant les deux dernières décennies, la fécondité a enregistré une baisse manifeste. Tous les indicateurs de fécondité s'inscrivent en régression, qu'il s'agisse du taux brut de natalité, du taux global de fécondité ou de l'indice synthétique de fécondité.

Ainsi, l'évolution globale de l'indice synthétique de fécondité[1] depuis les années soixante-dix, rend compte de l'ampleur du recul de cet indice. Cependant, des comportements différents apparaissent selon le milieu. En 1992, l'ISF a atteint près de 4 enfants par femme au niveau national. Dans le rural, il est de 5,5, plus de deux fois plus élevé que dans le milieu urbain, où il est de 2,5. La différence est de 3 enfants.

Cette baisse de la procréation accompagne une évolution des comportements vis-à-vis du mariage, par un retard de l'âge du mariage et une plus grande « gestion » de la vie maritale. L'évolution socio-économique générale, le développement de la scolarité notamment au niveau des études supérieures, une plus grande participation de la femme à la vie active à l'extérieur ont joué sur le recul de l'âge du mariage.

La part des célibataires dans la population en âge de procréation tourne autour de 30 % de l'effectif. Là encore il semble que cette importance est surtout acquise grâce aux citadines dont la propension au célibat connaît une augmentation rapide.

Ces différentes évolutions vers une vie familiale plus maîtrisée se sont accompagnées d'une augmentation des chances de survie de la progéniture. Les taux de mortalité infantile, particulièrement élevés dans les années soixante-dix, ont amorcé une baisse remarquable, mais montrent qu'il reste beaucoup à faire tant en milieu rural qu'en milieu urbain.

Quotient de mortalité infantile

1962	149 %
1980	91 %
1990	57,4 %

A l'image de la population totale, le rapport entre urbaines et rurales n'a cessé de s'éroder au détriment du milieu rural. Ainsi, si en 1960 on recensait 238 rurales pour 100 citadines, cette part a régressé au fil des recensements : 179 pour 100 en 1971, 132 pour 100 en 1982 et d'après différentes enquêtes réalisées au début des années quatre-vingt-dix, ce rapport se situe autour de 110.

En tout état de cause, la mobilité féminine est un fait bien établi et semble avoir pris plus d'importance cette dernière décennie.

Cette réactivation des flux migratoires féminins est observable dans toutes les composantes du mouvement migratoire et touche aussi bien la mobilité interurbaine, l'exode rural que l'émigration vers l'étranger.

En effet les différents chiffres avancés ces dernières années montrent un regain de la participation de la femme dans l'alimentation des flux migratoires et la situent au delà de 50 %. L'étude menée par la Direction de la Statistique sur l'exode rural[2], estime la part de l'élément féminin dans l'exode rural à 62 % et dans les échanges interurbains à 57 %.

---

1 . L'indice synthétique de fécondité (ISF) ou "somme des naissances réduites, mesure le nombre d'enfants qu'aurait une femme à l'issue de sa vie féconde" (définition de la Direction de la Statistique).
2. Exode rural, traits d'évolution, profils et rapports avec le milieu d'origine. Rabat, Direction de la Statistique, 1995.

Cette même tendance est amplement vérifiée dans l'émigration vers l'étranger. Ainsi les principaux pays récepteurs de la CEE ont connu une augmentation de l'arrivée de la population féminine. Cette dernière, estimée en 1973 à 198 000 personnes, est passée à 433 000 en 1991[3].

De même la proportion des femmes dans l'émigration marocaine a connu une évolution notable depuis le début des années 80[4].

France	26,7 % en 1975	44,4 % en 1990
Pays-Bas	37,5 % en 1982	47,2 % en 1990
Scandinavie	38,0 % en 1982	42,6 % en 1990
Belgique	45,0 % en 1982	46,0 % en 1991

Il ne fait pas de doute que ces récents développements sont en grande partie explicables par les regroupements familiaux et la recomposition des ménages. En effet, si dans un premier temps le mouvement migratoire, quelle que soit sa destination, a été le fait de la population masculine, mariée ou célibataire, une certaine stabilité acquise sur le lieu d'arrivée, s'est renforcée par la venue du reste du ménage ou par la formation du couple par mariage dans la région d'origine. Il n'en reste pas moins cependant que la mobilité féminine est également nourrie par des jeunes actives dont la destination urbaine nationale ou extérieure constitue l'issue pour la recherche d'une place dans le tissu socio-économique, d'autant plus que les opportunités d'indépendance sur le plan économique ne semblent pas être présentes en milieu rural. On peut signaler dans ce sens l'étroitesse du marché du travail et la précarité du statut des actives : 62,1 % des actives rurales sont considérées aides familiales (ENVM 1990-1991).

Population féminine : Indicateurs socio- démographiques[5]

Évolution de la pop. féminine (en milliers)		URBAINE	RURALE
	1971	2 723	4 882
	1982	4 325	5 835
	1993	6 533	6 744
Proportion de femmes			
	1971	50,7	49,3
	1982	49,9	50,3
	1993	49,7	52,2

---

3. In, Rapport du Maroc à la Conférence Mondiale sur la Femme. Rabat, Ministère des Affaires sociales, septembre 1994.

4. Tadili Farissi Mostafa, *Evolution de la population marocaine, ses déterminants et ses perspectives*, Communication au Séminaire sur la population et le développement durable au Maroc, organisé par le Ministère chargé de la Population. Rabat, 15-16 juin 1995.

5 . Sources : Recensements de la population et de l'habitat (1960, 1971, 1982) et les autres documents de la Direction de la Statistique.

Indice synthétique de Fécondité		
1982	4,3	6,6
1987	2,9	6,0
1990	2,8	5,7
Âge moyen au premier mariage		
1960	17,48	17,17
1971	20,85	18,74
1982	23,78	20,84
Espérance de vie à la naissance		Total
1967		49,1
1992		68,7

Santé de la femme

Les progrès réalisés dans les domaines de la santé durant les deux dernières décennies se traduisent par une meilleure espérance de vie chez les femmes marocaines (65 ans). Cependant, cette espérance de vie n'est pas aussi élevée que dans les pays comparables, ni égale à la moyenne de celle des pays à faibles revenus moyens (69 ans). L'espérance de vie est d'ailleurs, plus faible pour les deux sexes au Maroc[6]. Cette citation résume très bien l'évolution de la situation de la santé chez les femmes marocaines. En effet s'il est indéniable que des progrès notables ont été réalisés, il n'en reste pas moins que la plupart des indicateurs sont toujours élevés.

Le développement de la santé est intimement lié au progrès économique et social. Ainsi la disparité des indicateurs entre les urbaines et les rurales d'une part et les populations ayant suivi une scolarité et les analphabètes rend compte des niveaux d'équipement des différents milieux.

Le monde rural souffre d'un sous-équipement important : insuffisance des équipements de base (infrastructure de communication, desserte en eau et électricité) ; faiblesse des équipements scolaires et sanitaires et de l'encadrement médical. Les campagnes de sensibilisation et les différentes interventions n'ont que faiblement atteint leurs objectifs.

Ainsi, le taux de fécondité est de 4,56 dans le rural, alors qu'il est de 3,87 pour l'ensemble de la population. De même les femmes analphabètes, dont l'écrasante majorité est rurale, ont une moyenne de 4,9 enfants. Le taux de prévalence contraceptive qui atteint 54,4 % dans les villes n'est que de 31,5 % en milieu rural. Enfin le taux de mortalité maternelle accuse un énorme retard : 362 en milieu rural, contre 284 en milieu urbain[7].

---

6 . In Rapport intérimaire sur le Maroc, Banque Mondiale, 1994.
7 . Source : Enquête Nationale sur la Population et la Santé (ENPS-II), 1992.

Indicateurs Santé[8]

	Année	URBAIN	RURAL
Proportion de femmes ayant reçu au moins une consultation prénatale	1990	60,5	17,5
Proportion de femmes mariées (15-49 ans) utilisant un moyen contraceptif	1992	54,4	31,5
Proportion des accouchements assistés	1990	63,6	13,8
Proportion de femmes couvertes par un système de sécurité sociale	1991	22,7	2,9

Éducation, Scolarisation, Formation

L'évolution de la condition féminine à travers le développement de la participation de la femme dans tous les actes de la vie courante – activités, rôle et place dans les niveaux d'activité – est essentiellement en relation avec le relèvement des niveaux d'éducation et de formation. Les changements enregistrés dans les comportements démographiques montrent également l'importance des liaisons entre le niveau culturel des populations concernées et les progrès sensibles qui ont été atteints en matière de planification familiale et la baisse des indices de fécondité et des taux de mortalité infanto-juvéniles.

L'éducation et la culture constituent donc l'axe central à partir duquel s'organisent les rapports entre les différentes composantes de la population.

L'analyse des niveaux éducationnels de la population au Maroc fait ressortir, pour l'essentiel, l'ampleur des disparités qui caractérisent les différents constituants qui traduisent les retards conséquents qui affectent le monde rural et plus particulièrement la population féminine rurale.

La permanence de taux d'analphabétisme élevés

Les efforts qui ont été consentis jusqu'à présent en matière de scolarisation et d'alphabétisation n'ont que faiblement touché les cibles prioritaires de cette action, le monde rural et la composante féminine.

Évolution du taux d'analphabétisme chez la population âgée de 10 ans et plus

	Global		Urbain		Rural	
Années	Filles	Garçons	Filles	Garçons	Filles	Garçons
1982	78	51	57	30	95	68
1991	68	40	49	24	87	55

Source : Rapport du Maroc à la Conférence Mondiale sur la Femme.
Septembre 1994.

---

8 . Source : Enquête Nationale sur la Population et la Santé (ENPS-II), 1992.

Ainsi et malgré les reculs enregistrés, les taux d'analphabétisme continuent de représenter un véritable fléau qui nécessite la mobilisation de tous les moyens pour le combattre. L'héritage colonial était certes lourd à gérer. Il n'en reste pas moins que les actions menées jusqu'à présent ont réduit de façon appréciable l'analphabétisme, mais au prix d'un renforcement des écarts entre les populations masculine et féminine. Les retards dans la généralisation de l'enseignement primaire trouvent leur traduction dans les structures par âge. Ainsi en 1991, plus de la moitié des femmes âgées de 15 à 24 ans sont considérées comme analphabètes.

Des disparités encore plus amples caractérisent les milieux urbain et rural. Si au départ les taux sont pareillement élevés, l'évolution des taux d'analphabétisme qui intervient à partir des années soixante se signale par un rythme de régression beaucoup plus rapide dans le milieu urbain que dans le milieu rural. De ce fait, ici encore le rapport rural/urbain connaît un approfondissement au détriment de la population féminine rurale.

En effet ces disparités ne sont plus uniquement imputables à la période du protectorat. L'analphabétisme selon l'âge et le milieu de résidence montre à l'évidence que cette lacune est une donnée du présent et touche près de 4 femmes sur 5 âgées entre 10 et 14 ans et que sa permanence dans le monde rural constitue un obstacle fondamental dans l'évolution de la condition socio-économique globale de la femme.

Scolarisation

L'objectif de la scolarisation de tous les enfants d'âge scolaire est une constante des plans de développement économique et social. Force est cependant de constater que cette échéance a toujours été repoussée et que même parfois la réalité sur le terrain s'est concrétisée par un recul des taux et des effectifs scolarisés dans le premier cycle de l'enseignement fondamental.

Les volumes ont certes connu un développement important. Entre 1974-1975 et 84/85 les effectifs globaux ont enregistré une hausse de plus de 60 % et ceux des filles de plus de 70 %. Cependant la décennie 80 apparaîtra surtout comme celle de la décélération des rythmes de scolarisation, surtout en milieu rural et plus particulièrement de la composante féminine.

Une dépression particulièrement inquiétante a touché l'accès à la scolarisation pendant la décennie 80. Entre 82/83 et 88/89 les effectifs des nouveaux inscrits ont enregistré une évolution négative de 7,6 %. Cette baisse des effectifs, consécutive, entre autres, aux effets du Programme d'Ajustement Structurel (PAS) a son plein effet sur les milieux les plus démunis. Les nouvelles inscriptions, accusent une baisse de 1/5e en milieu rural, baisse ressentie plus spécialement par l'élément féminin (-22,9 %).

Les taux d'inscription en 1re année, déjà peu performants, connaissent leur niveau le plus bas. Dans l'année scolaire 88/89 l'accès à l'école n'a concerné que 3 filles sur 10 en âge d'entreprendre des études primaires. Un net redressement est visible par la suite. Néanmoins il ne touche encore que la moitié des scolarisables.

Dans la conjoncture économique difficile des années quatre-vingt c'est l'ensemble de la scolarisation qui connaît de sérieuses perturbations. Ces dernières dépassent le cadre des nouvelles inscriptions touchent tous les scolarisés, entraînant une déperdition importante dans les effectifs ; à ce titre l'évolution de la scolarisation entre les années scolaires 82/83 et 88/89 ressort par des baisses importantes : -21 % et -8 % respectivement pour les filles en milieu urbain et rural.

La décennie 90 se présente avec de meilleures opportunités. Cependant ces évolutions positives ne manquent pas de révéler les déficiences chroniques de l'enseignement, notamment dans sa composante rurale et féminine. Si en milieu urbain la scolarisation des filles n'accuse pas de retard par rapport à la moyenne, le rural accumule des retards importants et fait de la scolarisation de la fille une question de grande actualité. Dans ce sens l'enquête réalisée dans le cadre de l'élaboration de l'étude nationale sur la situation de l'enfant dans les communes a apporté des informations d'un grand intérêt sur les caractéristiques de la population enfantine et notamment sur les niveaux de scolarisation, d'analphabétisation, etc. En ce qui concerne la scolarisation, les résultats de l'enquête ont révélé l'extrême disparité qui existe entre les milieux urbain et rural dans la scolarisation des filles. En moyenne nationale, la proportion de filles n'ayant jamais été scolarisées qui atteint 3,7 % en ville, dépasse les 60 % (60,7 %) dans le rural.

**Estimation de la proportion de filles
n'ayant jamais été scolarisées**

Régions	Ensemble	Urbain	Rural
Centre	20,3 %	1,1 %	48,7 %
Centre Sud	24,7	4,9	39,6
Oriental	30,3	6,1	63,3
Nord Ouest	30,7	7,7	63,0
Tensift	38,5	1,8	63,5
Centre Nord	44,6	1,2	71,5
Sud	46,6	2,8	70,0
Moyenne nationale	32,3	3,7	60,7

La situation par région économique montre également des différences substantielles entre les régions. Toutefois la scolarisation en milieu urbain ne ressort pas de grands contrastes. Par contre le constat est extrêmement critique pour la non scolarisation en milieu rural pour les régions du Sud et du Centre Nord.

Source : Étude nationale sur la situation de l'enfant dans les Communes

Enseignement secondaire et supérieur

L'évolution de la scolarisation des femmes dans l'enseignement secondaire et supérieur appelle deux remarques : une croissance importante, en termes de taux d'accroissement ; ces niveaux d'enseignement apparaissant comme strictement urbains. La part du rural est soit négligeable soit absente.

Au niveau de l'enseignement secondaire, l'évolution donne la mesure des progrès qui ont été atteints dans la scolarisation des jeunes filles. Entre 1975 et 1985 les effectifs scolarisés ont été multipliés par près de 3,5. Un tassement apparaît par la suite. Le taux d'accroissement annuel moyen, très fort dans la première phase (13,06) se ralentit nettement entre 1985 et 1990 (5,96). Dans tous les cas la part de la jeune fille dans l'enseignement secondaire connaît un développement régulier.

Le domaine de la formation professionnelle a quant à lui aussi connu un bon accroissement de la participation de la femme. L'accès de la femme à la Formation professionnelle par la femme est une donnée fondamentale pendant les années quatre-vingt. Globalement, des progrès importants sont enregistrés. Cette présence de la femme n'est pas homogène dans tous les niveaux. C'est surtout la spécialisation qui rassemble le plus d'étudiantes. La quête d'une formation pratique à ce niveau constitue sans nul doute un outil de grand poids pour une meilleure insertion dans la vie active de la population féminine du 1er cycle de l'enseignement fondamental.

**Part de la jeune fille dans les instituts
et écoles de formation professionnelle**

	1984/85	92/93
Toutes formations	25,4	34,2
Spécialisation	22,7	51,3
Qualification	25,5	25,1
Technicien	29,4	33,1

Source : La formation professionnelle en chiffres – 1992-1993

Au-delà de cette évolution quantitative, l'accès à des formations diversifiées constitue un autre acquis pour la population féminine. Si certaines filières – confection, couture, secrétariat – ont représenté des formations traditionnellement fréquentées par les filles, on note une plus grande diversification dans les demandes de formation. L'enquête réalisée par l'Office de la Formation Professionnelle (OFPPT) pour la période 1981-1987 établit un accès de plus en plus soutenu pour les filières marquées par de forts taux de masculinité, et plus valorisantes, telles que : le dessin industriel, la chimie, l'électricité, la réparation radio télévision, l'électronique et l'automatisme.

Indicateurs de Scolarisation

	Années	Urbain	Rural
Taux d'alphabétisation après 10 ans et plus	1982	42,4	5,4
	1991	51,4	12,8
Taux d'analphabétisme 10 ans-14 ans	1982	21,0	83,0
	1991	13,9	68,4
Taux brut de scolarisation 7 ans-13 ans	1991	84,7	44,1
Evolution de l'effectif dans la formation professionnelle			**Total**
	1985/86		18 674 (28,2 %)
	1992/93		23 931 (34,2 %)
Evolution de l'effectif des étudiantes et taux de féminisation	1972/73		3 069 (16,8 %)
	1993/94		93 744 (41,3 %)

La participation de la femme à la vie active est un indicateur éminemment révélateur du poids et du rôle de la femme dans la société à laquelle elle appartient. Cette participation, à travers la diversité de sa présence dans les rouages de l'économie nationale, rend compte de la plus ou moins grande intégration de la composante féminine dans le développement économique et social du pays.

Expression de son émancipation, l'évolution de la population active n'exprime réellement la pleine intégration de la femme dans le marché du travail, au-delà du quantitatif, qu'à travers une diffusion large de l'activité féminine dans les différents secteurs économiques.

La diversité des secteurs couverts, les professions exercées, le statut dans la profession, la durée d'exercice de l'activité, permettent de cerner d'une façon plus précise les niveaux qualitatifs de la femme dans la société.

En effet, il ne fait pas de doute que la diffusion de l'activité féminine sur une large gamme d'activités ou, au contraire, sa concentration dans les secteurs restreints à des postes limités, est la résultante de la prise en charge à égalité des chances des hommes et des femmes. Cette diffusion ou concentration, traduit au-delà des obstacles érigés par la société (politiques, juridiques...) l'égalité réelle de toutes les composantes de la société quant à l'accès au savoir, à l'éducation, à la formation, à la culture, à la santé... qui garantit ou limite la place de chacun dans la société.

La condition féminine, quel que soit l'indicateur pris en considération est loin d'être homogène. Une grande diversité existe à l'intérieur de cet ensemble, ainsi d'énormes écarts caractérisent les deux principales composantes : rurale et urbaine.

La participation de la femme marocaine à l'activité économique a certes connu une évolution remarquable depuis l'indépendance. C'est chose normale vu la faiblesse de cette présence pendant la phase du protectorat.

C'est donc au-delà du volume qu'il faut rechercher la réalité de cette évolution. Il s'agit de mesurer cette participation par rapport au potentiel féminin global et surtout de dégager à travers les caractéristiques de l'activité et de l'emploi féminin, la pérennité des activités traditionnelles et les nouveaux secteurs, professions et statut conquis par la composante féminine.

Évolution globale de la population active féminine

Quand on considère la présence de la femme marocaine dans le marché du travail dans un cadre évolutif, deux constatations ressortent : une « arrivée » tardive sur la scène active ; une présence encore limitée en regard du poids de la femme dans la population totale (un peu plus de 50 %).

Évolution de la population active féminine 1971-1991

	1971	1982	1990/91
Population active (en milliers)	614	1 181	3 387
Taux d'accroissement moyen annuel		6,1 %	12,4 %

Taux d'activité	8,0 %	11,6	25,5
Taux de féminisation	15,2	19.7	34,1

Source : Confectionné par nos soins sur la base des résultats du R.G.P.H.,
1971-1982, et de l'Enquête Niveaux de Vie des Ménages 1990/91.

Ainsi 15 ans après l'indépendance, le recensement de la population et de l'habitat de 1971 donne la mesure de l'absence de la femme. Plus de 90 % de la moitié de la population totale sont considérés comme n'ayant aucune intervention dans la vie active. Et si l'on considère l'effectif des actifs, à peine 1,5 actifs sur 10 est une femme.

Dans le recensement de 1982 apparaît une nette croissance du volume des actives qui frôle le doublement par rapport à 1971. Cependant, malgré un taux d'accroissement annuel moyen appréciable (6,1 %) entre les deux recensements, la contribution à l'activité économique est encore fort limitée. Le taux d'accroissement de la population active, dépasse faiblement celui de la population totale. Le taux d'activité enregistre une grande lenteur dans son évolution. Enfin, le taux de féminisation de la population active tourne autour du cinquième de la population active totale.

Il semble qu'au cours de la décennie 80 il y ait eu un renforcement de la participation de la femme à l'activité. Les résultats de l'Enquête Niveaux de Vie des Ménages « 1990/91 » aboutissent à un triplement du volume des actives par rapport à 1982. Et cette amélioration sensible concerne tous les autres paramètres (taux d'activité, taux de féminisation...).

L'explication de ce saut gigantesque des années quatre-vingt est dû certainement à plus d'opportunités ouvertes à l'emploi féminin par une plus grande prise en considération des revendications féminines pour un traitement égalitaire au niveau de la loi, la scolarisation, la formation et l'emploi. Néanmoins cette amélioration doit également beaucoup à une plus grande précision dans l'utilisation de l'outil statistique lors des enquêtes et une reconnaissance de l'activité féminine dans des secteurs qui n'étaient pas intégrés auparavant.

Cette nouvelle perception de l'activité féminine a d'ailleurs surtout profité au milieu rural, et a réhabilité une grande partie des actives rurales dont le labeur n'était pas reconnu en tant que contribution essentielle au développement économique. Ce nouveau regard apporte un autre éclairage sur la participation de la femme rurale dans l'activité des campagnes marocaines.

Taux brut d'activité

Ensemble	Urbain	Rural
25,5	17,2	32,9

Source : N.V.M. 90/91

Dans tous les cas, la répartition urbaine/rurale de la population active montre à quel point l'activité de la femme rurale est déterminante dans les niveaux d'activité observés au Maroc. Et la tendance que laissait prévoir les différents recensements antérieurs d'un basculement de l'activité vers l'urbain est démenti par les enquêtes récentes : deux (2) actives sur trois (3) appartiennent au monde rural, en 1991.

Au niveau des villes, la part de la population active progresse d'une façon régulière, mais à un rythme plus tempéré. Les taux d'accroissement annuels moyens de l'effectif global féminin et de la population active entre 1982 et 1991, respectivement de 4,13 % et 5,9 %, restent assez voisins. La pression de l'exode rural amenuise certainement les opportunités d'emploi face à une demande grandissante.

Structure par âge de la population active

La structure par âge des taux d'activité masculin et féminin n'offre pas d'opposition notable. Dans les deux cas les taux connaissent une progression régulière jusqu'à 44 ans pour amorcer une baisse par la suite. En fait la principale distinction réside dans la présence, à un âge précoce, de la femme dans l'activité. En effet 13,1 % des actives féminines ont moins de 15 ans, contre 6,4 % pour les hommes.

Structure par âge de la population active			Structure par âge de la population active féminine par milieu		
	FEMMES	HOMMES		RURAL	URBAIN
Moins de 15 ans	13,1	6,4	Moins de 15 ans	16,6	5,6
Entre 15 et 24 ans	28,4	26,0	Entre 15 et 24 ans	26,7	32,1
Entre 25 et 44 ans	36,2	41,8	Entre 25 et 44 ans	31,4	46,6
Entre 45 et 59 ans	16,1	16,8	Entre 45 et 59 ans	18,5	10,7
60 ans et plus	6,2	9,0	60 ans et plus	6,8	4,9

Cette précocité de l'activité féminine est essentiellement assurée par la fille rurale. La comparaison des structures par âge des actives rurales et urbaines, montre des profils différents. Si 16,6 % des actives rurales n'ont pas encore atteint 15 ans, cette part est d'à peine 5,6 % chez les citadines. Dans un autre registre, l'activité semble se prolonger beaucoup plus tardivement. Si dans la tranche des 45-59 ans les actives urbaines ne représentent que 10,7 %, la structure rurale ressort par une présence beaucoup plus notable, 18,5 %.

Caractéristiques de l'activité féminine

La population active rurale constitue plus des 2/3 de l'ensemble des actives marocaines. Ces 7 actives rurales sur 10 actives totales imposent leurs caractéristiques à l'ensemble de l'effectif des actives et cachent des situations qui diffèrent très nettement d'un milieu à l'autre. Ainsi les caractéristiques de l'emploi féminin observé globalement reflètent essentiellement la structure de la population active rurale.

**Emplois féminins par branche d'activité économique
et le milieu de résidence**

B.A.E.	ENSEMBLE	URBAIN	RURAL
Agriculture, forêt, pêche	70,8	5,5	92,5
Industrie	12,6	32,5	6,0
Services personnels et domestiques	5,5	20,6	0,4
Services sociaux fournis à la collectivité	3,7	13,2	0,5
Autres	7,4	28,2	0,6
Total	100	100	100

Source : Niveau de vie des Ménages 1990/91

Au niveau des branches d'activité économique la tendance globale laisse apparaître la présence majoritaire de la branche Agriculture, Forêt et Pêche qui concentre 7 actives sur 10. Ceci est la résultante de la structure rurale dans laquelle plus de 90 % des actives se rattachent à ce secteur. Cette nette domination montre à quel point le milieu rural est peu porteur d'opportunités de travail, et l'extrême étroitesse du marché de l'emploi dans un milieu où la diversité de l'offre n'a toujours pas pu prendre place.

Comparativement à cet état, le milieu urbain ressort par un plus grand équilibre dans la participation féminine dans diverses branches. De même peut-on noter une réelle diversification. Même si le secteur industriel et les services constituent la principale branche d'activité avec respectivement 32,5 % et 20,6 %, les activités liées à la santé, l'éducation, le commerce et l'administration générale constituent un autre pôle d'attraction pour l'emploi de la femme.

Emplois féminins selon le statut professionnel et le milieu de résidence

	Ensemble	Urbain	Rural
Salarié	19,9	64,4	5,2
Indépendant	14,1	16,3	13,4
Travailleur à domicile	2,3	4,6	1,5
Aide familiale	62,1	9,9	79,4
Autres	1,6	4,8	0,5
Total	100	100	100

Source : Niveau de vie des Ménages 1990/91

Les disparités entre les deux milieux atteignent bien sûr les autres caractéristiques de l'emploi féminin. Il en est ainsi du statut dans la profession. Si, dans l'ensemble, 62,1 % des actives relèvent du statut d'aide familiale, cela traduit en fait la réalité de la campagne marocaine dans laquelle 8 actives sur 10 sont affublées de ce statut.

A contrario la situation de l'active urbaine ne subit pas la même précarité. Sa présence dans l'industrie, les services et l'administration procurent une situation plus fiable. Le salariat concerne près de 65 % des actives.

Le statut dans la profession, ressort donc par l'extrême précarité de la situation de la femme dans l'activité. La domination du statut « Aide familiale »[9] correspond en fait à une absence de statut et à la négation de l'apport économique que cette participation de la femme assure au niveau des revenus du ménage et du revenu national.

Emplois féminins selon la profession et le milieu de résidence

	ENSEMBLE	URBAIN	RURAL
Professions scientifiques et libérales	4,3	16,0	0,4
Travailleurs des services	6,9	25,3	0,8
Ouvriers et manœuvres non agricoles	12,5	31,5	6,3
Agriculteurs, éleveurs, forestiers...	70,6	6,1	91,9
Personnel administratif	3,0	11,7	0,1
Autres	2,7	9,4	

Source : Idem

Enfin les professions présentent un plus large éventail dans l'urbain. Si les ouvrières sont majoritaires, on note un développement certain des professions libérales, toutes possibilités qui sont quasi absentes en milieu rural.

Indicateurs d'activité[10]		URBAIN %	RURAL %
22,5	16,0		
18,8	10,3		
19,4	12,5		
21,3	16,0		
30,9	21,8		
19,1	26,7		
22,5	16,0		
	1960	7,5	4,7
	1971	10,8	6,5
	1982	14,7	9,3
	1991	17,1	32,9
Taux de féminisation de la population active			
	1960	13,5	8,5
	1971	21,0	12,1
	1982	24,3	16,1
	1991	26,8	39,1
Taux de féminisation de la population en chômage			
	1986/1987	31,7	11,0

9 . Aide familiale : toute active occupée qui travaille dans un ou plusieurs établissements pour le compte d'un membre de sa famille ou de son ménage sans contrepartie à condition qu'il vive chez la personne pour laquelle il travaille.

10 . *Source : Direction de la Statistique*

	1990/1991	40,0	21,4
Proportion de femmes salariées dans la population active féminine			
	1991	22,7	2,9
Personnel féminin dans la fonction publique et taux de féminisation			Total
	1979		35 280 (19,8 %)
	1984		86 716 (28,4%)
	1989		104,289 (29,3%)
Personnel féminin à l'université et taux de féminisation			
	1978/1979 1986/1987		354 (17,1 %) 1 030 (19,1 %)

Documents de référence

Direction des Statistiques (Rabat)

– Recensements de la Population et de l'Habitat (1960, 1971,1982,1994).
– Enquêtes Population active urbaine 1991 ;
– Population active rurale (1986-1987) ;
– Enquêtes niveaux de vie des ménages 1990/1991 ;
– Les études de synthèse :
– Population et emploi, 1990 ;
– Ménages, Variables Socio-démographiques, 1990 ;
– Femmes et développement au Maroc, 1992 ;
– Femmes et conditions féminines au Maroc, 1989, 1994.

Ministère de la Santé (Rabat)

– L'Enquête Nationale sur la Planification Familiale, la Fécondité et la Santé de la Population au Maroc (ENPS) 198 ?
– L'Enquête Nationale sur la Population et la Santé au Maroc (ENPS-II) 1992.

Ministère de l'Éducation Nationale

– Statistiques Annuelles

Direction de la Formation Professionnelle

– Statistiques Annuelles
Rapport National à la Conférence Mondiale sur la Femme.
– Rabat, Ministère des Affaires Sociales, 1994

L'activité féminine
Le cas du Maroc

Fattouma Benabdenbi Djerrari[*]

Introduction

A la veille du XXIe siècle les femmes marocaines occupent largement l'espace économique national.

Un actif sur trois est une femme.

Entre 1960 et 1982 la population active totale marocaine est passée de 3,2 à 6 millions d'actifs, soit un taux de croissance de 2,8 % par an. Au cours de la même période la population active féminine a connu un taux de 5,7 % contre 2,3 % seulement pour la population active masculine.

Phénomène irréversible, l'activité féminine constitue une force économique et sociale. Les femmes occupent une place nouvelle dans la société. Elles rentrent dans le jeu du pouvoir économique. Certes les clichés véhiculés dans la famille, à l'école, dans l'entreprise ou par les médias résistent encore au changement.

Mais, il serait intéressant d'identifier la place qu'elles occupent dans les structures de production, de consommation et de décision, et les bouleversements que cela engendre au sein de la société.

Ce nouveau type de transfert de ressources constitue un progrès significatif dans la structure de l'économie marocaine. Toutes ces femmes offrent dans un même élan leur force et leur volonté à la construction de l'économie nationale et à la démocratisation du progrès.

Ce travail n'a pas d'autre ambition que de présenter des éléments objectifs de l'activité féminine par l'analyse des données statistiques disponibles en vue de rendre visibles les spécificités et les nouvelles tendances de ce phénomène.

Profil de l'activité féminine

Le tiers de la population active est féminine. Incontestablement c'est un phénomène historique, dans les faits mais aussi dans les mentalités.

---

[*] *Fattouma Benabdenbi Djerrari* (Maroc)
Docteur en sociologie. Sociologue à la sécurité sociale et experte auprès de l'UNESCO et des Nations Unies. Auteur de plusieurs articles et ouvrages notamment sur les thèmes relatifs aux femmes et leur rapport avec le social. Présidente fondatrice d'ESPOD « Espace point de Départ », une association pour la promotion de l'entreprise féminine, membre actif de l'Union Nationale des Femmes Marocaines, elle est également membre d'autres associations féminines.

Où se trouvent les femmes, et que font-elles ? L'annuaire statistique de 1994 nous donne une population féminine totale d'environ 3 500 000 personnes dont 900 000 en milieu urbain.

Une femme sur trois conserve le statut de femme au foyer, une seconde est décrétée inactive du fait de son bas âge ou de sa scolarité et la troisième intervient dans la production des biens et services.

Parmi le tiers qui intéresse cette étude on distingue trois catégories de travailleuses, rural et urbain confondus :
– *les salariées,*
– *les non-salariées,*
– *les chômeuses et les sous-employées.*

Toutes ces catégories répondent en majorité aux caractéristiques suivantes :
– Absence de qualification.
– Demande d'emploi en croissance chez les jeunes femmes entre 25 et 29 ans, catégorie dont le taux d'activité entre 1990 et 2000 passera de 21 % à 27 %.
– Féminisation du salariat en milieu urbain (1 ouvrier sur quatre est une femme).
– Féminisation de la catégorie des aides familiales notamment dans le rural.
– Féminisation des travaux personnels et domestiques (53 %).

Ces quelques indications montrent la faible représentativité des femmes dans les catégories qui nécessitent pour leur exercice des connaissances de haut niveau et témoignent de l'acquisition d'un savoir et d'un savoir-faire hautement élaborés.

Elles montrent également que le travail des femmes ne s'exprime pas en terme de choix, mais de nécessité.

La majorité des femmes qui travaillent le font pour subvenir à leurs besoins propres, faute de prise en charge par la famille.

Rappelons à cet effet que plus de 20 % des ménages au Maroc sont dirigés par des femmes.

Cette donnée n'est pas sans effet. Elle est à la source du choc psychologique qui éprouve bien des familles dont le statut et la position sociale dépendent de la situation professionnelle de la femme ; situation qui a bouleversé le schéma traditionnel de la répartition des rôles des sexes (homme soutien de la famille, femme dépendante).

Nous assistons également à la féminisation de certains secteurs de la fonction publique comme la santé et l'enseignement.

Dans le privé, les femmes médecins gagnent du terrain, ainsi que les femmes avocates...

Le chômage et le sous-emploi des femmes

Difficile à évaluer ce fléau qui gagne du terrain et touche également les femmes.

Selon l'enquête urbaine de 1988, 1/3 seulement de la population urbaine est active (c'est-à-dire deux inactifs pour un actif).

Pour les hommes ce taux atteint 47 %, pour les femmes il ne dépasse guère la barre des 16 %.

Le statut des moins de 15 ans et des femmes explique ce déséquilibre ainsi que la nature de l'activité féminine : une activité qualifiée en partie de marginale.

L'inactivité devient alors le lot des femmes.

La population inactive est en grande partie constituée de femmes (62 % du total).

L'écart d'activité entre hommes et femmes de la tranche d'âge 25-29 ans est énorme (92 % pour les hommes et 21 % pour les femmes).

Ces taux varient selon que l'on se situe au Nord, au Sud ou au Centre, dans les villes ou dans les campagnes.

Le chômage urbain féminin

Il avoisine la barre des 18 % contre un taux de chômage masculin de 13 % environ.

Chez les femmes de plus de 29 ans le taux de chômage est plus important que chez les hommes.

La formation et le diplôme ne constituent pas véritablement un rempart contre ce fléau.

Les femmes diplômées du supérieur à la recherche d'un premier emploi représentent en valeur relative un pourcentage quasi égal à celui des femmes demandeurs d'emploi sans qualification ni formation (respectivement 9,5 % contre 10,3 %).

Plus le chômage s'aggrave et plus les femmes en constituent une cible de choix.

La compétition pour l'accès à l'emploi entre hommes et femmes devient alors une tendance.

La proportion des femmes en chômage de longue durée est plus élevée (63,2 % contre 58,4 % pour les hommes).

Nombreuses sont les femmes dont l'objectif du travail est d'améliorer les revenus de la famille (22,3 % contre 10,1 % pour les hommes).

La crise économique avec la fermeture des entreprises, est une cause directe de chômage, 16,5 % pour les femmes contre 25,5 % pour les hommes.

Le sous-emploi urbain des femmes, c'est-à-dire de celles qui n'arrivent pas à travailler plus de 32 heures/semaine touche 18 % de la population active urbaine âgée d'au moins 13 ans.

Les caractéristiques du sous-emploi sont similaires à celles du chômage des femmes. Elles s'expriment à peu près dans les mêmes termes, c'est-à-dire en terme d'écart entre régions et entre groupes d'âge.

S'agissant de l'activité féminine dans le monde rural, le taux est plus élevé que dans le monde urbain (37 % contre 16 %).

Le taux de féminisation de l'emploi atteint ainsi son score élevé : plus de quatre actifs sur dix sont des femmes, soit plus du double qu'en milieu urbain.

Parmi les caractéristiques spécifiques de l'emploi féminin dans le monde rural, une forte participation des femmes de moins de 25 ans au travail d'aide familiale (58 % des aides familiales et 34 % de l'ensemble de la population active rurale). Il s'agit là d'une force incontournable nécessaire au processus de production non rémunéré et sans formation.

Le chômage des femmes en milieu rural échappe à la comptabilité, car une paysanne sans travail n'existe pratiquement pas, c'est ce qui explique que seulement 9 % des chômeurs dans le rural sont des femmes.

Femmes salariées

Dans le rural comme dans l'urbain, le travail des femmes est devenu un fait structurel. Malgré l'absence de qualification et la faiblesse de couverture sociale, les femmes travaillent.

Les salariées ne représentent que 16 % de la population active féminine, une population à peu près éligible au droit du travail et de la sécurité sociale.

Parmi les 100 000 femmes fonctionnaires de l'État, nous enregistrons une tendance à la féminisation de certains métiers, comme ceux de l'enseignement, de la santé et des affaires sociales.

Pour certains ces tendances peuvent signifier un risque de dévalorisation de certains métiers ; pour d'autres elles sont l'expression d'un pouvoir nouveau, celui du savoir et de sa transmission ainsi que celui du bien-être physique et moral qui passe de plus en plus par les femmes.

C'est là l'expression d'un changement dans les mentalités : les femmes gagnent la confiance populaire.

Elles dispensent l'éducation et entretiennent la santé.

Il ne s'agit plus d'un changement conjoncturel et ponctuel, mais d'une nouvelle donnée qui est passée dans les mœurs, et dont une lecture attentive s'impose.

L'État s'est emparé de nombreuses tâches jusqu'alors associées aux femmes dans le domaine de la santé, de l'éducation et des services. En quittant leur espace privé, les femmes se sont retrouvées attirées par ces emplois où les frontières entre les espaces privés et publics sont estompées et où le dépaysement est moins agressif.

Dans ce nouveau statut, les femmes vivent un transfert de pouvoir domestique vers des rôles plus visibles et plus publics, et qui s'exprime en terme de pouvoir social.

Bien entendu, les femmes se situent davantage au bas de la pyramide hiérarchique et dans les catégories intermédiaires.

Mais étant donné que le niveau de formation des femmes fonctionnaires s'élève, il serait utile pour les différentes structures de les élever à des postes de décision, afin de les responsabiliser au maximum et de rentabiliser leur travail.

Autre signe de changement : parmi les autres catégories des actives, on enregistre un groupe important constitué de travailleuses indépendantes, qui travaillent pour leur propre compte, dans l'artisanat, les exploitations agricoles, le commerce et les professions libérales.

Si on regroupe cette catégorie de femmes avec toutes les autres qui cherchent à accéder à des revenus par leur travail, on atteint en valeur relative un taux de plus de 80 %. Toutes ces femmes échappent en partie au champ d'application de la législation du travail et de la protection sociale.

Pouvoir et vulnérabilité sont deux tendances qui caractérisent l'activité féminine

A la lumière des statistiques, il serait plus juste de parler d'activité que d'emploi, d'une activité féminine comme innovation sociale, et comme issue pour s'en sortir.

Lorsqu'on observe le phénomène du travail des femmes, une tendance forte se dégage : le développement de l'initiative, initiative est un mot clé. Cette situation a permis l'émergence d'une nouvelle forme d'activité féminine, une activité basée sur l'initiative privée, point de départ de l'entreprenariat féminin.

Les femmes et l'entreprise

Parmi le groupe des femmes non salariées, on distingue celles qui produisent des biens et des services pour leur propre compte, celles qui font appel à des salariées, et les aides familiales.

Dans ces groupes vont se recruter les artisanes, les chefs des exploitations agricoles, les commerçantes, les chefs d'entreprises et les autres. Selon Monsieur Filali dans « Femmes et travail » Édition Le fennec, le chiffre de celles qui fabriquent des biens et services (tapis, nattes, babouches, coiffure, plomberie, tapisserie...), avoisine la barre des 200 000 dont 2 052 occupent à titre indépendant des activités industrielles et 1 300 employeurs dans l'industrie.

En milieu rural les statistiques nationales nous donnent un chiffre de 8 300 femmes indépendantes qui exercent des activités qualifiées d'industrielles.

Les exploitantes agricoles qui travaillent pour leur propre compte, sont au nombre de 190 000 en milieu rural et 4 000 en milieu urbain.

La majorité d'entre elles font de l'élevage (plus des 2/3), les autres sont plutôt dans les céréales, les légumineuses, la pêche...

Les commerçantes font tâche d'huile dans ce paysage de l'activité féminine.

Elles se multiplient.

En milieu rural elles commencent à vendre le produit de leur travail.

En milieu urbain, elles s'investissent dans le commerce de gros et de détail.

Sur 22 000 femmes commerçantes au total, 1 250 ont la qualité d'employeurs.

Une nouvelle catégorie de femmes travailleuses indépendantes ont été identifiées dans les secteurs traditionnellement réservés aux hommes : le bâtiment, les travaux publics, et la réparation.

Le nombre de femmes entrepreneurs et travailleuses indépendantes est impressionnant.

Ceci signifie que les freins à l'emploi des femmes qui se renforcent en période de crise ne découragent pas les femmes, surtout lorsque le travail des femmes ne s'exprime plus en terme de choix mais de nécessité : un véritable phénomène de société.

Les plus courageuses d'entre elles vont créer officiellement leur entreprise et produire à ciel ouvert biens et services.

D'autres, peu familiarisées avec les procédures administratives et financières, développent leurs activités entreprenariales d'une manière informelle.

Formelle ou informelle l'entreprise au féminin se développe.

Une enquête dirigée par ESPOD, association marocaine pour la promotion de l'entreprise féminine, a permis de mettre à jour plusieurs éléments intéressants.

C'est dans les années quatre-vingt que les femmes ont le plus créé d'entreprises. Pourtant cette décennie s'annonçait difficile en raison de la sécheresse et de la mise en place de la politique d'ajustement structurel.

Et pourtant, les femmes vont oser défier les lois de la croissance.

Plusieurs raisons les poussent à investir le domaine de l'entreprise.

Sous représentées dans les branches d'activité non domestiques et dans les hiérarchies professionnelles, sous-formées et fragilisées en période de crise, ou surformées ne trouvant pas d'emploi à la hauteur de leurs aspirations, certaines d'entre elles vont réagir positivement et rejoindre les rangs des femmes entrepreneurs qui telles des étendards, fortes de leur formation (40 % des effectifs des écoles de gestion sont féminins), vont développer des initiatives privées.

Aujourd'hui le nombre de femmes entrepreneurs ayant une entreprise structurée générant à la fois revenus et emplois est de 6 000 environ (tous secteurs confondus).

En 1990 dans le Kompass, répertoire des entreprises marocaines, sur 2 000 entreprises inscrites, trois cents d'entre elles sont dirigées par des femmes et occupent 20 000 salariés.

Qui devient *Femme entrepreneur* au Maroc ?

On a plusieurs profils de femmes entrepreneurs.

– Celle qui va hériter de l'entreprise familiale. Encouragée par sa solide formation, elle va se lancer dans les affaires de la famille.

– La jeune diplômée qui lasse de brader ses services, va créer son propre emploi à la mesure de ses attentes.

– La femme salariée ou fonctionnaire qui après dix ans d'ancienneté, peu motivée en terme de carrière, choisit de rompre avec la routine professionnelle et de goûter aux saveurs de l'aventure entrepreneuriale.

– La femme au foyer qui, une fois les enfants en âge de se prendre en charge, cherche des activités lucratives pour meubler son temps et continuer à « se sentir utile socialement ».

– Toutes les autres, issues des milieux défavorisés, pour qui le travail est une question de survie et dont l'âge varie entre 15 et 65 ans.

Toutes ces femmes vont s'embarquer dans l'aventure entrepreneuriale.

Que font-elles ?

Les unes vont entreprendre dans les secteurs qu'elles maîtrisent le mieux, c'est-à-dire celui où la famille a toujours entrepris (commerce, industrie, finances, pêche, agriculture...).

Les autres tout aussi pragmatiques vont s'engager dans le domaine qui se rapporte à leur formation (management, informatique, confection, stylisme, éducation, formation, édition, communication, art ménager, art culinaire, élevage, culture...). La liste est longue.

D'autres plus aventurières vont se lancer dans les secteurs peu familiers aux femmes (bois, ameublement, transport...) soit pour relever un défi, soit qu'une opportunité à saisir s'est présentée à elle.

D'autres plus nombreuses vont exploiter leur savoir-faire traditionnel et le valoriser.

L'on verra fleurir de nouveaux métiers tels que traiteur, guérisseuse, couturière... capables de répondre à la nouvelle demande et de proposer de nouveaux produits.

Quels types d'entreprises sont gérés par les femmes ?

Les entreprises de femmes se recrutent davantage parmi les petites et moyennes entreprises, c'est-à-dire celles qui occupent entre 1 et 500 employés.

Mais les nouvelles tendances s'orientent davantage vers la micro entreprise, c'est-à-dire une petite unité où le chef d'entreprise porte plusieurs casquettes. Il est à la fois gestionnaire, administratif et commercial...

Dans tous les cas de figure, ce type d'activité génère revenus et emplois.

Les motivations qui poussent les femmes à entreprendre sont d'ordre matériel et psychologique :

– subvenir à leurs besoins matériels,

– se sentir utile socialement,

– vers l'épanouissement de soi.

L'entreprise est perçue et vécue comme cet espace où le sentiment de liberté s'exprime sans contrainte sociale.

C'est l'espace permis qui ne choque pas.

Une femme qui pénètre la sphère politique se fait difficilement sa place tandis qu'une femme entrepreneur rencontre peu de résistance dans l'environnement économique et social.

Comme nous l'avions déjà vu, en période de crise la permissivité sociale est encore plus grande. Socialement les femmes qui entreprennent sont appréciées. Elles participent par leur action à combattre la crise économique.

L'État accueille le phénomène avec intérêt. C'est pour lui une contribution positive des femmes au développement où il n'a à gérer aucun affrontement d'aucune nature. La société quant à elle, se laisse pénétrer par les éléments du changement sans développer d'anticorps.

Traditionnellement « rien n'interdit à la femme de générer de l'emploi et des revenus ». Moulatna Khadija, la femme du Prophète Sidna Mohamed, était une femme entrepreneur. L'homme ne se sent pas menacé dans son statut et la femme entrepreneur pénètre, tel le cheval de Troyes, les mentalités figées et les fait bouger.

A la tête de son entreprise elle est acceptée comme patron grâce à qui le revenu est généré.

Dans un tel contexte, elle ne peut qu'inspirer le respect et davantage. Son style de management se caractérise par le respect réciproque entre elle et ses partenaires.

L'entreprise devient le champ favorable aux changements. Le statut de la femme entrepreneur renforce positivement sa position sociale.

Elle est évaluée selon les critères de réussite communs à tous les entrepreneurs : compétences techniques, manageriales, performances en terme de chiffre d'affaires...

Quels besoins pour les femmes entrepreneurs potentielles et réelles

Pour mieux asseoir leur nouvelle position sociale, les femmes formulent des besoins, en termes de formation, création d'entreprise, stratégie de développement, techniques de management, comptabilité, techniques de commerce international, techniques de marketing...

Elles sont également à la recherche d'opportunités d'affaires, de partenaires nationaux ou internationaux, de franchise ou représentation d'entreprises réputées (ex. Mac Donald). Elles souhaiteraient s'ouvrir davantage aux marchés internationaux et promouvoir les produits des femmes dans les foires.

D'autres actions tout aussi positives méritent de retenir l'intérêt des femmes elles-mêmes et des décideurs, comme la mise en place d'un fonds de garantie pour encourager l'accès des femmes aux crédits et au système bancaire, la mise en place de nouvelles formules de crédits notamment le micro-crédit pour la micro-entreprise donnant une plus grande chance aux travailleuses indépendantes, d'améliorer leur production et d'accéder au capital.

D'autres mesures comme la création d'un lobbing de femmes entrepreneurs et de femmes cadres supérieurs dans les instances liées directement ou indirectement au secteur privé, comme par exemple les banques, les associations professionnelles..., ou au secteur public (Ministère de l'Économie, des Finances, du Commerce, de l'Artisanat...)

Elle renforceront ainsi leur position et leur place dans la sphère de décision économique.

Installées comme elles le sont dans l'appareil économique les femmes participent déjà sans le savoir à la prise de décision, seulement les effets sont plus longs et moins directs.

Être décideur ne veut pas dire seulement faire les lois et les faire adopter. Être décideur c'est également être un élément de changement participant pleinement et d'une manière consciente et responsable au développement.

La modification de textes obsolètes ne répondant plus à aucune réalité devient alors nécessaire comme l'abrogation de l'article 6 du code du commerce qui exigeait qu'une femme entrepreneur soit sous la tutelle de son père ou de son époux.

Commentaire

Cette réflexion sur l'activité féminine a contribué à montrer comment les femmes gèrent la crise.

Comment elles agissent sur les difficultés pour les contourner. Comment elles s'activent pour modifier leur destin.

Certes elles sont encore en majorité analphabètes, c'est dommage ; mais cela ne les empêche pas de sortir du silence, d'aller vers leur indépendance économique, de prendre en charge la famille : un ménage sur cinq est dirigé par une femme.

Certes, une grande majorité de ces femmes travaillent par nécessité, et dans des conditions souvent très difficiles. Elles prouvent par là, qu'elles sont parfaitement en mesure de participer à la vie publique du pays.

Les femmes apprennent à mettre à profit et à contribution leur force de travail, et ce d'autant plus efficacement qu'elles sont en bonne santé, que leurs enfants ont accès à l'instruction, et que le spectre de la pauvreté ne les guette pas.

Elles ne sont plus cantonnées dans le domestique seulement. Elles travaillent dans les usines, dans les écoles, dans les bureaux, dans le secteur informel, comme commerçantes ou petits entrepreneurs, à la campagne dans la production vivrière...

Quand elles sont en mesure de faire un cursus scolaire normal, elles s'accrochent et vont jusqu'au bout : 30 % des effectifs de l'enseignement supérieur est féminin.

La trame socio-économique du pays connaît une conjoncture difficile, et pourtant, elles se taillent une place. Elles déploient au quotidien énergie, force créative, ingéniosité et initiatives privées.

L'objectif des femmes marocaines est de trouver une issue, et de sortir des impasses ! L'objectif est de vivre.

Certes, il y en a qui sont plus fortes que d'autres, ou qui jouissent d'un terrain plus favorable ; mais qu'elles soient riches ou pauvres, jeunes ou moins jeunes, mariées ou célibataires, veuves ou divorcées, travailleuses ou au chômage, elles s'accrochent.

Quand on réalise l'importance de l'énergie des femmes ; on reconnaît implicitement les changements qui s'opèrent envers et contre tout, dans les mentalités.

Réaliser c'est déjà accepter. Et accepter c'est agir pour assainir l'environnement et réduire les obstacles qui s'opposent au plein épanouissement de la société.

Les femmes marocaines luttent contre le sous-développement, contre l'analphabétisme, contre la dépendance, contre la pauvreté. Leur action au quotidien et en solitaire en est une expression véritable et sincère.

Bien sûr que le Maroc est le pays des potentialités, et que le potentiel humain est une richesse où la dimension femme s'édifie en composante du développement. Pour une meilleure efficacité des mesures s'imposent, en termes d'égalité de chance et d'accès à la formation, à l'emploi, à la sécurité sociale et aux sphères de décision.

Les femmes marocaines, par leur effort d'insertion à la vie du pays, ont démontré que le développement n'est plus l'apanage des hommes, il est un fardeau trop lourd à assumer dans la solitude masculine.

Elles ont prouvé combien elles sont soucieuses et parfaitement capables de partager les tâches et les responsabilités.

Compter sans elles, c'est compromettre la réalisation du développement en amoindrissant leurs aptitudes à s'acquitter pleinement de leur mission familiale et sociale.

Compter avec elles, c'est aller dans le sens de l'instauration d'un ordre nouveau plus juste et plus équitable à l'échelle locale, régionale, nationale et internationale. Le développement durable ne peut se réaliser que par la synergie et la conjugaison des efforts dans le respect du droit à la différence. Être différent ne veut pas dire être inférieur.

Mesures

Étant donné le poids du travail des femmes dans le tissu économique et social du Maroc, et de son impact sur le développement, il serait nécessaire :

– de donner à la rationalité de ce travail un autre contenu que celui de travail de survie ; en considérant les femmes comme ressource humaine à valoriser ;

– de dépasser le clivage urbain rural en urbanisant davantage le monde rural par la mise en place d'infrastructures scolaire, sanitaire, routière... ;

– d'impliquer les femmes dans les programmes de développement afin d'élargir la brèche introduite dans la catégorisation des métiers ;

– d'améliorer les législations en matière de droit du travail et de sécurité sociale ;

– d'impliquer les femmes dans la prise de décision économique et politique ; la femme marocaine longtemps écartée de la sphère du savoir, de la formation et du pouvoir politique, gagne du terrain notamment dans les sphères du savoir et de l'économie avec cependant une faible incidence de sa participation dans la prise de décision. (En 1995, deux femmes parlementaires, aucune femme ministre, trois directeurs centraux, une femme commissaire d'État, aucune femme secrétaire général) ;

– de veiller au respect et à l'application des conventions internationales sur l'égalité des droits et de traitement auxquelles le Maroc a adhéré : « à travail égal, salaire égal ; compétence égale, carrière égale » ;

– de lutter contre l'analphabétisme en développant la formation de base et la formation professionnelle chez les femmes ;

– de favoriser la création d'un réseau d'associations féminines dont les axes d'intervention sont multiples et complémentaires (social, économique, culturel, environnemental...) ;

– de créer des réseaux de solidarité et d'échanges Nord/Sud (en partenariat ou en parrainage) ;

– de favoriser la pérennité de ces réseaux ou mouvements associatifs aux effets multiplicateurs en développant la notion d'emplois sociaux et de crédits-solidarité (prévoir des mises à disposition totales ou partielles de fonctionnaires impliqués dans ces mouvements et désireux de s'y consacrer), prévoir également des possibilités de financement de ces structures ;

– de mettre en valeur les associations (concept de visibilité) par l'élaboration d'un répertoire par pays à l'échelle du Maghreb.

S'agissant du développement des initiatives privées :

– de favoriser la multiplication de coopératives de production et de vente de produits féminins autour de la Méditerranée ;

– d'organiser des forums des talents de la Méditerranée régulièrement pour y laisser s'exprimer les innovations sociales ;

– d'organiser des séminaires de formation, d'échanges d'expérience et d'expérimentation ;

– de favoriser l'émergence du micro-crédit au service de la micro--entreprise, et d'envisager la mise en place d'un fonds de garantie à l'échelle de la Méditerranée ;

– de sensibiliser à la création d'entreprise et d'accompagner les projets émergents, par la mise en place d'une formation mobile autour de la Méditerranée.

– d'élargir le programme NOW aux pays du Sud de la Méditerranée.

De par leur participation à l'activité économique, de par leur contribution aux revenus des familles, de par leur statut de travailleuses indépendantes, les femmes sont en mesure de modifier les croyances et de contribuer aux changements des mentalités.

Si leur action est mieux orchestrée, rendue officielle et visible, si leur participation est valorisée, reconnue nécessaire pour le développement, si elles ont les mêmes chances d'accès à l'éducation-formation basée sur les notions de respect de l'autre et de responsabilité, leur participation au développement économique et social sera plus efficace et contribuera davantage à rétablir la paix dans le monde.

Assainir l'environnement juridique, psychologique, économique et social des femmes c'est donner au monde la possibilité de retrouver ses équilibres.

Il ne s'agit en aucun cas d'une affaire de femmes, mais d'un problème concernant l'humanité toute entière où des femmes instruites, actives et responsables plus outillées pour relever les défis de la misère morale et matérielle, du boom démographique, des crises économiques, maîtriseraient mieux leur présent et leur devenir et par la même occasion le devenir planétaire.

L'avenir de l'humanité n'est plus dans les rapports de force mais dans un monde où les rapports de respect animent chaque individu homme ou femme, pour un développement personnel, régional et global, durable à visage humain.

Bibliographie

– Ministère du plan, Direction de la statistique

* *Femmes et conditions féminines au Maroc*, Rabat, 1989.

* *Statut économique et social de la femme au Maroc* (recueil analytique des textes), Ed. Guessous, Rabat, 1990.

* Annuaire statistique du Maroc 1989, 1995.

* Population active urbaine 1990 - premiers résultats.

* Population active urbaine 1988.

* Population active rurale 1986-1987.

– Filali Rachid, *Femmes et travail*, Collection Marocaines citoyennes de demain, Éditions Le Fennec, 1992.

La participation des femmes tunisiennes à la vie économique et à la vie publique

Dorra Mahfoudh[*]

1. Le contexte social et économique de la participation des femmes tunisiennes à la vie économique et publique

La participation des femmes à la vie économique et à la vie publique en Tunisie est le résultat de plusieurs facteurs : les transformations juridiques qui touchent la sphère familiale et le statut personnel de la femme et de l'homme, l'école qui retient un nombre croissant de filles surtout dans les villes et les filières d'études vers lesquelles elles sont orientées, la baisse de la nuptialité et le recul de l'âge au mariage (24 ans pour les femmes et 28 ans pour les hommes en 1989). La politique de planification familiale ainsi que la baisse de la fécondité (4 enfants en moyenne par femme, 3 à 2 pour les employées et les cadres moyens) qui a libéré les femmes des nombreuses maternités. On peut citer enfin les bouleversements économiques liés à la crise économique et les mesures adoptées par les pouvoirs publics pour y faire face, en particulier le Programme d'ajustement structurel. Au cours des années quatre-vingt, et malgré les progrès réalisés au cours de la décennie précédente, les possibilités d'emploi pour les femmes s'amenuisent et la crise, liée entre autres à la baisse de la production et du prix du pétrole, à l'irrégularité des recettes touristiques et aux années de sécheresse[1] touche en particulier les femmes et les rurales surtout. Ce contexte économique peu favorable ne risque-t-il pas de décourager les ambitions professionnelles des jeunes et des plus démunies les poussant à s'auto-éliminer du marché de l'emploi ? Ce contexte qui a également contribué à l'accroissement de la compétition entre les sexes dans l'accès au crédit, aux technologies et aux opportunités nouvelles en matière de formation, ne contribue-t-il pas à rendre les pouvoirs publics et les femmes elles-mêmes moins sensibles aux mesures positives qui

---

* *Dorra Mahfoudh* (Tunisie)
Docteur en sociologie, elle est sociologue, enseignante-chercheur à la Faculté des Sciences Sociales et Humaines de Tunis et Maître assistante chargée de l'enseignement de Psychologie sociale et de Méthodologie dans le département de Sociologie. Consultante auprès d'organismes internationaux. Présidente et membre fondateur de l'AFTURD et coordinatrice de plusieurs réseaux dont le réseau méditerranéen ISIS-Med Campus. Auteur de nombreuses études et recherches sur les femmes.
1. Tahar ben Abdeslem : Le contexte socio-démographique et économique dl'emploi féminin dans la région de l'Afrique du Nord et du Moyen-Orient (cas de la Tunisie), Etude Tunisie, BIRD, 1990.

donneraient les mêmes armes aux femmes et aux hommes ? Il donnerait naissance au contraire à des comportements discriminatoires qui visent à freiner, voire à réduire l'activité économique formelle des femmes.

Quel est aujourd'hui le poids des représentations sociales, des contraintes familiales et de l'orientation scolaire et professionnelle qui limitent l'intégration économique et sociale des femmes et leur accès aux secteurs de l'emploi moderne ? Quelle est l'ampleur du chômage et des menaces pesant sur l'exercice par les femmes d'une activité professionnelle et quelles stratégies ces dernières ont-elles adoptées pour y faire face ? Quelles sont celles qui vont se mobiliser dans les structures syndicales ou associatives pour défendre leur droit à une profession à part entière, et celles qui se voient contraintes d'accepter des formes d'emplois précaires comme le travail à domicile qui prend des formes nouvelles[2] ?

2. La place des femmes sur le marché du travail

Sur l'ensemble de la population tunisienne, on recense en 1989 un effectif de 260 600 actifs, ce qui signifie qu'un Tunisien sur trois est économiquement actif (taux brut d'activité : 3 0 %). Si l'on ne considère que les Tunisiens des deux sexes en âge d'activité, c'est-à-dire ayant plus de 15 ans, environ un sur deux travaille (taux global d'activité : 48 %).

Que représentent les femmes dans cette force de travail ?

En 1989 les femmes représentaient 20,9 % de l'ensemble de la population active soit un effectif de 494 300 personnes. L'activité économique touche un peu plus du $1/10^e$ de l'ensemble des Tunisiennes (taux brut d'activité féminine : 12,7 %) et seulement le quart de celles qui sont en âge de travailler (taux global d'activité féminine : 20,3 %). Par contre le taux de chômage féminin a bien augmenté passant de 11 % en 1984 à 20,9 % en 1989 alors qu'au niveau national il est passé aux mêmes dates de 13,1 % à 15,3 %.

Il apparaît clairement que le marché de l'emploi en Tunisie reste marqué par une profonde différence entre les deux sexes et la prédominance de l'élément masculin. La participation des femmes y rencontre des obstacles sérieux.

Quelle a été l'évolution au cours des dernières années ? S'achemine-t-on vers une amélioration ou au contraire vers une réduction des chances d'emploi des femmes ?

Pour comprendre ceci nous nous proposons de prendre quelque distance en remontant à des dates précédentes : celles du recensement de 1984 ou celui de 1975 quand cela est nécessaire. Notre date de référence la plus récente est celle de l'enquête nationale sur la population et l'emploi de 1989[3].

---

2. D. Mahfoudh : « Anciennes et nouvelles formes du travail des femmes à domicile en Tunisie », dans *Femmes du Maghreb au présent. La dot, le travail, l'identité*, sous la direction de Monique Gadant et Michèle Kasriel, Ed. C.N.R.S., Paris, 1990, pp. 161-172.
3. Les résultat du recensement national de la population de 1994 ne sont pas encore publiés.

En 1984 les femmes représentaient 21,3 % de l'ensemble de la population active, en 1989 leur proportion est de 20,9 %. Le poids des femmes a donc enregistré une légère baisse confirmée par celle du taux d'activité spécifique qui passe de 21,8 % en 1984 à seulement 20,4 % en 1989. Certes cette baisse affecte aussi les taux masculins, mais ces derniers sont au départ plus élevés (respectivement 78,6 % et 75,2 %). L'aggravation des taux de chômage principalement pour les femmes, comme nous l'avons vu plus haut, confirme cette tendance.

Comment expliquer cette détérioration de l'emploi féminin ?

Elle peut soit indiquer un blocage réel dans l'accès et le maintien des femmes dans le marché du travail, soit indiquer un problème d'observation de l'emploi des femmes.

Sur ce dernier point il est reconnu partout aujourd'hui que lorsqu'il s'agit du travail des femmes, les statistiques officielles sont incapables de comptabiliser avec précision la totalité de la contribution économique des femmes en raison de l'importance des formes d'emploi comme aide familiale, travailleuse indépendante et même apprentie qui sont généralement mal saisies ou sous-estimées. Or c'est précisément dans ces catégories que les femmes sont surreprésentées. Ainsi elles représentent par exemple 48 % des aides familiales en 1989 alors qu'elles ne sont que 20,9 % de la population active.

Il faut remarquer d'abord que la notion d'activité féminine ne recouvre pas la même réalité aux différents moments où elle est observée. En effet la comptabilisation de l'emploi féminin est soumise à des traitements statistiques qui aboutissent soit à sous-estimer soit au contraire à surestimer la participation économique des femmes en prenant en compte ou en délaissant certaines formes du travail féminin[4].

Ainsi quand il s'agit des femmes, l'appareil statistique distingue les « actives effectives », celles qui ont déclaré d'emblée exercer une activité économique marchande, les « actives marginales » qui se sont déclarées à la fois inactives et exerçant une activité à temps partiel artisanale ou agricole généralement. Lorsqu'elles produisent pour le marché, elles ont été classées actives dans la catégorie « aide familiale » ou « indépendante ». Enfin les « actives potentielles » sont celles qui se sont déclarées à la fois inactives mais disponibles et motivées pour un emploi éventuel. Il s'agit de femmes jeunes de 15 à 17 ans ou âgées de plus de 60 ans ou encore de femmes qui n'ont pas travaillé au cours de la semaine précédant le recensement et qui cherchent à s'installer à leur compte.

On peut souligner également que la période de référence à laquelle se rapporte la question de l'activité est également déterminante. En Tunisie, le repérage de l'activité économique remonte à la semaine qui précède le recensement, or quand il s'agit des femmes

---

4. Nous avons développé cette analyse dans un article déjà ancien : « Formation ou travail des femmes en Tunisie : promotion ou aliénation » publié dans l'Annuaire de l'Afrique du Nord, XIX 1980, C.N.R.S, Paris, pp. 255-288.

ceci peut aboutir à surévaluer ou à sous-évaluer des formes d'activités ponctuelles ou saisonnières.

Bref, il est évident qu'il est difficile de se retrouver dans ces changements de catégorisation de l'activité et des périodes de référence, il est également difficile d'effectuer des comparaisons ou de saisir l'évolution dans le temps.

Mais la baisse de l'emploi féminin n'est pas seulement un problème d'ordre technique et de définition de l'activité féminine. Si l'on se réfère à un indicateur comme celui d'« actif effectif », qui limite les problèmes de définitions liées à la différence des sexes puisqu'il est équivalent pour les deux, nous trouvons que le taux d'activité féminine en 1989 pour les actives effectives est de 18,6 % soit le même taux qu'en 1975[5]. Donc même si à la fin des années quatre-vingt les femmes sont devenues, en chiffres absolus, plus nombreuses sur le marché de l'emploi, en réalité leurs chances effectives en matière d'emplois stables n'ont pas augmenté au cours des quinze années.

L'intégration des femmes et des jeunes en particulier dans le marché du travail se fait principalement par l'extension des formes d'activités marginales. Il serait plus exact d'affirmer à la suite des économistes que nous sommes face à une segmentation du marché du travail ou à deux marchés du travail, qui loin de s'ignorer sont organiquement articulés l'un à l'autre. La main-d'œuvre féminine circulant de l'un à l'autre au gré des conditions économiques nationales ou internationales de plus en plus restrictives.

On relève par exemple que la catégorie des actives potentielles qui comptait 94 000 femmes en 1984, n'en compte plus en 1989 qu'à peine la moitié. Ces actives « potentielles » résident en majorité en milieu rural. Au début des années quatre-vingt elles ont remplacé les hommes partis à la recherche d'un travail en ville. Mais l'intensification de l'exode à la fin des années quatre-vingt a poussé aussi les femmes à quitter les campagnes pour de meilleures possibilités d'emploi en milieu urbain. Les données statistiques récentes semblent en effet confirmer le fait déjà observé que les chances féminines en matière d'emploi sont deux fois plus élevées en milieu urbain qu'en milieu rural. C'est effectivement dans le milieu urbain que se regroupent 68 % des femmes actives contre seulement 32 % en milieu rural.

C'est aussi dans le milieu rural que les femmes sont plus souvent actives « indépendantes » ou « aides familiales » alors que les salariées et les apprenties se retrouvent surtout en milieu urbain.

Si la main-d'œuvre féminine est de plus en plus attirée par le milieu urbain c'est parce que les chances d'y trouver un emploi salarié sont relativement meilleures, comme d'ailleurs les chances de scola-

---

5. Ce recensement de 1975 n'a comptabilisé que les actives effectives soit « celles qui ont déclaré d'emblée exercer une activité économique marchande. » La période de référence à laquelle se rapporte la question de l'activité est déterminante : en Tunisie, c'est la semaine précédant le recensement, or ceci peut sur-estimer ou sous-estimer des formes d'activités féminines ponctuelles ou saisonnières.

risation et de formation. L'urbanisation et l'amélioration du niveau d'instruction des femmes expliquent vraisemblablement l'augmentation de 14 % à 17 % de la proportion de salariées parmi les actives (entre 1984 et 1989). L'emploi urbain permet souvent une meilleure utilisation et une visibilité de l'activité féminine qui, sans cela, resterait confinée dans des tâches domestiques non reconnues socialement.

3. Les caractéristiques de la main-d'œuvre féminine

Quel est le profil des travailleuses ? Quels sont les effets du cycle de vie féminin sur les motivations au travail et la trajectoire professionnelle ? La vie conjugale et familiale constitue-t-elle toujours un obstacle malgré une législation de la famille favorable et une politique de planification familiale encourageante ? Quels emplois et quelles professions sont actuellement offerts aux femmes ?

L'examen de la période d'activité selon l'âge montre que les femmes ont une durée de vie active plus réduite que les hommes. Dans la tranche 20-24 ans le taux d'activité féminine est à son maximum soit 30,1 % (contre 69,7 % pour les hommes), dans la tranche 40-44 ans il n'est plus que de 17,8 % (contre 98,2 % pour les hommes). En milieu urbain les taux d'activité féminine sont meilleurs. Jusqu'à 40 ans les femmes sont plus nombreuses à travailler qu'en milieu rural mais les rurales restent actives bien au-delà de 60 ans.

Outre les problèmes de sous-estimation de l'activité des femmes en milieu rural, ces variations reflètent la nature très différente du travail féminin en milieu rural et en milieu urbain. En milieu rural l'activité féminine n'est pas liée à un âge précis et est peu affectée par le cycle de vie des femmes. Elles travaillent de l'adolescence à la vieillesse, à des tâches multiples productives agricoles ou artisanales ou encore reproductives, soins aux enfants, aux personnes âgées.

L'effet du mariage et de la vie conjugale en particulier sur la vie professionnelle n'est pas à négliger quand il s'agit de l'emploi féminin. On relève que la population active féminine est composée de 52,8 % de célibataires et de 41,2 % de femmes mariées, 6 % sont veuves ou divorcées. Plus pertinente encore est la relation entre les taux d'activité et le statut matrimonial : dans la tranche 30-34 ans les célibataires sont proportionnellement deux fois plus nombreuses à se présenter sur le marché du travail (34,5 % des célibataires sont actives contre 16,2 % des femmes mariées). Mais les taux d'activité les plus élevés sont ceux des veuves (56,5 %) et des divorcées (58,8 %).

L'activité est étroitement liée à la vie conjugale et la tendance à travailler est plus importante chez les femmes non mariées. Les célibataires mais surtout les divorcées ou veuves qui sont chefs de famille sont plus motivées à travailler, mais aussi se maintiennent plus longtemps sur le marché du travail. Ce comportement dénote que, malgré la crise, les femmes font preuve d'un désir de se maintenir dans l'activité, de disposer d'un revenu personnel et d'une autonomie économique.

Le niveau d'instruction : les chances en matière d'emploi sont bien évidemment déterminées en premier par le niveau d'instruction. En 1989, 48,1 % des Tunisiennes de plus de 20 ans sont analphabètes (37,1 % pour la population tunisienne). A la même date, près de 36 % des actives sont analphabètes (contre 29,7 % des hommes) mais cette proportion atteint 70 % en milieu rural. Il y a de plus en plus de travailleuses qui accèdent au niveau de l'enseignement secondaire, mais l'enseignement supérieur ne bénéficie qu'à 7 % des actives en milieu urbain et à 0,3 % du milieu rural.

Si, au niveau du droit à l'éducation il n'y a aucune différence entre les deux sexes et que des progrès indéniables ont été réalisés au cours des dernières années[6], dans les faits, l'instruction n'a pas tellement augmenté les chances professionnelles des femmes. Les effets positifs se manifestent sur les jeunes femmes, celles surtout qui ont la chance de vivre dans les villes. Les femmes des zones rurales en particulier, illettrées et dépourvues de possibilités de formation sont les plus handicapées, alors qu'elles sont appelées à faire face à la crise des campagnes et au départ des hommes actifs.

Par ailleurs, même si dans l'ensemble le niveau d'instruction de la population active féminine a connu une amélioration sensible, le chômage, nous le rappelons, touche plus particulièrement les femmes. Parmi les femmes âgées de 15 à 59 ans le taux de chômage est passé de 15 % en 1984 à 22 % en 1989 alors qu'au cours de la même période celui des hommes est passé de 17 % à 15 %. Ces chiffres révèlent la précarité de l'emploi féminin qui ne résiste pas à la conjoncture économique quand elle est défavorable.

On relève, par exemple, que la proportion de celles qui, en 1989, ne sont ni à l'école ni sur le marché de l'emploi est de 51,7 % dans la tranche d'âge 15-19 ans et de 62,8 % dans la tranche 20-24 ans. Ces données témoignent suffisamment de la sous-utilisation des potentialités et des capacités féminines pour la réalisation des objectifs de développement et pour l'épanouissement des femmes elles-mêmes.

4. Où travaillent les femmes ?

La répartition de l'emploi féminin par secteur d'activité montre la prédominance du secteur industriel. Mais la main-d'œuvre de ce secteur connaît au cours des dernières années une baisse relative au profit du secteur des services qui a capté également une partie de la main-d'œuvre agricole.

Ainsi en 1989 nous relevons que 22,7 % des femmes travaillent dans l'agriculture, 44 % dans l'industrie essentiellement manufacturière, 12,7 % dans les services productifs, 19,4 % dans les services administratifs (soit l'administration, l'enseignement, la santé, le travail social). A titre de comparaison les proportions en 1984 sont

---

6. Voir en particulier Femmes de Tunisie : situation et perspectives CREDIF, Tunis 1994 et nos articles précédents dont « Scolarisation et formation professionnelle comme déterminants de l'emploi féminin en Tunisie in *Evolution de l'emploi féminin dans la région de l'Afrique du Nord et du Moyen-Orient* (cas de la Tunisie), » BIRD, 1990, 37 p.

respectivement : 24,7 %, 46,9 %, 9,5 %, 14,4 % (secteur d'activité non déclaré : 4,6 %).

Il semble que malgré le poids encore prédominant des industries de transformation dans l'emploi des femmes et le maintien en deuxième position du secteur agricole, ce sont désormais les services qui attirent la main-d'œuvre féminine instruite dans les emplois traditionnels les plus féminisés.

La tendance à la baisse des emplois productifs est liée à plusieurs facteurs parmi lesquels : les années de sécheresse, les difficultés à générer de nouveaux emplois en général en raison de la faiblesse des investissements, le caractère de plus en plus capitalistique de la production, la privatisation de certaines entreprises publiques, enfin l'adoption d'une politique d'ajustement structurel qui entraîne une compression des dépenses publiques notamment dans les secteurs de la santé et de l'éducation qui offrent des emplois modernes aux femmes. La privatisation et l'encouragement à l'exportation ont amené certaines entreprises à adopter des technologies capitalistiques y compris dans les branches les plus utilisatrices de main-d'œuvre. Ceci s'est souvent soldé par la mise au chômage de nombreux femmes et hommes.

a. Dans l'industrie du cuir, de l'alimentation, de l'électronique, et surtout du textile, la plus grande part des femmes travaillent dans les secteurs à haute intensité de main-d'œuvre et tournés vers l'exportation. Elles occupent des postes de production peu qualifiés et se voient offrir des emplois qui n'exigent aucune expérience et offrent peu de chances d'avancement. Par la production d'une « plus-value féminine » (salaires peu élevés, vie active réduite à une courte période où le rendement est maximum et les charges sociales minimum), les femmes contribuent à l'essor de certaines branches économiques, assurent la flexibilité de l'emploi imposée par les options actuelles en matière de développement.

Sur le plan social la précarisation de la force de travail va toucher les populations les plus démunies et les femmes en particulier. On peut déjà voir que la pression du chômage incite les jeunes gens à accepter des emplois qu'ils ont jusque là dédaignés parce que considérés comme traditionnellement féminins et à évincer les femmes dans l'industrie du vêtement par exemple. Les transformations technologiques qui commencent à envahir le secteur des industries électroniques et manufacturières risquent d'écarter encore plus les femmes et les moins qualifiées d'entre elles.

b. Dans le secteur agricole, la population active féminine a enregistré une baisse. Même si ce phénomène affecte les deux sexes et résulte d'une intensification de l'exode et d'une fuite de la main-d'œuvre de ce secteur, pour les femmes la baisse s'explique probablement par une non-comptabilisation dans l'emploi agricole d'une partie des « aides familiales » et même des exploitantes.

En effet, dans ce secteur, les femmes constituent le gros de la main-d'œuvre occasionnelle et la plupart du temps non-salariée travaillant comme des « aides » sur les petites exploitations familiales. Dans le salariat agricole leur poids ne dépasse pas les 4 %

alors que dans la main-d'œuvre occasionnelle, elles représentent les 35 %. Au niveau de la rémunération le salaire féminin équivaut à la moitié du salaire masculin alors que la législation reconnaît l'égalité.

Dans une enquête récente en milieu agricole nous avons fait les observations suivantes[7]. Dans certaines régions la femme ne part pas toute seule travailler, elle est accompagnée par le chef de ménage et d'autres membres de la famille. C'est le cas, par exemple, quand il s'agit de la cueillette des olives. La rémunération des femmes, souvent membres d'une même famille, est donnée au chef de famille.

La seule source d'argent pour la femme de l'exploitant provient de la vente de quelques produits transformés par elle-même (poudre de piment, épices, mloukhia...) et vendus à son entourage. C'est le seul secteur dont la production et le revenu échappent au contrôle de l'homme.

Dans le salariat agricole où le poids des femmes ne dépasse pas 10 %, on note une discrimination flagrante dans la rémunération du travail de la femme et celui de l'homme. Il y a toujours une différence d'environ un dinar par jour à l'avantage de l'homme. C'est une sorte de règle appliquée systématiquement et souvent acceptée. Les salaires journaliers de 2,5 dinars et même moins sont fréquents dans les milieux pauvres et où la main d'œuvre-féminine est abondante.

Le travail sur les machines agricoles est considéré comme travail spécialisé, donc rémunéré en conséquence. Ce type de travail est toujours pris par l'homme.

La femme, par la nature du travail qui lui est réservé (travail manuel non qualifié), est payée au maximum à la base du SMAG. En effet, le salaire de l'ouvrière se situe en grande partie dans la fourchette de 2,5 à 3,5 dinars la journée. Il atteint en période de pointe (récolte des tomates de plein champ ou des fruits qui ne tiennent pas longtemps) 4,5 à 5 dinars. Dans le secteur public, les grandes sociétés et les fermes privées (soumises à des contrôles relativement stricts) les ouvrières sont rémunérées à la base du SMAG.

Bref, dans le monde rural et avec le départ de la population masculine, les femmes deviennent les véritables agents de production du secteur agricole et leur travail constitue un apport essentiel dans les stratégies de survie. Cependant un des problèmes majeurs auxquels se heurtent les femmes est l'accès aux ressources et à la terre, principal moyen de production et l'absence de garanties juridiques qui leur permettent d'accéder aux crédits et à la propriété de la terre[8].

C'est ce contexte et les pressions économiques exercées sur l'emploi formel ainsi que la limitation des débouchés qui ont poussé au développement d'un secteur informel et à une précarisation de la main-d'œuvre féminine.

---

7 . Dorra Mahfoudh avec la collaboration de Salwa Kannou et Fatima Ben Soltane : *Impact sur la femme rurale de la mécanisation et autres technologies agricoles* (FAO/AVFA, Tunis, 1995).

8. Nous avons traité de ces aspects dans un ouvrage récent : Dorra Mahfoudh-Draoui, *Paysannes de Marnissa, le difficile accès à la modernité*, Chama Edition, Tunis, février 1993.

c. Le secteur informel : On sait de plus en plus aujourd'hui que c'est dans ce secteur que la contribution des femmes est à la fois importante et sous-évaluée. Comme le montre le Rapport Mondial sur le développement humain de 1995 (ainsi que les précédents), « Le travail des femmes n'est généralement ni rémunéré, ni reconnu, non valorisé, car il est souvent invisible ». Selon ce même document dans presque tous les pays le temps de travail des femmes est supérieur à celui des hommes. Dans les pays en développement les femmes supportent 53 % de la charge de travail totale (travail rémunéré et non rémunéré) et 51 % dans les pays industrialisés. Mais dans les deux cas environ les 2/3 du temps de travail est consacré à des activités non rémunérées.

En Tunisie, l'orientation vers les activités informelles, « productrices et sources de revenus » est une composante de la stratégie de développement de la dernière décennie. Les rares études faites en Tunisie sur ce domaine posent le problème de l'invisibilité de certains aspects du travail féminin dont le déploiement actuel renvoie à « une nouvelle exclusion » des femmes du champ économique. Au cours des années quatre-vingt, selon les estimations, le secteur informel regroupe 40 % à 50 % de l'emploi total. Les femmes prédominent dans le textile et la confection et surtout dans le travail à domicile destiné à absorber le gros de la main-d'œuvre féminine non qualifiée du milieu urbain.

Nous ne disposons pas d'enquêtes ni d'études approfondies sur la réalité de ce secteur basé sur des formes d'entraide et de travail familial. Il est donc nécessaire de dépasser les approches de la comptabilité nationale et d'entreprendre une observation attentive et une investigation des groupes sociaux, de leurs stratégies pour avoir une image exhaustive de l'emploi féminin sous ses deux aspects complémentaires marchand et non-marchand, formel et informel, visible et souterrain[9].

Dans l'artisanat, la femme fait les travaux de préparation, elle « aide » comme on aime souvent à le souligner même si elle assure les tâches les plus pénibles et les plus sales, alors que l'homme est l'artisan, bénéficie de la technologie et se réserve la plus-value. Ou bien on dira qu'elle « s'occupe », en produisant de quoi nourrir la famille, alors que l'homme fait commerce de ses produits. Elle fait du tricot ou de la broderie pour une petite clientèle, et assure un revenu « complémentaire » mais combien indispensable. Le « travail fantôme », comme dit I. Illitch, est bien le résultat de ce processus systématique de dévaluation de la participation des femmes à l'économie.

Dans le secteur alimentaire, le travail informel des femmes est localisé dans les produits de base ou les produits saisonniers : couscous, pâtes, gâteaux traditionnels. Progressivement le secteur industriel s'empare de cette production qui échappe aux femmes, selon

---

9. D. Mahfoudh, « Anciennes et nouvelles formes du travail des femmes à domicile en Tunisie » in *Femmes du Maghreb au présent*, Ed. CNRS-Alif, Paris, 1990.

une même évolution. Certaines apprenties ou aides familiales mettant de côté un petit capital se retirent chez elles pour s'installer à leur compte et répondre à des commandes privées ou commerciales.

Les possibilités s'offrant aux femmes qui s'aventurent dans ce secteur sont diverses et dépendent beaucoup de la mobilisation de l'environnement et de la créativité féminine : s'équiper et s'imposer sur le marché, rester indépendantes mais se tourner vers d'autres produits qui demandent plus de travail manuel et offrent des gains plus modestes. Les plus chanceuses pourront créer une petite entreprise. Les plus pauvres deviendront ouvrières salariées dans les nouvelles entreprises.

Le secteur informel semble voué au rôle « d'éclaireur » et doit faire preuve d'une créativité pour survivre quand le marché qu'il aura contribué à faire développer sera occupé par le secteur structuré. Cependant le développement du marché permet de mettre en valeur, mais sans la reconnaître, une partie du travail féminin inséparable traditionnellement du travail domestique que le secteur industriel va s'approprier.

Dans le secteur textile : les femmes artisanes à l'origine indépendantes disposant des matières premières et des outils (laine et métier à tisser), vont perdre progressivement leur indépendance pour devenir des « aides » ou des sous-traitantes « à domicile » au bénéfice des artisans et des commerçants grossistes qui détiennent les circuits de la commercialisation (comme c'était le cas pour les bonnets de laine tunisiens [la chéchia] ou actuellement pour les tapis) et s'approprient la valeur ajoutée.

Cependant malgré toutes ses faiblesses et sa précarité, le secteur informel représente pour beaucoup de femmes exclues du marché de l'emploi une possibilité d'affirmer une liberté d'initiative, et d'acquérir une autonomie économique voire une reconnaissance d'un statut familial ou social.

Sur le plan national la politique actuelle de développement vise à organiser et à encadrer le secteur informel et à pallier à ses inconvénients en favorisant en particulier « une interaction profonde entre, d'une part, le secteur informel et l'économie familiale, et, d'autre part, les micro-entreprises dans une connotation moderne. »[10]

5. La formation professionnelle féminine

La politique d'encouragement des petites et moyennes entreprises (PME) qui visait l'ensemble des travailleurs a peu profité aux femmes en raison de leurs faibles atouts en matière de formation professionnelle.

On peut relever par exemple que la promotion de la petite et moyenne entreprise a incité l'Agence de Promotion des Investissements à agréer au cours des années quatre-vingt près d'un millier de projets (968 projets FOPRODI) mais une infime partie a profité aux femmes : 46 ont été réalisés par des femmes (18 dans le

---

10. Rapport sur la micro-entreprise en Tunisie dans le cadre du FONAPRA « Ve rencontre « Jeunes et entreprises », 6-7 juillet 1995, Agence tunisienne de l'emploi, Ministère de la Formation Professionnelle et de l'Emploi, 14 p.

textile, 9 dans les IAA...). D'autres fonds, comme le FONOPRA, visent à encourager le travail indépendant « générateur » de source de revenu, mais on observe aussi une sous-représentation des femmes (14,5 % dans l'ensemble des projets et 39 % des bénéficiaires sont dans la capitale).

Les femmes sont éliminées de ces fonds d'aide à la petite entreprise surtout parce qu'elles n'ont pas la formation professionnelle ni la qualification exigées des candidats.

Théoriquement le rôle de la formation professionnelle c'est d'augmenter les chances d'emploi des jeunes, par un choix de filières plus diversifiées et plus finalisées sur le plan des qualifications professionnelles, et pour leur permettre de faire correspondre leurs capacités et leurs ressources aux efforts de développement du pays.

Beaucoup de jeunes formés par le système éducatif reçoivent une formation professionnelle de base à la phase finale de leur scolarité. Mais beaucoup d'autres quittent le système, la plupart à un âge précoce, sans avoir été préparés à exercer une profession.

La création de l'Office de la Formation Professionnelle et de l'Emploi (Loi 67/11 du 8 mars 1967) avait pour objectif la « récupération » des jeunes défaillants du système d'enseignement par la mise en œuvre de plusieurs programmes de formation. Ces programmes, même s'ils ont amélioré la qualité de la main-d'œuvre disponible, n'ont pu couvrir tous les besoins de formation et ont surtout été un palliatif aux problèmes sociaux.

Les nouvelles données du marché du travail et les nouveaux défis face auxquels se trouvent les jeunes de sexes féminin et masculin ont poussé les pouvoirs publics à restructurer le système d'éducation et surtout de formation professionnelle. Alors que les années soixante-dix et 80 étaient marquées par l'intégration d'une partie de la formation professionnelle des jeunes au sein du système éducatif, nous assistons actuellement à une séparation des deux modes de formation et à une articulation plus étroite de la formation professionnelle au marché de l'emploi avec la mise en œuvre de la réforme du système de formation professionnelle et la création d'un Ministère de la Formation Professionnelle et de l'Emploi, d'une Agence de la Formation Professionnelle, d'une Agence de l'Emploi.

La restructuration-renforcement de l'appareil de formation, comme en témoigne la mise en œuvre de la réforme du système de formation professionnelle à l'O.F.P.E et la récente création d'un Ministère de la Formation Professionnelle, ont pour objectif d'accompagner l'entrée du pays dans l'Accord Général sur les tarifs douaniers et le commerce (GATT) et le développement d'un partenariat avec la CEE afin de permettre à la Tunisie d'être « mieux armée face à cette nouvelle donne », comme le souligne un haut responsable de la formation professionnelle. Le second objectif est d'augmenter les chances d'emploi des jeunes, par un choix de filières plus diversifiées et plus finalisées sur le plan des qualifications professionnelles et une meilleure connaissance du monde du travail et de la législation, afin de « leur permettre de joindre leurs capacités et leurs ressources aux efforts de développement du pays ». En 1992, près de 40 000 jeunes

filles ont fréquenté les différentes structures de formation professionnelle et leur proportion est supérieure à celle des jeunes gens
(soit 55 % de l'ensemble des deux sexes) mais la majorité continue
de suivre des filières à but social menant vers des secteurs très
féminisés, peu rémunérateurs et peu compétitifs sur le marché du
travail.

Comment se présente en 1989-1990 la situation des femmes
dans le système de la formation professionnelle ?

Répartition des effectifs
et proportion des filles dans les différentes institutions
de formation professionnelle en 1989-90[11]

Organisme	Effectifs F + G	Effectifs F	% F/Eff. F	% F/Eff. F + G
Ministère des Affaires sociales	5 701	1 580	6,5	27,7
Ministère de la Santé	1 027	622	2,6	68,6
Ministère de l'Agriculture	4 271	285	1,2	6,7
Ministère de la Jeunesse et de l'Enfance	448	269	1,1	60,0
Ministère des Communications	57	28		49,2
Office du Tourisme	1 115	162	0,7	16,0
Office de l'Artisanat	2 247	1 500	6,2	61,8
Union Nationale des Femmes de Tunisie	5 500	5 500	22,6	100,0
Programme de Développement rural	14 414	9 331	40,7	80,0
Institutions privées	10 000	4 500	18,4	45,0
Ensemble	**42 860**	**24 378**	**100,0**	**56,9**

A la lecture du tableau plusieurs remarques s'imposent :

Le système de formation professionnelle ne suffit pas à couvrir les
besoins actuels en formation des jeunes qui affrontent le marché de
l'emploi car les exclus du système d'éducation représentent en
moyenne et annuellement près de 100 000 jeunes, près de la moitié
sont des filles. Cette insuffisance des capacités actuelles de formation qui « n'ont pas connu d'évolution significative depuis 1976 »
(selon le Plan de développement économique et social de 1987-
1991, p. 187) est d'ailleurs à l'origine de la réforme de ce système.

Parmi les jeunes inscrits dans un programme de formation les
filles représentent 56,9 %. Mais cette proportion certes non négligeable n'a de sens que si l'on sait ce que l'on entend par formation
professionnelle. En réalité ce vocable ne cache pas la même réalité
pour les filles et pour les garçons. Pour ces derniers la formation
professionnelle, comme d'ailleurs l'enseignement, offrent une gamme
de spécialités diversifiées axées sur les secteurs demandeurs d'emploi.

Pour les filles c'est généralement une formation artisanale axée
sur des métiers traditionnellement féminins et surtout une sociali-

---

11 En raison de la restructuration du système de formation nous n'avons pas
pu disposer de données plus récentes.

sation aux rôles domestiques de mère, épouse et maîtresse de maison. Si elle leur permet de s'installer à leur compte ou d'exercer un travail à domicile la formation reçue débouche rarement sur le travail salarié.

C'est le cas en particulier de la formation dans le cadre du Programme de développement rural qui recrute 40,7 % des filles en formation, celle offerte par l'UNFT ou aussi par l'Office de l'Artisanat.

Une enquête déjà ancienne, et qui mérite d'être refaite à une large échelle, effectuée par l'O.P.T.T.E. en avril 1985 auprès de 912 jeunes sortant des centres de formation du PDR et portant sur leur insertion professionnelle a montré que cette formation ne prépare pas à l'emploi salarié : « Le salariat constitue une alternative difficile aux jeunes filles sortantes des centres de formation du PDR », car fortement concurrencées sur le marché du travail par les autres jeunes des lycées professionnels ou de l'Office de l'Emploi. De fait, les employeurs préfèrent recruter un candidat du système de formation organisée qui accepte le salaire réduit qu'on peut offrir à un candidat sortant d'un centre du PDR.

Pourtant la formation professionnelle est au cœur des préoccupations des jeunes. C'est ce que révèle la même étude : 9 octobre des filles (90,4 %) contre 2/3 des garçons (66,7 %) demandent la création ou la consolidation des centres de formation dans lesquels ils ont trouvé le moyen d'acquérir une qualification et de s'installer à leur compte. Pour les filles en effet 79,9 % de celles qui sont passées par ces centres ont une activité économique surtout comme indépendantes. Les filles proposent des centres de couture, broderie, tapis, laine, cuisine, dactylo, alphabétisation.

La formation professionnelle devient de plus en plus une composante des projets de développement mais il faut espérer qu'elle pourra être réellement investie dans le monde du travail.

Dans le milieu rural où les jeunes filles et les jeunes femmes se heurtent à des obstacles à la fois culturels et économiques la formation est perçue comme un moyen de libération et les centres de formation des jeunes filles rurales bénéficient d'une image positive surtout s'ils offrent des filières telles que la couture valorisée car symbolisant la modernité.[12] Mais la formation dans le domaine agricole reste peu motivante pour les jeunes filles surtout lorsque les parents sont pauvres et ne disposent pas de terres. Ceci limite considérablement le développement des régions rurales surtout si l'on sait le rôle de plus en plus important que jouent les femmes dans la production agricole.

Dans ce domaine en particulier, les femmes sont attirées par une formation qui tienne compte de leurs besoins. Ainsi, une étude effectuée pour le centre de perfectionnement et de recyclage agricole de Jendouba (1989) afin d'offrir des programmes de recyclage adaptés aux femmes rurales exerçant des activités agricoles au sein

---

12 Nous nous référons à l'étude effectuée en 1993 par le Ministère de la Formation Professionnelle , de l'Emploi et la GTZ, sur « La formation de la jeune fille en milieu rural, perception et besoins », G.I.E.L. Amouri, Tunis, 80 p.

de l'exploitation familiale, souligne l'intérêt des femmes pour la formation. Elles souhaitent une formation qui permette l'application à court terme d'« un savoir neuf », qui apporte des « réponses directes » à leurs problèmes, comble leurs lacunes et leur permette d'améliorer les techniques de production ou d'alléger leurs tâches et surtout de renforcer la confiance en elles-mêmes.

En conclusion on peut dire que les femmes ont toujours été les laissées-pour-compte de la formation professionnelle malgré leurs besoins extrêmement importants à tous les niveaux : au niveau de la formation initiale, de l'orientation, de la formation pour l'emploi salarié, du placement, de la formation continue, etc. L'échec auquel se sont heurtées plusieurs actions de développement qui ont ignoré le rôle des femmes et leur statut dans la famille et la communauté rurale et villageoise, a été à l'origine d'une prise de conscience et d'une meilleure intégration des femmes dans les activités de formation. Nous relevons ainsi dans le texte de la réforme de la formation professionnelle la volonté de tenir compte et de promouvoir les potentialités féminines qui pourraient, si elles sont suivies de mesures concrètes et d'un suivi, améliorer les chances féminines en matière d'emploi.

Comment face à ces bouleversements économiques qui ne sont pas sans effet sur les mentalités, les femmes vont-elles réagir ?

Devant les menaces pesant sur leur droit au travail celles qui disposent d'atouts suffisants vont-elles se défendre et manifester leurs aspirations professionnelles par une demande croissante en formation professionnelle, par une pression sur le marché de l'emploi ou encore en se mobilisant dans les syndicats et les associations pour défendre leurs droits ou changer leurs conditions de travail ?

6. La participation des Tunisiennes à la vie publique

La participation des Tunisiennes à la vie publique est le résultat à la fois du contexte économique et social qui n'est pas toujours favorable à de nouvelles conquêtes et du volontarisme politique en faveur des femmes. La Tunisie a toujours été un pays qui accorde une grande importance aux accords internationaux et a ratifié de nombreux textes en faveur des femmes, même si c'est parfois avec des réserves. Comment dans ce cadre s'effectuent la participation et l'intégration des femmes à la vie publique et aux niveaux où se prennent les décisions qui déterminent leur avenir. Les droits acquis par la législation et les progrès en matière d'éducation et d'emploi devraient faciliter cette participation mais qu'en est-il réellement ? Un coup d'œil sur les dernières statistiques de la Tunisie pour répondre à cette question.

Au plan économique et dans l'ensemble de la force de travail les femmes représentent aujourd'hui 21 %, mais elles sont seulement 11,5 % dans la catégorie des cadres supérieurs. Dans la fonction publique elles représentent, en 1992, 27,6 % de la catégorie des cadres les plus élevés mais leur poids est de 11,4 % contre 40,0 % des agents de maîtrise et 42,5 % des agents d'exécution[13]. De même

---

13. *Femmes de Tunisie : Situation et perspectives*, CREDIF, 1994, p. 197.

seulement 12 % des inspecteurs du travail et 5 % des contrôleurs au Premier Ministère sont de sexe féminin.

Nous constatons que les femmes se trouvent reléguées au bas de la hiérarchie professionnelle et seule une faible fraction parvient à accéder aux postes élevés dotés du pouvoir de décision, les mieux rémunérés et les plus prestigieux.

Dans l'enseignement, métier de plus en plus féminisé, la proportion féminine parmi les enseignants du supérieur est de 23 %. Dans le grade le plus élevé de professeur de l'université tunisienne elles ne sont plus que 5 %. A la fin des années quatre-vingt elles constituaient plus de la moitié du corps des « assistants délégués » ou enseignants du secondaire détachés, le grade le plus bas et le plus précaire[14].

Parmi les cadres de la santé publique on peut relever que 33 % des médecins, 32 % des spécialistes et 15,4 % des inspecteurs divisionnaires sont des femmes. Mais ces dernières sont absentes dans le haut de la pyramide des grades : aucune d'elles n'est sur la liste des inspecteurs régionaux, généraux ou des médecins principaux de la santé publique. Au sein du corps médical privé, dont la pratique exige à la fois un capital financier, un capital social et une disponibilité, leur poids est encore plus modeste : 8,7 % parmi les médecins de libre pratique, 16,8 % parmi les pédiatres et 11,9 % parmi les gynécologues.

De cet aperçu quantitatif nous déduisons que malgré les progrès enregistrés par les femmes dans les différents secteurs de l'activité économique et surtout dans les secteurs traditionnellement féminins comme la santé, l'enseignement, l'administration et la fonction publique, elles demeurent sous-représentées dans les postes de responsabilité et les niveaux de prise de décision.

La même situation prévaut dans le domaine des entreprises privées industrielle ou commerciale puisque la proportion de femmes entrepreneurs ou patrons ne dépasse pas les 4 %. Cette situation fait que tout en assurant la bonne marche de nombreuses entreprises et de divers organismes publics, dans lesquels le personnel féminin est parfois numériquement majoritaire, les femmes ne sont pas effectivement impliquées dans les décisions qui sont prises parce qu'elles se situent à la périphérie des centres de décisions économiques et politiques.

Il est rare que les compétences féminines soient reconnues à leur juste niveau, lorsqu'elles sont élevées et trouvent à s'exercer dans des statuts professionnels adéquats[15]. Les femmes qui occupent le poste de cadres supérieurs, si elles subissent moins que les autres

14. Dorra Mahfoudh : « Les femmes universitaires entre la carrière et la vie familiale en Tunisie, in *La non discrimination à l'égard des femmes*, ouvrage collectif publié par le Centre d'Etudes, de Recherches et de Publications, Université de Tunis et de l'UNESCO, 1989.

15. Une étude maghrébine (à paraître) portant sur un échantillon de 1 300 femmes diplômées du supérieur et actives révèle que seulement 20 % parmi elles exercent une responsabilité professionnelle.

femmes les obstacles et les charges d'ordre familial, sont exposées aux obstacles institutionnels et aux stéréotypes négatifs et aux discriminations qui les découragent ou les éliminent. Cette reconnaissance insuffisante de l'importance des femmes quand il s'agit de décider du devenir économique du pays est parfois intériorisée par les femmes elles-mêmes qui n'ont pas confiance en leurs capacités productrices ou transformatrices intériorisant ainsi et reproduisant le poids du patriarcat.

La participation des femmes est encore plus modeste dans la vie publique et politique. Dans les partis politiques, les organisations de masse, les syndicats[16], les associations, les municipalités[17] elles constituent presque autant que les hommes le gros des adhérents mais dépassent rarement le statut de militant de base. Dans les instances nationales et organes exécutifs de ces mêmes organisations, elles atteignent dans le meilleur des cas les 10 %. Le RCD, parti au pouvoir,[18] le Rassemblement constitutionnel démocratique compte 5 % de femmes dans son comité central, et une secrétaire permanente chargée au niveau central des affaires féminines, relayée au niveau de chaque région par une femme assurant la même fonction. Les trois autres partis politiques reconnus (MDS, PCT, RSP)[19] ne comptent pas plus de deux femmes dans leurs instances centrales ou exécutives.

Dans les syndicats, la participation féminine s'améliore par rapport aux partis sans atteindre cependant l'équivalent de la participation masculine. La syndicalisation des femmes est, toutes proportions gardées, aussi importante que celle des hommes mais peu de militantes sont élues pour l'exercice de la responsabilité syndicale malgré les améliorations sensibles que connaît la question des femmes au sein de la centrale syndicale au cours des dernières années[20]. Mis à part des secteurs comme le textile où la main-d'œuvre féminine est majoritaire, (76,5 % en 1989), peu d'adhérentes accèdent au statut de cadre syndical. Dans les congrès les déléguées ne dépassent pas la proportion insignifiante de 2 % et il n'y a guère eu de femmes au niveau du bureau exécutif de la centrale ouvrière : « Ce rejet des femmes du leadership syndical donne peu de chances à leurs revendications de s'exprimer, et révèle le retard qu'accuse l'organisation syndicale par rapport aux aspirations d'une base féminine plus jeune, plus instruite et en rapport avec le rôle grandissant

---

16. Dorra Mahfoudh : La syndicalisation des femmes en Tunisie », in *Revue Peuples Méditerranéens*, n° 44-45, 1988.
17 . Enquête nationale réalisée par l'UNFT auprès de 157 conseillères municipales en 1990.
18 . Le Rassemblement constitutionnel démocratique.
19 . Il s'agit du Mouvement des démocrates socialistes, le Parti communiste tunisien, le Rassemblement socialiste progressiste.
20. Voir en particulier les actes du séminaire de l'USTMA-CAAT/AFL/CIO *Le rôle des syndicats dans la promotion des femmes travailleuses* (Tunis 21-29 mars 1994), 55 p.

des femmes dans le procès du travail. »[21] Mais il faut souligner aussi le poids non négligeable des contraintes familiales et domestiques qui empêchent de nombreuses femmes d'avoir une activité professionnelle ou militante et encore moins d'assurer un poste de responsabilité.

Au plan associatif, la revendication des femmes à la prise de décision et à la gestion de la société date de plus d'un demi siècle. Après l'ouvrage du grand réformateur et syndicaliste tunisien Tahar Haddad *Notre femme dans la Chariaâ et la société* (1930), des pionnières engagent la lutte pour la citoyenneté et la démocratie, formant le premier noyau d'un mouvement féministe en Tunisie. L'une d'elles se débarrasse de son voile dans une manifestation publique (Habiba Menchari), l'autre (Zohra Ben Miled), « membre de la section tunisienne de la Ligue Internationale des Femmes pour la paix et la liberté de tendance communiste, fit circuler une pétition défendant le livre de T. Haddad contre l'oppression des cheikhs de la Zitouna. »[22]

A l'indépendance, les structures féminines existantes (UMFT, UFT et UJFT),[23] sont dissoutes au profit de l'Union nationale des femmes tunisiennes (UNFT). Cette dernière, dotée de sections réparties sur tout le pays et surtout en milieu rural, a joué un rôle important pour la promotion de la femme dans le sens du code du statut personnel (dont s'est dotée la Tunisie au lendemain de l'indépendance le 13 août 1956). Elle a appuyé la politique sociale du gouvernement en faveur des femmes : actions de planification familiale, d'alphabétisation, de formation professionnelle féminine ou de services de garderies. Mais son articulation étroite au parti au pouvoir a limité longtemps son impact auprès d'une population féminine jeune et instruite et surtout auprès des intellectuelles.

Au cours des années soixante-dix, un mouvement autonome à dominance résolument féministe se constitue « contre la monopolisation des centres de décision et d'action par l'UNFT. »[24] La volonté de s'organiser et de participer à la décision aux niveaux les plus élevés de la vie publique afin de défendre leurs droits menacés par la crise économique et par la montée de l'intégrisme religieux, a poussé à la création de ce mouvement autonome de femmes. L'initiative au départ fut celle d'un groupe d'intellectuelles et d'enseignantes autour d'un lieu de rencontre, le club culturel Tahar Haddad pour l'étude de la condition féminine. A partir de là d'autres groupes, plus ou moins informels, ont essaimé : la commission syndicale « femmes » (dont l'activité est officiellement reconnue par la centrale syndicale en 1983 mais ne sera inscrite dans les textes comme structure que dix ans plus tard), le journal Nissa (« Femmes ») porte-parole du mouvement.

---

21 Dorra Mahfoudh « La syndicalisation des femmes en Tunisie », in *Revue Peuples Méditerranéens* , n° 44-45, 1988, p. 35
22. *Femmes de Tunisie*, op. cit. p. 204.
23 Union musulmane des femmes de Tunisie, Union des femmes de Tunisie, Union des jeunes filles de Tunisie.
24 Ilhem Marzouki, *Le mouvement des femmes en Tunisie au XXe siècle*, Ed. Cérès-Production, 1993.

Progressivement, ce mouvement investit les différents espaces socio-politiques et culturels et donne le jour à deux associations féminines : en mai 1989, l'Association des Femmes Tunisiennes pour la Recherche et le Développement (AFTURD) et en août de la même année, l'Association Tunisienne des Femmes Démocrates (l'ATFD). Au début de l'année 1986, l'AFTURD a d'abord été créée comme une branche nationale de l'Association des Femmes Africaines pour la Recherche et le Développement (AFARD) par une poignée d'intellectuelles et de chercheuses fréquentant le club Tahar Haddad.

L'originalité de cette association est qu'elle se propose d'être un espace scientifique pour entreprendre des recherches et des études qui permettent la réalisation de l'émancipation effective des femmes et leur participation réelle au processus de développement et de démocratisation de la société. Il est important de noter que le second objectif de cette association après la réalisation de recherches est précisément d'« encourager la participation consciente et critique des femmes à la prise de décision... » et d'identifier les freins et les obstacles qui la limitent. C'est autour du thème de la violence à l'égard des femmes ou du droit des femmes dans la famille et du travail inter-associatif que s'articulent les activités de l'Association Tunisienne des Femmes Démocrates (ATFD).

L'émergence des associations féminines comme nouveaux acteurs dans le tissu associatif et l'impact de la réflexion et des actions qu'elles mènent, comme celles de la campagne de lutte contre la violence à l'égard des femmes, l'organisation de tables rondes, de séminaires ou d'ateliers d'écriture qui aident les femmes à l'expression et à l'écriture, des publications d'ouvrages et de guides juridiques, des films, des études et des projets de recherche, ont réorienté l'intérêt pour la question féminine et créé une dynamique nouvelle dans le champ des revendications de la société civile tunisienne.

Au cours des sept dernières années en particulier la construction de la société civile en Tunisie a concerné aussi les femmes, individus et groupes. L'option libérale et la recherche d'une « démocratie consensuelle » de la part des pouvoirs publics fait appel à la participation de tous les acteurs sociaux : « L'amélioration de la situation de la femme s'inscrit dans le contexte de la double revendication de la démocratie et du développement » soulignait en 1991 la première tunisienne Secrétaire d'État aux Affaires sociales. La Commission du 8e plan de Développement 92-96 et celle du 9e Plan ont réuni les femmes de toutes les ONGs, des indépendantes et des professionnelles de différentes spécialités, en les associant aux centres où se prennent les décisions mettant en jeu l'avenir du pays.

Cependant, l'attitude du pouvoir sous ses différentes formes à l'égard des féministes est toujours marquée de contradictions : récupération dans les instances officielles des thèmes et des mots d'ordre des féministes, pratiques de « séduction » ou d'ignorance à l'égard des dirigeantes, marginalisation des unes et « reconnaissance » des autres selon la fermeté de leur opposition.

En conclusion, on pourrait dire que si la participation des femmes à la vie publique et associative à tous les niveaux fait aujourd'hui l'objet d'un consensus participant de la même logique de défense des droits de la femme et de la démocratie dans nos sociétés, les pratiques sont encore différentes des discours. Si sur le plan familial des progrès sont enregistrés, les pesanteurs sociologiques et des entraves empêchent souvent les femmes de mettre en pratique les droits sociaux qui les avantagent. Les femmes ont fait quelques percées au niveau des instances de décision économiques et politiques mais les attitudes patriarcales si elles tolèrent quelques femmes-alibis, relèguent la majorité des autres dans les échelons inférieurs et intermédiaires les empêchant ainsi de faire pression et de faire entendre leurs voix. Par ailleurs, la faible représentation féminine et l'investissement modeste des espaces socio-politiques par les femmes, sous l'effet des blocages externes ou d'empêchements familiaux ou conjugaux, ne favorisent pas les plus dynamiques parmi elles pour se hisser aux échelons les plus élevés. Tout ceci atteste qu'en définitive la pleine participation des femmes au devenir d'une société est indissociable d'une pratique et d'une culture démocratiques, qui combattent les préjugés et poussent à des changements radicaux dans les attitudes.

Les femmes dans la sphère duale de l'économie

Souâd Triki[*]

Introduction

La place des femmes et leur contribution dans la sphère économique, a toujours posé quelques problèmes d'ordre méthodologique. En effet, l'appareil conceptuel, les instruments méthodologiques et les grilles d'analyse que fournissent les théories économiques classiques et néo-classiques sont généralement relatifs à l'économie marchande ; cependant la contribution économique des femmes et leur travail productif s'effectuent dans un glissement permanent entre la sphère des rapports marchands et celle des rapports non marchands. Cette limitation méthodologique laisse souvent une partie non négligeable de cette contribution invisible, inconnue et mal analysée.

L'histoire récente nous enseigne que si leur entrée sur le marché du travail, décrit globalement une trajectoire ascendante, cette ascension n'a guère été linéaire. Ces variations sont une fonction du contexte historique, des mutations sociales et de la conjoncture politique, économique et sociale qui les ont produites.

Plusieurs facteurs déterminent cette évolution : l'instruction et la formation des filles et des femmes, l'acquisition d'un statut juridique leur garantissant droits civils et politiques, la propre maîtrise de leur fécondité. Néanmoins, à elles seules, aussi importantes soient-elles, ces mutations ne sauraient représenter des déterminations suffisantes pour expliquer le mouvement de l'insertion des femmes dans la sphère de la production marchande. La restructuration de l'appareil productif et les besoins du marché du travail, qui ne sont guère indépendants de ces facteurs, déterminent directement les fluctuations de l'afflux des femmes sur le marché du travail.

Le marché du travail n'accueille les femmes, que quand il en a besoin

Invisibilité et marginalité du travail féminin

La population active, telle qu'elle est définie par le BIT, inclut toutes les personnes employées et les personnes au chômage, y compris les personnes qui sont à la recherche d'un premier emploi.

[*] *Souâd Triki* (Tunisie)

Economiste, elle est enseignante chercheur à l'Université de Tunis II, dans le département d'économie et du développement rural de l'Institut National Agronomique de Tunis. Elle a effectué des recherches dans les domaines de l'économie du développement et du développement agricole et rural. Elle est, en outre, spécialiste dans les domaines du secteur non marchand, du travail invisible des femmes et de leur contribution économique et sociale.

Les actifs ne sont pas nécessairement employés à plein temps : en principe, il suffit d'une heure d'activités économiques par semaine pour qu'une personne soit comptée parmi les actifs.

Cette définition, qui est conforme aux normes et aux principes de la comptabilité nationale et qui a été élaborée à la suite d'améliorations successives, est néanmoins appréhendée avec quelques réserves par les féministes... En effet, malgré les tentatives d'extension du concept « population active », pour couvrir l'ensemble des activités productives, il reste encore de nombreuses activités, telles que les tâches ménagères, les services non marchands et non rémunérés qui ne sont pas considérés dans les statistiques de la population active et les comptes nationaux. Il se trouve que ces activités, qui sont rendues ainsi invisibles, sont effectuées pour l'essentiel par les femmes. La femme lorsqu'elle fait la cuisine pour ses enfants n'est pas considérée comme une personne active, alors qu'elle le sera, en effectuant exactement le même travail, pour préparer et servir les repas dans une cantine. La même chose se produit lorsqu'il s'agit de laver le linge ou d'élever les enfants. Tous ces travaux, bien que pénibles et absorbant beaucoup de temps et d'énergie, ne sont pas quantifiés ni valorisés dans les agrégats économiques, tels que le PIB (Produit Intérieur Brut) et les statistiques de la population active.

Le concept le plus large que les statisticiens ont adopté est celui de « la population en âge actif » ou « en âge de travailler » ; englobant toutes les personnes âgées de 15 ans et plus. Ce concept apparaît le plus égalitaire du point de vue de la répartition par sexe. Cependant, pour le comptable national, la population en âge actif, comme concept, ne rend pas compte de la population active, qui, par définition, est responsable de l'activité dite productive dans l'économie.

La population active désigne généralement les personnes occupées, qui ont un emploi rémunéré ou pas, au moment du recensement et les personnes dites « sans travail » désirant un emploi. Les personnes sans travail regroupent généralement, « les femmes au foyer », les étudiants et les élèves, les retraités et les vieillards infirmes, et autres... selon les définitions de l'INS (Institut National de la Statistique).

A l'occasion de chaque recensement et enquête-emploi, les statisticiens de l'INS (Institut National de la Statistique) apportent certaines précisions pour inclure de nouvelles catégories n'ayant pas pu être enregistrées selon l'ancienne définition et dont on s'est rendu compte qu'elles ont des activités dites productives. Les définitions qui sont utilisées pour les méthodes d'enregistrement des statistiques de l'emploi ont été révisées, en Tunisie, à l'occasion des recensements et des enquêtes population-emploi pour mieux couvrir la population qui travaille.

On utilise généralement les indicateurs de la « population active » et de la « population occupée », pour désigner l'activité des femmes et des hommes, et pour apprécier leur participation et leur intégration dans la vie productive. Toutes ces définitions et concepts posent plusieurs problèmes dont nous ne citerons que deux principalement :

I. Les indicateurs sur l'activité et le chômage changent d'un recensement (ou enquête) à un autre (une autre). Les changements sont encore plus marqués pour les indicateurs féminins, ce qui ne favorise guère l'appréciation réelle de l'activité des femmes et de l'évolution de ces indicateurs sur une certaine période.

II. Malgré les révisions permanentes des indicateurs de l'emploi, les définitions sous-estiment encore largement la participation des femmes à la sphère productive.

En dépit de ces réserves, des tendances peuvent être dégagées pour notre étude.

L'étude de l'évolution de la conjoncture économique, en Tunisie, depuis les années soixante, fait ressortir trois grandes tendances, sur des périodes successives, décrivant l'essor de l'activité économique des femmes et le mouvement de leur placement sur le marché du travail.

a. La première tendance : est celle du premier, grand afflux des femmes sur le marché du travail, qu'on observe entre 1966 et 1975 où leur taux d'activité triple en passant de 6,1 % à 18,9 %.

On se limitera à deux faits essentiels pour expliquer cet essor vertigineux :

– d'une part le sous enregistrement de près de 300 000 femmes actives dans l'agriculture en 1966 aboutissant à un taux d'activité féminine bas, contribue à élargir l'écart entre le taux de 1966 et celui de 1975, de sorte que l'évolution réelle se trouve ainsi amplifiée ;

– d'autre part, la conjoncture de relance économique dans le cadre de la restructuration de l'appareil productif, de la nouvelle politique libérale proclamée depuis 1970, conjuguée avec une bonne conjoncture internationale, donna lieu à une amélioration des termes de l'échange et à un déploiement des capitaux privés nationaux et étrangers, en quête de main-d'œuvre peu coûteuse et peu qualifiée notamment dans certaines branches des industries de transformation florissantes comme le textile, l'agro-alimentaire et l'électronique. Le développement des investissements, et le niveau de la croissance, de 8 % en moyenne annuelle pour le PIB entre 1971 et 1976, ont ouvert de larges perspectives de placement pour les femmes sur le marché du travail dans le secteur manufacturier.

b. La deuxième tendance : dans le mouvement d'accès des femmes au marché du travail, correspond à la période suivante caractérisée par un certain relâchement dans la progression et traduisant une légère évolution de leur taux d'activité qui passent de 18,9 % en 1975 à 19,5 % en 1980 et 21,8 en 1984.

Cette tendance coïncide avec le commencement du retournement de la conjoncture de prospérité économique, et du glissement vers la récession avec le début de l'essoufflement de la soupape de la rente pétrolière, et l'amincissement de ses recettes, la détérioration des termes de l'échange et l'accumulation de la dette.

Les planificateurs tunisiens, en tant que bons « Rostoviens », se donnaient comme objectif d'atteindre au terme du Ve plan (1976-

1981), le « décollage économique ». Mais pour ce faire, ils ne sem-
blaient pas compter beaucoup sur le travail des femmes, puisque leur
hypothèse pour le Ve plan était que les taux d'activité pour les femmes
vont se maintenir à leur niveau de 1975, justifiant ceci, par le fait
que : « la meilleure observation statistique de l'emploi féminin en
1975 ne fournit pas de garantie, pour une extrapolation valable de la
tendance 1966-1975 » en ajoutant que : « les taux de 1975 ne semblent pas refléter la réalité de la professionnalisation des femmes sur
le marché du travail, compte tenu de la comptabilisation d'un nombre
d'indépendants et d'aides familiales dans le total de la population
active... par conséquent l'hypothèse d'un maintien des taux d'activité
féminine à leur niveau de 1975 ne semble pas irréaliste... »[1]

Cette hypothèse, est en fait un choix dans l'optique des perspectives de développement, qui signifie que la croissance du Ve plan ne
sera pas orientée au profit de la création de davantage d'emplois
pour les femmes. Cette attitude trouve sa justification dans les stéréotypes sur l'activité des femmes d'après lesquels elles seraient
condamnées à ne pas quitter les sphères d'activité dites marginales
et marginalisées, et à se contenter souvent du statut « d'aide familiale ».

L'absence d'un soutien actif à la création d'emplois aux femmes,
avec un marché du travail en difficulté, ne peut être qu'en faveur
d'un ralentissement de leur accès à ce marché.

c. La 3e tendance : dans la période suivant le Ve plan, l'évolution
de l'activité féminine correspond à l'installation de la récession économique, et à l'adoption du programme d'ajustement structurel à
partir de 1986.

La Tunisie n'échappe pas à la conjoncture et au contexte mondial.
En effet, au terme de la première moitié des années quatre-vingt, de
graves déséquilibres intérieurs et extérieurs devenaient peu à peu
intolérables. La politique d'ajustement structurel comme partout
ailleurs, se réfère au fait que l'intervention de l'État a un effet négatif
sur la régulation de l'économie et que seules les forces libres du
marché et les agents privés permettent la meilleure allocation des
ressources.

Les recommandations de la Mission de la Banque Mondiale, vont
se situer dans le cadre d'un désengagement de l'État au profit des
mécanismes de marché et cela en passant par la réduction des dépenses de l'État par les limitations des investissements publics, le
gel des salaires dans l'administration et le blocage des recrutements
ainsi que par le désengagement progressif de l'État dans les secteurs
sociaux, et par rapport à la subvention des produits de base.

La régression de la croissance et la chute vertigineuse des investissements du début de la période de « stabilisation » ont touché
directement le marché du travail en général, et celui des femmes en
particulier. La création annuelle d'emploi atteint ainsi son plus bas
niveau, soit 29 350, n'arrivant même pas à absorber 50 % de la demande d'emploi additionnelle qui se situait aux environ de 65 000.

---

1. V^e plan de développement économique et social, 1976-81, Tunis.

Ce sont les femmes qui ont été les plus touchées par la récession, leur taux d'activité baisse de 21,3 % en 1984 à 20,9 % en 1989, la population occupée féminine diminue en valeur absolue, en passant de 388 200 en 1984 à 386 000 en 1989. Il y a une perte nette d'emploi ; le taux de chômage féminin double pour la même période, en passant de 11 % à 21 %, le taux de chômage masculin aurait cependant tendance à se maintenir selon l'estimation officielle.

La conjoncture économique a particulièrement affecté l'emploi des femmes, tout d'abord, à cause de la précarité de celui-ci, car le marché du travail les attire souvent dans les secteurs les moins protégés, caractérisés par l'instabilité, le licenciement abusif et la faible syndicalisation, obéissant beaucoup plus à la logique du profit qu'à celle de l'intérêt social et offrant le maximum de flexibilité, afin que les femmes puissent être rejetées dès que ce marché n'en a plus besoin. Il y a eu par ailleurs un certain encouragement des femmes tantôt implicite, tantôt explicite et direct à quitter leur emploi ; et cela en proclamant un train de mesures, dans le cadre du P.A.S., les incitant au mi-temps ou à la retraite anticipée pour les femmes dans la fonction publique.

Toutefois, la période de stabilisation a été suivie par une certaine relance économique dès le début des années quatre-vingt-dix ; plusieurs secteurs économiques, notamment dans l'exportation, sont dynamisés du fait d'une compétitivité croissante dictée par la restructuration de l'économie mondiale et la globalisation, et aussi d'un certain nombre de mesures adoptées au niveau national. De nouveau, ainsi, le marché du travail avait besoin des femmes ; ceci a favorisé l'absorption de la main-d'œuvre féminine notamment dans l'industrie manufacturière où le secteur est féminisé à 46,3 % selon le recensement de 1994, et dans l'administration où les femmes représentent 28,8 % des administratifs.

Le rationnement de l'emploi selon les besoins du marché du travail est un rationnement différencié selon une certaine répartition des rôles et des tâches entre les sexes, faisant ainsi du travail féminin un marché dual. Certains sociologues[2] expliquent la ségrégation dans le traitement différencié au niveau de l'emploi entre les hommes et les femmes, par le fait qu'à partir du moment où un processus de domination est enclenché, l'ensemble des institutions sociales renforcent et protègent le pouvoir du groupe dominant. La famille constitue à cet égard un exemple important pour comprendre la situation des femmes sur le marché du travail. Le statut qui définit légalement le mari comme chef de famille, est venu renforcer le pouvoir économique des hommes en définissant par là même les besoins des femmes comme étant inférieurs. Le marché du travail s'est servi de ces valeurs pour maintenir la femme dans un état de dépendance.

---

2 . « Valeurs sociales, ségrégation, discrimination », in *Economie et société*, 1986, Ginette Dussaut, 1986.

Population active féminine (occupée et au chômage) et taux d'activité

Année	1966	1975	1980	1984	1989	1994
Population active féminine	66 569	303 510	363 500	455 500	494 300	534 880*
Taux d'activité féminine	6,1 %	18,9 %	19,5 %	21,8 %	20,3 %	23,04 %*

* Population active occupée seulement
* % de la population active et occupée dans l'ensemble de la population occupée

Évolution de la population par sexe Effectifs (en milliers) accroissement en %

Année	1975	1980	1984	1989
Sexe masculin (en 1 000)	1 318,3	1 446,3	1 681,7	1 866,3
accroissement		9,6 %	15,2 %	10,9 %
Sexe féminin (en 1 000)	303,5	363,5	455,5	494,3
accroissement		19,7 %	25,3 %	8,5 %
Total (en 1 000)	1 621,8	1 809,8	2 137,2	2 360,6
accroissement		11,5 %	15 %	10,4 %
(%) Femmes	(18,7 %)	(20,08 %)	(21,3 %)	20,9 %)

Source : Recensements et Enquêtes population emploi, Tunis, INS.

Population occupée par sexe (en milliers) accroissement en %

Sexe	1966	1975	1980	1984	1989	1994
Masculin	869,7	1 105,9	1 235,0	1 398,2	1 592,6	1 785,730
Accroissement		6 %	11,6 %	13,2 %	13,9 %	12,1 %
Féminin	57,6	260,6	341,9	388,2	386,1	534,880
Accroissement		292 %	32,9 %	13,5 %	- 0,5 %	38,5 %
Total	927,3	1 366,5	1 576,9	1 786,4	1 978,8	2 320,610
(%) Femmes	6,2 %	19,1 %	21,7 %	21,7 %	19,5 %	17,2 %

Source : Recensements et Enquêtes population emploi, Tunis, INS.

Caractéristiques et impacts du marché du travail dual
La féminisation de la pauvreté

Ce traitement inégal de la main-d'œuvre, selon le sexe, passe par une segmentation de celle-ci et une segmentation du marché du travail qui est scindé en une partie principale (plus stable, moins précaire, mieux rémunérée) où la main-d'œuvre est essentiellement masculine, et une autre secondaire ou duale, où la main-d'œuvre est plutôt féminine et marginale.

Le marché du travail dual, comme le qualifie G. Dussault, est le lieu de l'offre et de la demande d'emplois précaires, instables et de moindre qualification, dits partiels, informels ou marginaux, où se placent généralement les femmes. Une conclusion importante s'est dégagée du rapport des Nations Unies sur les femmes et le développement dans le monde : à savoir, que les effets de la dette et de l'ajustement s'exercent sur des sociétés où l'inégalité entre femmes et hommes est un fait. Les effets généraux sont ensuite amplifiés par cette inégalité, si bien que les femmes sont plus fortement touchées.

En ce sens, l'inégalité préexistante est à la base de l'effet, et la crise a pour conséquence première de perpétuer cette inégalité et de l'aggraver.

Par l'effet des politiques d'ajustement et de restructuration, la pauvreté a augmenté dans la population féminine même dans les pays les plus riches. Ce qui a suggéré le concept de la féminisation de la pauvreté. Dans les pays en développement, et par rapport à la décennie précédente, il n'y a pas eu d'amélioration en matière de rémunération et de conditions de travail, les taux de chômage des femmes ont tendance à être plus élevés, l'ensemble des revenus ont baissé en termes réels ; la pauvreté a touché surtout les familles dont l'entretien est assuré par le salaire d'une femme, phénomène qui va en croissant.

En Tunisie aussi, l'impact du P.A.S sur le plan social s'est traduit par l'approfondissement des inégalités : la part des salaires dans le PIB a connu une régression plus accélérée entre 1983 et 1991 que par le passé en passant de 39,3 % à 30,7 %, alors que pendant la même période, la part des salariés dans la population active occupée augmente en passant de 61,5 % à 63,3 %. Les dépenses de fonctionnement de l'État ont enregistré une baisse sensible, si bien que leur taux de croissance annuel moyen est passé de 21,4 % entre 1982-1986 à 6,1 % pour la période 1987-1990. Cette baisse a concerné les salaires, la consommation, et les investissements directs de l'État. Ces effets ont eu pour conséquence l'appauvrissement des franges les plus vulnérables de la population dont les femmes. Le noyau dur des pauvres est constitué par les personnes qui ont peu ou pas du tout de ressources leur permettant de participer à la vie économique et qui dépendent d'un transfert social pour survivre. Ils correspondent aux 6,7 % des pauvres estimés par l'INS.

Les femmes parmi les pauvres représentent une forte proportion : 57 % des familles recensées par le fichier des familles nécessiteuses sont composées de femmes chefs de ménage, veuves, divorcées, abandonnées, épouses d'émigrés.

Les sous-groupes de femmes particulièrement vulnérables recensées par une étude du PNUD et du BIT sur la pauvreté en Tunisie réalisée en 1992[3] sont :

• Les femmes qui sont au chômage : le chômage féminin a doublé entre 1984 et 1989. Plus de la moitié de celles-ci sont analphabètes (possèdent un niveau d'instruction primaire) et sont sans qualification trouvant ainsi beaucoup de difficultés d'accès aux programmes de formation professionnelle et d'insertion.

• Les travailleuses du secteur informel : une proportion considérable des activités des secteurs informels est effectuée par les femmes sous diverses formes dont, surtout, le travail à domicile. Peu visible, ne bénéficiant guère de programmes d'appui, le travail à domicile est souvent synonyme d'emploi précaire et de source de revenus irrégulière.

---

3 . Plan d'action de lutte contre la pauvreté, PNUD-BIT, 1992.

• Les jeunes filles rurales et urbaines (des quartiers défavorisés) accusent des taux d'analphabétisme et d'abandon scolaire plus élevés que les jeunes garçons et disposent d'options de formation et d'insertion beaucoup plus limitées. Elles constituent un groupe particulièrement vulnérable, selon le même rapport sur la lutte contre la pauvreté.

Travail féminin et avantage comparatif du marché du travail dual

Au niveau des relations économiques internationales notamment avec les pays du Nord, on considère que la Tunisie possède un avantage comparatif en matière de baisse relative du coût de la main-d'œuvre. Néanmoins, il faudrait préciser que cet avantage comparatif est largement assuré par la main-d'œuvre féminine en raison des caractéristiques suivantes :

•*Salaires inférieurs*

Bien qu'elle constitue un phénomène relativement récent, la salarisation des femmes prend de plus en plus d'ampleur dans l'économie tunisienne. La proportion des femmes salariées dans la population occupée féminine est passée en effet de 43 % en 1975 à 57 % en 1989. Cependant, et en plus des observations, les études[4] ont montré que le salaire moyen des femmes est inférieur à celui des hommes ; et que pour un même niveau éducatif, les salaires des femmes sont tout au long de la vie active constamment inférieurs à ceux des hommes. Ceci s'explique par la ségrégation qui s'opère au niveau de la demande du travail par les employeurs qui privilégient les hommes en leur accordant des rémunérations supérieures. La logique de la formation des salaires des femmes montre que l'emploi féminin est beaucoup moins protégé que l'emploi masculin. Selon plusieurs modèles économiques, les salaires des femmes sont largement déterminés par le niveau éducatif, la formation, l'expérience, ainsi que par la longueur de la vie active et la continuité professionnelle.

• *Déterminants de la précarité*

– *Analphabètes ou plus instruites*

Bien que la proportion des analphabètes soit en train de baisser dans l'ensemble de la population occupée, elle reste plus forte parmi les femmes occupées 38,1 %, contre 31,5 % pour les hommes qui travaillent. Cette main-d'œuvre analphabète est source de flexibilité et de profit pour les employeurs.

Cependant, le marché du travail apparaît plus exigeant envers les femmes, pour les postes d'emploi nécessitant un certain niveau d'instruction et moins de flexibilité, si bien que celles qui sont bien dotées scolairement dans les villes, représentent 45,1 % de celles qui travaillent, alors que les hommes d'un certain niveau d'instruction représentent 37,1 % de ceux qui travaillent en ville. Ainsi, lorsqu'elles ne sont pas analphabètes, les salariées font en moyenne des études plus longues que les salariés hommes.

Le traitement inégal du marché du travail à l'égard des deux sexes n'a aucun fondement juridique légal discriminatoire, mais n'a que la

---

4. S. Zouari Bouatour, L.B. Salem, « Les salaires », in *Politique de l'emploi en Tunisie*, IFDA, 1990.

force de l'habitude des pratiques et des attitudes patriarcales encore ancrées dans nos sociétés.

– *Plus jeunes, avec une vie active courte*

Les femmes actives sont en majorité plus jeunes que les hommes : 42 % des femmes sont âgées de moins de 25 ans contre seulement 25 % parmi les hommes actifs en 1989, et plus de 60 % des femmes actives sont âgées de moins de 30 ans contre 41 % parmi les hommes. Cela est dû au fait que les femmes quittent leur emploi lorsqu'elles se marient ou lorsqu'elles ont leur premier enfant.

– *Plus nombreuses à « travailler » dans les villes*

En effet, pour les femmes, le taux d'activité est beaucoup plus élevé dans le milieu urbain (22,6 % en 1989) que dans le milieu rural (16,79). L'INS avance essentiellement deux facteurs pour expliquer ces différences : d'abord, le plus jeune âge de la population rurale du fait d'une fécondité plus élevée, ensuite, le manque de diversité des activités en milieu rural est de nature à entraver l'accès de la femme au marché de l'emploi. L'hypothèse des statisticiens de l'INS paraît assez plausible, bien que l'importance des activités productives des femmes rurales non rémunérées et non enregistrées ne soit plus à démontrer et représente de ce fait un élément qu'on doit prendre en considération.

Population active par sexe et par milieu entre 1984 et 1994

Milieu et effectifs (en milliers) Répartition (en %) sexe

Année	1984	1989	1994	1984	1989	1994
Urbain						
Masculin	902,0	1 132,6	1 147,3	77,3	77,0	76,4
Féminin	264,7	337,5	375,08	22,7	23,0	24,6
Total	1 166,7	1 470	1 522,4	100	100	100
Rural						
Masculin	779,6	732,7	638,36	80,3	82,4	80
Féminin	190,8	156,8	159,79	19,7	17,6	20
Total	970,4	890,5	798,15	100	100	100

Source : INS.

On peut remarquer que l'écart se creuse davantage en période de récession entre les femmes occupées citadines et les femmes qui travaillent en milieu rural. En effet entre 1984 et 1989, la crise économique et les pertes d'emplois si elles ont touché les femmes plus que les hommes, parmi celles-ci ce sont les femmes rurales, dont la proportion d'activité baissait de 19,7 à 17,6, qui étaient les plus lésées.

Les emplois occupés par les femmes sont globalement plus précaires du fait qu'ils sont souvent rattachés à des structures familiales, lieux traditionnels de la domination et de la subordination patriarcale, et du fait que les femmes occupent souvent des activités dans des secteurs non structurés, informels, non protégés en tant qu'« indépendantes » ou en tant qu'aides familiales (travaux à domicile, dans l'exploitation familiale, sous-traitance...) où elles ne s'y maintiennent qu'au prix de consentement d'un grand sacrifice.

Néanmoins, on remarque qu'au fil des années les structures par statut dans les professions des populations actives des hommes et des femmes ont tendance à se rapprocher.

Les secteurs économiques qui attirent les femmes

Les 3 secteurs « labor-intensif », c'est-à-dire les plus employeurs de facteurs humains, sont les industries manufacturières, l'agriculture, les administrations et autres services. La structure d'occupation des différents secteurs est différente selon les sexes.

Les femmes les moins instruites non qualifiées s'orientent généralement vers les secteurs des industries manufacturières où elles sont les plus demandées, et où elles représentent la plus forte proportion dans l'ensemble de la population active occupée féminine, même si cette proportion a connu une certaine tendance à la baisse pendant la récession en passant de 51 % à 43 % entre 1984 et 1989. La proportion des hommes qui travaillent dans ce secteur, par rapport à l'ensemble des actifs masculins, est cependant plus faible, ne représentant qu'environ 13 %. En outre cette proportion a tendance à se maintenir entre 1984 et 1989.

L'agriculture est le second employeur des femmes essentiellement rurales et largement analphabètes, avec un statut dominant d'« aide familiale ».

L'administration avec d'autres services constitue le 3e secteur employeur des deux sexes, avec un afflux d'actifs occupés féminins qui passent de 16 % à 25 % de l'ensemble des femmes occupées entre 1984 à 1989.

• *Les productrices agricoles et le statut de mineure*[5]

Les femmes travaillant dans le secteur agricole représentaient 26,5 % en 1984 et 23 % en 1989 de l'ensemble des effectifs des travailleurs du secteur. Néanmoins, il faut signaler le fait que l'activité des femmes y est particulièrement sous-enregistrée. 87 000 femmes ont été recensées lors du dernier recensement. Elles sont en moyenne plus âgées que celles qui travaillent dans les autres secteurs : 15 % des actifs agricoles ont 60 ans et plus, contre seulement 6 % pour l'ensemble des autres secteurs d'activité.

Traditionnellement c'est l'homme qui est le chef d'exploitation. En effet, les femmes exploitantes sont beaucoup moins nombreuses : 3 % du total des exploitants en 1989. Ainsi, elles sont généralement considérées et enregistrées comme des « aides familiales », même lorsque les activités agricoles les occupent à plein temps, et c'est le mari ou le père qui est considéré comme « chef d'exploitation ». Ces « aides familiales » représentent la grande majorité (65 à 70 %) des femmes occupées dans le secteur agricole. On a pu montrer toutefois, dans une étude[6] récente sur le budget-temps des femmes rura-

---

5. Nous utilisons ici les statistiques de l'INS pour garder la cohérence avec les données des autres secteurs ; pour le secteur agricole, le Ministère de l'Agriculture fournit ses propres statistiques qui sont assez différentes de celles de l'INS.
6. Souad Triki, *Contribution économique des femmes rurales : Approche méthodologique et vérification*, Ministère de l'Agriculture, MAFF-CREDIF-FAO, mars 1995.

les et des ménages du Nord-Ouest de la Tunisie, qu'au niveau du travail agricole familial la contribution des femmes est de 1,7 fois celle de leurs maris et que pour l'ensemble des travaux agricoles dont l'élevage, leur contribution est de une fois et demi celle des hommes.

La dernière décennie se caractérise par un accroissement de la salarisation féminine dans l'agriculture. Le nombre des salariées agricoles, qui représentait 8 100 soit 37 % du nombre des exploitantes en 1984, est passé à 15 600 soit 162,5 % de l'effectif des exploitantes en 1989. La conversion des femmes au salariat agricole peut s'expliquer d'abord par le fait que les femmes ont plus de difficultés au niveau de l'accès à la terre et aux moyens de production que les hommes, qui sont avantagés par les droits de succession, l'héritage et la facilité d'accès à l'environnement institutionnel à la technologie. Par ailleurs, le développement des nouvelles sociétés de développement agricole et la privatisation du domaine de l' État, la restructuration économique, ont favorisé certes, l'attrait d'une main-d'œuvre féminine peu coûteuse et moins exigeante que la main-d'œuvre masculine, et qui est en quête de revenus pour répondre aux besoins croissants de leurs familles.

Les femmes salariées dans l'agriculture sont souvent moins payées que les hommes ; elles sont généralement employées pour les travaux saisonniers et temporaires et elles ne sont que rarement considérées comme permanentes, même si elles travaillent durant le maximum de journées par an.

• *Précarité de l'emploi féminin dans les industries manufacturières*
Dans ces industries on considère généralement les industries dites de transformation (l'industrie du textile, de la confection et du cuir, l'industrie alimentaire, l'industrie mécanique et électrique, l'industrie des matériaux de construction, de la céramique et du verre, l'industrie chimique et les autres industries diverses). Les industries de transformation constituent plus de la moitié du secteur secondaire en 1989, et occupent 382 700 personnes dont 43 % sont des femmes, soit 165 700. La prépondérance de l'emploi féminin pour certains secteurs comme le textile atteint la proportion de 76,5 %.

Les méfaits de la récession sont particulièrement ressentis au niveau des emplois féminins de ces industries. Entre 1984 et 1989 l'effectif des femmes est passé de 177 500 à 165 700, cependant, les effectifs masculins ont continué à progresser durant la même période, pour passer de 167 600 à 217 000. C'est ainsi que le marché du travail en période de crise sacrifie en premier lieu les emplois les plus précaires, les moins stables qui sont souvent occupés par les femmes. Pour l'ensemble des industries manufacturières, on a trouvé que 64 % des femmes travaillent moins de 6 mois durant l'année, contre 8 % seulement des hommes travaillant dans le secteur en 1984. En 1989, le travail occasionnel est toujours le lot des femmes, 24,5 % (soit une femme sur 4) sont occasionnelles et 60 % d'entre elles travaillent moins de 6 mois par an.

**Évolution de la population occupée
dans le secteur des industries manufacturières entre 1984 et 1994**

Année	1984		1989		1994	
Sexe	Effectifs (1 000)	%	Effectifs (1 000)	%	Effectifs (1 000)	%
Masculin	167,6	48,5	217,0	56,7	244,669	53,7
Féminin	177,5	51,5	165,7	43,3	211,047	46,3
Ensemble	345,1	100	382,7	100	455,716	100

Source : INS

On observe, en général, dans ce secteur, et dans le secteur textile/cuir, en particulier, une grande flexibilité qui a permis de maintenir un niveau des salaires relativement bas et d'assurer une réserve de main-d'œuvre féminine en marge des secteurs structurés et modernes de l'économie. Ainsi l'évolution technologique, que connaît le secteur textile, le décalage et l'inadéquation dans le système de formation font qu'il n'a pu se développer que moyennant une certaine flexibilité agissante sur l'élasticité de la demande d'emploi féminine.

• *L'émergence d'un jeune entreprenariat féminin*

L'émergence d'un jeune entreprenariat féminin a commencé depuis la promulgation des lois d'avril 1972 et d'avril 1974 en vue de la promotion des petites et moyennes entreprises industrielles pour l'exportation, et pour le marché local. Entre 1972 et 1990, on recense 730 projets industriels de femmes, ou promus par des femmes, agréés par l'API (l'Agence de promotion de l'industrie), créant 14 392 emplois. Sur ces 730 projets, on en trouve 544 dans le secteur des industries textiles et cuir, avec 11 495 emplois, 76 dans le secteur des IAA (industries agricoles et agro-alimentaires), 34 projets dans le secteur des matériaux de construction, 33 dans le secteur des industries mécaniques et électriques, et 43 dans les secteurs divers.

Ces projets sont des unités de plus de 10 emplois en général et font ainsi partie du secteur structuré et non du secteur informel ni du travail à domicile. Ce dernier concerne environ 63 000 emplois recensés en 1989 où les femmes s'y occupent à titre d'indépendantes, ou à titre d'aides familiales.

• *Dans les services*

En 1989, les femmes représentent, selon l'enquête population emploi, 21 % de l'emploi total dans l'administration publique. Les secteurs les plus féminisés sont, bien sûr, l'enseignement et la santé. Les femmes représentent 44,5 % des enseignants du primaire, 38 % des enseignants du secondaire, et 21,4 % des enseignants du supérieur. Elles représentent aussi près de 45,6 % des agents paramédicaux.

Dans les secteurs financiers, les femmes occupent largement des postes de cadres moyens.

Ce n'est que plus tardivement qu'une féminisation croissante du commerce est observée. Ceci dénoterait d'une part d'un changement de mentalité vis-à-vis de la femme, mais reflète, d'un autre côté, le caractère concurrentiel (non protégé) du secteur, vers lequel s'opèrent des transferts à partir des autres secteurs en difficulté.

La protection de l'emploi est liée à sa prédominance masculine. Par là on doit comprendre que la population active masculine est beaucoup plus avertie que la population occupée féminine. Étant plus expérimentée, plus formée et plus informée des circuits et du fonctionnement des mécanismes économiques, que les femmes qui sont en général plus jeunes, avec des contraintes sociales plus lourdes, liées à la fonction de reproduction, et aux représentations dominantes qui lui sont affairantes. La population active masculine occupe davantage les espaces et les postes d'influence et de décision, et maîtrise mieux les mécanismes de protection, manipule mieux le jeu des pressions sociales et possède davantage les traditions de lutte dans les organisations professionnelles, syndicales, et politiques.

• *Le glissement vers le secteur non structuré*

Le secteur informel couvre une partie importante de l'activité économique, et sa contribution à l'absorption de la demande additionnelle d'emploi est loin d'être négligeable.

Le secteur informel est défini comme « l'ensemble des personnes travaillant dans des unités économiques non enregistrées en tant que sociétés ou non enregistrées à des fins fiscales parce que ne tenant pas une comptabilité complète »[7]. Le secteur informel est aussi constitué par les entreprises familiales n'employant pas de salariés réguliers, et par les micro-entreprises employant des salariés réguliers jusqu'à un seuil de taille fixé par les législations ou les pratiques statistiques en vigueur. En Tunisie, ce seuil est de moins de 10 emplois pour l'industrie et de moins de 5 emplois dans les services et le commerce.

L'enquête population-emploi de 1989 estime l'emploi informel à 461 000 soit 23,3 % de la population active occupée totale, et 31,4 % de la population active occupée non agricole. Cependant les effectifs peuvent être sous-estimés en raison du nombre de non-réponses aux questions portant sur les caractéristiques des entreprises ; une enquête auprès des ménages, l'application d'une autre méthode consistant à comparer la source exhaustive qui est l'enquête population-emploi avec la source d'enregistrement qui est l'enquête annuelle d'entreprise de l'INS, mènerait à l'ajustement vers le haut de ce chiffre[8]. La part de l'emploi informel dans la population non agricole passerait de 36,7 % à 1980 à 39,3 % en 1989, selon un taux de croissance annuel de 5,6 % contre 2,3 % sur l'ensemble de la population active occupée.

Les femmes occupent une place particulièrement importante dans l'emploi du secteur informel. La stabilité des effectifs féminins entre 1980 et 1989 pour les 86 000 emplois recensés dans le secteur semble peu vraisemblable. En fait, les périodes d'ajustement struc-

---

7. *Enquête population emploi*, 1989, INS, Tunis.
8. J. charmes, *Deux études sur l'emploi dans le monde arabe*, 1991, Les dossiers de CEPED, France.

turel se traduisent habituellement par une augmentation des taux d'activité féminine dans le secteur informel où les femmes se trouvent surtout dans les entreprises familiales où les effectifs sont 3 à 4 fois plus nombreux que dans les micro-entreprises, mais c'est là précisément où les difficultés de les recenser sont encore grandes.

Trois secteurs sont considérés par cette enquête comme générateurs d'emplois de type non structuré : le textile pour les femmes ; le bâtiment, le commerce et les transports pour les hommes.

Population occupée dans le secteur non structuré

Branche d'activité	Masculin	Féminin	Ensemble	%
	eff (1 000)	eff (1 000)	eff (1 000)	
Ind. Man.	67,4	64,7	132,1	28,6
B.T.P.	137,2	0.8	138,0	29,9
Comm. Transp.	122,8	5,1	131,9	27,7
Autres	46.5	14,6	61,1	13,2
N.D.	1,8	0,8	2,6	0,6
Ensemble	375,7	86,0	461,7	100

Source : enquête population emploi, 1989, INS.

Chômage au féminin, effet d'additionalité et ajustement invisible

La définition officielle du chômage depuis 1989 ne retient que les non occupés âgés de 18 à 59 ans. Défini ainsi, le taux de chômage est évalué à 20,9 % pour les femmes et 13,9 % pour les hommes, le taux global étant de 15, 3 %.

Ainsi, le taux de chômage féminin reste supérieur au taux de chômage masculin, en dépit et probablement, paradoxalement en raison du fait que le marché du travail attire davantage les femmes à certains secteurs, parce que précaires et plus flexibles que d'autres.

Les effets de la restructuration mondiale et de l'évolution de la technologie dans le secteur manufacturier, ont été perceptibles pour les femmes qui occupent, dans leur quasi totalité, des postes d'exécution, dans un secteur qui devient de plus en plus exigeant en qualification, en maîtrise et en matière de conduction de machines. Ces postes sont généralement confiés à des hommes. La formation de conducteurs de machines, bénéficie, de surcroît, aux jeunes de sexe masculin. A la question « pourquoi il n'y a pas de filles ou de femmes dans votre centre ? » la réponse du directeur d'un nouveau centre de formation était la suivante : « c'est une formation pour un métier d'homme » en plus du fait que le centre ne se trouvait pas doté d'un dortoir pour les filles. Un autre témoignage de la bouche d'une responsable dans le secteur de la formation féminine, nous confie que les filles qu'on embauche pour des travaux d'exécution sont parfaitement à même d'entretenir et de conduire les machines outils lorsqu'elles sont formées pour.

Les citadines souffrent plus que les rurales du chômage à en croire les taux officiels (13, 5 % contre 7, 6 % en 1984 et 21,9 % contre 18,6 % en 1989), en dépit du fait que sa progression était plus rapide en milieu rural durant cette période.

La demande de travail pour les femmes est donc beaucoup plus élastique et plus sensible à la conjoncture économique que celle des hommes si bien que les inégalités de chance, préexistantes entre les deux sexes au niveau du marché de l'emploi, se creusent encore davantage.

Les femmes qui demandent un emploi pour la 1re fois sont à la fois plus âgées et moins instruites que les hommes. On peut déduire que celles-ci ne débarquent pas fraîchement du système éducatif sur le marché de l'emploi, et qu'elles auraient quitté l'école ou l'université depuis un certain temps, et se trouvent contraintes en prenant la décision plus tard, de travailler et de demander un emploi. Vraisemblablement ce seraient des femmes poussées à chercher un emploi par nécessité économique, pour accroître le revenu familial et faire face à la dégradation des conditions de vie et à l'érosion du pouvoir d'achat des ménages, surtout pour les catégories les plus vulnérables. Ce comportement caractérise l'effet d'additionalité dans un certain « ajustement invisible » des femmes sur le marché du travail dans le contexte des politiques d'ajustement.

Formation peu qualifiante pour les populations féminines

La responsabilité de la formation professionnelle dans le secteur public revient en premier lieu au M.F.P.E. (Ministère de la Formation professionnelle et de l'Emploi), avec 72 centres de formation professionnelle qui sont sensés être mixtes, mais qui sont en général masculins ou à forte dominante masculine. Le MFPE a aussi sous sa responsabilité 12 centres de la Jeune fille rurale.

Le MFPE contrôle 53 % des centres de formation du secteur public, ce qui correspond à 11,8 % des centres pour l'ensemble des secteurs.

La capacité d'accueil des 72 centres du MFPE ne dépasse guère les 8 000 postes, celle des 12 CJFR (Centres de la Jeune Fille Rurale) est de 560.

Les filles qui sont éjectées par le système éducatif et récupérées par le système de formation professionnelle, sont essentiellement confinées dans les 3 secteurs du textile et de l'habillement, de l'imprimerie et des emplois de bureaux, alors que la liste des secteurs de formation dispensée par les seuls centres du MFPE compte 16 secteurs : sur le plan quantitatif, les statistiques du MFPE montrent que les filles représentent près de 23 % de l'ensemble des stagiaires formés dans les 72 centres.

Dans le milieu rural, depuis leur création, les centres de la Jeune fille rurale du MFPE ont été destinés à dispenser aux jeunes filles rurales, analphabètes ou ayant interrompu leurs études primaires, une éducation sociale et ménagère de nature à les aider à assumer leur rôle dans le foyer ; ces centres ont joué un certain rôle pendant plus de 2 décennies, étant donné le faible taux de fréquentation scolaire des femmes dans les régions rurales ; mais leur activité a connu au cours des années quatre-vingt un essoufflement dû à l'insuffisance des équipements, à la faible qualification des formatrices et à l'isolement de ces centres dans certaines régions.

Le secteur social, malgré son importance relative, (25 % du dispositif national de formation), et bien que ciblant exclusivement les populations féminines, ne peut être considéré comme un secteur de formation qualifiante et facilitant l'accès et l'insertion des femmes sur le marché du travail.

Impact des programmes favorisant l'insertion économique des femmes

Les données relatives à l'impact des divers programmes régionaux et des dispositifs existants sur l'insertion et les revenus des femmes sont généralement rares, éparpillées et ponctuelles. Les évaluations récentes de ces programmes n'ont traité de l'impact sur les femmes que de manière subsidiaire et incomplète. Ceci constitue un obstacle important à une analyse des succès et des insuffisances à identifier. Toutefois, le recoupement des informations disponibles permet d'établir certains constats :

• Les femmes sont largement représentées dans le cadre du traitement social de la pauvreté notamment au niveau du Plan de la Lutte Contre la Pauvreté. Par contre elles ne bénéficient que de façon marginale ou minoritaire de la plupart des dispositifs économiques mis en place par l'État.

• L'accès des femmes et des jeunes filles pauvres des groupes vulnérables à l'emploi salarié, notamment dans le cadre des programmes d'insertion économique et sociale tels que le F.I.A.P. (Fonds pour l'Insertion dans l'Activité Professionnelle) demeure beaucoup plus limité que celui des hommes et des jeunes gens.

• Les dispositifs existants ont surtout mis l'accent sur l'aide au travail à domicile. Les conditions pour la viabilité économique de tels projets ne sont cependant, pas toujours réunies.

• Les femmes ont bénéficié ces dernières années de deux volets du PDR (Programme de Développement Rural) et du FOPRODI. Elles y ont constitué 10 % des bénéficiaires du volet aide à l'artisanat, ont reçu des métiers à tisser, des machines à coudre et des dotations initiales en matières premières. Mais cela n'a pas toujours servi à constituer des sources de revenus permanents, même si une partie de la production a pu servir à l'autoconsommation.

De telles activités, bien d'autres gagneraient à être analysées du point de vue de leur viabilité et de leur rentabilité économique, depuis l'amont jusqu'à l'aval à l'intérieur de leur environnement économique.

Quelques orientations pour des actions positives en faveur des femmes

a. Améliorer et développer l'information sur l'emploi et l'activité économique des femmes

La prise en compte de la variable sexe doit se faire d'une manière systématique au niveau de l'élaboration de toutes les statistiques, de toutes les études, ainsi que dans les projections et les stratégies sur la promotion de l'emploi et du développement économique ; ceci nécessitera l'amélioration des méthodologies d'enquête sur l'emploi, une meilleure définition des concepts des taux d'activité et des taux de chômage globaux, féminins en particulier. Ces mesures spécifiques feraient partie de l'ensemble des fonctions de l'observatoire du marché d'emploi.

  b. Aider les femmes qui ont la charge de la famille et des enfants à se maintenir dans leur travail

L'idée de développer des « villages entreprises » au niveau régional, doit être concrétisée en prenant en considération les besoins spécifiques des demandeuses d'emploi et d'auto-emploi, en général, mais aussi, en ciblant les besoins des femmes mères de famille. En effet mettre à la disposition des femmes le soutien logistique, (secrétariat, fax, téléphone...) pour les aider à identifier et à concevoir leurs projets professionnels est essentiel mais insuffisant, car elles ont à résoudre un problème que les hommes ne considèrent pas le leur en général, à savoir, assurer la garde et la nourriture des enfants. C'est pour cela que l'objectif de tendre vers l'égalité des chances pour les deux sexes, inscrit au niveau du 8e plan de développement économique et social[9] implique que soit développé un service pour les besoins spécifiques des mères de familles. Par exemple, au niveau des « villages entreprises » ou des projets d'incubateurs on pourrait stimuler la création de petits projets de garderies et de cantines, qui seraient à la fois des projets de création d'auto-emploi et d'emploi salarié et des projets d'encouragement, pour que les femmes puissent se maintenir dans leur travail, une fois qu'elles sont mariées et ont des enfants. Ces projets impulsés au niveau des bureaux régionaux d'emploi, peuvent servir de projets pilotes au niveau d'autres régions.

L'idée est de réaliser un projet qui donnera naissance à un fonds social pour les structures d'accueil des enfants (crèches, garderies, cantines...). Pour ce faire, une prospection et une étude sur les besoins en structures d'accueil s'impose pour envisager les meilleurs moyens pour y faire face, ainsi que les scénarios de financement de ce fonds, (organiser des journées de réflexion et de concertation avec les fédérations des employeurs, les ONG féminines, les partenaires sociaux et les différents opérateurs pour la conception finale de ce fonds).

  c. Développer et améliorer l'orientation des populations féminines

Faire parvenir l'information aux femmes et aux jeunes filles, là où elles se trouvent sur les possibilités d'emploi salarié et d'auto-emploi, et les aider dans l'orientation professionnelle. Les populations féminines étant moins mobiles, fréquentant moins les espaces publics « masculins » (cafés, bars, restaurants...) que les hommes, elles sont donc forcément moins informées qu'eux sur les possibilités d'emploi, sur les conditions du marché du travail et l'ensemble de l'environnement institutionnel ; c'est pour cela que l'information doit parvenir là où les femmes se trouvent, en tenant compte de l'environnement socioculturel où elles baignent. Ceci passera forcément par l'encouragement, le recrutement du personnel féminin au niveau des directions administratives des bureaux régionaux d'em-

---

9. Commission nationale femmes et développement 8e plan, 1991-1996.

ploi, pour faciliter les contacts avec les demandeuses d'emploi et d'auto-emploi, ainsi que la mise sur pieds de cellules chargées de veiller à une information et une orientation répondant aux besoins spécifiques des femmes telles que l'élaboration des supports techniques et pédagogiques basés sur l'informatique et l'audiovisuel, pour les informer et les orienter.

d. Changer les stéréotypes de l'inégalité et de la ségrégation professionnelle

• Des projections audiovisuelles, d'éducation sociale et de sensibilisation, pourraient être diffusées dans les établissements scolaires pour aider à changer les stéréotypes de l'image réductrice de la femme dans certaines formations et certaines professions dites féminines, afin de tendre vers l'égalité des chances sur le marché de l'emploi.

• Organiser des journées de sensibilisation sur les conditions d'intégration des femmes dans le développement, dans le contexte de la restructuration économique et de la reconversion. Ces campagnes pourraient être entreprises aussi bien par les syndicats des travailleurs que par celui des patrons, ainsi que par les O.N.G féminines et les organismes gouvernementaux.

• Développer la mixité du système de la formation professionnelle et la qualification professionnelle, horizontale et verticale, pour les filles.

En cette phase de restructuration de l'appareil de production, et de la libéralisation de l'économie, les entreprises dans certains secteurs comme le textile (féminisé à 90 %) deviennent de plus en plus compétitives ; en rénovant leurs techniques de production, elles mettent en chômage, la main-d'œuvre féminine non qualifiée, et font appel à une main-d'œuvre qualifiée qui est plutôt masculine. On recommande ainsi que la mixité soit assurée dans le système de la formation professionnelle afin d'éviter la préparation de formation non qualifiante des populations féminines et toutes formes de ségrégation ou de discrimination professionnelle. La mixité étant déjà assurée à tous les niveaux du système d'Éducation Nationale depuis longtemps.

Éliminer les obstacles d'ordre institutionnel et matériel, de nature à s'opposer à cette mixité : concevoir des dortoirs pour les filles et des cantines, pour les centres éloignés, faire bénéficier les filles de la formation par alternance et veiller à une meilleure information et orientation de celles-ci.

e. Développer un programme national de recherche et de formation qualifiante

• Monter un Programme National de Formation qualifiante, et de Vulgarisation tout en ciblant les femmes rurales analphabètes et peu instruites surtout dans les zones déshéritées. Le programme s'inspirera de l'approche participative favorisant l'identification des besoins réels des femmes, de leurs aptitudes et des possibilités de leur environnement familial, social et économique.

• Concevoir et réaliser un Programme National de Formation des formatrices, en amont du programme précédent.

• Concevoir et réaliser un Programme de Recherche pour l'Innovation Technologique profitant des possibilités qu'offrent l'informatique et les nouvelles technologies de la communication (les autoroutes de l'information) pour l'amélioration de la production et de la productivité en général, et de celle des femmes en particulier, et pour la diminution de leur pénibilité.

• Faciliter l'accès des femmes aux crédits en général et aux crédits agricoles en particulier, aux moyens de productions modernes, à la terre, par l'assistance et l'information, par l'adoption de nouvelles mesures en matière de mobilisation de moyens financiers adaptés aux conditions des femmes qui ne bénéficient pas des mêmes garanties de solvabilité que les hommes.

• Promouvoir l'insertion des femmes par l'auto-emploi, en les aidant à s'installer pour leur propre compte dans des secteurs intégrés en amont et en aval des circuits de distribution.

• Aider à la mise en place de coopératives de production, de distribution et de services dans les zones urbaines et rurales.

• L'environnement institutionnel mis au service des mesures de l'intégration des femmes dans le circuit économique doit se caractériser par la cohérence, la complémentarité, l'articulation et le ciblage de ces actions.

La condition de la femme au Maroc

Farida Bennani[*]

Introduction

La législation régissant les différents aspects de la vie sociale de la femme marocaine musulmane se caractérise, d'une part, par la diversité de ses sources et, d'autre part, par l'incohérence et les contradictions des dispositions des différents textes.

A côté de la Constitution, loi suprême de L'État, des textes particuliers réglementent chacun un domaine spécifique. A la différence du droit comparé, ces textes se distinguent surtout par l'incohérence de leur contenu. Incohérence qui s'explique par la nature des conditions de leur adoption. Certains textes, adoptés pendant le protectorat, s'apparentent au droit français, d'autres s'inspirent du droit musulman, des troisièmes, enfin, sont marqués par le droit comparé et les instruments internationaux relatifs à la femme.

L'incohérence de cette législation est évidente : si le texte constitutionnel reconnaît à la femme des droits identiques à ceux de l'homme, d'autres textes nient fondamentalement le principe de l'égalité entre les deux sexes et font de la femme un être qui ne peut jamais avoir la majorité. D'où le flottement de cette législation, relative à la condition de la femme marocaine, entre l'égalité et la discrimination.

Cependant, la condition de la femme marocaine ne fait pas l'objet de textes écrits uniquement, d'autres sources y participent. C'est le cas des usages et coutumes hérités du passé qui, d'une façon ou d'une autre, régissent divers aspects de la vie sociale de la femme. C'est aussi celui de la doctrine malékite qui constitue la source de tout ce qui n'est pas régi par le statut personnel. C'est le cas, enfin, de la réalité vécue par la femme marocaine moderne. L'incohérence, sinon la contradiction, est perceptible non seulement entre ces sources elles-mêmes, mais également entre celles-ci et les sources écrites et, enfin, entre toutes ces sources internes et les conventions internationales, y compris celles ratifiées par le Maroc.

L'appréciation de la condition juridique de la femme marocaine, dans sa vie publique et privée, suppose celle du modèle qu'en pré-

[*] *Farida Bennani* (Maroc)
Docteur en Droit. Professeur chercheur à la Faculté de Droit de Marrakech. Experte et Consultante en droit de la Famille. Membre et fondatrice du « Collectif 95 » pour la promotion de l'égalité, elle a participé et animé des conférences sur des thèmes ayant les femmes pour objet. Auteur de nombreux articles et publications, notamment sur les droits des femmes.

sentent les textes juridiques. Dans la mesure où la condition juridique de la femme dans la famille a une influence directe sur sa condition économique, politique et culturelle, il est nécessaire de voir d'abord la première partie pour mieux saisir la seconde.

Chapitre I. – La condition de la femme dans la famille

La condition de la femme dans la famille est régie par le code de statut personnel de 1957[1]. Dans sa formulation des dispositions de ce texte, le législateur s'est fondé de façon presque absolue sur les principes dégagés et retenus par la doctrine malékite[2] à laquelle il renvoie d'ailleurs pour la solution des cas qui ne sont pas contenus dans ce statut[3]. Cette doctrine constitue par conséquent une source directe et complémentaire de ce code.

Le législateur n'a donc pas procédé d'une lecture et d'une interprétation personnelle de la Sharià et de ses source originelles. Il s'est limité à reproduire les principes doctrinaux et jurisprudentiels sans tenir compte de la réalité sociale de l'époque et, encore plus, d'aujourd'hui qui est très différente de celle qui a prévalu au temps de leur élaboration. De cette façon, la relation entre les deux sexes au sein de la famille est régie dans la dernière décennie du XXe siècle par des principes élaborés au XIIIe siècle. Contrairement aux autres textes juridiques qui oscillent entre l'égalité et la discrimination entre les deux sexes, le statut personnel institue une nette discrimination entre eux. D'après ses dispositions, la femme reste un être mineur, sans jamais jouir d'une capacité totale.

Le cadre de cette étude ne permet pas de répertorier tous les cas de discrimination entre les deux sexes. On peut dire, néanmoins, que celle-ci commence avant le mariage au moment du choix du futur conjoint (I), pour se maintenir durant la vie conjugale (II) et à la fin de celle-ci, lors du divorce, et même après celui-ci en cas d'existence d'enfants (III).

I - L'inégalité devant le mariage

1. La capacité pour le mariage

En matière de capacité pour le mariage, le statut personnel distingue entre l'homme et la femme. Cette capacité s'acquiert pour l'homme par la santé mentale, la puberté et l'âge de dix-huit ans révolus et, pour la femme, par la santé mentale, la puberté et l'âge de quinze ans révolus[4]. Il y a là une différence de l'âge d'acquisition de

---

1. Ce statut, composé de six livres, a été promulgué par cinq dahirs :
– celui du 22 novembre 1957 relatif au mariage et au divorce,
– celui du 18 décembre 1957 relatif à la filiation et ses effets,
– celui du 25 janvier 1958 relatif au testament,
– celui du 3 avril 1958 relatif à la succession.
L'ensemble est composé de 297 articles dont certains ont été révisés récemment.
2. Ce n'est que dans des cas exceptionnels que cette doctrine a été écartée au profit des autres doctrines.
3. Voir les articles 82, 172, 216 et 297. On reproche souvent à ce code de s'inspirer de toutes les doctrines et de ne renvoyer pour compléter ses dispositions qu'à la doctrine malékite.
4. Voir Ahmed Alkhamlichi ,Commentaire du Statut Personnel, pp. 59-60 (en arabe).

la capacité pour le mariage : dix-huit ans pour l'homme et quinze ans pour la femme. Bien que le but de la fixation d'un âge minimum pour le mariage soit l'interdiction du mariage précoce[5] et la protection de la jeune fille contre l'autorité de son père ou tuteur qui peuvent l'obliger à se marier contre son gré en raison de son manque de discernement, il reste que ce but ne peut être atteint même pour une fille de quinze ans : à cet âge elle ne peut raisonnablement ni mesurer le poids de la responsabilité du mariage ni exercer librement son choix du conjoint de façon consciente et responsable. Pour qu'il y ait consentement réel et effectif, il est nécessaire d'établir une égalité entre l'homme et la femme quant à l'âge minimum du mariage afin de leur permettre d'exercer leur choix dans des conditions similaires.

2. Le cadre du choix

Une fois réunies les conditions de capacité pour le mariage, l'homme peut choisir lui-même la femme qu'il désire épouser, car le législateur n'a limité ni sa liberté ni le cadre où celle-ci doit s'exercer. Par contre, pour la femme, le législateur a limité à la fois la liberté du choix et le cadre de son exercice.

a. Le mariage d'une musulmane à un non musulman

Le mariage d'une musulmane avec un non musulman est interdit par l'alinéa 5 de l'article 29, relatif aux empêchements temporaires, qui déclare : « sont prohibés [...] le mariage d'une musulmane avec un non musulman ».

Cette interdiction, qui n'a pas d'équivalent pour l'homme[6], constitue une limite à la liberté de choix de la femme dont le cadre d'exercice se trouve ainsi circonscrit. Même convaincue et consentante pour assumer les conséquences de son mariage avec un non musulman, la loi le lui interdit. En fin de compte, pour contracter un tel mariage, deux possibilités, toutes deux liées à la religion du futur époux, restent à la portée de la femme musulmane.

La première consiste à la conclusion du mariage dans un État qui reconnaît le mariage civil et où la condition de la religion est considérée contraire à l'ordre public[7], comme la France par exemple. La convention franco-marocaine du 10 août 1981, relative à la condition des personnes et de la famille, ne retient pas dans son article 5 la religion comme cause de fond d'interdiction du mariage. De plus, l'article 6 de cette convention dispose que le mariage en France entre une Marocaine et un Français ou l'inverse doit, pour être reconnu en France, être conclu devant l'officier d'état civil conformément au droit français. Cependant, le même article ajoute que, pour être reconnu par le droit marocain, ce mariage doit être enregistré par les services consulaires marocains en France. De cette façon, le mariage civil en France d'une Marocaine et d'un Français, conclu en application du

---

5. Aucune sanction pénale n'est prévue en cas de non respect de l'âge minimum du mariage par le tuteur. Voir plus de détails Ahmed Alkhamlichi, op. cit., p. 61.
6. Le silence du texte sur cette question signifie qu'il n'est pas interdit.
7. Voir Abderrazak Moulay R'chid, *La condition de la femme au Maroc*, pp. 254-255.

droit français, est valable uniquement en France. Pour être reconnu en droit marocain, il doit être enregistré par les autorités consulaires marocaines. Il est ainsi soumis à un double enregistrement. Mais, du moment que le droit marocain ne reconnaît pas les contrats de mariage contraires à ses dispositions et conclus à l'étranger, les autorités consulaires ne peuvent enregistrer ce genre de mariage parce que contraire au statut personnel marocain. Des problèmes restent ainsi posés par des milliers de « contrats de mariage » conclus à l'étranger dont il n'existe pas de solution juridique et qu'il appartient au temps et à l'avenir de résoudre[8].

La deuxième possibilité consiste en ce que l'homme qui désire se marier avec une Marocaine musulmane doit se convertir à l'Islam[9]. Cette interdiction est dite temporaire parce qu'elle tombe avec la conversion à l'Islam. Toutefois, avant la conclusion du contrat de mariage, certaines formalités doivent être accomplies auprès du Ministère de la Justice pour s'assurer de la véracité et de la sincérité de la conversion. D'après une circulaire du ministre de la Justice[10], ces formalités consistent en une enquête sur l'existence ou non de l'interdiction et la présentation d'un rapport à ce sujet par le juge au ministre de la Justice qui a la charge d'autoriser ou non le mariage. Par une circulaire de 1979[11], le ministre de la Justice a délégué le pouvoir de délivrer cette autorisation aux procureurs généraux auprès des cours d'appel comprenant les documents exigés. On peut se demander « si les documents retenus par la circulaire et la compétence du procureur général permettent d'atteindre la vérité et de saisir le caractère sérieux ou non du prétendant à la conversion à l'Islam »[12].

On doit noter que parmi les documents exigés figure aussi l'attestation de l'accord du tuteur de la femme pour le mariage en conformité avec les dispositions de l'article 11 du statut personnel, d'après lequel le tuteur matrimonial doit être de sexe masculin, majeur, le fils par priorité au père, etc. Là aussi, on peut se demander si l'exigence de ce document restera maintenue, après la dernière révision qu'a connue la tutelle formelle, à l'égard de la femme majeure orpheline de père qui peut conclure seule ou si cette exigence sera obligatoire uniquement pour la femme ayant son père en vie ? Surtout que l'alinéa 1 de l'article 14, relatif à la tutelle objective/la capacité, n'a pas fait de distinction entre eux. Quoiqu'il en soit, il reste que l'exigence de l'accord du tuteur (wali) constitue la preuve que le choix du futur mari n'est pas un droit exclusif de la femme, qui peut l'exercer seule sans le recours à un tuteur. C'est encore là une limite, qui s'ajoute à celle de l'appartenance religieuse, au ma-

8. Ahmed Alkhamlichi, op. cit., p. 132.
9. La délivrance du certificat de conversion est gratuit, conformément au dahir du 6 mai 1982 relatif à l'organisation de la justice.
10. Circulaire du ministre de la Justice n° 3 501, datée du 27 février 1957 (avant la publication du statut personnel).
11. n° 854 du 17 mai 1979, Voir revue XXX.
12. A. Alkhamlichi, op. cit. pp. 220-221.

riage d'une musulmane à un non musulman. Car, sans accord écrit du tuteur, et même dans le cas de conversion du non musulman à l'Islam, l'autorisation du mariage ne peut être accordée par le procureur général.

b. *La tutelle objective/la capacité*

Si le code de statut personnel a modifié la tutelle et a fixé l'âge minimum du mariage, il n'a pas abrogé l'institution même de la tutelle sur la femme en matière de mariage. Il en a seulement limité le contenu en la ramenant à deux sortes : la tutelle en vertu de laquelle le tuteur peut exiger l'équivalence de condition du mari[13], et la tutelle formelle d'après laquelle le tuteur prend en charge la conclusion du contrat de mariage avec le mari devant deux témoins judiciaires (adouls).

L'équivalence de condition est essentielle, elle est d'après l'article 14 du statut personnel[14] un droit reconnu à la fois à la femme et à son tuteur. Elle n'est donc pas reconnue à l'un des deux mais aux deux ensemble. Ainsi une femme ne peut se marier avec un homme qui, aux yeux de son tuteur, est d'une autre condition qu'elle. Inversement, le tuteur ne peut obliger la femme à se marier avec un homme dont elle juge la condition non équivalente à la sienne. L'accord de la femme et de son tuteur sur l'équivalence de condition est donc une condition de la conclusion du contrat de mariage. L'article 13 du statut personnel[15] prévoit, en cas d'opposition abusive du tuteur au mariage, le recours au juge qui peut ordonner au tuteur de la marier. En cas de refus de ce dernier, le juge peut agir comme tuteur et conclure le contrat de mariage.

Il faut reconnaître cependant que ce double accord de la femme et de son tuteur pose de réels problèmes sur le plan pratique. D'une part, en disposant que l'équivalence de condition des époux doit être « appréciée suivant les usages établis », la loi ouvre la voie à toutes sortes d'interprétations de la part du tuteur. Celui-ci peut, en invoquant la non-équivalence de condition, refuser son accord au mariage pour toutes sortes de raisons. La loi lui accorde ainsi un pouvoir indirect de s'opposer au mariage de la jeune fille chaque fois qu'il a une appréciation différente du prétendant au mariage. D'autre part, en prévoyant le recours au juge pour contester le refus du tuteur, la loi a créé un problème supplémentaire, difficile à résoudre convenablement en pratique. Car, cela revient à dire en effet que, pour prouver son bon choix du conjoint, la femme doit prouver en

---

13. C'est le cas aussi, d'après l'article 23 du statut personnel, de la dot de parité de la fille mineure.
14. Article 14 : « 1. Seuls l'épouse et le wali peuvent invoquer le droit à l'équivalence de condition requise pour la validité du mariage. 2. L'équivalence de condition des époux est prise en considération lors de la conclusion du mariage et appréciée suivant les usages établis. »
15. L'article 13 est ainsi conçu : « Si le wali s'oppose abusivement au mariage de la femme placée sous sa tutelle, le juge lui ordonne de se marier. En cas de refus, le juge la donne lui-même en mariage moyennant une dot de parité à un homme de condition équivalente à la sienne. »

justice l'inopportunité de l'avis de son tuteur. Or, cette action, même si elle aboutit, est néfaste pour la femme. C'est pourquoi, « il est rare que ce moyen soit mis en œuvre pour plusieurs raisons liées à ses mauvaises conséquences sur les rapports affectifs de la jeune fille avec sa famille et surtout sur sa réputation, parce que la société voit en sa conduite une irrévérence à la tutelle paternelle »[16].

Le recours au juge est ainsi la dernière solution accordée par la loi à la femme face à l'opposition de son tuteur. La femme reste cependant sans aucun recours en cas d'opposition conjointe du tuteur et du juge. Dans ce cas, elle ne peut réaliser ni sa volonté ni son choix, mais seulement se soumettre à la volonté du tuteur.

Ainsi, la femme n'est pas en définitive libre du choix du conjoint qui lui convient, elle ne peut le faire suivant ses critères personnels et subjectifs propres tant que ce choix est subordonné de plein droit à l'accord du tuteur. Par contre, l'homme décide seul du choix de son conjoint. Il n'a besoin juridiquement de l'accord d'aucune autre personne et ceci quelle que soit la condition de ce conjoint au regard de l'appréciation des usages établis socialement. Quelles sont les raisons de cette discrimination entre l'homme et la femme ? Et pourquoi l'équivalence de condition est-elle exigée du côté de l'homme et non de celui de la femme ?

L'une des principales justifications de la tutelle objective semble-être la volonté d'éviter que la femme ne porte atteinte à la réputation de la famille en se mariant avec un homme de condition incompatible avec la sienne. Le but de l'institution de la tutelle n'est donc pas d'assister ou conseiller la femme dans le choix de l'époux, mais de défendre, à travers sa protection, les droits moraux de la famille tels que l'honneur, la dignité et la filiation. Comme si la femme, en raison de sa faible connaissance des hommes et de sa nature sentimentale et volage, risquait à tout moment de perdre l'esprit et de nuire ainsi à l'honneur de la famille en épousant un homme inconvenable. Aussi, faut-il que son choix soit toujours entériné et approuvé par le tuteur.

On voit bien que cette justification défend le corps familial au détriment de la liberté de choix de la femme. Quant à la sauvegarde effective des intérêts de la femme majeure, aucune personne, même la plus proche de ses parents, n'est en mesure de le faire mieux qu'elle.

3. La tutelle formelle

L'inégalité entre les deux sexes persiste après l'étape du choix du conjoint. Le code du statut personnel maintient, en effet, la discrimination entre eux au moment de la conclusion du contrat de mariage. L'homme peut le conclure personnellement, il a l'entière liberté « d'exprimer son consentement à ce contrat et de déclarer, dans son langage, ce qui peut exprimer son engagement et son accord pour ce mariage »[17]. Quant à la femme dont le père est vivant, elle est dans

---

16. A. Alkhamlichi, op. cit. p. 208.
17. Mohamed ben Ma'jouz, Les lois de la famille en droit musulman d'après le code du statut personnel, p. 91.

l'obligation, d'après l'alinéa 3 de l'article 12, de désigner un tuteur de sexe masculin pour conclure son mariage. Elle ne peut donc ni discuter le principe même du contrat ni traiter de ses conditions avec son mari ni, enfin, exprimer son engagement et son accord pour ce mariage.

La récente révision du statut personnel[18] a non seulement maintenu cette discrimination entre les deux sexes mais en a créé une autre entre les femmes elles-mêmes. D'après le texte révisé, sont ainsi distinguées la femme majeure orpheline de père et la femme dont le père est en vie. La première est, en vertu de l'alinéa 4 de l'article 12[19], libre de décider : elle peut conclure son mariage elle-même, comme elle peut désigner librement un tuteur pour le faire. La seconde, au contraire, ne peut se marier sans tutelle, car celle-ci est, d'après l'alinéa 2 du même article[20], une condition de validité de son mariage. Tout ce que la loi lui reconnaît[21], c'est préalablement son accord sur le contrat ainsi que la désignation d'un tuteur pour le conclure et, postérieurement, la signature de l'acte de mariage[22].

C'est là incontestablement une position étrange du statut personnel : deux conditions juridiques différentes pour la femme marocaine qui veut conclure un contrat de mariage. D'un côté, la femme majeure orpheline de père peut elle-même conclure son mariage comme si, n'ayant plus de père, la loi lui reconnaît la maturité, le bon sens et le souci de respecter les usages établis. De l'autre côté, la femme marocaine majeure dont le père est vivant. Celle-ci, qu'elle soit vierge ou non, ne peut assister à la conclusion de son mariage et en discuter le contenu, de crainte qu'elle n'agisse avec légèreté d'esprit, sentimentalisme et imprudence. Il est étrange de considérer le mariage sans tuteur non valable pour certaines femmes et valable pour d'autres, comme si les unes étaient des Marocaines soumises au rite malékite et les autres au rite hanafite, ou encore comme si les unes sont des égales de l'homme, les autres non.

Dès lors, on peut s'interroger sur la signification de la tolérance accordée à la femme majeure, de père décédé de conclure son mariage. Cela signifie-t-il qu'il n'y a plus d'intérêts familiaux à sauvegarder ? qu'il n'y a plus de traditions, de mœurs ou de nature féminine qui l'empêcheraient d'exprimer son désir du sexe ? Enfin façon générale, n'y a t-il plus de contraintes sociales à respecter pour pré-

---

18. Dahir du 10 septembre 1993 Bulletin Officiel n° 4222 du 29 septembre 1993.
19. L'alinéa 4 révisé dispose : « La femme majeure orpheline de père peut conclure elle-même le mariage ou déléguer à cette fin l'un des tuteurs matrimoniaux.
20. L'alinéa 2 stipule : « La femme mandate son wali pour la conclusion de l'acte de mariage. »
21. Le premier alinéa de l'article 12 dispose : « La tutelle matrimoniale est un droit de la femme ; le tuteur matrimonial ne peut conclure le mariage sans avoir reçu mandat de la femme à cette fin ».
22. Ceci en vertu du 1er alinéa de l'article 5 : « Le mariage n'est parfait que par le consentement et l'acceptation de la future épouse, ainsi que par sa signature au sommaire de l'acte de mariage dressé par les deux adouls. »

server l'honneur et la dignité de la famille et que, n'ayant plus de père, elle peut être classée comme « femme modeste » à laquelle la doctrine malékite accorde le mariage sans tuteur ?[23]

L'inégalité pendant la relation conjugale

Après la conclusion de l'acte et le mariage, la vie du couple reste également caractérisée par la discrimination entre les deux époux. Les droits et obligations de chacun d'eux sont déterminés par la loi[24] qui, en fixant la condition juridique des époux, a clairement consacré la distribution traditionnelle des rôles au sein de l'institution familiale[25].

Loin d'établir l'égalité des droits et des obligations entre les époux, le législateur marocain est resté fidèle au modèle et aux principes inégalitaires de la doctrine islamique, au rite malékite particulièrement. Conformément à ce dernier, la loi marocaine consacre la prééminence du mari dans l'institution familiale qui toute entière se définit et s'organise par rapport à lui. La femme, l'épouse, occupe dès lors une place secondaire.

C'est ainsi qu'à partir de la même division sexuelle des tâches, la condition du mari se caractérise par le droit de diriger la famille et l'obligation de subvenir à ses besoins économiques, alors que la condition de la femme se caractérise par le droit à l'entretien et l'obligation d'obéissance. A travers ce système, le législateur a ainsi reproduit le modèle traditionnel islamique de la famille, patriarcal et sexiste, dans son partage des rôles et des tâches. Tout dans cette famille repose sur la distinction entre le chef et le serviteur, l'autorité et le sujet, le fort et le faible, le producteur et le consommateur, etc. C'est sur la base de cette division sexuelle du travail du discours juridique marocain que repose la liaison de la masculinité à l'autorité et au pouvoir économique et celle de la féminité à l'obéissance et à la consommation. L'autorité et l'obéissance sont ainsi liées à l'identité sexuelle au sein de l'institution familiale. L'étude de cette division sexuelle du travail étant effectuée ailleurs[26], il est nécessaire de n'en retenir ici que les traits essentiels.

1. L'autorité de l'homme dans la famille

L'article premier du statut personnel, qui définit la nature de la relation conjugale entre les deux sexes, dispose que la Constitution de la famille s'effectue sous l'autorité du mari. En prenant ce parti, le législateur a ainsi écarté l'autorité dualiste et concertée des deux époux, au profit du traditionnel patriarcat.

L'évolution de la société marocaine moderne appelle certaines remarques à ce sujet. D'abord, l'esprit d'ouverture nouveau a mis fin aux vestiges des deux systèmes, patriarcal et matriarcal, en vue

---

23. A. Alkhamlichi, op. cit., pp. 194 et 197.
24. Voir les articles 1, 35 et 36 du statut personnel.
25. Voir sur ces rôles dans la réalité sociale, Zineb Miadi, *La famille marocaine entre le discours légal et le discours populaire*, 340 p.
26. Voir notre étude : *La division du travail entre époux à la lumière du droit marocain et de la doctrine islamique* : le sexe comme critère, 355 p.

d'une symbiose entre les deux, de telle sorte qu'il n'y ait plus de pouvoir de l'un sur l'autre mais entente et concertation sur la conduite de la famille. Ensuite, l'Islam se définit surtout par ses finalités fondamentales, en particulier par la justice et l'égalité entre les époux. Enfin, l'évolution réelle de la société montre l'inadaptation du droit à la réalité de la famille marocaine. Pour toutes ces raisons, une révision du droit de la famille s'avère nécessaire. Visant à établir l'égalité entre époux, cette réforme se justifie à la fois par la réalité sociale, une interprétation renouvelée de l'Islam et par la volonté de créer une société égalitaire, juste et humaniste.

2. Le contenu de l'entretien du mari à la femme

Suivant l'interprétation malékite de l'Islam, le législateur marocain a fait obligation au mari de tous les devoirs économiques que nécessite le mariage depuis ses débuts jusqu'à sa fin. Ainsi, au début, le mariage ne peut être conclu que par le versement d'une dot par le mari à la femme. C'est à lui que reviennent aussi, durant la vie conjugale, les charges relatives à la vie du couple : logement, nourriture, habillement...[27] Le statut personnel a ainsi dispensé la femme de toute participation économique à la vie du couple et ceci même si ses moyens le lui permettent[28].

Cette solution retenue par le statut personnel illustre l'idée déjà mentionnée de la division du travail au sein du couple : au mari, les charges économiques et, à la femme, l'obéissance et la prise en charge du foyer. En retenant cette division, le législateur nous présente la conception du mari toujours apte économiquement et celle de la femme incapable de travailler, d'où son besoin d'être toujours entretenue. Au regard de l'évolution de la société actuelle, on peut se demander si cette conception correspond encore à la réalité.

La principale conclusion qu'on peut retenir des différentes études sur la question[29] est que, de nos jours, la situation économique du mari est loin de satisfaire tous les besoins économiques de la famille. Pour cette raison, l'homme conçu par le statut personnel, supposé capable économiquement, n'est qu'imaginaire, car l'homme réel, lui, ne reflète pas cette conception. De même, la femme conçue par le texte, comme incapable d'exercer une activité rémunérée, est démentie par les faits. Suivant le progrès économique, la femme a montré qu'elle est en mesure de contribuer aux charges économiques du couple, voire de les assumer seule. Seulement, cette évolution du rôle économique de la femme ne s'est pas accompagnée, à l'heure actuelle, d'une révision de ses droits et obligations. Comme par le passé, elle continue d'assumer les tâches dévolues traditionnellement à la femme au foyer. C'est même là un problème juridique nouveau que connaît actuellement la famille marocaine et qui consiste en un déséquilibre quant au rôle et à la place de chacun des

---

27. Sur la dot (sadaq), voir les articles 16 à 24 du statut personnel, sur le logement voir les articles 35 et 115 à 123.
28. A l'exception du cas où le père ne peut entretenir son enfant. Dans ce cas, si la mère est riche, elle est redevable de la pension alimentaire.
29. Voir notre étude déjà citée, pp. 65-80.

époux dans le couple. D'un côté, le mari détient toujours l'autorité mais sans assurer exclusivement les charges économiques. De l'autre, la femme est de plus en plus engagée dans la satisfaction des besoins économiques du couple sans pour autant avoir, en contrepartie, ni la place ni l'autorité qui lui reviennent en fonction de ce nouveau rôle. Ce sont ces déséquilibres, laissés sans solutions, qui sont à l'origine de nombreux conflits internes de la famille marocaine actuelle.

Il reste donc, en résumé, qu'il est possible au législateur marocain, pour une adaptation du droit à la réalité de la famille, d'établir une égalité effective entre les époux sur cette obligation économique en la mettant à leur charge tous les deux.

3. L'obligation d'obéissance : une règle de l'organisation sexuelle du travail

En attribuant l'autorité au mari, le législateur marocain a mis la femme dans une situation d'infériorité en lui faisant obligation de soumission à l'autorité maritale. Il a fait aussi de la relation conjugale une relation entre un chef et un serviteur. L'institution de l'obéissance, comme devoir de la femme, consacre aussi, juridiquement, la discrimination au sein de la famille.

En effet, si le législateur s'est limité dans l'alinéa 2 de l'article 36 à souligner parmi les droits du mari à l'égard de la femme : « l'obéissance conformément aux convenances », il n'a précisé ni la consistance ni l'objet de cette obéissance. S'agit-il d'une obéissance à ses ordres relatifs à la famille ou seulement à ceux nés du lien conjugal comme lorsqu'il l'invite dans son lit, ou, enfin, des deux ensemble ?

Autrement dit, s'agit-il d'une obéissance au chef de famille ou à l'époux ? Le législateur n'a pas précisé non plus les moyens disciplinaires dont le mari peut user en cas de désobéissance de la femme. Il s'est limité à faire obligation à l'épouse d'obéir à son mari en notant, toutefois, d'une part, qu'elle doit le faire « conformément aux convenances » et, d'autre part, que la relation conjugale entre eux doit reposer sur le respect, la tranquillité et l'affection[30]. C'est la doctrine marocaine qui s'est chargée d'interpréter cette question suivant d'ailleurs, dans la plupart des cas, l'interprétation traditionnelle.

Si l'Islam conçoit la demeure conjugale comme un lieu de tranquillité et de sécurité et conçoit la relation conjugale comme relation d'affection, de tolérance et d'humanisme, on peut se demander : comment cela est possible alors que l'épouse est réduite à l'obéissance/soumission. Comment peut-il y avoir amour, tranquillité, sécurité, entraide..., alors que l'épouse vit dans la peur et la crainte de la sanction si elle discute les ordres de son chef ? Tout cela est irréalisable tant qu'il y aura dans la relation conjugale un chef et un assujetti, c'est-à-dire tant que la condition de l'un des époux sera celle de subalterne au lieu d'être celle d'une partie et la condition de

---

30. Voir l'article 34 du statut du personnel.

l'autre celle d'un « supérieur », d'un despote/dominant dont les ordres ne peuvent être discutés.

C'est pour cette raison qu'on ne peut concevoir de relation conjugale fondée sur l'amour et le respect mutuel, la solidarité et l'entraide tant que l'une des parties sera constituée par un sexe qui décide et donne des ordres et des directives et l'autre partie constituée par un sexe qui accepte et exécute ces ordres sans discussion. Le premier est d'une grande personnalité et le second sans personnalité. L'un d'eux est la partie positive et l'autre la partie négative. La grande et réelle discrimination est là.

En définitive, si l'Islam tend à la réalisation de la justice, on peut dire qu'il est injuste que l'époux asservisse l'épouse. C'est pourquoi ces règles doctrinales doivent être subrogées par d'autres qui instaurent l'égalité entre les époux, car elles ne correspondent pas aux finalités de la religion islamique. Cela est d'autant plus nécessaire que les transformations qu'a connues la famille marocaine, aussi bien dans sa structure que dans les rapports entre ses membres, exigent une remise en cause du modèle familial patriarcal conçu par la doctrine islamique traditionnelle et dont les principales caractéristiques sont l'autorité du mari et l'obligation d'obéissance de la femme.

4. La limitation du travail de la femme au cadre du foyer

Suivant l'exemple de la doctrine islamique, le législateur marocain a consacré dans le statut personnel la division traditionnelle du travail entre les époux. Il a ainsi limité le travail de la femme à l'intérieur du foyer, qui constitue le cadre de son activité, en contrepartie de ses dépenses quotidiennes à la charge du mari. C'est dans ce sens que l'alinéa 4 de l'article 36 du statut personnel énonce que, parmi les droits du mari à la charge de son épouse, il y a « la charge de veiller à la marche du foyer et à son organisation ». Il apparaît qu'en usant d'une telle formulation, le législateur n'a pas voulu contraindre la femme à entreprendre elle-même les activités du foyer, comme la cuisine, le linge, le ménage, etc. C'est pour cette raison qu'il lui a attribué seulement la charge de « veiller à la marche » de ces activités, reprenant ainsi l'interprétation de l'Imam Malik qui, lui aussi, est de cet avis.

En vérité, la tâche de la femme, sur le terrain de la réalité, ne consiste pas seulement au contrôle mais à s'occuper elle-même des tâches ménagères. Ainsi, en pratique, la coutume s'est établie et imposée au détriment des textes juridiques. En s'appuyant sur la coutume, les jurisconsultes musulmans ont dénié à la femme le droit de vendre le reste de sa force de travail à autrui moyennant salaire sans y être autorisée par son mari et ceci que ce soit à l'intérieur ou à l'extérieur du foyer. D'après eux, tout le temps de la femme est propriété de son mari qui, en contrepartie, a l'obligation de l'entretenir économiquement. Ainsi, en se fondant sur la coutume en tant que source de droit obligatoire, et non sur un texte explicite de la religion islamique, la femme est dans l'obligation de s'occuper des affaires du foyer et de servir le mari à l'extérieur sans contrepartie, à l'exception de son entretien quotidien qui prend fin avec la cessation de la relation conjugale, sans qu'elle ait une part dans la richesse du mari ou dans celle acquise lors de la vie conjugale et à laquelle elle a contribué par ses activités. Elle perd ainsi toute source de revenus et toute propriété personnelle. Ne serait-il pas juste que la femme ait une part, en contrepartie de son activité, dans tout le patrimoine acquis par le mari pendant la durée de la relation conjugale ? Peut-on toujours continuer à refuser toute contrepartie au travail de la femme, à l'exception de celle que nécessite son entretien ?[31]

Face au silence du statut personnel sur les droits patrimoniaux de la femme, qui passe une grande partie de sa vie à travailler à l'intérieur du foyer pour aider son mari, on peut se demander d'où peut-elle avoir un patrimoine dont elle peut, comme le dit ce même texte, disposer librement sans contrôle de son mari ?

En vertu de l'alinéa 4 de l'article 35 du statut personnel[32], le mariage n'a aucun effet sur le patrimoine des époux : il y a autonomie du patrimoine de chacun d'eux. En vertu de ce même texte, la femme majeure jouit de son entière capacité après son mariage. Celui-ci étant sans effet sur sa capacité d'exercice, elle peut donc librement gérer son patrimoine et en disposer seule sans le recours à l'accord de son mari. Tout cela est en parfait accord avec le droit musulman qui reconnaît l'entière personnalité civile de la femme et son droit, comme l'homme, à avoir un patrimoine lui permettant de se réaliser économiquement et humainement.

Cependant une attentive lecture du même alinéa[33], en liaison avec les dispositions de l'article 36, relatif aux droits de l'époux à l'égard de sa femme, fait apparaître, d'une part, que le mariage a un effet sur la capacité d'exercice de la femme dans la mesure où l'alinéa en question ne protège effectivement que les intérêts patrimoniaux d'une femme riche et non d'une femme pauvre qui n'a d'autres ressources que sa force de travail. De cette façon, cet alinéa ne consacre qu'un principe juridique et théorique impossible à appliquer dans la pratique, car il est inconcevable qu'une personne, elle-même propriété d'une autre, puisse jouir librement de ses propriétés.

Quand la loi oblige la femme à obéir à son mari et à veiller à la marche du foyer, elle offre par la même occasion au mari la possibilité de faire de la reconnaissance de l'autonomie du patrimoine de la femme un droit vide et sans contenu. C'est ce qui explique l'opposition et l'incohérence des dispositions des deux articles.

D'autre part, il apparaît que le patrimoine dont la femme peut disposer en « toute liberté » est celui qu'elle a acquis avant le mariage ou avec le mariage comme la dot (sadaq) ou, enfin, après le mariage :

---

31. Sur la productivité du travail de la femme sous l'angle économique et islamique, voir notre étude déjà citée, pp. 183-194.

32. L'épouse a droit « à l'entière liberté d'administrer et de disposer de ses biens sous aucun contrôle du mari, ce dernier n'ayant aucun pouvoir sur les biens de son épouse. »

33. Voir notre étude, *Le droit de la femme dans la conduite de ses biens : un droit et des limites législatives.*

héritage, donation ou testament. Il n'est donc pas question de biens qu'elle peut acquérir par son travail pendant son mariage, parce que, dans ce cas, il ne s'agit plus de l'administration de ses biens, sur lesquels le mari n'a aucun droit, mais de sa personne et on sait que le mari a un droit sur cette dernière par l'effet de l'obligation de l'obéissance.

Si on excepte, la donation et le testament, devenus de plus en plus rares de nos jours, même la dot, qui est expressément reconnue comme un bien individuel de l'épouse, ne constitue pas réellement un patrimoine autonome de la femme. Car, la loi n'a rien changé dans les usages et coutumes de notre pays qui restent applicables aussi bien en milieu rural qu'en milieu urbain où la femme continue d'exécuter en pratique une obligation juridique du mari qui est la préparation et l'ameublement du foyer conjugal. On voit bien ainsi que l'influence des usages et coutumes est plus forte que celle du droit et que leur application fait perdre à la femme une source de revenus.

S'agissant de l'héritage, il est à noter que dans plusieurs régions du Maroc l'exhérédation des femmes est la règle. La femme elle-même consolide cet état des choses et considère la revendication de sa part dans l'héritage comme une inconvenance et une atteinte aux principes et usages sociaux. D'ailleurs, dans certaines régions, la condition déniant à la femme le droit d'héritage est incluse dans le contrat de mariage. En agissant ainsi, les parents de la femme écartent la possibilité de voir un jour leur gendre réclamer la part de sa femme dans l'héritage. Même si le statut personnel a tenté, avec son article 296, de mettre fin à la pratique de déshériter les femmes, il n'a pas réussi à la faire disparaître complètement[34]. Ainsi, à cause de la coutume, la femme est exclue de l'héritage et perd, encore une fois, une source de revenus dont elle pourrait user librement. Détient-elle une autre source de revenus comme le travail, par exemple ?

Le texte du statut personnel n'a pas explicitement abordé ni le droit de la femme au travail salarié, ni l'exploitation de son patrimoine par l'exercice à l'extérieur du foyer d'une activité commerciale, ni même, enfin, son droit au travail à son propre compte à l'intérieur du foyer conjugal. Il s'est limité d'énoncer dans l'article 38, relatif à la possibilité d'inclure des conditions dans le contrat de mariage, que « le fait pour la femme de stipuler, par exemple, la possibilité de s'occuper des affaires publiques du pays n'est pas contraire aux buts du mariage ». Et ceci en plus de la disposition déjà citée qui reconnaît à la femme le droit de disposer librement de son patrimoine.

Comme nous l'avons vu, cette disposition concerne la personne de la femme. En effet, du moment que la loi impose à la femme l'obéissance à son mari et que la conclusion d'un contrat de travail

---

34. Voir à ce sujet, A. Alkhamlichi, Point de vue, pp. 262-264. L'auteur rappelle que face aux stipulations coraniques qui reconnaissent à la femme le droit à l'héritage, les partisans du patriarcat ont multiplié les subterfuges juridiques pour les déshériter ou les amener à renoncer à l'héritage.

signifie engagement de la personnalité de la femme, on peut déduire que sur ce plan du travail la femme est dans l'obligation d'obéissance et que son exercice d'une activité salariée constitue pour le mari une perte d'un droit qu'il détient du mariage et qui est le droit à ce que son épouse reste au foyer pour s'en occuper. C'est pour cette raison que l'accord du mari est nécessaire pour que la femme exerce une activité salariée à l'extérieur du foyer. Sans cet accord, le mari peut résilier le contrat de travail parce qu'il consiste en un acte relatif à la personne de l'épouse et non à ses biens.

Quant à l'exercice de l'activité commerciale, face au silence du statut personnel et en reprenant la doctrine malékite qui lui sert de référence, on peut dire que cette doctrine donne droit au mari d'interdire à sa femme de sortir du foyer et, par conséquent, d'exercer le commerce et d'obtenir la qualité de commerçant. Le mari est de cette façon le seul à accorder ou refuser à la femme l'exercice d'une activité commerciale. Cette activité exige aussi la disponibilité pour l'exercer et c'est pourquoi elle entraîne inévitablement la femme à manquer à l'un de ses principaux devoirs qui est celui de veiller à la marche du foyer. Là aussi, l'accord du mari est nécessaire pour l'exercice d'un travail à l'extérieur.

Concernant l'activité commerciale ou toute autre activité au service d'autrui par la femme à l'intérieur de la demeure conjugale, en principe le mari ne peut, selon cette même doctrine, l'en empêcher, à condition que cette activité ne porte atteinte aux droits qu'il détient par le mariage. Dans le cas où cette activité est préjudicielle au mari, celui-ci a le droit d'en interdire l'exercice à sa femme. Par conséquent, même dans le cas où la femme exerce une activité dans le foyer, le consentement du mari est nécessaire.

En application de l'article 38 du statut personnel, la femme n'a le droit de travailler, à l'extérieur du foyer, dans les services publics du pays, que si elle en a fait une condition dans le contrat de mariage. Le travail de la femme n'est ainsi évoqué que comme condition ne s'opposant pas à la finalité du contrat de mariage. Mais, cette condition ne contredit-elle pas l'ordre légal du contrat ? La femme peut-elle faire valoir cette condition et avoir gain de cause ? En réalité, la condition expressément introduite par le texte est contraire aux conséquences du contrat parmi lesquelles il y a l'obligation pour l'épouse de veiller à la marche du foyer. De même, d'après la doctrine malékite qui est la référence de ce texte, le mari n'est pas tenu, en droit, d'exécuter les conditions de sa femme auxquelles il a consenti. Ce qui est certain, en fin de compte, c'est que le statut personnel n'a pas reconnu à la femme le droit d'exercer une profession, dans les services publics soit-elle, sans l'accord ni l'autorisation de son mari.

En résumé, on peut dire que le mariage a un effet sur la capacité de l'exercice de la femme mariée : d'une part, toutes les voies d'acquisition d'un patrimoine lui sont interdites par le droit et les coutumes et, d'autre part, le patrimoine qu'elle peut gérer librement, à l'exception de celui acquis par donation ou testament, est inexistant puisque son acquisition est subordonnée à l'accord du mari. A partir de là, on peut dire que la femme a perdu toute source de revenus et, par conséquent, toute propriété personnelle et elle reste donc juridiquement dépendante du mari sur le plan économique.

II - L'inégalité à la fin de la relation conjugale

La discrimination entre homme et femme est également consacrée par le statut personnel en matière de dissolution du contrat de mariage. Dans la dernière révision de ce texte, le législateur a maintenu le droit exclusif du mari à la répudiation, sans le reconnaître ni à la femme ni aux tribunaux. Comme l'ancien texte, le nouveau maintient le droit de la femme de demander le divorce pour des raisons précises. De la sorte, en révisant un article et en en « créant » un autre, la nouvelle révision n'a rien changé au problème fondamental de la répudiation. Elle n'a donc consisté qu'en l'introduction d'une mesure formelle.

En effet, l'article 44 ancien/nouveau stipule que « la répudiation est la dissolution des liens du mariage prononcée par : – l'époux, son mandataire ou toute autre personne désignée par lui à cet effet ; – l'épouse, lorsque la faculté lui en a été donnée en vertu du droit d'option ; – le juge (divorce judiciaire).

L'article 48 révisé précise que :

« 1. La répudiation doit être attestée par deux adouls pour ce investis dans la circonscription de compétence du juge où se trouve le domicile conjugal.

« 2. La répudiation n'est prononcée qu'en présence des deux parties et après autorisation du juge. Il est passé outre à la présence de l'épouse si elle reçoit convocation et ne se présente pas et si le mari insiste sur la réalisation de la répudiation ».

Il est évident que, d'après ces deux dispositions, la répudiation est un droit du mari, qui l'exerce librement ou même par l'intermédiaire d'un mandataire. La présence des deux témoins judiciaires (adouls) n'est pas une condition de signature de la répudiation mais un moyen d'attester qu'elle a eu lieu. De la même manière, son enregistrement en présence des deux parties après autorisation du juge n'est obligatoire que pour authentifier la preuve et non la signer. La présence du mari et de la femme ne signifie donc pas que la répudiation ne peut avoir lieu en leur absence mais seulement qu'elle ne peut être enregistrée que si la femme s'est présentée et en est informée. Cette présence elle-même peut être écartée si, après avoir été convoquée, la femme ne s'est pas présentée et que le mari maintient sa demande de répudiation. Tout ce que la femme peut obtenir, en cas de répudiation injustifiée, prouvée devant le juge, c'est une prise en considération de ses préjudices par ce dernier dans l'évaluation du don de consolation (Mut'âh) [35].

---

35. C'est ce qui résulte de l'article 52 bis nouvellement ajourné : « S'il est établi pour le juge que le mari a répudié sans raison valable, il doit tenir compte des préjudices susceptibles de toucher la femme, dans l'évaluation du don de consolation.

Ainsi, la femme ne détient pas le même droit que le mari pour mettre fin à la relation conjugale[36], comme elle ne détient pas le droit de faire revenir le mari sur sa décision de répudiation. Par contre, si elle veut mettre fin à la relation conjugale, il lui revient de recourir au juge pour l'une des cinq raisons limitées par le statut personnel et qui sont : le droit d'entretien, le vice rédhibitoire, les sévices, l'absence du mari et le délaissement. Toutes ces conditions exigent des démarches et des moyens de preuves qui ne sont pas aisés à fournir. C'est pour cette raison que l'obtention du divorce par la femme, en plus du fait qu'elle demande des années d'attente, est très rare en pratique. C'est ce qui amène le plus souvent la femme à écarter cette voie pour retrouver sa liberté par la répudiation moyennant compensation (Khol'ê).

A l'inverse, les possibilités offertes au mari sont très vastes. Il peut en toute simplicité dissoudre le contrat de mariage de sa propre volonté, sans que la femme puisse s'opposer à cette décision. Ce droit absolu du mari de mettre fin à la vie conjugale constitue la forme la plus répréhensible de discrimination entre les deux sexes parce qu'il concerne une décision relative, non à une seule personne, mais à toute une famille, y compris les époux eux-mêmes et les enfants qui sont ainsi privés de l'affection de leurs parents. Tout cela n'est pas évidemment sans avoir des effets très néfastes sur la société entière[37].

Il reste à souligner, en définitive, que l'instauration de la justice exige qu'aujourd'hui s'établisse l'égalité entre les époux en matière de dissolution du mariage et que soit levée la discrimination qui existe entre eux dans les textes juridiques relatifs à la question. Toutes les conditions nécessaires à cette transformation sont réunies. D'une part, dans la pratique effective du divorce, il apparaît que l'exercice de ce droit par l'homme, tel que le prévoient les textes, ouvre la voie à l'arbitraire et est à l'origine de préjudices subis aussi bien par les membres de la famille que par la société dans son ensemble. D'autre part, l'intérêt général exige que le divorce ne soit pas subordonné à la volonté d'une seule partie de l'acte mais qu'il soit attribué à l'autorité judiciaire. Enfin, l'Islam est dans son essence pour la justice et pour l'égalité entre les deux sexes, une fois ces conditions réunies.

La discrimination entre l'homme et la femme dans le statut personnel ne s'arrête pas avec la fin de la vie conjugale, elle continue d'exister entre eux lorsque le mariage a donné naissance à des enfants. C'est ainsi que même si le législateur, dans la dernière révision du statut personnel, n'a pas maintenu en matière de garde de

---

36. A l'exception du cas où la femme détient ce droit en vertu de l'article 44 déjà cité et qui ne précise pas cependant ses causes et ses modes d'application. Il y a aussi le cas où la femme l'a stipulé comme condition dans le contrat de mariage et qui ne se produit jamais en pratique, car aucune femme n'ose avancer une telle condition au début du mariage.

37. Voir Zineb Miadi, La femme entre le culturel et le sacré, pp. 83-84 et Ahmed Alkhamlichi, Commentaire, op. cit., p. 262.

l'enfant la priorité aux parents de l'épouse sur le père et a classé ce dernier après la mère[38], il a maintenu tel quel l'article 105 qui fait perdre à la femme qui s'est remariée le droit de garde sans cependant envisager le cas du remariage du père qui a la charge de la garde de l'enfant. C'est là une injustice envers la mère et une discrimination entre elle et le père. Le législateur a aussi maintenu tel quel l'article 107 qui retire le droit de la garde de l'enfant à la mère qui change de ville[39], sans que la même règle soit retenue pour le père. Enfin, l'article 98 retient la bonne conduite parmi les conditions d'aptitude à la garde d'un enfant. Or, cette condition a été retenue lorsque la garde de l'enfant était un droit reconnu en premier lieu à la mère, dans ce sens que la femme de mauvaises mœurs n'est pas digne de confiance pour l'enfant. Cette condition, dont il est facile de prouver le contraire pour la femme, ne peut-elle pas s'appliquer également au père ? Ou bien, celui-ci est-il supposé de bonne conduite parce qu'il est homme ?

La discrimination entre les époux se retrouve, enfin, dans l'article 148 du statut personnel. Si cet article a connu une modification avec la reconnaissance par le législateur à la mère de l'exercice de la tutelle sur ses enfants, cette tutelle ne lui a pas été reconnue au même titre que le père mais uniquement en cas de décès de ce dernier ou en cas de son incapacité de l'exercer[40]. Cela signifie que la conception de la femme majeure, comme mère apte à assumer cette responsabilité et comme mère en mesure de prendre en charge les compétences du tuteur, n'est pas encore pleinement admise.

A travers l'exemple de ces différents axes, on peut saisir la discrimination entre l'homme et la femme qui caractérise le statut personnel dans son ensemble. On peut conclure que le modèle juridique de la femme que présente ce texte est le modèle de la femme qui peut seulement être objet de choix et ne pas faire le choix : elle peut être fiancée sans pouvoir fiancer elle-même. C'est un modèle de la femme dont on craint la légèreté d'esprit et l'emportement par les sentiments, elle est pour cela incapable de décider elle-même et ne peut ni entretenir une famille ni gérer ses affaires morales et matérielles. Une femme toujours dans l'obligation d'obéissance et de soumission... Bref, une femme mineure qui ne peut jamais atteindre la majorité.

---

38. Le nouvel article 99 dispose que : « La garde de l'enfant fait partie des obligations mises à la charge du père et de la mère, tant qu'ils demeurent unis dans le mariage. Au cas de dissolution du mariage, la garde de l'enfant est confiée en priorité à la mère puis dans l'ordre aux personnes suivantes : le père de l'enfant, la grand-mère maternelle. »

39. Ceci lorsque « il devient difficile de ce fait, au père ou au tuteur, de surveiller les conditions de vie de l'enfant, d'assurer ses obligations envers lui... »

40. L'article 148 énonce que les tuteurs légaux sont : 1. le père ; 2. la mère majeure en cas de décès du père ou de son incapacité ; la mère n'aliène les propriétés du mineur qu'avec l'autorisation du juge. » Le texte ne prévoit pas ainsi le cas de l'absence du père.

II. Les droits de la femme dans la vie publique

Envisagés dans leur ensemble, les textes qui régissent la condition de la femme dans la société sont caractérisés à la fois par leur incohérence et par leur flottement entre l'égalité et la discrimination entre les deux sexes. La réglementation des divers aspects de la vie sociale de la femme repose ainsi sur deux principes opposés : l'égalité et la discrimination. A côté de l'égalité qui fonde certains textes, il existe une discrimination, évidente ou et camouflée par l'idée de protection de la femme[41], dans d'autres textes. Il y a aussi une certaine continuité entre certains de ces textes et le statut personnel pour conférer une condition spéciale à la femme mariée dans la vie publique. Deux modèles et deux conditions de la femme coexistent ainsi dans la vie publique : un modèle de femme égale à l'homme et un modèle de femme inégale à l'homme, une condition de la femme mariée et une condition de la femme en général. C'est à la lumière de la dualité de ce modèle et de cette condition, qu'on peut mieux saisir, les différents droits de la femme dans la vie publique.

Section I - Le droit au travail

Le droit de la femme au travail, comme l'un des droits fondamentaux de l'homme, est régi au Maroc par plusieurs textes. Il y a d'abord la loi suprême de l'État, la Constitution, qui énonce les grands traits de ce droit et consacre, dans ses articles 12 et 13, le principe de l'égalité de l'homme et la femme dans le droit d'exercer des emplois et des fonctions publiques et dans le droit de travail en général. A côté de la Constitution il y a des textes qui flottent entre l'égalité et la discrimination, certains de ces textes sont particuliers au droit de la femme mariée au travail. Il est nécessaire de commencer par voir ce dernier cas, car la femme, une fois autorisée par son mari, s'intègre dans la situation de la femme en général.

1. Le droit de la femme mariée au travail : Une situation spéciale

a. Le droit commercial

L'article 6 du code de commerce[42] interdit à la femme mariée d'être commerçante sans l'accord de son mari et ceci quelles que soient les dispositions de son statut personnel à ce sujet. L'alinéa 5 de l'article 4 du dahir du premier septembre 1926, relatif à l'enregistrement obligatoire des commerçants et des sociétés dans le registre de commerce, exige de la femme mariée une autorisation de son mari pour exercer une profession commerciale et pour l'enregistrer au registre de commerce.

De cette façon, le législateur a clairement interdit à la femme mariée d'exercer la profession commerciale ou d'être commerçante au Maroc sans autorisation de son mari et ceci quelles que soient les dispositions de son statut personnel[43]. Cela signifie que la femme,

---

41. Voir Zineb Miadi, op. cit., p. 19.
42. Dahir du 12 août 1913.
43. Pour avoir la qualité de commerçant, la femme doit avoir une activité commerciale distincte de celle de son mari. N'est pas commerçante la femme qui exerce l'activité commerciale au nom et pour le compte de son mari.

majeure et non mariée, peut exercer le commerce et peut par conséquent jouir d'une capacité juridique égale à celle de l'homme, mais, si elle se marie, elle devient mineure, incapable d'exercer la profession commerciale.

La femme est ainsi en vertu de ce texte, capable avant le mariage et incapable après. Pourtant en droit marocain, dans les articles 3 du dahir des obligations et contrats et 135 du statut personnel, la femme majeure ne peut perdre sa capacité qu'en cas de démence ou de prodigalité.

Le mariage diminue ainsi la capacité de la femme en droit commercial marocain. Sa situation devient comparable à celle d'un mineur pourvu de discernement et d'autorisation. Elle reste sujette à tout moment au retrait d'autorisation. Cela explique qu'il y a là une sorte de continuité entre le code de commerce et le code de statut personnel et ceci en dépit du fait que le premier qui reste encore en vigueur au Maroc reproduit une loi française du XIXe siècle qui a été modifiée en 1965.

b. Le Code des Obligations et Contrats

L'article 726 du code des obligations et contrats[44] dispose que : « La femme mariée ne peut engager ses services comme nourrice ou autrement qu'avec l'autorisation de son mari. Ce dernier a le droit de dissoudre l'engagement qui aurait été conclu sans son aveu. »

Ainsi ce texte déclare clairement que la femme mariée ne peut se mettre au service d'autrui qu'avec l'autorisation de son mari. Il ne lui interdit pas de le faire mais il le subordonne à l'autorisation du mari. Et, si elle le fait, ce dernier peut résilier le contrat conclu sans son accord. Comme dans le cas du mineur, cet accord peut être explicite ou implicite, c'est pourquoi sur le plan pratique on considère comme établi l'accord du mari tant qu'il n'a pas manifesté son opposition au travail de sa femme.

A la lumière de ce qui précède, il apparaît clairement que la condition de la femme mariée est, d'après ces textes, celle d'un mineur qui ne peut exercer aucune activité économique qu'après autorisation de son tuteur. Où est donc le principe d'égalité énoncé par la Constitution ? Et, y a-t-il cohérence entre les dispositions de la Constitution et celles de ces lois régissant le droit de la femme au travail ?

2. Les textes régissant le droit de la femme au travail en général : égalité et discrimination

Une fois l'autorisation du mari accordée, l'épouse est soumise aux mêmes textes qui régissent de façon générale le droit de la femme au travail qui sont le droit de la fonction publique et le droit du travail.

a. La femme et le droit de la fonction publique

Dès les premières années de l'indépendance, le Maroc a organisé le secteur de la fonction publique en promulgant le dahir du 24 février 1958, relatif au statut général de la fonction publique, et y a reconnu le principe de l'égalité entre les sexes qui sera repris par les différentes Constitutions. C'est ainsi que ce dahir énonce dans

---

44. Dahir du 12 août 1913.

son article 1 : « Tout Marocain a droit d'accéder dans les conditions d'égalité aux emplois publics. Sous réserve des dispositions qu'il prévoit ou résultant de statuts particuliers, aucune distinction n'est faite entre les deux sexes pour l'application du présent statut ». A l'exception de la réserve du dernier membre de la phrase, conformément à l'article 12 de la Constitution de 1992 le statut ne fait aucune distinction entre les sexes quant à l'accès à la fonction publique. Ils sont donc soumis au même régime juridique relatif aussi bien au mode d'accès à la fonction qu'aux différentes situations de leur carrière[45]. La femme fonctionnaire jouit donc juridiquement des mêmes droits que ceux de l'homme fonctionnaire.

Il est à noter ici que, pour des raisons administratives et sociales, le dahir a institué certaines exceptions en faveur de la femme dont : le congé de maternité de dix semaines payables, l'autorisation d'absence à raison d'une heure par jour durant une année pour lui permettre l'allaitement de son nouveau-né, le droit pour une mise en disponibilité pendant deux ans pour s'occuper d'un enfant de moins de cinq ans ou atteint d'une maladie nécessitant une assistance continue. Elle peut, en outre, une fois les conditions requises réunies, profiter du régime de « mère de famille » et avoir aussi le droit aux indemnités familiales pour ses enfants.

Elle a droit également à la retraite, à sa part d'ayant droit en tant que veuve du fonctionnaire décédé, aux traitements d'assurance de son mari décédé[46], en plus des allocations familiales et des indemnités de santé, etc.

Cependant, malgré cette condition et ces droits semblables à ceux de l'homme, il y a là encore une discrimination injustifiée sinon par l'image courante de la femme et de son inaptitude à exercer certaines activités[47]. De cette façon, sa situation au sein de la famille et sa soumission à la division sexuelle du travail la poursuivent même dans la vie publique. Son activité dans la fonction publique est ainsi dominée par la division traditionnelle des rôles et des tâches, de telle sorte qu'il existe ainsi des activités spécifiques aux hommes et d'autres spécifiques aux femmes. Tout cela existe, alors même que la réalité vécue a connu de grands changements dans cette division, en ce sens que des femmes s'adonnent de plus en plus à des activités qui étaient réservées auparavant aux hommes.

Malgré la consécration par le statut de la fonction publique, du principe de l'égalité, son article premier permet de l'écarter dans la mesure où il stipule : « Sous réserve des dispositions qu'il prévoit ou résultant de statuts particuliers, aucune distinction n'est faite entre les deux sexes pour l'application du présent statut ». Les textes particuliers qui contredisent ce statut[48], sont nombreux et divers. On peut citer le décret royal de 1967 relatif aux agents des postes et

---

45. Sur l'accès à la fonction publique, voir : Mohamed Al Boukhari et Mohamed Khalifî : La fonction publique marocaine, p.49 et suivantes.
46. Ibid, p. 257 et suivantes.
47. Voir Zineb Miadi, La femme entre le culturel et le sacré, p. 23.
48. Les exceptions sont énoncées dans l'article 4 du même dahir.

télécommunications qui limite la fonction de facteur aux hommes, celle de contrôleur aux femmes et qui applique la règle selon laquelle, en raison de la nature de certaines activités, elles sont confiées selon le cas aux hommes ou aux femmes. Il y a aussi le décret royal de 1975 relatif aux agents administratifs de la sécurité nationale, le décret royal de 1967 relatif aux agents de l'administration de la gendarmerie royale et le décret royal de 1977 relatif aux pompiers qui, tous, excluent les femmes.

Même en se limitant au statut de la fonction publique, on peut remarquer que sur le plan pratique, en dépit de l'égalité qu'il consacre, la femme n'atteint que très rarement des postes de décision ou de responsabilité. Son accès à ces postes est encore considéré comme exception à la règle, car les usages et coutumes sont encore vivaces. La femme n'occupe ainsi généralement que des postes subsidiaires ou annexes : 53,7 % des postes inférieurs à l'échelle 5, 36,6 % des postes entre l'échelle 5 et 8 et 9,6 % seulement des femmes fonctionnaires atteignent les échelles 10 et 11 et plus[49]. Les primes et les indemnités sont aussi différentes de celles des hommes. De même, les indemnités de logement et de transport ne sont accordées dans la plupart des cas qu'aux hommes et cette situation est justifiée par le fait que seuls ces derniers occupent des postes de responsabilité. Enfin, au moment où l'homme fonctionnaire se prépare pour passer des concours pour améliorer sa situation, la femme se trouve partagée entre le travail au foyer et l'administration et elle n'a pas, de ce fait, de temps pour s'y préparer[50].

Alors que le fonctionnaire homme dispose d'une totale liberté pour voyager dans l'exercice de ses fonctions, à l'intérieur et à l'extérieur du pays, la femme fonctionnaire est liée par l'autorisation du tuteur ou du mari qui est nécessaire pratiquement à l'intérieur et administrativement à l'extérieur du pays, car son obtention du passeport nécessite cette autorisation[51]. Ce n'est que récemment que fut accordée à la femme fonctionnaire par une loi adoptée par la Chambre des Représentants, pendant la session d'octobre 1991, le droit à la retraite anticipée après 15 ans de service effectif contre 21 ans pour les fonctionnaires hommes.

En résumé, l'administration publique reste la principale institution de l'État qui emploie le plus grand nombre de personnes. Il est incontestable que l'enseignement de la femme l'a préparée pour intégrer divers domaines, c'est ce qui explique que le taux des femmes dans la fonction publique est passé de 16,6 % en 1979 à 28,5 % en 1986 et 30,8 % en 1991. S'il n'y avait pas les obstacles juridiques et idéologiques cités ci-dessus, qui reposent pour la plupart sur des usages et coutumes hérités de la famille et de la société patriarcales, la différence entre les deux derniers taux n'aurait pas été aussi faible.

---

49. *Femmes et condition féminine au Maroc*. Direction de la statistique, Rabat, p. 109.
50. En 1986, parmi les fonctionnaires, 20,5% étaient constitués par des femmes mariées.
51. Voir la circulaire du Ministère de l'Intérieur n° 3 035 du 5 avril 1990 ; cette circulaire a été annulée par la circulaire n° 9377 du 19 avril 1994.

b. La femme et le droit du travail

La Constitution marocaine consacre le principe de l'égalité des deux sexes au travail, le droit d'adhésion aux syndicats et le droit de grève. Dans le cadre du droit du travail, la femme jouit des mêmes droits que l'homme : salaires du travail, repos hebdomadaire, congés annuels, absences pour raisons familiales ou de santé, indemnités pour maladies professionnelles ou accidents de travail, soins alloués par les services de santé du travail, retraite et allocations de vieillesse. En plus, la femme jouit d'un congé de maternité de 12 mois et d'un temps quotidien pour l'allaitement[52]. Le décret de 1962 précise les conditions de création, d'équipement et de contrôle des chambres d'allaitement. Le code du travail prévoit en outre une lourde sanction pour tout entrepreneur ayant résilié le contrat de travail pendant la grossesse ou l'accouchement.

Avant la conclusion du contrat d'embauche, la femme a droit à un stage de formation professionnelle. Le législateur est intervenu pour réglementer le secteur de la formation professionnelle[53], que ce soit celui dispensé à l'intérieur de l'entreprise ou celui dispensé par l'État par l'intermédiaire des diverses écoles créées par les différents ministères. Enfin, le code du travail oblige toute entreprise industrielle employant 50 employés et plus à former ses employés avant tout contrat de travail et ceci chaque fois que l'employé concerné ne dispose pas de formation technique nécessaire à l'emploi qu'il doit occuper.

A côté de cette égalité, différentes mesures « protectrices » de la femme sont prévues[54], en particulier celles relatives à sa santé et à la préservation des mœurs. C'est ainsi que le code du travail interdit de faire travailler les femmes la nuit, c'est-à-dire entre dix heures du soir et cinq heures du matin. Il interdit aussi de les employer dans les fonds des sols, mines et carrières, dans les chambres froides et limite les poids qu'elles peuvent porter ou déplacer[55]. Un autre décret donne la liste des travaux interdits aux femmes (et aux mineurs) et ceux dont l'exercice est soumis à certaines conditions, comme certains travaux mécaniques de graissage ou de nettoyage de machines. Il est interdit aussi d'employer les femmes dans les établissements où est interdit l'emploi des mineurs de moins de 16 ans. Il est enfin interdit aux femmes d'accéder dans les lieux de travail où il y a risque d'incendie ou d'intoxication.

En plus de ces mesures protectrices de la santé de la femme, d'autres visent à préserver les mœurs[56]. C'est ainsi qu'il est interdit

---

52. Article 20 du Dahir du 2 juillet 1947. D'après ce texte, la femme dispose d'une demi-heure le matin et d'une demi-heure l'après-midi pour l'allaitement.
53. Art. 12 du Dahir du 2 juillet 1947 et art. 14 du Dahir du 24 avril 1973.
54. L'article 7 du Dahir du 24 décembre 1960 qui confirme l'article 22 du Dahir du 22 juillet 1947.
55. L'article 2 du décret du 4 juillet 1957. Le Dahir du 6 septembre 1957 a dressé la liste des activités interdites aux femmes comme les travaux mécaniques, par exemple.
56. Art. 11 du Dahir du 6 septembre 1957.

d'employer les femmes de moins de 21 ans dans les lieux où sont publiés ou vendus des imprimés – revues, livres, affiches ou dessins – dont la nature porte atteinte aux mœurs même s'ils ne sont pas sanctionnés par la loi pénale. Il est aussi interdit d'employer les femmes dans la production ou la vente d'imprimés dont la vente, l'exposition ou l'affichage sont punis par le droit pénal comme portant atteinte aux mœurs. Enfin, la loi impose à la personne qui veut employer des femmes dans la vente de boissons ou de repas rapides d'en faire une demande spéciale accompagnée d'un casier judiciaire vierge[57].

Le principe de la protection juridique est indiscutable, car toute personne a droit à être protégée par la loi. Aussi, la protection de l'intégrité physique et morale de la femme par le code du travail présente des traits très positifs. Cependant, cette protection présente certains traits négatifs. D'abord, cette protection s'applique exclusivement aux femmes mais, dans la plupart des cas, il s'agit de situations où l'homme, lui aussi, a besoin d'être protégé : quelle différence y a t-il entre la situation d'une femme et celle d'un homme dans un lieu où il y a risque d'intoxication ? Dans ces cas, la protection doit être assurée aux deux sexes. Ensuite, et c'est là l'essentiel, la femme est souvent assimilée à l'enfant de moins de 16 ans, juridiquement considéré comme irresponsable pour manque de discernement. Y a t-il, aux yeux du législateur marocain, manque de discernement chez la femme pour avoir besoin d'être protégée comme enfant[58] ?

Ces mesures protectrices sont, elles aussi, discriminatoires. Elles s'appuient sur des considérations tirées de la nature de la femme, de la division naturelle du travail entre les deux sexes ou de l'héritage idéologique masculin et patriarcal pour freiner la participation de la femme au travail. La protection physique et morale doit être en effet procurée aux deux sexes car il ne doit pas y avoir de différence entre le risque pour la santé de l'homme et le risque pour la santé de la femme.

Section II - Les droits politiques de la femme

L'article 8 de la Constitution de 1992 déclare : « L'homme et la femme jouissent de droits politiques égaux. Sont électeurs tous les citoyens majeurs des deux sexes jouissant de leurs droits civils et politiques ».

A partir de cette disposition, on peut dire que, sur le plan juridique, l'homme et la femme sont égaux en matière d'exercice des droits politiques. L'intérêt de ce texte résulte du fait qu'il considère la femme comme citoyenne à part entière en matière de droits politiques[59]. C'est là un acquis d'importance, surtout qu'il reconnaît la parfaite égalité entre l'homme et la femme en la matière.

Sur le plan de la pratique, si l'on fait abstraction du droit de la femme au vote, on constate que les droits politiques dont jouit la

---

57. Art. 13 de l'arrêté ministériel du 25 mai 1937.
58. Voir Zineb Miadi, op. cit., pp. 26-27.
59. Il ne lui a cependant pas reconnu tous les droits économiques, sociaux et culturels

femme n'ont pas d'existence effective. Le champ politique reste dominé par les hommes. Un rapide regard sur les résultats électoraux
illustre cette situation. Lors des élections locales de 1983, 307 candidates s'étaient présentées dans un total de 54 165 candidats,
seules 43 ont été élues. En 1984, lors des élections législatives, 16
femmes s'étaient présentées parmi 1 366 candidats et aucune d'elles
n'a été élue. Lors des dernières élections locales de 1993, 1 086
femmes ont fait leur candidature parmi 93 000 candidats, pour con-
voiter 22 562 sièges, seules 75 femmes ont connu le succès. Enfin,
pour la première fois au Maroc, les élections législatives de 1993 ont
porté la femme au parlement : deux femmes y siègent parmi 333
députés.

Comment expliquer cette réalité appuyée par les chiffres, cette
absence des femmes comme candidates aux élections ? Le texte juridique est-il en avance sur la réalité sociale et politique ? Les droits
politiques reconnus à la femme sont-ils compris dans le sens de leur
réduction au droit de vote ? La faiblesse du nombre de femmes candidates ne traduit-elle pas leur faible présence dans les partis politiques ? Quelles sont les raisons de cette absence ? Ne traduit-elle
pas une mise à l'écart des femmes par les partis politiques eux-
mêmes ?[60] .

Cette réalité s'explique, en fait, par de nombreux facteurs : des
facteurs culturels, économiques et sociaux, d'une part, et des facteurs juridiques, d'autre part.

Les principaux obstacles à la candidature des femmes aux élections, locales ou législatives, sont : le taux élevé de l'analphabétisme
dans les rangs des femmes, la diversité des activités des femmes,
leur faible présence dans les partis politiques, dans les centres de
décision de l'État et surtout, et c'est là l'important à notre avis, la
conviction qui reste vive chez la population et d'après laquelle la
principale activité de la femme est l'entretien du foyer et l'éducation
des enfants. D'après cette conviction, la femme est associée à la vie
privée, alors que l'homme est de par sa nature même destiné aux
charges publiques. A partir de là, ni les électeurs n'ont de confiance
pour élire des femmes ni les partis politiques eux-mêmes n'acceptent, de peur de perdre un siège, de présenter ou de soutenir une
femme. Cela n'empêche pas cependant les partis politiques de se
disputer les voix des femmes : celles-ci semblent ainsi utiles pour
soutenir, non pour être soutenues.

Quant aux obstacles juridiques, ils ont leur source dans l'existence de textes juridiques qui consacrent l'infériorité de la femme et
dont les exemples, déjà vus, du statut personnel, des codes des
obligations et contrats, du travail..., constituent des illustrations.
Tous ces textes, par l'inégalité qu'ils établissent, sont en opposition
avec le principe de l'égalité affirmée par la Constitution. C'est cette
opposition qui constitue l'obstacle juridique principal à la jouissance
de la femme des droits que lui accorde l'article 8 de la Constitution.

---

60. Voir Rkia El Mossadeq : La femme et la politique, la représentation politique au Maroc, pp. 36-37.

Ces obstacles à la candidature de la femme ont deux principales conséquences. D'abord, ils empêchent son élection, les chiffres que nous avons cités l'illustrent nettement : sa présence dans les conseils locaux et au parlement est dérisoire. Ensuite, même élue, elle n'obtient jamais de postes de responsabilité dans les conseils municipaux, comme c'est d'ailleurs le cas dans les organes de direction des partis politiques, qu'ils soient de gauche ou de droite. C'est ainsi que dans une circonscription, une femme a obtenu le maximum de voix mais les partis qui l'ont soutenue lui ont refusé la direction du conseil en question. Cette pratique n'a de sens que par référence à leur vision discriminatoire[61].

En résumé, les droits politiques reconnus à la femme marocaine en vertu de la Constitution sont réduits sur le plan de la pratique à l'exercice de son droit d'électeur, le droit de vote. Cette situation reflète la contradiction entre l'importance de son poids dans la société et son absence de la vie politique. L'écart est très grand entre la présence de la femme dans les différents secteurs d'activité et la faiblesse de sa participation politique. C'est pourquoi, pour garantir à la femme l'exercice de ses droits politiques sur le plan pratique, il est nécessaire de lever tous les obstacles qui l'empêchent d'exercer effectivement ses droits Constitutionnels. L'égalité politique, en conformité avec la Constitution, ne peut être sans une égalité effective également dans la vie familiale, sociale, économique et culturelle. Sans la cohérence ni la complémentarité des différents textes juridiques, l'égalité politique restera sans aucune signification, c'est là le principal enseignement de la pratique politique actuelle.

En attendant la révision des textes en vigueur et la transformation des mentalités, il est aussi nécessaire, afin d'encourager la candidature de la femme, de réviser les lois électorales et particulièrement le mode de scrutin. Mieux que le scrutin uninominal actuel, le scrutin de liste permettra certainement d'équilibrer les candidatures des deux sexes.

La question de la représentation politique de la femme, même si elle s'intègre dans le cadre de l'autorité politique, ne peut être saisie que dans le cadre plus vaste du développement politique. C'est pour cette raison que si notre vie politique soulève le problème de la nécessité de transformer la condition de la femme, on doit remarquer que cette transformation ne peut être réalisée que dans le cadre d'un développement politique effectif soutenu par une libération sociale réelle[62].

Section III - La femme et le droit à l'enseignement

Le droit de la femme à l'enseignement est un droit fondamental qui est garanti par l'article 13 de la Constitution qui déclare : « Tous les citoyens ont également droit à l'enseignement et au travail ». Constitutionnellement, il n'y a donc pas de discrimination entre les sexes pour la jouissance de ce droit. L'État œuvre pour la réalisation de l'égalité entre les sexes à l'enseignement en le rendant obligatoire

---

61. Ibid, p. 66.
62. Ibïd, p. 77.

et gratuit. Le caractère obligatoire est institué par le dahir du 13 nov. 1963[63] qui dispose que l'enseignement est obligatoire pour tous les enfants de l'âge de 7 ans à 13 ans[64]. Il ajoute que toute personne ayant la responsabilité d'un enfant doit l'inscrire dès qu'il a atteint l'âge de 7 ans dans un établissement scolaire et doit veiller à ce que l'enfant poursuive avec continuité sa scolarité. En cas de non respect de ces dispositions par le responsable de l'enfant, le dahir prévoit une amende de 12 à 120 dirhams[65].

Le responsable de l'enfant n'est pas tenu de le scolariser dans un établissement de l'État tant que, en vertu du même dahir, l'État ne détient pas le monopole de l'enseignement. Il a donc le choix entre l'enseignement public, l'enseignement privé ou l'enseignement dispensé par les missions culturelles étrangères.

Le principe de la gratuité de l'enseignement est sans doute complémentaire au caractère obligatoire puisqu'il est nécessaire à sa réalisation. Avec l'institution d'un enseignement général obligatoire et gratuit, on pourrait s'attendre à ce qu'il n'y ait pas d'analphabètes au Maroc, la réalité est toute autre et les dispositions du dahir de 1963 sont loin d'être appliquées.

Si en effet la Constitution établit l'égalité des deux sexes au droit à l'enseignement, cette égalité n'est pas établie dans la pratique comme le prouve le taux d'analphabétisme qui reste très élevé chez les femmes. Ainsi, d'après les statistiques officielles disponibles, celles de 1982, le taux d'analphabétisme dans l'ensemble de la population marocaine est de 78 % chez les femmes contre 51 % chez les hommes. Ce taux est, dans la population urbaine, de 57 % chez les femmes et 30 % chez les hommes. C'est en milieu rural que la femme reste la moins touchée par la scolarisation puisque le taux d'analphabètes y est de 95 % chez les femmes contre 68 % chez les hommes.

Il est vrai que, comparé avec l'année 1971, ce taux d'analphabétisme a baissé en particulier dans les milieux urbains où il était de 74 %. Il est vrai aussi qu'en 1982, 42,4 % des femmes en milieu urbain savent lire et écrire. Malgré tout cela, le taux d'analphabètes est encore très élevé, surtout en milieu rural où 94,6 % des femmes, soit 9 sur 10, sont analphabètes. D'ailleurs, les chiffres récemment fournis par le Ministère de l'Éducation Nationale[66] montrent qu'il existe une nette discrimination entre les deux sexes quant à la jouissance du droit à l'enseignement, surtout en milieu rural où les conditions sociales, économiques et climatiques défavorisent la scolarisation des filles.

L'enseignement peut incontestablement être considéré comme l'un des principaux facteurs qui ont amélioré la condition de la femme au Maroc puisqu'il constitue le principal moyen qui lui a permis d'intégrer les différents domaines de la vie sociale. Mais, en même temps,

---

63. Publié au bulletin officiel n° 2665, p. 2620
64. L'art. 9 du Dahir du 2 juillet 1947 fixe l'âge minimum du travail à 12 ans.
65. V. Abderrazak Moulay R'chid, *La condition de la femme au Maroc*, p. 93
66. Annuaire statistique du Maroc, p. 273.

il apparaît que la faible participation de la femme à la vie politique, son absence dans les centres de décision de l'État et sa faible représentativité dans les institutions politiques – partis, parlement et gouvernement – se justifient par le fait qu'elle n'est pas qualifiée pour cela. La qualification signifie l'arme en mesure d'ouvrir devant la femme la principale scène de la lutte, la scène politique qui reste le monopole des hommes, et cette arme n'est autre chose que l'arme scientifique et économique.

La femme analphabète peut-elle exercer convenablement son droit au vote ? Et, même si elle est élue, avec quelles qualifications peut-elle discuter les décisions et les projets ? Par quelles qualifications participera-t-elle à l'étude et à la réflexion ? Par quelles qualifications défendra-t-elle sa cause et ses problèmes qu'elle vit quotidiennement dans la famille et dans la société ? Toutes ces interrogations montrent que seule la femme armée par le savoir est en mesure d'imposer son existence, de s'exprimer et d'exprimer sa cause et ses problèmes restés sans défense. Elle seule peut participer à la prise de décision, monopolisée jusqu'à présent par les hommes qui décident en son nom et à sa place. La science est le seul moyen de libérer la femme de toutes ces contraintes pour lui permettre d'agir positivement sur la vie sociale. C'est pour cette raison que la minorité des femmes qui ont profité de l'enseignement ont pu participer à la vie politique par la pensée et la pratique. Quant à la majorité des femmes, elles restent encore sans jouir de leurs droits politiques à cause de leur analphabétisme.

Ce qui est dit de l'influence de l'enseignement sur les possibilités d'action politique de la femme, peut être dit des possibilités d'activité économique. Car, le faible niveau scolaire des femmes et leur manque de qualification professionnelle font que celles-ci n'exercent que des activités ayant de bas salaires. De même, le taux d'analphabétisme très élevé chez les femmes en milieu rural les amène à se concentrer dans certaines activités seulement. Ainsi, la femme marocaine reste une force inexploitée et marginalisée. Seuls l'enseignement et la formation constituent la base de sa transformation en une force active dans le développement économique et social.

La femme marocaine offre des possibilités et des potentialités à mettre en œuvre, une fois armée de la science, en matière de développement. D'ailleurs, l'enseignement des femmes a déjà diversifié leurs centres d'intérêt. L'analphabétisme étant une cause de fécondité, on doit noter que la formation de la femme augmentera ses aspirations et contribuera à consolider sa situation dans la famille par d'autres moyens que l'enfantement. La femme scolarisée est, en effet, plus portée au travail productif et, afin de ne pas y être empêchée par sa situation familiale, elle répond mieux aux plans d'organisation familiale par l'utilisation des techniques contraceptives.

En conclusion, l'enseignement est devenu une nécessité essentielle et urgente. C'est ce qui appelle au renforcement de la politique d'enseignement en vue de mettre fin à l'analphabétisme dont les conséquences néfastes pour la femme sont perceptibles dans tous les domaines de la vie sociale.

Conclusion

Pour mettre fin à la discrimination contre la femme et pour la reconnaissance de ses droits et l'instauration du principe de l'égalité entre elle et l'homme, il est nécessaire de supprimer toutes les dispositions discriminatoires, de réviser la législation en vue d'une égalité effective et de garantir son application. Il est nécessaire aussi de rénover les modes de la conduite des hommes et des femmes afin de mettre fin aux coutumes et usages hérités de la famille patriarcale qui ont fait de la femme un être humain inférieur et mineur.

Il est souvent dit que le problème se résume à la modification des textes juridiques mais à celle des coutumes et des mentalités courantes par l'héritage idéologique masculin. De cette façon, les réformes juridiques apparaissent insuffisantes sans une refonte des mentalités pour mettre fin à toutes les formes de discrimination contre la femme et pour instaurer l'égalité entre les sexes, car le droit est sans valeur si les mentalités le contredisent. Malgré cela, on ne doit pas négliger le rôle du droit qui est fondamental dans la transformation des mentalités si, d'un côté, le droit reflète l'état d'une société à un moment donné et s'il est nécessaire qu'il se développe avec le développement de cette société, il a, d'un autre côté, un rôle incontestable dans la transformation de cette société.

En attendant la transformation des mentalités, faisons donc du droit un moteur vers l'égalité entre les deux sexes en appliquant effectivement ses dispositions.

Bibliographie

1. AlKhamlichi (Ahmed) : *Commentaire du statut personnel : Première partie : le mariage et le divorce*, éd. Al Maârif, Rabat, (1985) 2ᵉ éd. 1987, 478 pp.

2. El Gachbour (Mohamed) : *Le statut personnel, avec les modifications de 1993*, Imp. Al Najah Aljadida, Casablanca, 2ᵉ éd, 1994, 437 pp.

3. Chafî (Mohamed) : *Le droit de la famille à la lumière du statut personnel*, P.U.M.A.G, Marrakech, 1993, 192 pp.

4. Zaki (Slah Eddine) : *Le droit de la famille en Islam et en droit marocain*, Imp. Al Najah Aljadida, Casablanca, 1985, 311 pp.

5. Ibn Ma'jouz (Mohamed) : *Le droit de la famille et le droit musulman d'après le statut personnel*, Imp. Al Najah Aljadida, Casablanca, 1983.

6. Miadi (Zineb) : *La famille marocaine entre le discours légal et le discours populaire*, Imp. Al Rissala, 1988, 340 pp.

- *La femme entre le culturel et le sacré*, éd. le FENNEC, Casablanca, 1992, 132 pp.

7. Bennani (Farida) : *La division du travail entre les époux, le sexe comme critère*, Publications de la Faculté des Sciences Juridiques, Économiques et Sociales, Marrakech, n° 9/92-93, 355 pp.

- *La liberté de la femme dans la gestion de son patrimoine : un droit légitime et des restrictions législatives*.

8. Al Bokhari (Mohamed) et Alkhalifi (Mohamed) : *La fonction publique marocaine*, Agence de journalisme et d'information, Casablanca, 2ᵉ éd., 1993, 357 p.

9. Direction de la Statistique : *Femmes et condition féminine au Maroc*, C.E.R.D, Rabat, 1989, 274 pp.

« Annuaire statistique du Maroc », éd. OKAD, 1994.

10. El Mossadeq (Rkiya) : *La femme et la politique : la représentation politique au Maroc*, éd. Toubqal, Casablanca, 1990, 77 pp.

11. Fassi Fihri (Youssef) - Messaoudi (Layachi) : « *Le juge marocain et les conventions internationales des droits de l'homme, in Droit des femmes au Maghreb : L'universel et le spécifique* », Imp. Al Maârif Aljadida, Rabat, 1992, pp. 53-77.

- Statut général de la fonction publique.

Art Premier : « Tout marocain a droit d'accéder dans les conditions d'égalité aux emplois publics. Sous réserve des dispositions qu'il prévoit ou résultant de statuts particuliers, aucune distinction n'est faite entre les deux sexes pour l'application du présent statut ».

- Dahir formant code des obligations et contrats

Art 726 « La femme mariée ne peut engager ses services comme nourrice ou autrement qu'avec l'autorisation de son mari. Ce dernier a le droit de dissoudre l'engagement qui aurait été conclu sans son accord ».

Le droit de citoyenneté des femmes au Maghreb
Le cas de la Tunisie

Alya Chérif Chamari [*]

La recherche préalable à des actions positives pour les droits de citoyenneté des femmes en Tunisie et au Maroc, menée par l'Institut Méditerranéen (IMED), avec le soutien de la Commission Européenne, a pour objectif, « la promotion des droits de citoyenneté des femmes au Maghreb ».

La présente contribution tâchera de cerner le degré d'accès des Tunisiennes à une citoyenneté réelle et effective à partir d'un état des droits des femmes en Tunisie.

Il importe, avant d'aborder le thème central de cette étude, de poser le cadre conceptuel et socio-politique dans lequel il s'insère.

Quelques repères conceptuels et socio-politiques

La citoyenneté se définit comme étant « la qualité de citoyen ». Et être citoyenne ou citoyen c'est « être habilité à jouir sur son territoire du droit de Cité ».

Le « droit de Cité est le droit d'accomplir les actes et de jouir des privilèges réservés aux membres de la Cité ».

C'est donc en fonction de la reconnaissance aux femmes de leur droit d'accomplir les mêmes actes et de jouir des mêmes privilèges que les hommes que l'on pourrait affirmer qu'elles ont ou non le statut de citoyenne effective.

La reconnaissance de cette citoyenneté est une des étapes incontournables pour toute société prétendant au développement.

Il ne s'agit bien évidemment pas du développement lié exclusivement à la croissance économique. Le développement dont il est question est celui qui doit s'inscrire dans une perspective où le respect des droits de la personne doit être reconnu comme un facteur fondamental en vue de la promotion du progrès social, politique, économique et culturel, fondé sur la dignité et les capacités humaines.

Et dans ce sens, la citoyenneté des femmes se mesure à une égale considération du rôle des femmes et des hommes dans le processus du développement de toute société et dont l'une des conditions premières est l'égalité des droits dans tous les domaines.

[*] *Alya Chamari Chérif* (Tunisie)
Avocate. Docteur en Sciences politiques. Elle a publié, entre autres, un volume sur la *Femme et la loi en Tunisie (Ed. Le Fennec, Casablanca, 1988, 172 p.)* et un guide du *Droit des femmes en Tunisie.*

Femmes et développement

En 1975, quand débuta la décennie de la femme, sous l'égide des Nations Unies, de la Conférence de Mexico à la Conférence de Nairobi (1985), en passant par celle de Copenhague (1979), un constat global d'inégalité – certes avec des variations et décalages entre pays du Nord et pays du Sud – s'était imposé à la conscience universelle.

Les femmes, la moitié de la population du monde, fournissaient les deux tiers des heures de travail de l'humanité, ne recevaient qu'un dixième des biens matériels et possédaient moins du centième des biens matériels (J. Bisillat, « Annuaire du Tiers Monde », Éditions La Découverte, Paris 1989).

En 20 ans ces évaluations n'ont, certes, pas varié de façon significative, mais de profondes mutations augurent positivement l'avenir, malgré les risques de reflux ponctuel ici et là.

Ainsi la décennie des Nations Unies a induit un essor considérable des acquis institutionnels, que cela soit sur le plan national ou international.

Le concept juridique de l'égalité entre les sexes, proclamé par la Déclaration Universelle des Droits de l'Homme, s'est vu consacré pleinement dans la Convention Internationale de Copenhague en 1979, relative à l'élimination de toutes formes de discrimination à l'égard des femmes.

Souvent décrite, comme une « déclaration internationale des droits de la Femme », partie intégrante des droits humains, cette convention fixe les droits civils et l'égalité juridique entre les femmes et les hommes dans tous les domaines.

Par ailleurs un espace « femmes et développement » s'est constitué et imposé, entamant ainsi l'hégémonie du modèle de développement au masculin.

Les gouvernements et les États ont été ainsi amenés à prendre conscience de l'importance du rôle des femmes dans la bonne marche des programmes de développement.

Des stratégies se sont donc mises en place afin de mieux intégrer les femmes comme agents et bénéficiaires dans l'effort de développement fondé sur la démocratie et le respect des droits humains.

Cette problématique, longtemps occultée dans la coopération entre États ou ensemble d'États, a acquis, aujourd'hui, un rang privilégié.

Il reste à mieux insérer cette conviction dans les programmes de coopération interétatique.

Plusieurs initiatives ont ainsi vu le jour au Maghreb, confirmant que ce message suscite un écho favorable au sein des instances communautaires.

Le programme de recherche-actions coordonné par l'IMED s'insère dans le cadre de ces initiatives.

« La politique de partenariat Euro-Maghrébin, tracée par la Commission et le Conseil des États de la Communauté Européenne, compte parmi ses objectifs prioritaires, le développement et le renforcement de la démocratie, conformément à la résolution du Conseil et des États de la Communauté Europénne du 28 novembre 1991, relative aux droits de l'Homme, à la démocratie et au développement.

« Les droits des femmes sont conçus comme un élément décisif de la vie démocratique dans la région.

« Ce programme est proposé dans l'optique d'un dialogue entre différentes cultures et dans la perspective de la construction d'une véritable identité méditerranéenne.

« Cette recherche-action serait la mise en œuvre, au niveau du Maghreb, des idées qui sont à la base du 3e programme d'action communautaire (1991-1992), pour l'égalité des chances entre les femmes et les hommes de la Communauté, dans le but de promouvoir la participation des femmes et la revalorisation de leur contribution à la vie économique et sociale » (Andrea Amato, Président de l'IMED).

De l'évolution de la notion de « Droits des femmes »

L'histoire des sociétés humaines révèle que les femmes ont toujours été soumises à des règles juridiques différentes de celles des hommes.

Ainsi selon les époques et les civilisations, la spécificité de la condition juridique des femmes a d'abord été celle d'un « non droit » et plus tard celle d'un « moins droit ».

Cette condition juridique inférieure tient essentiellement à la division sexuelle qui imprègne profondément toutes les sociétés humaines.

Ce schéma reste commun même si cultures, civilisations et droits diffèrent quelque peu.

Dans tout le pourtour de la Méditerranée, le fondement de l'organisation sociale est la famille patriarcale agnatique. Cette famille se structure sous la puissance d'un même chef, le père, et elle ne reconnaît que la prééminence de la lignée masculine paternelle. Ce système patriarcal fait du statut juridique d'infériorité de la femme, de son exclusion de la vie sociale un élément fondamental (G. Tillon, Le Harem et les cousins-Editions Le Seuil, Paris 1982).

En Occident, les systèmes juridiques, en matière de droit de la personne et de la famille, ont été longtemps marqués par les influences chrétiennes de l'ancien droit codifié au 19e siècle par le Code Napoléon.

En pays d'Islam, le droit de la personne et de la famille est essentiellement régi par le droit musulman. Selon ce système, les femmes sont, leur vie durant, sous tutelle masculine, qu'elles soient épouse, mère, fille, veuve ou divorcée.

Depuis, les ordres juridiques et politiques occidentaux, se sont sécularisés, sinon laïcisés, en s'adaptant aux besoins nouveaux et aux principes internationaux des droits humains et d'égalité des sexes dans tous les domaines.

A l'aube du troisième millénaire, le Maghreb, arabo-musulman, méditerranéen et africain, est composé d'États modernes, souverains et indépendants dont les constitutions affirment, d'une part, le principe d'égalité entre tous les citoyens (femmes et hommes en principe), et d'autre part la supériorité des conventions internationales ratifiées sur les lois internes.

Ces États ont adhéré à la déclaration universelle des droits de l'Homme, et pour ce qui concerne la Tunisie, elle a ratifié la quasi-totalité des conventions internationales relatives aux droits des femmes.

Alors que les pays du Maghreb ont adopté des droits modernes en matière constitutionnelle, administrative, commerciale, bancaire et pénale, qui n'ont pratiquement plus aucune attache avec le droit musulman classique, le droit de la famille a cependant continué à relever presque exclusivement du droit musulman classique.

Cette affirmation est toutefois à nuancer s'agissant de la Tunisie.

La Tunisie est un des rares pays arabo-musulmans où s'est esquissée, il y a 38 ans déjà, une évolution dans le sens du respect des droits des femmes à la liberté et à l'égalité.

Dès l'indépendance, le législateur tunisien a consacré au niveau des textes le principe de la stricte égalité_ entre l'homme et la femme en matière de droits socio-économiques, culturels et politiques. Il a doté, à l'initiative de l'ex-Président H. Bourguiba (1957-1987), la Tunisie d'un code du statut personnel qui a aboli la polygamie en institutionnalisant le mariage monogamique, un âge minimum pour le mariage des filles, le consentement de la femme à son mariage, il a supprimé la répudiation et instauré le divorce judiciaire dans la stricte égalité des sexes.

Au cours de ces trente dernières années le législateur est intervenu régulièrement dans le sens de la consolidation de ces droits.

Suite à une impulsion politique du chef de l'État, le Président Zein El Abidine Ben Ali, et au travail militant de certaines ONG de femmes et de défense des droits humains, le législateur tunisien a renforcé les droits des femmes dans la famille par des réformes mises en œuvre entre mai et juillet 1993.

Ces acquis sont fondamentaux. Mais il n'en demeure pas moins que la condition juridique des femmes dans la famille reste caractérisée par un « moins-droit » des femmes par rapport aux hommes. Toutes les lois de promotion des femmes dans la famille, et même les plus récentes restent plus protectrices qu'égalitaires, dans la mesure où elles continuent à pérenniser les rôles traditionnels des femmes et des hommes, par la confirmation du mari et du père en tant que chef de famille et l'affirmation que les devoirs conjugaux doivent toujours être remplis conformément aux usages et coutumes.

Ainsi le droit musulman orthodoxe reste une norme de référence incontournable du juge tunisien, malgré la volonté déclarée du législateur tunisien de promouvoir l'instauration progressive de l'égalité des sexes dans la famille.

Partant de ces éléments, mon propos est de faire une analyse du statut juridique des femmes dans la famille (Ire partie) et d'évaluer ensuite jusqu'à quel point ce statut juridique risque d'être un obstacle à l'accès à une véritable citoyenneté des femmes en Tunisie (2e partie).

La conclusion sera consacrée à quelques propositions d'actions positives en vue de promouvoir les droits des Tunisiennes à l'exercice d'une citoyenneté effective.

Cette approche se fonde sur la critique du droit positif tunisien, en référence constante aux principes et règles du droit international relatif aux droits humains dont l'universalité et l'indivisibilité sont aujourd'hui largement imposées.

La condition de « moins-droit » des femmes dans la famille

Le droit positif tunisien de la famille a perpétué et perpétue encore, à l'égard des femmes, des discriminations, en raison de leur sexe, dans la relation matrimoniale, maternelle, en cas de divorce et dans l'organisation du système successoral.

Des droits des femmes en tant qu'individu

Mineure, la femme n'a pas de statut spécifique, majeure à 20 ans comme le garçon, elle bénéficie en principe des mêmes droits.

L'inégalité réapparaît dès que la femme et l'homme sont en situation de concurrence.

La liberté du mariage

Le mariage ne peut se former que par le consentement personnel des deux futurs époux, le père ou tuteur matrimonial ne pouvant plus se prévaloir du droit de djerb sur la fille (droit de contrainte matrimonial).

Mais si des pas remarquables ont été accomplis dans le choix individuel du conjoint, le droit positif tunisien n'a pas consacré l'entière liberté des femmes dans le choix de leur conjoint.

Le mariage de la Tunisienne musulmane avec un non musulman est considéré comme nul et non avenu, la disparité de culte est instituée comme un empêchement au mariage, en dépit de l'absence de toute référence explicite à ce type d'empêchement dans le CSP et bien que la Tunisie ait ratifié, sans aucune réserve, la convention de New York de 1962 affirmant l'égalité de la femme et de l'homme quant au choix du conjoint, sans discrimination de race, de sexe et de religion. Cette restriction de la liberté du mariage de la femme a été instituée par une simple circulaire du Premier Ministre en 1973.

Ainsi la Tunisienne musulmane ou de tradition musulmane ne peut épouser un non musulman qu'après la conversion de ce dernier à la religion musulmane. Le Tunisien musulman, quant à lui, est libre d'épouser une non musulmane sans que cette dernière ne soit soumise à aucune condition de conversion préalable.

Des droits des femmes dans la relation conjugale
Le mari chef de famille

L'article 23 du CSP a imposé, et jusqu'en juillet 1993, à l'épouse le devoir d'obéir à son mari, chef de famille.

Ainsi le mari, chef de famille, choisissait le lieu de résidence, le domicile conjugal et dans cette mesure l'épouse devait le suivre, à charge pour lui de subvenir exclusivement aux besoins de sa famille.

La femme qui optait pour une autre résidence ou un autre domicile que celui choisi par le mari, pour des raisons de travail ou d'études, était en situation de violation de ses obligations conjugales qui pouvait fonder le divorce pour préjudice au bénéfice du mari.

Les tribunaux tunisiens ont estimé que le devoir d'obéissance de l'épouse à son mari prime sur ses droits à l'enseignement, à la formation professionnelle et au travail reconnus à tous les citoyens tunisiens sans distinction de sexe.

Qu'en sera-t-il maintenant que le devoir d'obéissance est aboli

La loi du 12 juillet 1993 a supprimé l'obligation faite aux femmes d'obéir à leur mari, et elle a instauré une relation conjugale fondée sur « la coopération, dans la bienveillance... et le respect des devoirs conjugaux conformément aux usages et à la coutume ».

Par coopération le législateur entend faire obligation aux époux de passer d'un commun accord les actes relatifs à la gestion de la famille.

Toutefois, il semble que le législateur a maintenu une prépondérance maritale dans la mesure où il maintient le mari « chef de famille ».

Le législateur, par la suppression du devoir d'obéissance, a incontestablement revalorisé le rôle des femmes dans la famille, mais sans pour autant instaurer une égalité totale entre les deux conjoints.

Le maintien de la notion de chef de famille pourrait amener le juge tunisien à renforcer la prépondérance maritale, dans la mesure où il pourrait interpréter la nouvelle législation comme un simple contrôle de la femme sur l'exercice par le mari de ses pouvoirs de chef de famille, et non comme une capacité de gestion autonome de l'épouse.

Mais c'est déjà un progrès par rapport à la situation antérieure. Car en cas de conflit entre époux sur le lieu de résidence de la famille, le droit au travail de la femme, le juge, en principe, ne peut plus trancher en faveur du mari en se fondant sur le devoir d'obéissance de la femme, mais sur le respect mutuel des droits et devoirs réciproques des deux conjoints.

Le respect de l'intégrité physique

Il convient de signaler que le législateur précise que les époux doivent éviter de se porter préjudice tant sur le plan moral que matériel ou physique.

C'est ainsi que le législateur a instauré le délit de violence conjugale. Les peines encourues vont de 15 jours à 3 ans de prison, selon la gravité des sévices. La victime peut à tout moment arrêter les poursuites ou l'application de la condamnation.

L'obligation de subvenir aux charges familiales

En contrepartie de cette promotion des femmes dans les droits, ces dernières ont, maintenant, l'obligation de contribuer aux charges de la famille quand elles ont des biens, même si le mari continue à subvenir au premier rang aux besoins de sa femme et de ses enfants.

Comme toujours plus de droits entraîne plus de responsabilités.

Mais le législateur n'a précisé ni le contenu ni le mode d'exécution de cette contribution des femmes aux charges de la famille.

D'ailleurs ces dernières ont toujours contribué à ces charges, par l'entretien du ménage, l'éducation des enfants auxquels elles ajoutent leurs ressources propres quand elles en ont.

Les difficultés d'appréciation et d'application pratique de cette contribution ne seront pas des moindres, d'autant plus que le régime légal des biens matrimoniaux est la séparation totale des patrimoines des époux.

Des droits des femmes lors de la rupture de la relation conjugale
Droits égalitaires et pratiques discriminatoires

Le CSP consacre l'entière égalité entre les époux en mati_re de demande de divorce.

Les réformes récentes ont renforcé les garanties procédurales afin d'assurer les conjoints d'une meilleure information de leurs droits et de leur faire prendre le temps de réflexion nécessaire à une décision aussi grave.

Mais c'est en cas de divorce pour préjudice et à travers l'appréciation des éléments constitutifs de la faute que s'est perpétuée la prééminence du mari sur la femme. L'appréciation de la faute étant du pouvoir souverain des juges.

L'analyse de la jurisprudence fait apparaître que les critères ne sont pas les mêmes selon qu'il s'agisse de la faute de l'époux ou de l'épouse.

La cour d'appel a estimé, que la femme qui est partie, avec l'accord du mari, pour suivre des études à l'étranger pour une année et qui est restée deux ans au lieu de l'année convenue, a fait subir à son mari un préjudice aussi grave que celui subi par cette dernière, suite au refus du mari d'avoir des relations sexuelles avec elle pendant 8 ans.

Dans un autre arrêt, la Cour de Cassation a estimé que les voies de fait, avec coups et blessures légères du mari sur la femme, font partie d'une vie matrimoniale normale et ne constituent pas un préjudice suffisamment grave pour prononcer le divorce aux torts du mari.

Par une référence constante aux valeurs traditionnelles du droit musulman classique, les juges ont souvent rendu caduque la consécration de l'égalité des époux face au divorce.

Une des conséquences du divorce : la garde des enfants.

Le droit tunisien donne toute latitude au juge pour attribuer la garde des enfants à l'un ou l'autre des parents en fonction de l'intérêt des enfants.

Toutefois la garde est généralement confiée à la mère, quels que soient les motifs du divorce.

La mère gardienne est astreinte par le droit tunisien à des obligations discriminatoires corollaires des attributs de la tutelle légale du père.

Obligation de la mère de résider là où réside le tuteur, de choisir un domicile proche du domicile du tuteur faute de quoi elle peut être déchue de son droit de garde.

Le remariage de la mère gardienne peut également être cause de déchéance du droit de garde.

En cas d'attribution de la garde au père, ce dernier cumulant la garde et la tutelle peut résider où bon lui semble, sur le territoire tunisien, sans qu'il lui soit fait obligation de tenir compte du lieu de résidence de la mère qui ne peut l'exiger, même en vertu de l'exercice de son droit de visite.

La destitution de la mère non musulmane du droit de garde de ses enfants

L'article 59 du CSP pose comme impératif que l'enfant soit élevé dans la religion du père. L'attribution de la garde doit donc se faire en fonction de cet impératif à l'exception toutefois du droit de garde exercé par la mère non musulmane elle-même.

Cependant le juge tunisien ne tient souvent pas compte de l'exception établie par la loi en faveur de la mère gardienne non musulmane. Très souvent, en Tunisie ces mères, non musulmanes d'origine européenne, se voient opposer l'« ordre public religieux », notion prétorienne de la Cour de Cassation tunisienne, pour se voir refuser la garde de leurs enfants ou l'exequatur d'un jugement de leur pays leur octroyant la garde des enfants.

Des droits des femmes dans la relation maternelle

La filiation

Que cela soit en matière de filiation ou bien de tutelle, l'infériorité de la femme est consacrée par le CSP.

La seule filiation reconnue et organisée par le CSP est la filiation légitime. Elle s'établit par la cohabitation, l'aveu du père et le témoignage. Absence totale de référence à la mère pour l'établissement de la filiation légitime.

La cohabitation dans le domicile conjugal, assurant le monopole sexuel du mari, consolidé par son aveu, établit la filiation légitime.

La cohabitation ne saurait viser que la cohabitation légale fondée sur le mariage.

Le CSP ne reconnaît aucun statut particulier aux enfants nés hors mariage.

Leur filiation ne peut être que maternelle donc illégitime, le droit positif tunisien excluant, en principe, l'établissement de la paternité naturelle.

La tutelle

La tutelle, c'est le pouvoir de direction, d'éducation des enfants mineurs, de gestion de leur patrimoine, de représentation légale et le pouvoir de consentir à leur mariage.

La tutelle comprend la tutelle sur la personne et la tutelle sur les biens.

Jusqu'en juillet 1993, le père, détenteur de la puissance maritale et paternelle, exerçait seul la tutelle légale sur ses enfants mineurs tout au long du mariage et en cas de divorce, même si la garde était confiée à la mère.

La nouvelle législation, tout en maintenant le père tuteur légal des enfants mineurs, a apporté des aménagements à l'exercice de certaines prérogatives de la tutelle.

Quand les parents sont mariés

L'alinéa 3 de l'article 23 introduit la notion de coopération des parents dans la conduite des affaires de la famille, l'éducation des enfants, la gestion des affaires de ces derniers y compris l'enseignement, les voyages et les transactions financières. Les actes graves de disposition des biens des enfants étant une prérogative du père, tuteur légal, après autorisation préalable du juge de tutelle.

Ainsi il semble que le législateur dispose que les actes de la vie courante puissent être accomplis aussi bien par la mère que par le père, dans la mesure où il y a un commun accord en la matière.

Mais comment se matérialise ce commun accord

Dans la pratique le père continue à avoir le pouvoir d'accomplir ces actes tout seul avec l'accord tacite de la mère. En cas de désaccord elle peut saisir le juge de tutelle.

Qu'en est-il de la mère
Lui faut-il se prévaloir d'une autorisation du père ou non ?

Si l'on s'attache plus à l'esprit de la loi qu'à la lettre, la mère devrait accomplir tous ces actes sans l'autorisation préalable du père. Toutefois cela n'est pas encore le cas, surtout pour la délivrance de passeport ou la sortie du territoire.

En effet, la confirmation du père chef de famille, amène obligatoirement les tiers (administrations, banques) à exiger l'autorisation du père. Quant aux juges, il continue à se référer aux prérogatives découlant de cette qualité pour trancher les conflits en cette matière.

Le nouveau texte ne règle pas le problème de fond de l'inégalité des parents au regard de la gestion de la vie courante des enfants, tout au plus permet-il le contrôle de la mère sur l'exercice par le père de ses pouvoirs de chef de famille.

On est encore loin d'une réelle co-tutelle des parents des enfants mineurs.

Quand les parents sont divorcés

Le nouveau texte accorde à la mère gardienne des enfants l'exercice de certains actes de la vie courante : les voyages des enfants, leurs études et la gestion de leurs comptes financiers.

Il est certain que dans ce cas la mère exerce ces prérogatives sans aucune autorisation préalable du père. Ce dernier peut éventuellement se prévaloir d'un contrôle par l'intermédiaire du juge de tutelle.

Par décision du juge, la mère gardienne des enfants, peut bénéficier des attributs de la tutelle quand l'intérêt de l'enfant est en cause :
– empêchement du père suite à une absence prolongée,
– exercice abusif par le père de ses pouvoirs ou négligence par ce dernier dans l'accomplissement de ses devoirs.

Il est évident que ce système simplifie beaucoup la vie des mères de famille, mais on est encore loin d'un mode de gestion égalitaire, l'administration des biens de l'enfant, sa représentation légale restant une prérogative du père.

La tutelle légale de la mère

La mère n'accède à la tutelle légale de ses enfants mineurs qu'en cas de décès ou d'incapacité du père.

Cette tutelle était, toutefois, amputée de la tutelle matrimoniale (le droit de consentir au mariage d'un enfant mineur) qui était une prérogative exclusive du père tuteur légal ou du plus proche parent mâle.

Depuis la loi de juillet 1993, la mère est appelée à consentir en même temps que le tuteur au mariage de son enfant mineur.

Si le consentement du père-tuteur est suffisant, en cas de décès ou d'incapacité de la mère, la réciproque n'est pas possible. En effet dans ce cas il faut le consentement de la mère et du tuteur matrimonial qui est le plus proche parent mâle.

Des droits des femmes en matière successorale
L'inégalité successorale

L'homme a droit au double de la part de la femme chaque fois qu'ils interviennent dans une succession à concurrence du même degré de parenté.

Il convient toutefois de noter une tendance du législateur tunisien vers l'instauration de plus d'égalité entre les sexes en la matière.

La loi de 1959 a, ainsi, introduit en matière successorale les techniques du *Radd* (retour) et de la représentation :

– En l'absence d'héritier mâle à quelque degré que cela soit, la veuve bénéficie de la totalité de la masse successorale. Avant cette réforme elle était évincée au profit de l'État.

– De même que les petits-enfants (femmes ou hommes) n'avaient pas qualité pour hériter de leur grand-père, si leur père ou mère était prédécédé(e) et en présence d'oncle paternel vivant au moment du décès du grand-père.

– L'instauration du legs obligatoire au profit de tous les petits-enfants introduit plus d'équité dans cette matière.

L'empêchement successoral pour disparité de culte

Le caractère discriminatoire vis-à-vis des femmes du système successoral en droit tunisien est un fait indéniable, même si des aménagements lui ont été apportés, par les techniques de la représentation et du *radd* (retour) faites en faveur, il faut le reconnaître, principalement des femmes.

Toutefois les juges tunisiens n'ont pas hésité à exclure totalement les femmes non musulmanes de la succession d'un musulman, en l'absence d'un texte précis allant dans ce sens.

Ainsi les femmes non musulmanes épouses et mères de tunisiens musulmans ou de tradition musulmane sont-elles obligées de se convertir à l'Islam si elles souhaitent intervenir dans leur succession.

Il convient toutefois de préciser que les épouses non musulmanes peuvent bénéficier par voie de testament du 1/3 des biens de leur mari. Ce qui est nettement plus avantageux que le 1/8 dont bénéficie légalement l'épouse musulmane.

Ainsi le constat est évident : les lois régissant le statut des femmes dans la famille sont certainement protectrices mais elles sont loin d'être égalitaires.

Si le législateur a supprimé les inégalités les plus flagrantes (la polygamie, la répudiation, le djabr dans le mariage), il n'en a pas moins conforté les rôles traditionnels de l'homme et de la femme dans la famille, dans la pure tradition culturelle et religieuse musulmane. D'autre part, le droit musulman reste une norme incontournable à laquelle se réfère le juge tunisien, même dans le cas d'une égalité entière instituée par le droit.

De l'égalité des chances à l'accès à une citoyenneté réelle et effective

Des droits des femmes dans les domaines socio-économique, culturel et politique

La législation tunisienne consacre au niveau des textes l'égalité des femmes et des hommes en matière de droits à l'instruction, au travail, à la participation à la vie syndicale, politique et civique.

Mais l'examen de quelques données chiffrées dans les domaines de l'instruction, du travail et de la participation à la vie politique montre que cette égalité est restée formelle, quand elle n'est pas entravée par une pratique discriminatoire.

Le droit à l'instruction

La politique de généralisation de l'enseignement mise en place depuis 1958 et les efforts en la matière sont indéniables.

Depuis l'évolution du taux de scolarisation a connu une progression notable, mais toujours avec cette même constante : la proportion des garçons scolarisés est toujours supérieure à celle des filles. Le taux de scolarisation entre 6 et 13 ans est de 92,7 % pour les garçons contre 82,1 % pour les filles, en 1991-1992. Le taux des filles accédant à l'enseignement secondaire est de 47,2 % et à l'enseignement supérieur il est de 41,1 %. En 1989, 48,3 % des femmes étaient encore analphabètes contre 26,4 % des hommes (*Femmes de Tunisie. Situation et perspectives*, CREDIF, 1994).

Le droit au travail

L'émergence des femmes dans le monde du travail est un fait irréversible ; toutefois l'égalité d'accès à tous les emplois et à tous les postes hiérarchiques est loin d'être assurée.

Si la Tunisie s'est contentée dans un premier temps de ratifier la quasi totalité des conventions de l'OIT, elle a, en 1993, mis sa législation interne du travail en adéquation avec la norme internationale qui dispose dans son article 5 « qu'il ne peut être fait de discrimination entre l'homme et la femme dans l'application des dispositions du présent code et des textes pris pour son application ».

Cette même législation a supprimé le travail de nuit des femmes.

Ces mesures sont toutefois trop récentes pour qu'on puisse en mesurer les retombées éventuelles.

En 1989, les femmes représentent 20,9 % de la population déclarée active : 26 % dans le secteur agricole, 53,7 % dans le secteur industriel, le reste de la population féminine est occupée par les services (Femmes de Tunisie. Situation et perspectives, CREDIF, 1994).

Les droits politiques

Les femmes sont électrices et éligibles à toutes les fonctions publiques, leur participation reste, toutefois, symbolique : 7 % des députés et 14 % des conseillers municipaux aux élections de 1990. La proportion des élues femmes à celles de 1995 n'est pas encore connue. Mais il est à noter qu'aucune femme n'a été élue au poste de maire.

Leurs présences dans les instances syndicales et dans les partis politiques restent marginales.

Les obstacles à une citoyenneté réelle et effective

Pour avancée que puisse être une législation, elle ne peut valoir que par l'application qui en est faite et la manière dont elle est perçue par ceux et celles à qui elle s'adresse.

L'obstacle juridique

Ainsi les lois égalitaires relevant de la sphère publique s'adresse à une société fondée sur une structure familiale dont la spécificité est l'infériorité juridique de la femme et sa dépendance matrimoniale et maternelle.

Ce statut d'infériorité de la femme dans la famille est projeté inéluctablement dans sa vie sociale et il est à l'origine de son traitement discriminatoire dans la société.

Aussi l'exercice de leurs droits par les femmes dans les domaines culturel, socio-économique et politique, va-t-il se heurter inéluctablement à la spécificité de leur statut dans la famille.

Les obstacles culturels et politiques

En ce domaine plus qu'en tout autre, nous nous heurtons à ce constat incontournable : quelle que soit l'importance des textes, elle engage peu la réalité. La Tunisie comme bon nombre d'autres pays n'échappe pas au poids de la tradition religieuse et culturelle, d'ailleurs fortement intériorisée par les femmes elles-mêmes, qui vivent, résignées, un sacrifice que la société leur a appris à librement consentir.

Il est indéniable que le législateur tunisien a été un précurseur. Il a favorisé l'émancipation des femmes dans la société en supprimant les inégalités les plus flagrantes dans le code de la famille, et en lui reconnaissant des droits égaux à ceux de l'homme à l'instruction, au travail, à la participation à la vie socio-politique.

Mais dans le même temps le discours officiel qui a accompagné ces réformes « émancipatrices » a toujours rappelé à la femme qu'elle ne devait pas perdre de vue son rôle traditionnel d'épouse et de mère, tous les autres rôles qu'elle serait amenée à avoir en tant que citoyenne, travailleuse, syndicaliste, voire responsable politique ne pouvant être que secondaires.

Toujours est-il que les ambiguïtés des pratiques et du discours officiel se sont conjuguées ainsi aux effets de la poussée islamiste pour accroître les incertitudes et aggraver les risques de régression.

Ces risques de dérapage et de régression sont, en effet, d'autant plus à craindre que le discours officiel a pu apparaître de moins en moins homogène, se rapprochant par glissement successif du discours islamiste.

L'échec des modèles de développement moderniste que les États ont le plus souvent mis en œuvre de façon autoritaire, l'absence de vie politique démocratique, les tensions économiques et sociales engendrées par les difficultés économiques internes et mondiales, autant d'éléments qui expliquent l'impact des idéologies fondamentalistes religieuses en pays d'Islam.

A l'instar de nombre de sociétés contemporaines, la Tunisie connaît une crise d'identité profonde dont l'une des manifestations les plus préoccupantes est l'émergence, sur la scène politique, d'un mouvement de contestation radicale se réclamant du fondamentalisme islamiste et d'un projet de société de type théocratique.

Le mouvement fondamentaliste en Tunisie a engagé sa bataille contre les conceptions modernistes occidentales. Il le fait au nom des « valeurs immuables » de l'Islam. Aussi est-il logique, de l'avis des tenants de l'islamisme, de réformer le Code du Statut Personnel dont « certaines dispositions seraient contraires aux préceptes de la révélation ».

Au cours des dernières années écoulées cette dérive n'a fait que se confirmer. L'image de moins en moins valorisante que des médias donnent de l'émancipation de la femme et de l'élargissement de sa place dans la société est ainsi confortée par les commentaires démagogiques de certains notables religieux et politiques, semble-t-il convaincus que la remise en cause des acquis législatifs et sociaux de la femme tunisienne constitue un créneau politique porteur.

Les droits des femmes sont tributaires de la sécularisation du droit de la famille

En fait en pays d'Islam, la promotion des droits des femmes dans tous les domaines est liée au problème fondamental de la sécularisation du droit de la famille.

Cette sécularisation est tributaire de l'évolution des mentalités par l'information, l'éducation et la consolidation du processus démocratique dans un esprit réellement pluraliste.

L'Islam est porteur de paix, justice et liberté. La norme internationale relative aux femmes consacre trois principes fondamentaux : la liberté, l'égalité et la non discrimination.

Les principes généraux de l'Islam ont été précurseurs en la matière et suffiraient pour éliminer toutes discriminations à l'égard des femmes.

Mais il serait erroné de focaliser la réflexion sur l'Islam ou du moins sur une lecture et une pratique conservatrice de l'Islam.

La place réservée aux femmes par le droit musulman ne différant pas de celle qui lui était réservée par le système patriarcal des civilisations de tout le pourtour méditerranéen.

Les luttes au quotidien contre toutes les formes de discrimination à l'égard des femmes, ainsi que pour une égalité effective et une citoyenneté réelle de cette « moitié dangereuse de l'humanité », selon la formule de l'anthropologue français Georges Balandier, sont un combat universel.

La législation française a consacré jusqu'en 1965 l'incapacité juridique de la femme, la puissance maritale et paternelle jusqu'en 1970 et elle a régi très strictement le divorce en se fondant sur la notion chrétienne d'indissolubilité des liens du mariage, ainsi que cela a été le cas en Italie jusqu'à une date toute récente.

Les femmes américaines, quant à elles, se sont toujours vu refuser une mesure juridique – le 27e amendement de la Constitution Fédérale proposé depuis 1923 – qui leur aurait permis d'instaurer des mesures économiques et sociales égalitaires.

Il n'en reste pas moins que concernant le statut juridique, social et politique des femmes, des disparités importantes existent aujourd'hui, pour des raisons historiques, politiques et économiques évidentes, entre le Nord et le Sud de notre planète.

Dans les pays arabo-musulmans, les droits des femmes sont un enjeu social et politique. Face à la montée de l'islamisme politique, le régime en Tunisie a renforcé les droits des femmes. Mais ces acquis ne sont pas irréversibles. Ils dépendent du renforcement du processus démocratique.

De l'intégration des femmes au développement

Malgré les insuffisances soulignées dans cette étude, en matière d'égalité des chances à l'accès à une citoyenneté effective, la législation réformiste et essentiellement moderniste, dont s'est doté l'État tunisien depuis l'indépendance, a été un facteur de transformation sociale indéniable.

Aujourd'hui, il n'est plus besoin de démontrer que les femmes constituent un facteur décisif d'impulsion d'une dynamique novatrice. Leur fonction économique et sociale est essentielle dans l'effort de développement.

Une politique effective de promotion des droits des femmes ne pourra aller que dans le sens de la stimulation de cet effort.

Les femmes, la moitié de la population, restent une « minorité sociale », compte tenu de leur infériorité juridique dans la famille et des pratiques discriminatoires dont elles sont l'objet dans la société.

Cependant, dans cette société où le poids des solidarités et des contraintes traditionnelles, religieuses et familiales, reste très fort, la lutte pour les droits des femmes ne doit pas avoir pour seul objectif l'égalité juridique au niveau des textes.

Aussi faudrait-il envisager en même temps que des mesures d'éradication des inégalités et discriminations dans les codes, des mesures tendant à instaurer de nouvelles pratiques sociales, visant à favoriser l'exercice par les femmes de leurs droits socio-économiques, culturels, civils et politiques.

Ces nouvelles pratiques sociales doivent avoir comme cibles prioritaires l'évolution des mentalités par l'information et l'éducation.

L'information et l'éducation doivent viser :

– à la revalorisation du rôle des femmes dans le processus d'évolution des sociétés humaines et singulièrement des sociétés arabo-musulmanes ;

– au renforcement des mesures destinées à promouvoir une image positive des femmes, de leurs droits et de leur légitime revendication à une égale considération à celle des hommes dans la famille et la société. Cette promotion devra se faire à travers les méthodes pédagogiques, les programmes d'enseignement et les médias (radio, télévision et presse) ;

– à la connaissance par tous les citoyens – plus particulièrement les femmes – de tous leurs droits afin qu'ils puissent les faire valoir et les exercer. D'où la nécessité de la mise en œuvre de moyens techniques de vulgarisation, diffusion et d'information sur les droits.

L'exercice de leurs droits par les femmes dépend aussi de la volonté du pouvoir politique à promouvoir les structures (maternités, crèches, garderies, etc.), pour décharger les femmes d'une partie des lourdes tâches domestiques qui pèsent sur elles, leur permettant ainsi une participation plus grande et plus sereine à la vie associative et politique.

Étapes vers l'instauration progressive d'une égalité totale entre les femmes et les hommes, ces quelques actions positives, qui sont loin d'être exhaustives, ne pourront que favoriser l'accès des femmes à une citoyenneté réelle et effective.

L'élargissement de la place des femmes dans la société civile, reste surtout tributaire du renforcement de la démocratie et du respect des droits humains.

Mais l'histoire atteste que rares sont les droits qui s'octroient. Les droits ont été le plus souvent arrachés de haute lutte par les femmes et les hommes.

C'est donc aux femmes d'investir la société civile, en renforçant leur présence dans les réseaux associatifs et les institutions politiques, mais aussi à travers des relais qui leur soient spécifiques, elles pourront ainsi garantir la conquête et la maîtrise des droits et des nouveaux rôles auxquels elles aspirent.

Le statut juridique de la femme en Tunisie

Saida Chaouachi[*]

Introduction

Jusqu'à l'indépendance de la Tunisie le 20 mars 1956 les femmes tunisiennes étaient soumises au droit musulman. Le système législatif et judiciaire n'étant pas unifié, les Tunisiens musulmans relevaient du droit et des tribunaux musulmans, les Tunisiens juifs des droits et tribunaux rabbiniques, les Français du droit et des tribunaux français.

Quelques mois après le 13 août 1956, la Tunisie a élaboré un code de la famille : le code du statut personnel (C.S.P.), considéré comme un véritable acquis pour la femme tunisienne. L'abolition de la polygamie, la suppression de la répudiation, l'interdiction du mariage forcé et l'égalité des sexes face au divorce témoignent d'une volonté réformatrice et d'un regard moderniste quant à la condition de la femme.

Bien que la législation tunisienne consacre le principe d'égalité affirmée par la Constitution tunisienne et par les instruments internationaux relatifs aux droits de l'Homme et ratifiés par la Tunisie depuis l'indépendance, nous verrons qu'au niveau du statut de la femme dans la famille, et au niveau socio-économique des lacunes et des contradictions subsistent et témoignent que le principe d'égalité n'est pas totalement consacré.

En effet, malgré les acquis importants qu'a réalisés la femme tunisienne, ils restent en deçà des possibilités objectives et des exigences d'un système moderne. Bien plus ces acquis ne sont pas à l'abri des tentations conservatrices menaçantes. C'est pourquoi il nous incombe à toutes et à tous de faire toujours le point sur la condition et la présence des femmes dans les principaux centres de décisions politique, économique et social afin de mesurer l'évolution de cette condition et de proposer sur cette base les mesures qui permettent de consolider ces droits acquis et de revendiquer les droits qui consacrent définitivement l'égalité des sexes afin de pouvoir dire que la femme est citoyenne à part entière et qualifier à juste titre notre société de société moderne.

---

[*] *Saida Chaouachi* (Tunisie)
Titulaire d'une maîtrise en Droit privé et docteur en Sciences juridiques. Elle a mené des enquêtes sur le droit des femmes et fait partie du mouvement féministe tunisien.

Le statut juridique de la femme
La femme dans la famille

Génératrice de vie et d'affection, c'est elle qui façonnera le peuple
à la base, en inculquant aux enfants la ténacité et l'ambition, la
pensée et l'action libre

Tahar Haddad

La femme en tant qu'épouse

Promulgué par décret du 13 août 1956, le code du statut personnel constitue pour la femme tunisienne un de ses acquis les plus importants. C'est un code libéral. L'influence de la rligion reste cependant importante. En effet, tout ce qui relève de la succession est régi par le Coran. Mais depuis l'indépendance jusqu'à nos jours, la législation tunisienne relative à la femme est indéniablement une législation qui tend vers la laïcité et ceci de par la ratification des différentes conventions internationales qui consacrent l'égalité des deux sexes en droits et en devoirs, et à éliminer toutes formes de discrimination entre l'homme et la femme.

Pour ce qui est du mariage
– *Liberté du mariage*
Interdiction du mariage forcé : désormais l'article 3 du C.S.P. dispose que le mariage n'est formé que par consentement des deux époux. Mais la jurisprudence tunisienne considère le mariage de la musulmane avec un non musulman nul, sauf si le mari se convertit à l'Islam. Cette discrimination à l'égard des femmes tunisiennes musulmanes a été confirmé par une circulaire du Premier Ministre répercutée par le Ministère de la Justice qui interdit aux officiers d'état civil de célébrer le mariage de la musulmane avec un non musulman ; alors que l'État tunisien a ratifié sans aucune réserve en 1967 la convention de New York du 10 décembre 1962 qui affirme le principe de l'égalité de l'homme et de la femme quant au choix de leur conjoint sans discrimination de race, de sexe et de religion.

Mais lors de la ratification en 1985 de la convention de Copenhague sur l'élimination de toutes les formes de discrimination à l'égard des femmes, la Tunisie a émis comme réserve celle de ne prendre aucun acte législatif ou réglementaire allant à l'encontre de l'article premier de la Constitution qui stipule que la religion de l'État est l'Islam.

Fixation d'un âge minimum pour le mariage : 17 ans révolus pour la femme, 20 ans révolus pour l'homme (article 5 du C.S.P.).

Le mariage du mineur est subordonné au consentement du tuteur et de la mère (article 6 nouveau – réformes de 1993). En cas de refus du tuteur ou de la mère, le juge peut autoriser la célébration du mariage.

A la lecture de cet article, on peut déduire que quand la mère est tutrice, son consentement au mariage de son enfant mineur suffit. Or l'article 8 du C.S.P. non abrogé dispose : *Consent au mariage du mineur le plus proche parent agnat, il doit être saint d'esprit, de sexe masculin, majeur.* Ainsi la mère, tutrice légale de ses enfants mineurs au décès du père depuis la loi du 18 février 1981, n'est pas tutrice matrimoniale[1].

Le mariage du mineur âgé de 17 ans l'émancipe (article 153 nouveau).

L'abolition de la polygamie (article 18 du C.S.P.) est sanctionnée pénalement par un an de prison et/ou une amende de 240 000 millimes.

La Tunisie se distingue par cette interdiction du reste du monde arabe et musulman.

La Tunisie a par ailleurs ratifié la convention relative au consentement au mariage, l'âge minimum et l'enregistrement des actes de mariage de 1962, par la loi n° 67/41 du 21 novembre 1967.

Pour ce qui est des relations conjugales

Jusqu'aux réformes du 12 juillet 1993, les droits et les devoirs des époux étaient nettement inégalitaires et en faveur du mari. En effet, la femme devait respecter les prérogatives du mari, en tant que chef de famille elle lui devait obéissance et devait assumer ses devoirs conjugaux conformément aux usages et à la coutume.

La Réforme du 12 juillet 1993 introduit dans l'article 23, texte fondamental qui régit les relations entre époux, la réciprocité et la solidarité dans les relations entre époux, mais laisse le mari chef de famille.

Article 23 (nouveau) : *Il appartient aux deux époux de se traiter mutuellement avec bienveillance, de vivre en bons rapports et d'éviter de se porter préjudice l'un à l'autre. Les deux époux doivent assumer leurs responsabilités conjugales conformément aux usage et à la coutume. Ils s'entraident dans la gestion des affaires du foyer, la bonne éducation des enfants, et veillent à pourvoir aux besoins de ces derniers y compris l'enseignement, le voyage et les actes à caractère financier.*

L'époux doit, en sa qualité de chef de famille, pourvoir aux charges de l'épouse et des enfants à la mesure de son état et de celui des enfants dans le cadre des conditions de la pension.

La femme doit contribuer aux charges de la famille si elle dispose d'argent.

Les époux doivent se traiter mutuellement avec bienveillance, et la femme est tenue à égalité avec le mari pour la prise en charge des besoins de la famille si elle a un salaire. Les époux s'entraident quant à la gestion du foyer et l'éducation des enfants.

Cependant, le mari reste chef de famille, mais la femme ne lui doit plus obéissance comme c'était le cas dans l'ancienne rédaction de l'article 23.

Certains auteurs en ont déduit qu'elle peut avoir un domicile distinct de son domicile conjugal en cas de travail lointain (Abdallah El Ahmadi) et que la réserve faite par la Tunisie concernant le domicile

---

1. Voir l'article de Mme. S. Bouraoui, « Droit de la famille et relations familiales à la lumière des dernières réformes juridiques », R.T.D. 1993, p. 126.

et la cohabitation dans la convention de Copenhague (article 15 al. 14) n'a plus de raison d'être, car abrogée de fait.

D'autres auteurs[2] et les associations féministes telles que l'A.T.F.D. pensent qu'en maintenant le mari chef de famille c'est lui qui assure la direction générale du foyer et le pouvoir de décision lui revient, à savoir le droit de fixer le domicile conjugal et l'obligation pour la femme de cohabiter. Dans un arrêt du 15 janvier 1980[3] la Cour de cassation a estimé que l'attitude de l'épouse qui refuse de cohabiter avec son mari au motif qu'elle a un travail éloigné du domicile conjugal est contraire aux dispositions de l'article 23 du C.S.P. qui énonce que le mari est chef de famille et qu'il lui revient donc en tant que tel de diriger la famille, de l'entretenir et de ce fait il peut exiger la cohabitation.

Il n'empêche qu'en maintenant le mari chef de famille, la réforme de 1993 ne consacre pas le principe de l'autorité parentale qui implique forcément l'égalité des époux face aux charges et à l'entretien du ménage et une responsabilité partagée et non pas des rapports hiérarchisés.

Égalité des époux face au divorce

L'abolition de la répudiation et l'institution du divorce judiciaire (article 30 du C.S.P.) : « Le divorce ne peut avoir lieu que par devant le tribunal ».

Trois sont les cas de divorce (art. 31) :

1. par consentement mutuel des époux ;
2. à la demande de l'un des époux en raison du préjudice qu'il a subi ;
3. à la demande du mari ou de la femme.

L'article 31 a prévu, pour l'épouse qui a subi un préjudice du fait du divorce, une rente viagère conforme au niveau de vie auquel elle était habituée et ce jusqu'à son décès.

L'article 53 bis prévoit un fonds de garantie de la pension alimentaire et de la rente du divorce, géré par la caisse nationale de sécurité sociale qui se charge de verser la pension et la rente dans les cas où l'exécution n'a pas eu lieu. Le fonds est subrogé aux ayants droit dans leurs droits vis-à-vis du débiteur. C'est une discrimination positive au profit des femmes divorcées et de leurs enfants lorsqu'un jugement définitif relatif à la pension ou à la rente a été prononcé et inexécuté.

La réforme de 1993 institue un nouveau magistrat : le juge de la famille (article 32 bis). Les attributions de ce juge résident dans la conciliation entre époux et dans la prise des mesures provisoires.

Le patrimoine de la femme mariée

La femme en tant qu'épouse a la libre administration de ses biens propres. La loi tunisienne a, en effet, institué le système de la séparation des patrimoines des époux et ce, conformément au droit mu-

---

2. S. Bouraoui, op. cit., p. 128.
3. Arrêt de la Cour de cassation paru en arabe dans « Revue juridique et législations » (R.J.L.), 1980, p. 109.

sulman. Ce système bien que protecteur des bien propres de la femme nie l'existence d'une communauté de biens acquis pendant le mariage. Aussi en 1981, a-t-on proposé d'introduire le régime de la communauté réduite aux acquêts, mais ce projet a été considéré contraire au droit musulman et il a été abandonné.

Cependant, l'article 11 du C.S.P. permet aux futurs époux d'insérer dans le contrat de mariage toutes clauses relatives aux biens et aux personnes. Ils peuvent donc en application de cet article opter pour la communauté des biens réduite aux acquêts, c'est-à-dire que les acquisitions faites pendant le mariage appartiennent à la communauté matrimoniale et sont des biens communs aux époux.

La femme en tant que mère

Le code du statut personnel ne reconnaît pas le principe d'égalité absolue entre le père et la mère dans la relation parentale. La filiation légitime est exclusivement paternelle. L'article 68 du C.S.P. dispose que la filiation s'établit par la cohabitation, l'aveu du père, le témoignage de deux ou plusieurs personnes honorables.

La mère, quant à elle, est dans l'obligation d'apporter la preuve de la paternité. Mais elle ne peut exercer l'action en recherche de paternité. Cette action est personnelle à l'enfant.

Mais la filiation naturelle et adultérine est par contre maternelle : le droit tunisien ne reconnaît pas le statut des enfants naturels et adultérins, et il ne fait aucune distinction entre les deux situations, alors que dans la pratique un bon nombre de couples vivent en concubinage. Pour établir la filiation, l'aveu du père suffit : la déclaration du père lors de la naissance de l'enfant au service d'état civil ne nécessite pas la production du contrat de mariage.

Quant aux femmes « mères-célibataires », elles sont ignorées par le C.S.P. et seul l'aveu du père reste efficace pour établir la filiation.

Cette inadaptation du législateur à l'évolution sociale aboutit à la discrimination vis-à-vis des femmes et des enfants.

L'exercice de l'autorité parentale

Durant le mariage, la garde appartient conjointement aux père et mère (article 57 du C.S.P.). Le consentement de la mère et du tuteur est exigé pour le mariage de l'enfant mineur (article 6 nouveau).

En cas de décès du père, la garde et la tutelle sont confiées de droit à la mère (article 67). En cas de divorce, et si la garde lui est octroyée, la mère exerce les prérogatives de la tutelle pour ce qui est du voyage de l'enfant gardé, ses études et l'administration de ses biens. Seule elle bénéficie des mêmes attributions du tuteur en cas de défaillance grave du tuteur et ce par décision judiciaire (article 67 nouveau al. 5).

Dans l'hypothèse d'un couple mixte où le mari est Tunisien et la femme est étrangère, la loi tunisienne s'appliquera en tant que loi nationale de l'enfant (article 4, al. 4 du décret du 12 juillet 1956) et la mère tutrice légale a tout pouvoir d'emmener ses enfants vivre dans son propre pays.

Mais la mère n'a qu'un rôle subsidiaire par rapport au père, elle remplace ce dernier lorsque le besoin s'en fait sentir : en cas de décès, s'il est incapable ou sur ordre du juge pour des raisons légitimes (article 155 nouveau C.S.P.)[4]

Si la garde de l'enfant ne lui est pas confiée, la mère a le droit de regard sur les affaires de l'enfant gardé, au même titre que le père et les autres parents (article 60 nouveau).

Adoption : elle est réglementée par la loi n° 58-27 du 4 mars 1958 relative à la tutelle publique, à la tutelle officieuse et à l'adoption (J.O.R.T. n° 19 du 7 mars 1958). Pour l'adoption, la demande peut être faite aussi bien par l'homme que par la femme, mais l'un et l'autre doivent être mariés (article 9).

La condition du mariage n'est pas exigée pour l'adoptant veuf ou divorcé quand l'intérêt de l'enfant l'exige (article 9 al. 3). On observera que, pour l'adoption, l'homme et la femme célibataires ne peuvent pas adopter d'enfant selon les textes en vigueur.

Par ailleurs la Tunisie se distingue du reste du monde arabe et musulman pour ce qui est de l'adoption, puisque celle-ci n'est pas permise par la religion musulmane.

Nationalité : la nationalité est une notion inconnue de l'Islam puisqu'elle se confond avec la religion. La distinction entre les membres de la communauté se faisait entre musulmans et non musulmans qui avaient le statut d'étrangers.

La femme musulmane qui épousait un non musulman était exclue de la communauté comme apostat et déchue de tous ses droits. Les premiers textes (1857-1861) établirent une distinction entre musulman et Tunisien et reconnurent le Tunisien non musulman.

Le décret du 19 juin 1914 réglemente l'attribution de la nationalité tunisienne, celle-ci est attribuée aux enfants nés de père tunisien. La mère tunisienne n'attribue sa nationalité que dans les cas où le père est inconnu.

En 1957, la Tunisie promulgue le code de la nationalité tunisienne, repris et modifié en 1963. Ce code confirme la prééminence de l'homme quant à l'acquisition de la nationalité par le mariage, et pour l'attribution de la nationalité aux enfants.

La réforme du 23 juillet 1993 ne touche que l'attribution de la nationalité aux enfants de mère tunisienne mariée à un étranger. Celle-ci transmet sa nationalité à son enfant né à l'étranger si ce dernier en fait la demande un an avant sa majorité et avant cet âge par déclaration conjointe des père et mère (article 12 nouveau code de la nationalité-réformes, 23 juillet 1993). Malgré cette réforme la femme tunisienne continue à ne pas attribuer automatiquement sa nationalité à son enfant.

Cette réforme a été critiquée par certains auteurs et par des associations de femmes qui considèrent qu'il y a certes une atténuation de l'inégalité entre le père et la mère quant à l'octroi de leur nationalité à leurs enfants, mais que cette réforme consacre toujours l'importance du rôle du père puisque ce dernier donne sa nationalité automatiquement à l'enfant alors que la mère a besoin de l'accord du

---

4. Khalthoum Miziou : « Féminisme et Islam dans la réforme du code du C.S.P., du 18 février 1981 », in R.T.D.

père étranger pour que son enfant puisse acquérir sa nationalité. « Le jus-sanguini du père est plus fort que le jus-sanguini de la mère ».[5]

La femme dans la vie sociale
Éducation et droit à l'enseignement

La 1re loi sur l'enseignement date du 4 novembre 1958 (58-118). L'article 2 stipule que l'accès à l'éducation et à l'instruction est ouvert à tous les enfants à partir de l'âge de 6 ans et précise que des dispositions ultérieures fixeront la date à laquelle il y a obligation d'assurer aux enfants l'instruction.

Actuellement l'enseignement est obligatoire de 6 à 14 ans et l'enseignement primaire et secondaire sont gratuits.

Mais ce n'est qu'en 1980 (décret 80-954 du 19 juillet 1980) que le législateur tunisien a précisé que l'enseignement est un droit pour tous les jeunes sans distinction de sexe.

Le taux de scolarisation des filles âgées de 6 à 13 ans est de 84,2 % en 1993-1994 contre 66,4 % en 1981-1982 et 51 % en 1974-1975 et ceci dans l'enseignement primaire[6].

Mais l'analphabétisme féminin demeure préoccupant. A l'échelle nationale une femme sur deux est analphabète et le taux est deux fois plus élevé en milieu rural qu'en milieu urbain.

La femme dans le travail

Quand en 1975 les Nations Unies ont proclamé la décennie de la femme, de la conférence de Mexico en 1975 à la conférence de Copenhague en 1979, et, enfin, lors de la conférence de Nairobi en l985, un constat universel d'inégalité s'est imposé.

Les femmes constituant la moitié de la population du monde, fournissaient les 2/3 des heures de travail de l'humanité mais ne recevaient qu'1/10e des revenus mondiaux et possédaient moins du centième des biens matériels.

En Tunisie, la situation de la femme travailleuse n'échappe pas à cette inégalité. Bien que le code du travail de 1966[7] et la convention collective-cadre, reprise par le code, affirme dans son article 11 : *La présente convention s'applique indistinctement aux travailleurs de l'un ou l'autre sexe. Les jeunes filles et les femmes remplissant les conditions requises pourront, au même titre que les jeunes gens et les hommes, accéder à tous les emplois sans discrimination dans les classifications ou rémunérations.*

Par ailleurs la Tunisie a ratifié de nombreux instruments internationaux consacrés à la promotion de la condition de la femme en général et de la femme travailleuse en particulier :

– Convention sur les droits politiques de la femme (adoption : A/G-ONU20/12/1952), publiée au Journal officiel de la République tunisienne le 7 octobre 1968, convention - réserve - article 9.

---

5. Bouraoui, article cité, p. 129.
6. Femmes de Tunisie, Situation et perspectives, CREDIF, 1994, p. 64.
7. Loi n° 66-27, du 30 avril 1966 portant promulgation du code de travail.

– Conventions conclues sous les auspices de l'Organisation internationale du travail O.I.T. :

* Convention n° 4 de l'O.I.T. sur le travail de nuit des femmes, adoptée en 1919, révisée en 1948 (n° 89) et publiée au J.O.R.T. le 25 avril 1957.

* Convention n° 19 sur l'égalité de traitement des accidents de travail, ratifiée par une loi française du 30 mars 1928 (la Tunisie était sous tutelle de la France), confirmée à l'indépendance le 12 juin 1956 et publiée au J.O.R.T. le 9 avril 1960.

* Convention n° 45 de l'O.I.T. concernant les travaux soutenus par les femmes, de 1935, publiée au J.O.R.T. n° 34 (p. 503) en mai 1957.

* Convention n° 100 de l'O.I.T., concernant l'égalité de rémunération entre main-d'œuvre féminine et masculine pour un travail de valeur égale, adoptée le 29 juin 1951 et publiée au J.O.R.T. du 29 mars 1968 (n° 40).

* Convention n° 156 de l'O.I.T. sur les travailleurs ayant des responsabilités familiales.

– Convention internationale sur l'élimination de toutes les formes de discrimination à l'égard des femmes adoptée le 18 décembre 1979, entrée en vigueur le 3 septembre 1981 (adhésion de la Tunisie le 12 juillet 1985), publiée au J.O.R.T. du 13 décembre 1991 avec des réserves (article 9 al. 2 ; art.16 al. c, d, f, g et n ; avec une déclaration générale et une déclaration au sujet des articles 29 al. n et art.15 al. 4).

Ces réserves ont été contestées par beaucoup de juristes et de féministes. En effet l'État tunisien, lors de la ratification de la convention, a pris le soin de préciser dans une déclaration générale qu'en vertu de la convention il n'adopterait aucunes décisions législatives ou administratives susceptibles d'aller à l'encontre des dispositions de l'article premier de la Constitution tunisienne qui énonce que la Tunisie est une république indépendante dont la langue est l'arabe et la religion l'Islam. De cette déclaration générale découlent les réserves émises et qui touchent le statut de la femme dans la famille : la mari reste chef de famille, il décide du domicile conjugal, il est tuteur de ses enfants, il donne son nom à ces derniers et sa nationalité. Pour les successions, maintien de l'application de la religion musulmane selon laquelle la femme a droit à une part contre les deux accordées à l'homme[8].

Nous signalons à titre de remarque que les traités ratifiés et non publiés ne peuvent être appliqués, ils n'ont qu'une existence formelle. Car la publication est le moyen par lequel le texte est porté à la connaissance de tous et que le principe de « nul n'est censé ignorer la loi » trouve sa force, d'une part, et, d'autre part, par leur publication les normes juridiques deviennent invocables par les particuliers et opposables à tous.

---

8. Hafidha Chekir : Les réserves présentées par la Tunisie in Actes du colloque tenu à Tunis les 13-16 janvier 1988, UNESCO-CERP sur la non-discrimination à l'égard des femmes entre la convention de Copenhague et le discours identitaire, p. 43.

Nous avons donc cité les conventions ratifiées et publiées au J.O.R.T et qui ont autorité supérieure à la loi d'après l'article 32 de la Constitution : « Les traités dûment ratifiés ont une autorité supérieure à celle des lois ».

Il est à noter que le code du travail a repris la plupart des normes protectrices internationales (article 65 et suivants du code de travail sur le travail de nuit des femmes) et a étendu la protection aux travailleuses dans toutes les activités non agricoles. Le travail de nuit des femmes est sanctionné pénalement (article 234 du code de travail). L'article 77 du code du travail établit l'interdiction absolue et totale quant à l'emploi du personnel féminin dans les mines et carrière (travaux souterrains).

L'article 11 de la convention de Copenhague relative à l'élimination de toutes les formes de discrimination à l'égard des femmes a été repris dans le code du travail (article 5 bis) qui consacre le principe de non-discrimination entre l'homme et la femme pour ce qui concerne le droit du travail. La violation de ce principe est passible de sanction pénale (article 234, nouveau code pénal, réformes de juillet 1993).

Bien que la société tunisienne ait réalisé de grands progrès dans la promotion du principe de l'égalité des chances, on peut, à travers la population active occupée féminine, constater qu'en période de crise, c'est l'emploi féminin qui continue à être sacrifié car il demeure considéré comme un revenu d'appoint de la famille.

En effet, en 1989, la population active occupée féminine totalisait 386 100 femmes, ce qui correspond à une baisse de 2 100 emplois, par rapport au niveau de 1984. Étant donné qu'au cours de la même période, la population active féminine a augmenté de 38 800, on remarque donc que la période de 1984-1989 est caractérisée par une détérioration sensible de la situation de l'emploi féminin.

L'accroissement global du chômage, passant d'un taux de 13,1 % en 1984 à 15,3 % en 1989, s'est fait au détriment de la population active féminine, étant donné que le taux de chômage est passé de 11 % en 1984 à 20,9 % en 1989[9].

De 1984 à 1989, la population active féminine occupée, dans la population active occupée totale, a vu sa part se réduire de 21,7 % à 19,5 %. L'emploi est l'un des domaines dans lequel les disparités entre hommes et femmes sont particulièrement marquées, puisque sur 5 emplois en Tunisie, un seul est occupé par une femme. Ce ratio ne semble pas progresser dans le temps, puisqu'en 1989 il se situe au même niveau qu'en 1975, en dépit d'une légère progression entre 1975 et 1984[10].

Par ailleurs sur le plan législatif, certaines catégories de femmes sont exclues des dispositions générales de la législation du travail à savoir les gens de maison, qui constituent la catégorie la plus défavorisée. La loi du 1er juillet 1965 relative aux employés de maison (J.O.R.T. du 2 juillet 1965) prévoit deux mesures de garantie :

---

9. *Femmes de Tunisie : Situation et perspectives*, CREDIF, 1994, p. 136.
10. Idem, p. 137.

* 14 ans l'âge minimum d'admission à l'emploi domestique afin de préserver la scolarisation ;

* l'assurance contre les accidents de travail et les maladies professionnelles.

En outre, le contrôle de l'application de la loi est confié aux assistantes sociales assistées des officiers de police judiciaire.

Protection de la santé de la femme

Toute personne a droit à un niveau de vie suffisant pour assurer sa santé, son bien-être et celui de sa famille, notamment pour l'alimentation, l'habillement, le logement, les soins médicaux ainsi que pour les services sociaux nécessaire (article 25 de la Déclaration universelle des Droits de l'Homme).

Ce droit est reconnu par tous les États, revendiqué par tous les groupes sociaux.

En Tunisie le droit de tous à la santé figure dans le préambule de la Constitution et il est confirmé par la loi du 20 janvier 1969 relative à l'organisation sanitaire.

De même la loi n° 91-63 du 29 juillet 1991 dispose dans son article premier que toute personne a le droit à la protection de sa santé dans les meilleures conditions possibles.

Cela s'est traduit par une législation libérale en matière de planification de la famille, et une protection sociale de la maternité.

La planification des naissances

La libéralisation de l'avortement a été reconnue avec le décret loi 73-2 du 26 septembre 1973 portant modification de l'article 214 du code pénal. Désormais l'interruption artificielle de la grossesse est autorisée dans les trois premiers mois, postérieurement aux trois mois, l'interruption de la grossesse est possible si la santé de la mère et son équilibre psychique risquent d'être compromis ou quand l'enfant à naître risque de souffrir d'une maladie ou d'une infirmité grave.

La loi n° 61-7 du 9 janvier abroge la loi française de 1920 qui interdisait sévèrement la vente, la publicité et l'importation de contraceptifs. Le nouveau texte libéralise leur circulation et les assimile à des produits pharmaceutiques.

Le 15 juillet 1963 la loi relative aux allocations familiales du 14 décembre 1960 a été modifiée par deux nouvelles lois limitant le bénéfice des prestations aux quatre premiers enfants à charge. Mais la loi du 5 mai 1988, entrée en vigueur le 1er janvier 1989, limite les allocations familiales aux trois premiers enfants du travailleur assujetti au régime général de la sécurité sociale et elles sont versées aux parents ayant la garde des enfants en cas de divorce, alors qu'elles étaient servies automatiquement au père et ce, même au cas où la garde des enfants était attribuée à la mère.

Par ailleurs, la loi fiscale prévoit un système de dégrèvement destiné aux non-bénéficiaires des allocations familiales, afin d'alourdir les charges fiscales des familles ayant plus de quatre enfants.

Protection de la maternité

La Tunisie a ratifié le pacte international relatif aux droits économiques, sociaux et culturels en 1983 et la convention des Nations Unies sur l'élimination de toutes les formes de discrimination à l'égard des femmes qui traitent la protection de la maternité. Mais la convention de l'O.I.T. n° 3, octobre 1919, relative à l'emploi des femmes avant et après l'accouchement et la nouvelle convention de l'O.I.T. n° 103 englobant la plupart des secteurs, y compris le secteur agricole, n'ont pas été ratifiées par la Tunisie.

La ratification de cette dernière convention est revendiquée par les femmes des différents mouvements car elle assure aux femmes un congé de maternité plus favorable que celui accordé par la législation nationale. En effet elle prévoit un congé de maternité de 12 semaines dont 6 semaines après l'accouchement et une possibilité de prolongation par un congé de maladie.

Sur le plan de la législation nationale le code du travail de 1966 dispose dans son article 64 que le congé de maternité est de 30 jours, qu'il peut être prolongé de 15 jours, et l'article 20 du même code précise que cette prorogation ne doit pas dépasser les 12 semaines.

Les banques, les établissements financiers et les compagnies d'assurances font bénéficier leurs employées d'un congé de maternité plus favorable : 2 mois à plein traitement.

Par contre dans le secteur public depuis la loi du 12 décembre 1983 le congé de maternité est de 2 mois à plein traitement, avec possibilité d'un congé postnatal facultatif de 4 mois avec un demi traitement.

En outre ont été établis le droit à 1 heure par jour pour l'allaitement et l'octroi d'une indemnité de couches au profit des travailleuses indépendantes dans tous les secteurs par le décret du 21 octobre 1982.

Protection sociale : le droit à la sécurité sociale

Depuis 1960 les salariés du secteur public et privé (non-agricole) sont assujettis au régime général de la sécurité sociale, ils bénéficient de la gratuité des soins dans les hôpitaux, de certains médicaments, de l'indemnité journalière en cas de maladie ordinaire ou pour cause de grossesse et suite à l'accouchement, de l'indemnité décès, du capital décès.

Les bénéficiaires de la sécurité sociale sont : le travailleur, son conjoint, ses enfants mineurs et ses ascendants à charge. Le régime général a été étendu au secteur agricole en 1970, à condition que l'ouvrier ait été employé pendant au moins 6 mois chez le même employeur.

Quant aux travailleurs indépendants du secteur agricole, ceux-ci bénéficient d'un régime particulier de la sécurité sociale par le décret du 21 octobre 1982.

L'extension du régime de sécurité sociale a également touché les travailleurs indépendants et les dispositions des articles 68 à 96, 100 à 120 de la loi du 14 décembre 1960 relative au régime de sécurité sociale, leur sont également applicables.

Deux principales caisses gèrent le domaine de la sécurité sociale :
– La Caisse Nationale de Retraite et de Prévoyance Sociale (CNRPS) pour les agents et fonctionnaires du secteur public et de la fonction publique.
– La Caisse Nationale de Sécurité Sociale (CNSS) pour les salariés du secteur privé.

La femme dans la vie publique, politique et sociale

L'indifférence du droit constitutionnel a été dans certains cas à l'origine de l'accentuation de la marginalisation des femmes, c'est ce qui explique, entre autres, le développement des mouvements féministes dans les années 1960-1970, pour venir à bout du mâlisme et pour exiger que le droit constitutionnel soit un élément de transformation des mentalités (Rafaa Ben Achour : « Femme et Constitution »)[11].

En effet, le pouvoir du suffrage a été reconnu aux hommes seulement.

Aux USA le 26 août 1920 le 19e amendement de la Constitution a reconnu le droit de vote aux femmes. En Europe : le Danemark en 1915, la Grande-Bretagne en 1918, la Russie soviétique en 1918, l'Allemagne en 1919, la France avec l'ordonnance du 21 avril 1944, Malte et l'Italie en 1945, la Belgique en 1948, la Suisse en 1971 et le Liechtenstein en 1984.

En Tunisie

L'article 6 de la Constitution tunisienne du 1er juin 1959 consacre l'égalité de tous devant la loi : « *Tous les citoyens ont les mêmes droits et les mêmes devoirs. Ils sont égaux devant la loi* ».

Mais le chapitre II de la Constitution traitant du pouvoir législatif (article 21 nouveau, modifié par la loi constitutionnelle n° 88-88 du 25 juillet 1988) dispose qu'est éligible à la chambre des députés tout électeur né de père tunisien et âgé, au moins, de vingt-cinq ans accomplis le jour de la présentation de sa candidature, ce qui peut laisser comprendre que l'électeur de mère tunisienne et de père étranger n'est pas éligible. Or cet article est en contradiction avec l'article 6 qui consacre l'égalité de tous devant la loi et avec l'article 12 nouveau relatif à l'acquisition de la Nationalité Tunisienne qui se transmet par la mère. Dans ce cas, l'article 21 nouveau de la Constitution établirait une distinction entre les citoyens tunisiens, on se demande alors quels seraient les critères de distinction ?

Femmes et pouvoir exécutif

En 1993 on comptait deux femmes membres du gouvernement : la première en tant que secrétaire d'État, chargée des Affaires sociales (depuis 1989), la deuxième en tant que secrétaire d'État (août 1992). Depuis août 1993, un seul poste ministériel est occupé par une femme, celui de ministre délégué auprès du Premier Ministre chargé de la Femme et de la Famille. Un poste de conseillère auprès du

---

11. Rafaâ Ben Achour : *Femme et Constitution* in Actes du colloque tenu à Tunis les 13-16 janvier 1988 sur discrimination à l'égard des femmes entre la convention de Copenhague et le discours identitaire, p. 155.

Président de la République chargée des Affaires de la Femme a également été créé et un certain nombre de femmes ont été nommées, en 1992, en tant que chargées de mission dans des cabinets ministériels.

Femmes et pouvoir législatif

Aux élections législatives tunisiennes du 4 novembre 1979, des 17 candidates présentées sur 242 candidats, seules deux ont été élues.

Aux législatives de 1994, 38 femmes étaient candidates sur 692 candidats, c'est-à-dire 6 % de femmes seulement, 11 ont été élues.

C'est pourquoi déjà depuis 1982, lors des municipales de 1982, le Président de la République affirmait que si les électeurs ne prenaient pas conscience de la place que devait occuper la femme, « l'État serait amené à amender le code électoral de manière à assurer aux femmes la place qui leur revient » (Le Temps 25 mai 1980).

Le pourcentage des députés femmes en 1987 était de 4,45 % c'est pourquoi la revendication de modifier le code électoral a été sollicitée afin d'instituer une inégalité compensatrice pour pouvoir changer les mentalités habituées depuis des millénaires à être gouvernées et représentées par des hommes. Ainsi la loi sur le Conseil supérieur de la magistrature modifié en 1986 a instauré de droit quatre femmes parmi ces membres de même l'usage parlementaire confie l'une des deux vice-présidences de la Chambre des députés à une femme.

Femmes et pouvoirs électifs locaux

Bien que les femmes fussent présentes dans les conseils municipaux, elles n'étaient que quatre présidentes de municipalités en 1985, actuellement il n'y en a aucune.

La femme dans le syndicat

L'Article 8 de la Constitution tunisienne garantit le droit syndical à tous les travailleurs hommes et femmes sans discrimination : *Les libertés d'opinion, d'expression, de presse, de publication, de réunion et d'association sont garanties et exercées dans les conditions définies par la loi. Le droit syndical est garanti.*

D'autre part la Tunisie a ratifié la convention internationale n° 87 de l'O.I.T. de 1948 relative à la liberté syndicale, reprise par la convention internationale de Copenhague de 1979, ainsi que d'autres instruments internationaux. L'exercice du droit syndical s'effectue au sein de l'U.G.T.T. (L'Union Générale des Travailleurs Tunisiens).

Mais la Tunisie ne consacre pas le principe de l'immunité syndicale, qui garantit la liberté du syndicaliste dans le cadre de ses activités syndicales, c'est pourquoi la Tunisie n'a pas ratifié la convention internationale n° 135 de 1971 qui garantit cette immunité.

La participation féminine dans les syndicats varie en fonction de sa présence dans les différents secteurs professionnels : 55 % des syndiqués sont des femmes dans le secteur de l'industrie textile, du tissage et de la confection, elles ne sont que 23 % dans l'enseignement, 12 % dans les postes et télécommunications et 3,5 % dans l'agriculture[12].

---

12. *Femmes de Tunisie : situation et perspectives*, CREDIF, 1994, p. 202

C'est au niveau des responsabilités syndicales que la disparité homme-femme s'accentue. Ainsi le bureau exécutif et la commission administrative de la centrale syndicale n'ont compté jusqu'ici aucune femme parmi leurs membres.

La femme dans les associations et cercles de rencontre féminins

En Tunisie l'émergence de la revendication féminine et même féministe, s'est faite parallèlement à la naissance du mouvement réformateur arabe des années vingt. Avant et après la parution de l'œuvre du grand réformateur Tahar Haddad (*Notre femme dans la Chariaâ et la Société*, 1930), des femmes pionnières osant défier le conservatisme de l'époque ont envahi l'espace public et organisé des réunions.

Parmi elles, on peut citer Manoubia Ouertani, la première femme à intervenir en public et à animer dès 1924 des réunions avec le soutien du journal français « Tunis Socialiste ».

Lors de l'une de ces réunions Hébiba Menchari se dévoila en 1929, ce qui lui valut les critiques ironiques du jeune Habib BOURGUIBA dans le journal « L'Étendard Tunisien » qui trouva son dévoilement provocateur et prématuré.

Ces femmes ont aussi soutenu Tahar Haddad contre les Chikh de la *Zitouna*, parmi elles, on cite souvent Zohra Ben Miled qui a fait circuler la pétition défendant Tahar Haddad. Elle était membre de la section tunisienne de la Ligue Internationale des Femmes pour la Paix et la Liberté.

On cite également Habiba Mcherek, participante au premier congrès des femmes d'Orient tenu à Damas et pendant lequel des résolutions pour l'égalité des sexes ont été adoptées.

En 1937, fut fondée l'Union musulmane des femmes tunisiennes (UMFT) dont la présidence fut confiée à B'Chire Ben Mrad, fille du Cheikh El Islam Mohamed Salah Ben Mrad et épouse d'un Cheikh. Cette organisation était qualifée de conservatrice puisque ses objectifs étaient religieux, moraux et éducatifs, mais elle a joué un grand rôle dans la lutte nationale, par la propagation de mots d'ordre patriotiques.

En 1944, le parti communiste tunisien poussa les femmes de son obédience à s'organiser et ainsi furent fondées l'Union des femmes de Tunisie (UFT) et l'Union des jeunes filles de Tunisie (UJFT). Ces organisations ont joué un rôle dans la lutte sociale et socio-éducative de la petite bourgeoisie et des masses populaires.

Mais toutes ces organisations étaient préoccupées par la lutte de libération nationale et les questions d'éducation nationale, elles n'ont donc pas revendiqué un statut spécifique de la femme, ni dénoncé ce système patriarcal qu'elles subissaient en tant que femmes.

Avec l'indépendance, et l'arrivée au pouvoir du parti du Néo-Destour, avec à sa tête le Président Bourguiba, le souci de ce dernier a toujours été l'unité nationale, à tel point que tout s'est construit autour de la notion d'unicité.

Ainsi furent dissoutes les organisations de femmes pour faire place à la création de l'Union Nationale des Femmes Tunisiennes

(UNFT) dotée d'une infrastructure importante qui lui permit de s'implanter à travers tout le territoire national. Cette organisation de masse a joué un rôle dans la vulgarisation du C.S.P., promulgué le 13 août 1956, et des nouveaux droits acquis par les femmes, surtout en milieu rural.

Mais la main mise du parti unique néo-destourien sur les appareils de l'État et toutes les institutions et organisations de masse, a fait perdre à l'UNFT son rôle d'émancipation des femmes et de revendication de leurs droits. Devenue de plus en plus un relai de l'État, défendant des droits acquis et n'en réclamant plus d'autres, elle a fini par ne plus attirer les masses féminines ni, surtout, les jeunes d'autant que pendant les années 1970 naissait, en Europe, le mouvement féministe qui avait son écho à travers le monde, et que les femmes de partout commençaient à dénoncer le patriarcat et à revendiquer leur participation dans les choix des modèles de société qu'on voulait tracer. L'UNFT, loin de suivre ce mouvement naissant dans le monde entier, a perdu de sa crédibilité en tant qu'organisation féminine capable de porter la lutte des femmes vers l'avant, en tant qu'une organisation de progrès.

C'est ainsi que des groupes de jeunes femmes commencèrent à se constituer et à se rencontrer dans des lieux culturels pour discuter de leurs préoccupations en tant que femmes, mais de manière féministe.

C'est dans ce contexte que s'est constitué le club Tahar Hadded, à l'initiative de jeunes femmes, dont la majorité étaient des intellectuelles de différentes catégories sociales, enseignantes, juristes, cadres mais aussi des étudiantes de gauche, des syndicalistes. C'est dans ce lieu de rencontre que le club d'étude de la condition de la femme vit le jour en 1978 et joua par la suite un rôle important dans la constitution de la commission syndicale féminine au sein de l'UGTT, et fonda la revue « Nissa-Femme » en 1985-1986, organe du groupe des femmes démocrates qui s'est transformé en 1988 en Association tunisienne des femmes démocrates, reconnue officiellement en août 1989.

Dès 1980 le Club célébrait la journée du 8 mars et « renouait avec une autre façon d'affirmer ses filiations internationales subversives... pour beaucoup d'entre nous, à l'agréable moment passé s'ajoutait l'émotion à l'idée de communier avec des millions de femmes dans le monde »[13].

On reproche à cette association de regrouper des féministes convaincues et de ne pas toucher des milieux plus larges, ce à quoi répond l'association qu'elle veut jouer un rôle de réflexion, qu'elle est un mouvement d'idées, de pression au niveau des pouvoirs publics, qu'elle constitue une vigilance pour les droits acquis des femmes et une lutte pour leurs droits à la citoyenneté.

Les années 1980 ont connu un militantisme féminin dans tous les domaines, dans les syndicats, dans les partis politiques. Ainsi la

---

13. Azza Ghanmi, *Le mouvement féministe tunisien*, Collection féminisme, Ghama, 1993, p. 51.

commission syndicale féminine de l'UGTT qui retrouvait son indépendance confisquée durant les années qui ont suivi le 26 janvier 1978 et servait « *d'espace institutionnel mais autonome qui peut aider l'émergence de la revendication féminine* » et où « *des militantes syndicales émergent, prennent la parole en public, tiennent des réunions publiques, mobilisent les foules, tiennent des réunions chez elles, bref « osent » avoir un comportement jusque là réservé aux hommes.* »[14]

Dans les partis politiques et à la Ligue des Droits de l'Homme, des commissions femmes on été créées et ont célébré partout le 8 mars.

Ainsi les militantes tunisiennes entendent-elles désormais insérer leurs luttes dans une dynamique mondiale : le droit des femmes dans le monde entier à l'égalité, à la dignité et à la solidarité avec toutes les femmes pour combattre le patriarcat dominant encore dans toutes les sociétés.

D'autres associations à caractère social, économique et culturel ou de recherche se sont constituées, ainsi, à titre d'exemple, l'AFTURD (Association des femmes tunisiennes pour la recherche sur le développement) groupant des universitaires qui travaillaient déjà en coordination avec des collègues des pays africains. Sa constitution officielle date de février 1989.

La commission femme de l'UNAP a vu le jour en décembre 1990, ainsi que la chambre nationale des femmes chefs d'entreprise et l'association de promotion des projets économiques pour la femme.

Dans la région du Capbon le Club *Allysa* à Hammamet et le Club *Faouzia Kallel* à Nabeul fondé en 1988 à Nabeul.

En 1992 fondation de la section tunisienne du mouvement mondial des mères, M.M.M.

Et enfin depuis le 7 août 1990 la création du Centre de recherche, de documentation et d'information sur la femme – CREDIF –, destiné à orienter des recherches spécifiques sur la femme.

Ce centre a organisé durant l'été 1992 le premier festival national de la femme avec le concours unitaire des diverses associations féminines. En décembre 1992 cet organisme a été doté de l'autonomie financière et administrative.

Conclusion

Depuis 1956 le législateur tunisien a suivi une politique courageuse en faveur de la femme, toujours dans la recherche d'un compromis entre les principes universels modernistes et progressistes et les spécificités de l'Islam.

Mais les acquis de la femmes tunisienne si importants soient-ils ne peuvent pas ne pas être menacés, de par la situation géographique de la Tunisie, par les mouvements conservateurs qui s'opèrent dans le Maghreb. Consciente que son statut juridique est unique dans le Monde Arabe et Musulman, la femme tunisienne se doit d'être vigilante pour défendre ce qui est acquis mais aussi revendi-

---

14. Dorra Mahfoudh, *Femmes et mouvement syndical*, in revue Nissa, n°5, 1985, cité par CREDIF, 1994.

quer sa citoyenneté, son droit à la parole et sa participation dans les prises de décisions dans tous les domaines.

Pour cela de plus en plus de voix de femmes s'élèvent contre le patriarcat et s'associent pour faire prendre conscience à la société civile du rôle que la femme a à jouer pour la démocratisation du pays, pour la neutralité de l'État.

Le C.S.P. bien que libéral est loin d'avoir consacré l'égalité entre l'homme et la femme, les prétextes invoqués par le législateur tunisien continuent à être religieux. C'est que l'État tunisien comme la plupart des États arabes et musulmans n'ont plus cette légitimité qui était la leur à la veille de l'indépendance.

En crise depuis une vingtaine d'années due à la monopolisation du pouvoir politique par des partis uniques, à la recherche d'une légitimité, ils déplacent les problèmes de démocratie vers le discours identitaire, sacrifiant ainsi une société civile, la condamnant parfois à une guerre civile, l'exemple de l'Algérie en est témoin.

C'est pourquoi aujourd'hui la lutte des femmes dans ces pays est vitale, refusant de servir d'alibi ou de sacrifice, la plupart d'entre elles posent aujourd'hui le vrai débat de ces sociétés : le débat sur la laïcité, seule issue pour les femmes au Maghreb et aussi seule garantie de la paix sociale. *Si de manière générale, on peut comprendre qu'une société ne puisse pas vivre sans références ni figures fondatrices, on ne peut admettre la légalisation des violences exercées contre les femmes au nom des valeurs pérennes, sous couvert de droit et avec la bénédiction de l'État. D'abord, comment admettre cette attitude qui au nom de l'identité du groupe nie l'identité de la personne humaine, partout la même, ayant de ce seul fait partout et identiquement les mêmes droits. On sait à quelles objections cette position donne lieu. C'est qu'en fait cette philosophie des droits de l'homme est stigmatisée en tant que produit idéologie importé et est dès lors frappé de suspicion. Mais, les particularismes culturels qu'on oppose à l'universalité des droits de l'homme, comme contrepoids à l'hégémonie occidentale sont souvent, pour ne pas dire toujours, l'occasion prétexte pour ne pas reconnaître aux femmes un statut de dignité, c'est-à-dire d'individu (e) sujet*[15].

---

15. Sana Ben Achour, *Etat non sécularisé, laïcité et droits des femmes*, in Revue tunisienne de droit (RTD), 1993, p. 297.

Le statut de la femme marocaine au sein de l'institution familiale

Zineb Miadi[*]

J'aimerais d'abord préciser que cette approche n'entre pas dans le cadre de la conception traditionnelle qui veut que, dans chaque discours sur la femme, celle-ci soit liée obligatoirement à la famille comme si elle ne pouvait être considérée que dans cette institution, sans pouvoir jouir du statut d'un individu, d'une personne, d'une citoyenne.

J'ai choisi de traiter le sujet du « Statut de la femme au sein de la famille », en raison de ma conviction qu'il existe une très forte relation entre la nature des relations qui règnent au sein de la famille, entre les deux sexes, et les relations qu'entretiendra à son tour, chaque membre de la famille avec les personnes du sexe opposé en dehors du cercle familial ; que de la prépondérance de relations démocratiques dans la famille résulte leur nécessité et une tendance à les réaliser dans toutes les instances sociales ; et que les premiers pas pour acquérir le véritable sens du civisme se font au sein de la famille.

Par conséquent, je considère que les conditions de vie de la femme à l'intérieur de la famille constituent un facteur déterminant pour qu'elle puisse jouir des avantages de la démocratie et des droits de la personne humaine, et qu'elle puisse les mettre en application.

La problématique essentielle qui oriente cette approche est la suivante : est-ce que le statut de la femme marocaine au sein de la famille lui permet d'exercer ses droits en tant que citoyenne à part entière, et jusqu'à quel point les relations familiales entre les personnes de sexe opposé peuvent-elles constituer une base déterminante pour établir une relation démocratique entre les acteurs sociaux des deux sexes en dehors de la famille ?

La situation actuelle de la femme marocaine au sein de la famille est le résultat de l'accumulation et de l'interaction des différents changements qu'a subis la famille depuis le début du siècle et plus particulièrement depuis le contact avec le mode de production occidental capitaliste, que ce soit au niveau de sa structure, de ses fonctions, des relations entre ses membres, ou encore de la division sexuelle des rôles et statuts.

[*] Zineb Miadi (Maroc)
Elle est professeur à la Faculté des lettres à Casablanca. Sociologue. Présidente du Centre d'Ecoute et d'Orientation pour Femmes Agressées à Casablanca. Membre fondatrice et membre du bureau national de l'Organisation Marocaine des Droits de l'Homme (OMDH).

On ne peut, à cette occasion, citer tous les changements qui ont marqué la famille marocaine de façon détaillée, mais il est important de signaler que ces changements n'ont pas eu lieu de façon homogène et équilibrée ni n'ont eu le même impact sur toutes les familles, ce qui a abouti à l'apparition de plusieurs modes de conception et d'organisation concernant les relations entre les membres de la famille, rôle et statut des membres de sexe opposé, et par conséquent à l'apparition de plusieurs modèles de famille ayant des dénominateurs communs mais qui diffèrent selon la stratification sociale et le milieu de résidence.

Nous insisterons essentiellement sur les dénominateurs communs en prenant pour point de départ des études effectuées dans ce domaine et des données statistiques, tout en attirant l'attention sur les phénomènes de différences partielles dans des cas qui s'imposent.

Il nous apparaît que l'approche du statut de la femme au sein de la famille peut être effectuée dans le cadre de l'analyse des changements qui ont affecté la division traditionnelle des rôles entre les hommes et les femmes, notamment l'accès de la femme mariée au travail rémunéré et au statut de « chef de famille ». Certes, la division domestique des rôles a connu une perturbation qui a permis la remise en cause de la conception traditionnelle des rôles au sein de la famille, sans toutefois créer les conditions suffisantes pour pouvoir la dépasser.

Il est vrai qu'il existe plusieurs indicateurs démontrant qu'il y a eu un changement de la situation de la femme et son troc des rôles traditionnels relatifs à l'espace privé et familial, contre l'émergence de nouveaux rôles qui lui permettent l'ouverture sur de nouveaux horizons, dans l'espace public, avec une nouvelle conception de son rôle et statut dans la société et la famille.

Mais il existe encore d'autres indicateurs qui traduisent une résistance face au changement : d'une part, la conception traditionnelle occupe toujours le rôle d'orientateur en ce qui concerne les textes juridiques régissant les relations au sein de la famille, de sorte qu'on ne puisse toucher, dans le statut du code personnel, aucun aspect des changements qui ont marqué la société marocaine, et ce, malgré les récentes modifications qu'il a connues ; d'autre part, même si la division traditionnelle n'est plus palpable au niveau comportemental, elle reste toujours présente au niveau des conceptions et des attitudes, et alimente la mémoire collective marocaine.

Quant aux planifications officielles, elles n'ont pas été programmées de façon à correspondre à la nouvelle vision de la femme. En effet, les manuels scolaires en sont encore à inculquer une image de la femme qui n'a pas encore dépassé les limites de son rôle traditionnel. Il en va de même pour les projets soumis au Parlement qui ne comportent pas de programmes incluant les femmes dans le processus de développement.

Les textes juridiques, quant à eux, n'ont pas tendance à éliminer la discrimination à l'égard des femmes, mais au contraire, continuent à travers certains d'entre eux, à considérer la femme comme un enfant n'ayant pas atteint l'âge de 16 ans. Le code du statut personnel

lui, émane d'une lecture de la Chariaa qui a perdu sa valeur pratique ; il serait donc plus logique et conforme à l'esprit de la religion
musulmane d'où (le code) il prétend être extrait, de le dépasser et de
l'échanger contre un code qui serait beaucoup plus adapté aux mutations sociales, compte tenu du fait que la religion musulmane ne
s'oppose pas aux changements, mais au contraire invite à s'y adapter. Et nous pouvons dans ce cas, citer l'exemple des règles de la
jurisprudence extraites du Coran et de la Sunna par les foukahas de
l'Islam dans les siècles premiers.

Le rôle de la femme en tant que citoyenne et participante à la production n'est médiatisé que de façon étroite et occasionnelle. Nous
pourrions même dire que la vision traditionnelle de la division du
travail entre les deux sexes régit encore la mentalité d'une grande
majorité de femmes. De ce fait, le discours sur la division des rôles
est en réalité un discours sur l'enchevêtrement de deux divisions,
traditionnelle et modernisée en même temps. Par conséquent, nous
allons traiter les caractéristiques de la nouvelle division et de ses
indicateurs, de la division traditionnelle et de ses indicateurs, de
leur imbrication à toutes les deux, et de l'influence que peut avoir
cette imbrication sur la condition de la femme dans la société et plus
particulièrement, au sein de la famille.

Nous commencerons par le modèle de la femme mariée et nous
essaierons de cerner sa condition, et ce, malgré l'insuffisance de
données statistiques relatives à la corrélation entre, par exemple,
l'indice de l'état matrimonial et l'indice d'activité ou l'indice d'éducation.

La femme mariée

Selon les statistiques (1982), le nombre de familles marocaines
est de 3 432 858 :
- 53,6 % habitent les régions rurales
- 46,6 % habitent les régions urbaines
- 58,8 % des femmes de plus de 15 ans sont mariées.

Les dernières statistiques, en comparaison avec les précédentes,
démontrent qu'il y a une augmentation très importante de l'âge au
mariage, qui reste néanmoins accompagnée d'une variance considérable selon le lieu de résidence. Il y a trois décennies, l'âge moyen
au mariage des jeunes filles était de 17 ans, et ce, aussi bien en
milieu rural qu'en milieu urbain, les jeunes citadines ayant néanmoins en leur faveur une légère différence. Cette moyenne s'est vue
augmenter dix ans plus tard, pour passer à 19 ans et 8 mois, et con-
nut en 1982 un nouveau sursaut[1]. Il existe d'autres phénomènes
accompagnant l'évolution de l'âge au mariage et qui pourraient en
être la cause, tels le niveau d'éducation des filles, leur degré de
maturation à l'égard de la procréation et leur niveau d'activité et
d'emploi.

Toutefois, l'augmentation de l'indice de célibat, selon le tableau
suivant, ne signifie pas que la majorité de la population ne finisse

---

1. *Femme et développement*, p. 39, Direction de la Statistique CERED.

pas par se marier. Mais nous pouvons conclure que la vision tradi-tionnelle qui limite la condition de la femme au rôle de femme au foyer, épouse et mère, ou comme projet d'épouse et de mère, com-mence à s'entremêler avec le concept de la femme cultivée et de la femme active, entremêlement qui nous pousse à traiter le sujet sui-vant : la situation de la femme mariée et active.

Proportion des célibataires en milieu urbain et rural entre 1971 et 1982 par sexe (personnes de 15 ans et plus)

Milieu de Résidence	Masculin	Féminin	Total
Milieu Urbain			
1971	38,0	23,5	30,5
1982	17,3	31,9	39,7
Milieu Rural			
1971	30,6	13,2	21,8
1982	25,5	20,3	27,7
Ensemble			
1971	33,2	16,9	24,9
1982	41,0	25,6	33,2

(Sources : Caractéristiques socio-économiques de la population d'après le recen-sement général de la population et de l'habitat de 1982, Direction de la Statistique, page 18).

La femme mariée active[2]

De 11,8 % en 1971, le taux général d'activité féminine a aug-menté pour passer à 16,4 % en 1988 et arriver à 25 % en 1991, avec une différence très apparente entre les régions rurales et les régions urbaines, puisque les résultats de la dernière enquête natio-nale sur la population active en région rurale et effectuée en 1986-1987, ont montré que le taux d'activité féminine rurale était de 36,6 %. D'autre part, la relation de la femme avec le travail rémunéré est devenue de plus en plus étroite. Son taux moyen de croissance d'activité est plus élevé que le taux moyen de croissance relatif à la population active masculine. Ce fait est prouvé par les statistiques puisque le taux moyen de croissance du nombre de femmes actives, rurales et urbaines, entre 1962 et 1982 est de 5,7 % contre 2,3 % pour la population active masculine, ce qui confirme que la vision de la femme entretenue est en régression, compte tenu du fait que les femmes occupent une place très importante dans l'activité économi-que avec un pourcentage de 26 % de la population active urbaine et 43 % de la population active rurale (1986). Sur l'échelle nationale, la femme a un pourcentage de 35 % de la population active, c'est-à-dire qu'il y a une femme active pour chaque deux hommes actifs.

Il semble que la prise de responsabilité de la femme dans l'acti-vité économique est un aspect très important pour la dynamisation du développement de la société marocaine, et plus particulièrement quand la majorité de cette population active féminine est constituée de femmes jeunes.

---

2. Indicateurs sociologiques, Direction de la Statistique - 1993.

Les résultats de l'enquête nationale[3] sur la population active urbaine et rurale (1986), nous démontrent qu'il y a aussi augmentation du pourcentage des femmes mariées actives[4] puisque le taux d'activité des femmes mariées est passé de 6 % en 1971 à 19 % en 1986. Compte tenu du fait que la participation de la femme mariée rurale n'est pas récente, il est clair que le taux d'activité de la femme mariée urbaine a connu une évolution croissante en passant de 7,9 % en 1971 à 16,1 % (1986), alors que le taux d'activité des femmes célibataires urbaines est passé de 8,9 % (1971) à 13,4 % (1986)[5].

Le nombre de femmes mariées actives occupant un poste ou cherchant un emploi est en nette augmentation. En effet, la femme mariée, en travaillant ou en cherchant du travail, tend à dépasser la vision traditionnelle et le texte juridique qui veulent qu'elle soit entretenue par son mari. J'insiste essentiellement sur ce point, étant donné qu'il existe un nouveau discours relatif aux courants rétrogrades qui veut que le rôle essentiel de la femme soit le travail domestique et que la responsabilité financière incombe au mari, et détermine sur cette base la répartition des droits et devoirs au sein de la famille. Malgré le fait que cette répartition ne concorde pas à la réalité actuelle de la famille, nous nous retrouvons face à une problématique d'opposition entre le discours et la réalité, que les responsables feignent d'ignorer en même temps que les mouvements religieux, tout en faisant face aux mouvements féministes qui exigent la modification des textes juridiques discriminatoires.

Il est impossible de passer à côté de cette opposition puisqu'elle constitue le cœur du débat sur un des principes essentiels des droits de l'homme, et une des conditions les plus importantes pour établir la démocratie et le droit de citoyenneté, et qui est celle de l'égalité du droit de citoyenneté entre les deux sexes.

Ce qui caractérise la main-d'œuvre féminine, c'est qu'elle ne considère pas le travail comme un luxe et qu'elle n'y accède pas suite à une qualification, mais plutôt pour satisfaire un besoin. C'est la raison pour laquelle elle se concentre dans des créneaux très peu rémunérateurs. La femme active mariée constitue 44 % des employées agricoles, 54 % des salariées et 45 % des employées dans le secteur des services.

La femme active mariée effectue une double tâche, l'une à l'intérieur du foyer et l'autre à l'extérieur, sans pour autant bénéficier d'une institution de ses droits de la part du législateur en considération pour sa participation à la responsabilité financière. Et ce, en partant du principe que la femme mariée qui opte pour travailler en tant qu'employée de maison ou dans une usine, ne considère pas son salaire comme un argent de poche, mais plutôt comme une participation aux dépenses familiales qui sont constamment en crois-

---

3. *Femmes et développement au Maroc*, p. 140, E.N.P.A.R, p. 99, E.N.P.A.U., p. 144.
4. Pour plus de détails, voir : *Femmes et Travail*, Rachid Filali Meknassi, Editions Le Fennec, 1994.
5. *Femmes et Développement au Maroc*, p. 134.

sance, suivant l'évolution des prix des denrées alimentaires, des frais de scolarité, etc., et comme assurance en cas de répudiation puisque le mari possède toujours ce droit.

La condition de femme active mariée est quasi-absente dans les textes régissant les droits et devoirs au sein de la famille, de sorte à ce qu'il n'existe aucun texte juridique pouvant résoudre les problèmes provenant de différends concernant le salaire de la femme, problèmes qui sont résolus la plupart du temps de façon marginale.

La femme active mariée se retrouve face à une nouvelle division des rôles imposée par la force de la réalité, et qui devient injuste quand il y a prépondérance de la division traditionnelle des rôles sur le niveau conceptuel. Il en résulte des contradictions au sein de la famille et un surmenage, physique et psychique, pour la femme, et donc une inflation des rôles de la femme et une discrimination juridique. Cette inflation est ressenti aussi bien chez les femmes à revenus limités que chez les employées occupant des postes en haut de l'échelle professionnelle, ce qui démontre que la relation femme-travail doit être accompagnée d'un changement au niveau des mentalités et d'une redynamisation des rôles entre les deux sexes.

Dans une enquête sur le terrain que j'ai effectuée à Casablanca en 1992 sur un échantillon des deux sexes (150 femmes et 150 hommes) pour cerner l'image de la femme dans les aspirations collectives, il a été démontré que la femme active reste liée, chez les deux groupes, au travail domestique.

A la question : *La responsabilité des tâches ménagères incombe-t-elle ?*
* *à la femme active*
* *à la femme non-active*
* *aux deux conjoints*
* *à d'autres personnes*

– 62 % des sondés (hommes et femmes) considèrent que c'est à la femme active d'assumer cette responsabilité avec une différence entre les deux sexes puisqu'ils représentent 68 % des hommes et 67 % des femmes.

– 17 % seulement considèrent qu'il est nécessaire que les deux conjoints assument cette responsabilité. Ils sont constitués de 12 % des hommes et de 20 % des femmes.

– 47 % des hommes sondés s'opposent à la participation du mari aux tâches ménagères et ce, même pour la plus futile des tâches, alors que 20 % des femmes sondées sont pour cette idée.

– Cependant, 83 % des hommes sondés pensent que la participation au budget constitue l'un des critères les plus importants pour définir l'épouse-modèle.

La femme mariée inactive

Dans la répartition du système statistique de la population féminine au Maroc, et selon le critère d'activité, il existe une case appelée « Femme au foyer » et classée parmi les inactives. Le nombre des femmes au foyer est de 4 341 281. Elles sont réparties selon le statut matrimonial :

– *Célibataires*
– *Mariées*
– *Veuves*
– *Divorcées.*

Tout en sachant que nous désapprouvons cette vision théorique qui considère les femmes au foyer comme inactives, et plus particulièrement les femmes mariées. En effet, on ne peut considérer comme inactive la femme mariée qui n'occupe pas un poste rémunéré, puisqu'elle assume en réalité plusieurs responsabilités.

Ce qui nous interpelle le plus, en traitant le cas de la femme mariée inactive, c'est la coexistence d'une nouvelle division des rôles qui concerne le plus la femme active, et la division traditionnelle des rôles qui lie d'une part la femme à l'espace privé et à la famille, et d'autre part, l'homme aux responsabilités financières et à l'autorité économique.

En l'absence de données statistiques prenant en considération l'effet d'interaction entre le statut matrimonial et l'indicateur d'éducation, nous nous contenterons de données statistiques générales[6] qui affirment que 89 % de la population féminine, qui n'était pas scolarisée au moment où ces statistiques ont été effectuées, n'avaient aucun niveau d'instruction. Selon le milieu de résidence, on peut noter que parmi la population urbaine non scolarisée, qui constituait près de 60 % de la population féminine urbaine totale : 14,6 % avaient le niveau primaire, 8,4 % celui du secondaire et 0,7 % le niveau d'études supérieures.

En ce qui concerne le milieu rural, 97 % de la population féminine n'avaient aucun niveau scolaire en 1982[7].

Il est évident, d'après ces chiffres, que la majorité des femmes au foyer n'ont aucun niveau d'instruction d'autant plus qu'elles ne bénéficient pas d'un statut juridique stable. Étant donné que l'activité de la femme au foyer n'est pas considérée comme ayant une valeur économique établie, et que le mari possède le droit de répudiation, la situation de la femme devient critique à partir du moment où elle se retrouve à la rue, du jour au lendemain, ou après 30 ans de mariage.

En effet, le travail domestique qu'effectue la femme au foyer ne lui institue aucun droit qui pourrait la protéger en cas de répudiation, et plus particulièrement si elle n'a pas d'enfants : elle est alors expulsée de son lieu de résidence étant donné que la pension pour la femme répudiée qui n'a pas d'enfant ne dépasse pas une durée de trois mois.

Les femmes chefs de famille

Selon les sources statistiques d'où proviennent les chiffres relatifs à ce sujet, le chef de famille est défini comme suit : « Le chef de famille est la personne que les membres de la famille considèrent comme leur chef et qui participe en grande partie aux dépenses de cette famille, et qui est responsable de la gestion de ces dépenses[8] ».

---

6. 1982.
7. *Femmes et développement*, p. 97.
8. *Consommation et dépenses des ménages 1984-1985*, Direction de la Statistique, 1987.

Le phénomène de femmes responsables de la gestion familiale est un phénomène en croissance au Maroc : le pourcentage de femmes chefs de famille est passé de 11,2 % en 1960 à 15,2 % en 1982, pour arriver à 19 % en 1992[9]. Son évidence est flagrante beaucoup plus dans les régions urbaines que dans les régions rurales, où 16 % seulement des chefs de famille sont des femmes, contre 22 % dans les régions urbaines. Le veuvage en est la raison la plus fréquente[10] : 90 % des femmes chefs de famille sont veuves. Le divorce arrive en deuxième position des causes essentielles de ce phénomène : 64,1 % des chefs de familles divorcées sont des femmes alors que 35,9 % sont des hommes.

Le phénomène de femmes chefs de famille, même en faible proportion (un cinquième), traduit la tendance des femmes à détenir le pouvoir au sein de la famille, et dépasser par la même occasion la répartition traditionnelle des statuts qui lient les hommes au pouvoir économique et qui leur instaure des droits légitimes par cette délégation de pouvoir, délégation qui est la plupart du temps théorique ou formelle. Ce phénomène traduit aussi l'inadaptabilité de la répartition juridique des rôles et statuts à la réalité, répartition qui se veut sacrée. Le résultat serait évidemment une restructuration irréversible de la famille et de ses fonctions.

A l'époque de la famille étendue, le refuge de la femme répudiée ou veuve était inévitablement les parents de sexe masculin qui prenaient celle-ci en charge ; c'est cette possibilité de demander de l'aide à un oncle, un frère ou un parent de sexe masculin en général qui a été la base de l'arrière-plan culturel de l'organisation relationnelle au sein de la famille. La jurisprudence émane elle aussi de cette vision puisque l'institution de tutelle dans les trois rites du « Fikh » sunnite[11] est une institution masculine. C'est ainsi que les tuteurs de la femme dans le mariage sont ses parents de sexe masculin selon leur degré de parenté.

Néanmoins, avec la nouvelle restructuration de la famille marocaine, les changements qui ont marqué l'organisation de l'espace, et ce en raison de l'influence du modèle architectural moderne et l'accès de la femme au travail rémunéré, est apparu un nouveau genre de famille qui n'existe pas dans le discours juridique et qui n'est pas seulement relatif aux femmes veuves ou répudiées, mais qui concerne aussi une partie des femmes mariées. C'est ainsi que 33 % des femmes chefs de famille des régions rurales sont des femmes mariées, contre 24 % dans les régions urbaines[12].

Le profil de la femme chef de famille

Selon les données statistiques[13], la femme chef de famille n'a dans 93 % des cas aucun niveau scolaire (89 % dans les régions

---

9. Indicateurs sociologiques, Direction de la Statistique, 1993.
10. *Femmes et conditions féminines au Maroc*, p. 156, T. 44.
11. Excepté le rite Hannafite qui accorde à la mère le droit de tutelle dans le mariage.
12. Indicateurs sociologiques.
13. Consommation et dépenses des ménages, op. cité.

urbaines et 98,7 % dans les régions rurales). D'autre part, sa classification dans la répartition des ménages selon les catégories socio-professionnelles veut que 53 % des femmes chefs de famille soient insérées dans une case ambiguë appelée « autres y compris les inactifs ».

Parmi les femmes actives ayant la responsabilité de la gestion de la famille, on constate que près de 54,8 % sont des cadres moyens, 23,8 % des employées de bureau ou dans les services, alors que celles qui occupent les postes de cadres supérieurs ou qui exercent une profession libérale ne constituent qu'une infime partie des femmes chefs de famille (0,9 %).

La taille des ménages gérés par les femmes est généralement plus petite que celle des ménages gérés par les hommes ; en effet les premiers comptent en moyenne près de 3,7 personnes/ménage, contre 6,4 personnes pour les seconds. Le taux de féminisation des chefs de ménage diminue avec l'élargissement de la taille des ménages ; ainsi, parmi les chefs de ménages constitués d'une ou deux personnes, près de 43,5 %, sont des femmes. Cette proportion n'atteint que 4,1 % pour les ménages constitués de 9 personnes et plus.

La taille des ménages diminue au fur et à mesure que le niveau de vie augmente. Ainsi, pour les ménages dont les chefs sont des femmes, la taille moyenne des ménages faisant partie des 20 % de la population la plus défavorisée est de 4,8 personnes contre 2,3 personnes pour ceux faisant partie des 20 % de la population la plus aisée.

D'autre part, plus les femmes chefs de ménages sont jeunes, plus le niveau de vie de ces ménages est élevé, et plus leur niveau d'instruction est élevé, plus le niveau de vie des ménages augmente.

La comparaison entre le niveau de vie des familles dirigées par des femmes et le niveau de celles dirigées par des hommes nous mène aux conclusions suivantes : il existe entre ces deux niveaux de vie une différence minime en ce qui concerne les dépenses alimentaires, d'habillement, d'hygiène et de soins médicaux, et une différence apparente entre les sommes dépensées par les hommes et femmes chefs de famille pour le logement, le transport, les loisirs... et qui semblent moins importantes dans les familles dirigées par des femmes. En effet, les conditions de logement des familles dirigées par des femmes ne sont pas très avantageuses. Elles occupent dans 17,4 %[14] des cas des logements communs, contre 10,7 % des familles dirigées par des hommes ; 30,9 % des familles dirigées par des femmes occupent chacune une seule chambre contre 17,2 % pour les familles dirigées par des hommes. En ville, les ménages dirigés par des hommes semblent mieux équipés par rapport aux ménages gérés par des femmes. Les biens durables sont inégalement répandus entre les ménages classés selon le sexe de leur chef.

---

14. Consommation et dépenses des ménages 1984-1985 (Direction de la Statistique).

L'état de santé de la mère selon :
– Le taux de mortalité juvénile

– Le taux de mortalité maternelle

D'après les déclarations des responsables des organisations mondiales de santé, le niveau de la situation sanitaire au Maroc est très bas. En effet, on remarque le manque d'équipements et d'encadrements sanitaires, et une mauvaise répartition géographique des institutions sanitaires publiques, suivant une centralisation des services sanitaires dans les régions urbaines plus que dans les régions rurales, et dans les grandes villes plus que dans les petites villes.

Étant donné que c'est la mère qui est responsable des besoins de l'enfant en ce qui concerne son alimentation, son éducation et sa santé, c'est elle qui pâtit le plus du manque de services sanitaires, ce qui fait qu'elle se retrouve face aux obstacles qui s'opposent à tout citoyen marocain ayant un revenu limité en cas de problèmes de santé. Ces obstacles s'accentuent quand la femme a des obligations domestiques. En effet, la plupart des travaux qu'effectuent la femme, et plus particulièrement dans le monde rural, sont contraignants et peuvent constituer un danger pour sa santé ; d'un autre côté, ses efforts sont accentués quand le logement ne bénéficie pas d'équipements sanitaires nécessaires : 6,3 % seulement des familles rurales disposent de l'eau courante et 11,9 % de l'électricité[15].

Nous exposerons la situation sanitaire de la femme à partir des indicateurs suivants :

1. Mortalité maternelle

Au Maroc, il y a 359 cas de décès de la femme pendant l'accouchement pour chaque 100 000 naissances. Cette proportion se situe entre 9 et 30 dans les pays développés. Ce taux élevé est dû particulièrement à :

– Un manque de contrôles périodiques pendant la grossesse. Il y a eu, d'après les statistiques officielles, 141 629 auscultations pendant la grossesse en 1987.

– Le taux des femmes qui accouchent sous surveillance médicale n'atteint pas 2 5 %.

– Le manque de lits d'obstétrique : en 1992, le Maroc comptait 2 393 lits d'obstétrique.

Ceci montre que le droit de la femme à la vie est en péril dans l'accomplissement de la fonction sociale de procréation.

2. Mortalité juvénile

Malgré la diminution de ce taux dans les vingt dernières années – de 147‰ à 91‰ – il reste relativement important par rapport aux pays développés. Il est évident que le manque de surveillance médicale pendant la grossesse, la malnutrition et les grossesses répétées et rapprochées, sont des facteurs déterminants en ce qui concerne l'augmentation du taux de mortalité juvénile. Ce taux est donc un indicateur très important de la santé de la mère. On remarque aussi un taux de mortalité juvénile élevé dans le monde rural.

---

15. *Femmes et développement*, p. 35 (Direction de la statistique, 1992).

Le manque d'informations sur les centres médicaux et l'éloignement de ceux-ci font qu'ils sont peu fréquentés, il en résulte une qualité médiocre des infos premières en ce qui concerne la prévention médicale, la grossesse et la santé des enfants, en particulier pendant leurs premiers mois.

La stratégie de la procréation

La modification quant à la stratégie de procréation est l'une des modifications les plus importantes qui ont marqué la famille marocaine. L'approche de cette modification va nous permettre d'éclairer quelques éléments essentiels qui ont contribué au changement de la vision de la femme dans la société, et aussi la vision qu'elle a d'elle-même. La tendance à la régulation des naissances n'est pas récente pour les femmes marocaines puisqu'elle cœxistait avec la tendance à soigner la fertilité : à l'époque où la fertilité était considérée comme une valeur en soi et une des qualités de la femme, celle-ci a essayé de se l'acquérir de multiples façons, de combattre la stérilité et d'élargir sa progéniture, alors que d'autres femmes tenaient à distance leurs grossesses. La preuve en sont les différentes recettes miraculeuses qu'utilisaient les femmes pour y recourir, et qu'elles faisaient circuler entre elles. La femme marocaine a probablement pris conscience, pour des raisons d'ordre sanitaire et économique, de l'importance du contrôle de sa fertilité bien avant que la planification familiale ne devienne une stratégie officielle. Je cite la loi de 1939 qui interdisait la propagande des méthodes contraceptives, loi qui n'a été abrogée qu'en 1967, date de la création du comité national de planification familiale.

L'accès de la femme au travail rémunéré, la transformation de la famille marocaine d'une structure élargie à une structure nucléaire, et l'augmentation du taux d'instruction des femmes sont des facteurs importants dans le développement de la tendance à distancer les grossesses. En effet, le nombre moyen d'enfants au début des années soixante était de 7 enfants pour chaque femme, sans écart important entre les régions rurales et les régions urbaines. Cette moyenne est passée du début des années quatre-vingt à 5,5 avec une différence apparente entre les régions rurales (6,6) et les régions urbaines (4,3)[16].

Il est très probable que la tendance des femmes à contrôler la fonction procréatrice traduit une mutation de la vision qu'ont les femmes d'elles-mêmes, échangeant leur attitude passive vis-à-vis des grossesses qu'elles considéraient comme inévitables, quel que soit le nombre d'enfants, contre une attitude active qui essaie de transformer la nature pour la faire adhérer à une planification sociale. J'insiste beaucoup sur ce point, étant donné que mon enfance s'est déroulée dans un milieu où les femmes adoptaient une attitude passive face à leur cycle de procréation naturel et y adaptaient leur vie sociale, de façon à ce que les grossesses aient lieu chaque 12, 18 ou 24 mois, suivant les périodes de fertilité de la femme.

---

16. *Femmes et conditions féminines*, op. cité.

En prenant le contrôle de son cycle de procréation, la femme marocaine a exprimé une tendance à développer le mécanisme de prise de décision, ce qui est sans doute une révolution dans la condition de la femme marocaine. Néanmoins, cette disposition à planifier les grossesses, à contrôler la stratégie de procréation et donc à transformer la femme de sa condition d'instrument de procréation à une citoyenne ayant la liberté de décision dans sa vie intime, n'est pas généralisée.

Reste à éclairer un élément très important et qui est que cette modification de la stratégie de procréation s'est effectuée en parallèle avec la campagne nationale de planification familiale qui a abouti à l'augmentation du nombre de femmes ayant connaissance des méthodes contraceptives et du nombre de ses utilisatrices, mais qui reste néanmoins inférieur au nombre des premières. Ainsi, les enquêtes effectuées par le Ministère de la Santé[17], affirment que 97 % des femmes marocaines mariées, pendant cette enquête, ont connaissance des méthodes contraceptives ; 80 % d'elles connaissent l'existence du stérilet et 77 % celle de l'ablation des trompes, mais le nombre d'utilisatrices, même en augmentation constante, reste néanmoins inférieur à celui des femmes ayant connaissance de ces méthodes :

– Le pourcentage des utilisatrices des méthodes contraceptives est passé de 19,4 % en 1980 à 41,8 % en 1991, et plus particulièrement de 13,7 % à 28,2 % pour les utilisatrices de pilules contre 1,6 % à 3,2 % pour les utilisatrices de stérilets.

– Si l'on prend en considération l'indice du lieu de résidence, on constate que les femmes rurales n'ont pas tendance à utiliser ces méthodes. 75,4 % des femmes mariées rurales ont affirmé, en 1987, n'utiliser aucune méthode contraceptive.

– Si l'on prend en considération l'indice de l'âge, on constate alors que 70 % des femmes mariées (urbaines et rurales) se situant dans la tranche d'âge des moins de 30 ans n'utilisent aucun moyen contraceptif contre 60 % des femmes se situant dans la tranche d'âge des plus de 30 ans.

– 73,8 % des femmes ayant entre 1 et 2 enfants n'utilisent aucun moyen contraceptif contre 58,9 % de celles qui en ont entre 3 et 4, et 57,9 % de celles qui en ont 5 ou plus.

– Selon la même enquête, la femme instruite tend à avoir un minimum d'enfants, en raison d'un âge au mariage élevé d'un côté, et d'un autre, de sa prise de conscience de la nécessité d'une planification familiale au lieu des grossesses spontanées. C'est ainsi que 30 % seulement des femmes n'ayant aucun niveau scolaire utilisent les moyens contraceptifs. Alors que 47,7 % des femmes ayant atteint le niveau primaire les utilisent contre 51 % parmi les femmes ayant un niveau secondaire et 49,4 % parmi celles ayant atteint un niveau universitaire.

---

17. Enquête effectuée par le Ministère de la Santé au sujet de la planification familiale en 1991, (*Femmes et conditions féminines*, p. 55).

Ces chiffres confirment l'existence d'une tendance des femmes marocaines à contrôler leurs grossesses, et donc à améliorer leur condition sociale et sanitaire et ce, en raison de la relation corrélative qui existe entre le nombre d'enfants et le niveau de vie de la famille ainsi que l'état de santé de la mère.

Mais cette tendance, même si elle correspond à une transformation évidente de la vie des femmes marocaines, n'est palpable que sur une minorité de celles-ci et plus particulièrement celles qui sont conscientes de l'existence des moyens contraceptifs sans pour autant les utiliser, et ce, d'après une enquête du Ministère de la Santé. Ce qui nous conduit à essayer de cerner les raisons qui poussent cette catégorie de femmes – représentant une bonne majorité des femmes en âge de procréer – à afficher une attitude passive vis-à-vis des grossesses spontanées. S'agit-il d'un choix évident en soi-même ou bien existe-t-il des obstacles empêchant ces femmes de prendre des décisions selon leur choix ?

Est-ce un choix ou le résultat du croisement de quelques facteurs qui interdisent à ces femmes le droit de diriger leur stratégie de pro-création, selon des décisions prises en toute connaissance de cause ; tout en sachant que le nombre élevé d'enfants entraîne un investissement très important de temps et d'argent de la part de la mère au foyer et ce, en l'empêchant d'exercer d'autres rôles productifs qui participent à l'économie du foyer, et que les grossesses répétées peuvent détériorer l'état de santé de la mère et atteindre son droit à la vie. Ceci, en prenant en considération le taux élevé de mortalité maternelle pendant l'accouchement (4 % en 1989 selon l'enquête du Ministère de la Santé), qui est assez important par rapport aux pays développés.

La réponse à cette question ne peut se faire qu'à partir d'une enquête de terrain effectuée précisément sur ces femmes n'ayant aucun contrôle de leurs grossesses. Nous ne pouvons dans ce cas que nous contenter d'élucider quelques points ou de présenter quelques hypothèses qui peuvent favoriser l'explication de ce phénomène, et qui seront soit réfutés, soit confirmés par l'enquête sur le terrain.

On suppose que la vision traditionnelle qui conçoit les enfants comme une protection sociale pour la mère constitue l'une des raisons qui poussent ces femmes à avoir le plus grand nombre d'enfants, et ce, même au détriment de leur santé physique et psychique, cette vision provient de :

– facteurs juridiques : comme la possession du mari du droit de répudiation, et qui fait que les femmes et plus particulièrement les inactives et les analphabètes, essaient d'avoir un grand nombre d'enfants. C'est le cas aussi pour les familles qui ont pour but d'avoir des enfants de sexe masculin, constituant une protection pour l'héritage, tout en sachant que les textes juridiques régissant les lois de l'héritage défavorisent les filles en cas de décès du père, en leur accordant les deux tiers de l'héritage alors que le reste revient de droit à leurs parents proches de sexe masculin.

– facteurs économiques et sociaux : il y a 30 ans, Pascon a dit : « Il y a une liaison étroite entre le comportement de procréation et le

comportement productif. L'encouragement à la régulation des naissances ne peut sans perturbations graves des psychologies collectives, atteindre qu'une très faible partie de la société : la plus avisée,
la plus cultivée et la plus jeune ».

En effet, l'utilisation des hommes et des animaux comme ressources d'énergie, fait de la procréation massive une stratégie de protection de l'économie familiale et de la famille nombreuse un objectif
essentiel, ce qui explique l'augmentation du nombre de familles
nombreuses dans les régions rurales. C'est ainsi que le pourcentage
des familles ayant 5 enfants ou plus est passé de[18] :
– 57 % à 62 % sur l'échelle nationale (1971 à 1982)
– 63 % à 67 % dans le monde rural (1971 à 1982)
– 50 % à 57 % dans le monde urbain (1971 à 1982).

Le nombre d'enfants est aussi un critère déterminant en ce qui
concerne la distribution des terres aux familles dans les régions
rurales, puisque les familles les plus favorisées dans cette distribution sont celles qui ont 9 à 10 enfants à charge, viennent en second
lieu les familles moins nombreuses.

Il est évident que les mutations vécues depuis l'indépendance au
sein de la famille marocaine révèlent une nette amélioration de la
condition de la femme. En effet, la femme marocaine n'est plus confinée dans l'exercice du rôle traditionnel qui limitait ses activités aux
travaux ménagers et à l'éducation de ses enfants. L'accès de la
femme à l'instruction, au travail rémunéré, lui a permis de transformer la géographie de l'espace féminin et d'assumer des responsabilités de plus en plus importantes dans la production sociale.

Cependant, la portée démocratique de ces changements est frei-
née par plusieurs sortes de discriminations auxquelles la femme
marocaine reste soumise, tant sur le plan du droit que dans la pratique.

C'est ainsi que la jouissance effective du droit à l'instruction est
entravée par le niveau élevé de l'analphabétisme chez les femmes en
général, et plus particulièrement chez les femmes rurales.

La pleine jouissance du droit au travail garanti par la Constitution
est marqué par le niveau de l'instruction. Sans éducation, ou formation professionnelle, un pourcentage très élevé de femmes actives
exercent des activités sans qualification reconnue, et qui de ce fait
ne bénéficient d'aucune protection sociale.

En ce qui concerne les droits politiques, deux femmes ont, en effet, fait leur entrée au Parlement en juin 1993, mais la femme marocaine demeure exclue du gouvernement, de la diplomatie et des
postes élevés de l'administration.

Le comble de la discrimination est concrétisé par le code du statut personnel qui instaure une relation inégalitaire entre les deux
sexes au sein de la famille. En restant fidèle au contenu (et non à la
méthode) du rite malekite établi depuis le septième siècle, ce code
reste l'un des obstacles majeurs au processus de la démocratisation.

18. Caractéristiques socio-démographiques de la population (1982), p. 16.

Le Maroc a ratifié « La convention sur l'élimination de toutes les formes de discrimination à l'égard des femmes » en juin 1993, mais avec des réserves fondées sur les dispositions du code du statut personnel, tendant à perpétuer la discrimination et à maintenir la femme mariée sous tutelle.

Nous considérons que la promotion des droits de la personne humaine, de la citoyenneté et du processus démocratique impliquent une intégration de la femme sur une base d'égalité dans les instances sociales, économiques, politiques et civiles.

Expérience et vécu au féminin entre tradition et modernité

Maria Grazia Ruggerini[*]

1. Introduction

1.1. Tout le travail de recherche, comme on l'a déjà expliqué dans l'introduction, a été finalisé à l'acquisition des connaissances élémentaires pour la d_finition de programmes d'action visant à l'affirmation des droits de citoyenneté des femmes dans la région du Maghreb, en commençant par le Maroc et la Tunisie.

Pour la plupart, il s'agit donc d'études qui, à partir d'optiques disciplinaires différentes, ont repris et approfondi, en le systématisant au sein des thèmes centraux de ce travail, un patrimoine de connaissances acquis par les experts (es) tout au long de leurs études.

Pour obtenir d'autres éléments qui nous permettent d'identifier de façon précise et concrète les terrains privilégiés sur lesquels intervenir avec des actions pilote, il nous a fallu, à côté de ce patrimoine de connaissances, conduire sur le terrain des recherches ciblées visant à interroger des couches spécifiques de population féminine. Une enquête qui, elle aussi, représente en soi un patrimoine, mais qui nous a surtout servi de base pour l'élaboration d'un plan d'action.

Les principaux résultats des enquêtes de terrain sont déjà illustrés, plus ou moins explicitement, dans quelques-uns des essais présentés dans cet ouvrage, notamment dans les travaux des chercheuses des deux pays qui ont eu un rôle de responsabilité dans l'équipe euro-maghrébine.

Nous parlons de recherches au pluriel, car dès le départ nous avons opté pour une pluralité de phases cognitives. Les raisons en sont multiples et de plusieurs ordres. Nous allons y faire brièvement allusion ci-dessous.

Une première question concernait le mouvement des femmes et la nécessité d'acquérir des connaissances spécifiques propres à chacun des deux pays. A côté d'une intervention particulière – dont traite l'essai d'Antimo Farro – qui, pour des raisons organisation-

---

[*] *Maria Grazia Ruggerini* (Italie)
Docteur en Philosophie. Après quelques années d'enseignement elle s'est consacrée à la recherche en histoire et en sociologie. Elle a fondé, avec d'autres chercheuses, la coopérative d'études et de recherches sociales « LeNove » qui, depuis 1980, mène des enquêtes et promeut des interventions en faveur des femmes dans différents secteurs de la société. Depuis 1992 elle travaille pour la Commission européenne à titre d'experte en matière de « femmes et processus de prise de décision ».

nelles et d'échéance de la recherche, n'a pu être réalisée qu'en Tunisie, on a procédé à plus de cinquante interviews en profondeur faites à des témoins privilégiés sur les principales questions relatives à l'histoire du mouvement des femmes, à ses problèmes actuels et à ses perspectives futures. Les entretiens, qui ont vu se mêler la narration des faits et le vécu subjectif des témoins, ont porté principalement sur le nœud des droits (sur les plans juridique et de leur application) vus sous un angle féminin et féministe, mais aussi sur le rôle joué par les femmes en tant que citoyennes au sein de la société civile du début des années quatre-vingt à nos jours.

Sur le thème des droits nous avons cru bon d'interpeller également des hommes qui occupent des positions importantes dans les institutions gouvernementales ou dans les organisations syndicales et dont nous avons recueilli les propos. C'est l'exigence de reconstruire le contexte à travers un ensemble d'informations et d'opinions, aussi complètes que possible, qui nous a dicté ce choix, mais aussi un souci d'objectivité afin qu'une vision masculine des choses puisse servir de contrepoint et compléter la vision féminine certes prédominante dans le cadre de ce travail. Un tel choix révèle quelle est l'optique générale du projet, une optique qui entend placer les femmes au centre, non parce qu'elles sont aujourd'hui les sujets les plus défavorisés, mais plutôt parce qu'elles constituent une ressource à mettre en valeur et qu'à travers leur propre différence et l'instauration d'un rapport dialectique avec les hommes, elles peuvent contribuer à améliorer la qualité du développement social, politique et économique.

Ces recherches de terrain ont donc eu pour objet non seulement des femmes engagées dans des organisations féminines et féministes mais aussi des femmes « communes » (travailleuses à domicile, femmes au foyer, salariées dans l'industrie ou dans l'agriculture, dans le secteur tertiaire ou l'administration publique), lettrées ou analphabètes, mariées ou non, appartenant aux différentes étapes du cycle de la vie, habitant dans différentes régions de leur pays.

Encore une fois cette partie de l'étude avait pour but principal celui de comprendre à quel point étaient diffuses chez les femmes, diplômées ou analphabètes, la connaissance et la conscience des propres droits, leur adhésion ou moins à un concept de parité et d'égalité des chances entre les femmes et les hommes, en combinant bien évidemment le langage et les contenus relatifs à ces thèmes avec les cultures spécifiques d'appartenance des sujets interviewés. Le tout dans une perspective dynamique qui ne se limite pas à photographier la réalité telle quelle, mais s'efforce d'en saisir les besoins (explicites et voilés) que pourrait satisfaire la mise en œuvre d'actions « positives » destinées aux femmes.

1.2. Dans cette phase de l'enquête plusieurs ont été les méthodologies adoptées. Normalement elles l'ont été par choix délibéré, mais parfois leur choix a été dicté par les difficultés rencontrées, notamment la difficulté d'obtenir auprès des autorités gouvernementales les autorisations nécessaires dans les délais imposés par le projet. C'est ce qui s'est produit dans la partie de l'enquête qui prévoyait un questionnaire et que nous préférons définir encore un « travail en cours », vu qu'il nous faudra le compléter au cours des phases successives du projet : plus de 250 interviews au Maroc qui, pour toute une série de raisons, n'en sont encore, selon nous, qu'au stade d'une pré-enquête, et distribution manquée de ce questionnaire en Tunisie où cette partie de l'enquête a dû être remplacée par des interviews collectives à des groupes socio-professionnels homogènes dans des zones urbaines et rurales.

Étant donné l'homogénéité des questions à explorer, dans cette phase de l'étude nous avons suivi trois types de méthodologie, à savoir le questionnaire, les découpages semi-structurés adoptés dans les interviews en profondeur et, enfin, les entretiens collectifs, qui tous les trois tournent autour des mêmes thèmes.

Au-delà de la différente structure méthodologique, il s'agissait toujours de « sondages » visant à approfondir des thèmes spécifiques, susceptibles de nous aider à identifier des terrains et des contenus pour la seconde phase du projet : à savoir, les actions positives. Loin de nous la prétention de réaliser une enquête sur la réalité féminine du Maghreb dans son ensemble. Nous avons d'ailleurs recherché toutes ces informations dans l'abondante et riche littérature présente dans chacun des deux pays. Le profil qualitatif de l'enquête a fait qu'en Tunisie nous avons préféré opter pour des interviews de groupe qui ont intéressé principalement des jeunes femmes : étudiantes, fonctionnaires de l'administration publique, ouvrières de l'industrie ou de l'agriculture, mais aussi travailleuses du secteur tertiaire ou du secteur informel. Au Maroc, en plus des 250 questionnaires, qui ont été soumis à des travailleuses et à des femmes au foyer (par des intervieweuses spécialement préparées) dans quatre régions différentes du pays (une zone du Moyen-Atlas, une zone agricole du Centre-Nord et deux zones urbaines industrielles du Nord et du Centre du pays), nous avons procédé à une trentaine d'interviews semi-structurées – encore une fois à des femmes appartenant aux milieux urbain et rural – et organisé des rencontres collectives avec des femmes rurales dans le Nord du pays. L'enquête s'est donc développée dans des zones limitées mais spécifiques et autour de thèmes ciblés, dans le but d'obtenir des connaissances précises et bien définies susceptibles d'être utiles à la phase opérationnelle du projet.

Dans certains cas les interviews se sont transformées par « la force des choses », la singularité, l'intérêt, voire même le caractère passionné du récit, en de véritables histoires de vie qui mériteraient d'être publiées intégralement. Il s'agit souvent d'histoires difficiles, parfois même tragiques, qui, malgré les injustices et les violences subies, laissent transparaître chez les protagonistes un sens de dignité élevé et une volonté de libération dignes d'admiration.

1.3. Le compte rendu ci-dessous ne concerne pas l'ensemble des enquêtes menées au cours des mois consacrés à la première partie du projet. Il s'agit d'un matériel assez complexe qui gagnerait à être ultérieurement analysé et approfondi par des chercheuses et des expertes maghrébines. Il pourrait constituer une source utilisable en association avec d'autres sources, ou bien même la première étape d'études susceptibles de s'enrichir tout au long de la réalisation des actions pilote. Il s'agit là d'un patrimoine de connaissances que les associations et les experts de chacun des deux pays pourront gérer comme bon leur semblera.

En revanche, les notes qui suivent ont été rédigées en suivant une autre logique. D'un côté elles sont le fruit du regard d'ensemble porté par une personne qui, comme moi, a eu la possibilité de coordonner les activités dans les deux pays. D'un autre côté, il s'agit d'un texte partant d'une optique comparative entre l'Europe et le Maghreb, d'une comparaison élaborée plus ou moins explicitement par une personne qui, appartenant au premier contexte de par sa naissance et son bagage culturel et professionnel, s'est approchée au deuxième contexte en partant de l'hypothèse que la culture européenne et, plus encore, la culture des femmes risquent seulement de s'appauvrir si elles se replient sur elles-mêmes. Un projet de société multiculturelle, si pressant aujourd'hui pour l'Europe, se doit d'engager une dialectique avec les autres cultures, mais aussi des échanges profitables afin de trouver de nouvelles suggestions et impulsions susceptibles de contribuer à un processus de développement démocratique en Europe et dans le reste du monde.

2. Émancipation, Droits, Société Civile

2.1. Les interviews ont été analysées en suivant quelques-uns des principaux courants thématiques sur la base desquels les témoignages ont été recueillis. Nous avons procédé à une comparaison entre les différentes positions formulées dans chacun des deux pays. Le plus souvent possible nous avons laissé la parole aux témoins afin de mieux en saisir les positions, mais aussi les expériences et le vécu.

Les témoignages masculins ne sont pas cités directement ici, mais ils ont été souvent fort utiles pour une compréhension plus approfondie du contexte.

Nous avons utilisé 30 interviews pour le Maroc et 25 pour la Tunisie. Dans le premier cas il s'agit de femmes appartenant à plusieurs générations – de 29 à 62 ans – qui vivent et opèrent dans des villes différentes. Dans le second cas, ce sont des femmes appartenant en majorité à la génération ayant aujourd'hui entre 40 et 50 ans dont, pour la plupart, les activités professionnelles, sociales ou politiques se déroulent à Tunis. Les modalités suivies pour le choix des « témoins privilégiés » respectent les différences liées à l'expression et à l'histoire du mouvement des femmes dans chacune de ces deux réalités[*].

Par respect du désir d'anonymat, avancé par certaines d'entre elles, les interviews seront marquées par un sigle (l'initiale M. ou T désignant l'appartenance au pays, les initiales centrales des initiales fictives et le chiffre l'âge de la personne interviewée).

---

[*] Les interviews enregistrées ont été recueillies et transcrites, avec soin et une grande compétence, par : Akila Boudiaf, Leila Chafai, Saida Chaouachi, Dorra Mahfoudh, Tourya Temsamani.

2.2. Nombreux sont les phénomènes relevés et les affirmations recueillies pendant les interviews qui tendent à démontrer l'existence, pendant ces dix-quinze dernières années, d'une culture circulaire des femmes dans plusieurs pays et continents, sans pour autant en dénier les différences et les spécificités. Beaucoup des témoignages recueillis, au Maroc surtout, soutiennent que, notamment en ce qui concerne les droits, le mouvement des femmes est encore jeune et n'en est qu'à ses débuts, mais que le chemin parcouru, sous différentes formes par les diverses associations pour affirmer le droit des femmes en tant que citoyennes à tous les effets, est néanmoins bien visible et s'oppose à une certaine mentalité qui s'obstine à ne voir en la femme rien de plus qu'un sujet « mineur », tout au plus à protéger.

La situation des droits des femmes au Maroc peut être abordée en partant de deux points : 1. les textes présentent beaucoup d'insuffisances et d'injustices ; 2. un grand écart sépare ces textes du réel vécu. (M/EK/35).

C'est précisément à partir de ces instances générales que les femmes, même celles qui ne militent pas activement dans une association féminine, peuvent à l'occasion donner leur contribution personnelle à des initiatives particulières, car elles jugent l'action menée par l'avant-garde importante pour toutes les femmes.

Je trouve que le mouvement féministe a un rôle important de prise de conscience, de réflexion, parce qu'il n'est pas donné à toutes les femmes de se battre pour améliorer leurs conditions. Le mouvement féministe a une fonction de vigilance. (T/HA/39).

Assez souvent aussi, dans des milieux distants du féminisme et pas encore touchés par l'associationnisme féminin moderne, on a pu cueillir chez certaines femmes des expressions de confiance et d'espoir en une action collective des femmes, même si cela part d'un besoin très concret de défense de leurs droits mais aussi d'autodéfense (même contre les violences subies au sein du milieu familial).

Les femmes sont capables de s'unir et de défendre leurs intérêts. D'autre part si elles ne se donnent pas un coup de main entre elles, qui pourrait le leur donner ? (M/MK/38, femme au foyer)

Les femmes sont capables de s'associer pour réaliser ensemble des choses dans leur intérêt. (M/RO/29, travailleuse à domicile).

Je crois qu'une association de femmes, née pour réaliser des choses ensemble, peut très bien fonctionner si les femmes en sont conscientes et savent se comprendre entre elles. (M/NB/38, ouvrière).

On observe chez ces femmes une certaine confiance en la force des femmes, confiance qui trouve également son origine dans l'histoire et la tradition des « communautés féminines » de leur pays, mais aussi dans des formes de pouvoir plus ou moins implicites que les femmes ont toujours su exercer.

Si les femmes s'unissaient, elles pourraient constituer une force susceptible de conquérir certains droits. J'estime que dans leur intérêt les femmes sont également capables de créer des coopératives ou d'autres choses encore. (M/RO/29, travailleuse à domicile)

Avec des mots qui rappellent les « dénonciations » avancées récemment à l'échelon européen, nombreuses sont nos interviewées à confirmer – les Tunisiennes avec encore plus d'insistance – le mal que doivent se donner les femmes et la perfection qu'on exige d'elles pour arriver à recouvrir des fonctions de responsabilité, fonctions qui sont souvent confiées aux hommes sans aucune difficulté.

Il faut faire le double de ce que fait un homme pour arriver. En outre, j'ai toujours eu le sentiment qu'en tant que femme je devais faire preuve d'être à la fois une « bonne femme » et une bonne travailleuse. (T/FB/46).

Néanmoins de telles affirmations sont rarement accompagnées d'un ton de commisération. Bien au contraire le récit de la propre expérience de vie est souvent caractérisé par l'orgueil d'avoir su s'en sortir et la conscience d'avoir pu jouir de conditions qui leur ont permis une telle réussite (notamment pour celles qui opèrent dans des milieux intellectuels, exercent une profession libérale ou travaillent dans des entreprises très modernes), conditions de « privilège » par rapport aux conditions de vie de la plupart des femmes de leur pays.

Dans mon itinéraire professionnel, j'ai toujours travaillé dans des espèces de microcosmes, des systèmes relativement protégés, mais il est certain que le fait d'être une femme n'a pas toujours joué de manière positive. J'ai travaillé pendant dix ans en tant qu'urbaniste au district de Tunis dans un établissement public pour l'aménagement du grand Tunis. Dans l'équipe, dont je faisais partie, nous avions tous à peu près le même âge, il s'agissait d'universitaires, de démocrates, de gens avec qui les relations étaient relativement faciles, équilibrées. Je n'ai donc pas senti particulièrement de problèmes discriminatoires, sauf peut-être au moment du recrutement où la réponse n'a peut-être pas été aussi rapide qu'elle aurait pu l'être pour un homme. On m'a expliqué ensuite que recruter une femme posait des problèmes, parce qu'une femme a dans sa vie biologique des contraintes que n'ont pas les hommes.

Par la suite dans l'évolution de ma carrière je n'ai pas eu de problèmes en tant que femme, au contraire je pense que parfois le fait d'être femme et en minorité a joué favorablement en sens inverse, j'étais considérée comme membre d'une minorité à défendre.

Quant à mon poste actuel au Ministère du Plan, le fait d'être femme n'a pas joué au niveau de mon recrutement. Le ministre du Développement économique cherchait un spécialiste, mon nom lui a été communiqué et il m'a recrutée comme il aurait recruté un homme, de la même manière ». (T/HG/44).

Souvent le vécu exprimé par qui milite dans le monde associatif, le bilan de la propre vie ne font qu'un avec l'expérience associative elle-même.

A travers le travail associatif j'ai appris à prendre l'initiative, à prendre la parole, à développer mon sens de responsabilité, à avoir relativement confiance en moi. Et j'ai appris à faire de la recherche, à analyser, alors qu'avant je ne faisais qu'adopter les analyses des hommes. Le travail dans une association féminine me donnait la force de lutter pour le plus de liberté possible ». (M/NV/45).

En revanche plus dur a été le chemin pour qui a fait son expérience au sein d'institutions où la culture organisationnelle et politique prédominante est masculine comme, par exemple, dans le syndicat. Une recherche récente faite sous les auspices de la Commission européenne a souligné l'existence de ce même phénomène en Europe.

Dans mon travail syndical, les premiers temps les femmes étaient mal vues. Le manque de statut pour les techniciens hommes et femmes est un problème, car cela nous empêche d'évoluer dans notre carrière. Sur le plan du travail nous devons tous les jours mener une bataille pour valoriser notre métier.

Sur le plan syndical j'ai dû me battre pour être élue. Ce n'est pas évident quand on est une femme qui travaille dans un hôpital où la majorité est masculine, ceux qui font la propagande et s'intéressent au travail syndical sont des hommes. Je ne voulais pas être seule car beaucoup de femmes sont valables et pourraient être des responsables syndicaux, mais c'est toujours dur de les convaincre d'assumer une responsabilité syndicale. Voilà comment dans le syndicat je suis la seule femme responsable depuis trois mandats. (T/BC/40).

D'autres soulignent cependant comme une donnée positive la présence plus importante des femmes et leur visibilité dans le syndicat.

Les femmes sont plus visibles dans le syndicat, par exemple au sein de l'U.M.T. Dans les différents secteurs économiques et dans les diverses régions du Maroc, ainsi que dans le milieu rural, nombreuses sont les femmes qui sont très actives. Ces femmes on su, notamment au cours de ces dernières années, imposer au syndicat l'adoption de revendications spécifiques et elles se sont révélées être à l'avant-garde dans les grandes batailles de ces dernières années, ce qui leur a été reconnu publiquement lors du dernier congrès. (M/KR/39).

Néanmoins nombreuses aussi sont celles qui soulignent le déséquilibre entre leur forte présence à la base et la « pyramide » qui se crée quand on passe aux organismes dirigeants.

Leur position est faible au niveau des organismes dirigeants, tandis qu'elle est forte et disciplinée à la base, où les femmes jouent d'habitude un rôle d'avant-garde. (M/BG/62).

Le travail des femmes au sein des syndicats a commencé depuis longtemps, mais il n'y a pas de politique de promotion des femmes et la présence féminine parmi les cadres dirigeants est insuffisante. (M/RZ/45).

Ces témoignages confirment une situation dénoncée aussi à plusieurs reprises dans les pays de l'Union européenne (certes, dans les pays du Maghreb les proportions sont encore plus défavorables aux femmes), à savoir que les femmes souvent actives à la base sont en revanche très peu représentées au niveau décisionnel. Il s'agit là d'une situation complexe, déterminée non seulement par une politique insuffisante de promotion de l'égalité des chances, mais aussi par la « résistance » opposée par de nombreuses femmes, par leur refus d'accepter des logiques et des rôles de pouvoir au sein des mécanismes décisionnels actuels. Sans oublier un autre obstacle, souligné récemment par une enquête conduite en Italie auprès de femmes syndicalistes, à savoir la multiplicité des tâches et des rôles qui leur incombent et qu'elles doivent savoir honorer. La militante syndicale doit ainsi se transformer en une véritable funambule si elle veut conserver un certain équilibre entre ses temps et horaires de vie, souvent au prix du sacrifice de ses loisirs.

Une femme syndicaliste est avant tout considérée une femme à tous les effets, avec tous les devoirs et les tâches liés à l'organisation de la vie quotidienne. J'arrive à tout faire en sacrifiant mes loisirs, mais ainsi je peux au moins éviter les tensions au niveau du couple et des discussions avec mon mari, même si lui travaille à côté de chez nous et jouit d'un horaire extrêmement flexible... Dans la vie de tous les jours l'égalité entre époux ou au sein de la famille demeure encore une fiction ! (T/HS/35).

Les extraits des témoignages ici reportés renvoient presque tous nécessairement d'une part au concept d'égalité et, d'autre part, à sa pratique, et ils nous conduisent donc au concept d'émancipation, reconnu par toutes et défini clairement par l'une de nos interviewées.

L'émancipation c'est la liberté d'agir d'une manière responsable, c'est être en mesure de s'assumer pleinement ; c'est pouvoir être à égalité avec l'homme dans les droits sans pour autant aliéner sa féminité ; l'émancipation de la femme doit aboutir à un équilibre dans la société et par voie de conséquence à un développement homogène. (M/RZ/45).

L'émancipation est décrite comme un parcours, personnel et social, qui comporte de nombreuses variables interactives. Si l'on se réfère au contexte socio-politique, nombreuses sont les interviewées qui soulignent l'importance des lois et l'influence d'une législation appropriée pour réussir à changer une mentalité arriérée. C'est ainsi que les Marocaines de toutes les organisations et associations ont prêté une extrême attention à la question du Code du Statut Personnel (CSP) ainsi qu'aux amendements qui lui ont été récemment apportés et que beaucoup d'entre elles retiennent, avant même qu'en termes de principe, encore inadéquats aux transformations qui se sont déjà produites dans le pays.

Les droits des femmes au Maroc sont très en retard sur la réalité quotidienne vécue par les femmes. A l'heure actuelle les femmes sont chefs de ménage, chefs d'entreprise, enseignantes, exercent des professions libérales... et pourtant elles demeurent sous tutelle du mari ou du frère pour l'accomplissement de certains actes juridiques. (M/AB/44).s

L'amendement de la Moudawana est en lui-même une chose très positive, parce que amender la Moudawana après 36 ans de son instauration donne espoir en des changements plus radicaux. Mais ces amendements n'ont malheureusement pas été à la hauteur des aspirations des femmes qui militent pour leurs droits. Les choses auxquelles aspirent les militantes sont trop avancées par rapport à la réalité actuelle des femmes marocaines. (M/NZ/36).

D'autres interviewées ont pleinement conscience que l'avant-garde du mouvement féminin et féministe doit faire un effort de médiation par rapport à la réalité d'ensemble des femmes de leur pays. La loi, si elle veut être un principe universel, doit donc tenir compte des différences profondes qui existent dans le pays. C'est ainsi que plusieurs interviewées acceptent l'idée qu'il faille avancer graduellement, par interventions progressives. Il s'agit là d'une attitude équilibrée dans les revendications, attitude également partagée par les militantes des jeunes générations.

Les textes ont besoin d'être amendés. Le code du statut personnel, par exemple, reste en faveur de l'homme malgré les derniers amendements. Ces derniers restent insuffisants. Nous revendiquons plus... tout en sachant que nous n'allons pas obtenir davantage. Nous sommes dans une société islamique qui a ses sacralisations et ses frontières limites à ne pas dépasser quand il faut introduire des changements. Amender le statut a été une très bonne initiative. (M/CT/29).

Un bon nombre aussi ont souligné qu'il ne s'agissait là que des premiers pas engagés dans le cadre d'un processus qui devra associer l'émancipation des femmes à un processus de plus large envergure : le développement et la démocratisation de toute la société marocaine.

Les derniers amendements représentent un acquis quand même. Cependant il reste beaucoup à faire sur le plan du statut personnel pour assurer un maximum de sécurité à la femme et à la mère de famille : la répudiation, la tutelle matrimoniale, la polygamie, certains textes de loi du Code de commerce, etc. (M/SO/38).

La réforme est timide. Elle devrait s'inscrire, nous l'espérons, dans un processus progressif d'évolution ». (M/BS/43).

La culture des femmes est susceptible d'apporter à la transformation démocratique une contribution qui sera d'autant plus significative et évidente que plus profonds seront les signes de crise du vieux système socio-politique.

La société civile est un espace très favorable pour la mobilisation, surtout à un moment où le politique est en train de perdre sa crédibilité et les discours traditionnels n'intéressent plus les gens. Dans ces conditions la société civile et le mouvement associatif féminin doivent prendre la relève. (M/NB/41).

D'autres insistent plutôt sur les incohérences « au sein de la sphère des droits », en soulignant l'écart, en ce qui concerne le Maroc, entre les principes contenus dans la Constitution et ceux énoncés dans le CSP ; sans parler du fossé souvent abyssal qui les sépare des déclarations et des positions sur les thèmes de l'égalité entre les femmes et les hommes prises par les organismes internationaux et auxquelles le gouvernement du Maroc a pourtant déclaré officiellement son adhésion.

Dans les propos recueillis, comme en témoignent les extraits ici reportés, on souligne souvent la circularité entre changement des lois et transformations de la réalité, l'influence réciproque et dialectique entre les deux termes. Néanmoins, pour la plupart de nos interviewées l'essentiel c'est de changer la réalité, d'intervenir dans un processus de modernisation susceptible de transformer les mentalités.

Ce sont les nouveaux besoins qui font changer les textes. Avec l'évolution de la société les besoins changent et les comportements changent aussi. Le texte ne change qu'en dernier lieu. (M/MD/34).

Du point de vue juridique, l'évolution des textes de lois est limitée, ce qu'on peut souligner c'est que la Constitution marocaine reconnaît le droit au travail et les droits politiques pour les deux sexes, de même pour le Code de la fonction publique et le Code du travail. A mon avis la condition de la femme relève de son rôle effectif dans la société et de sa prise de conscience plus que des textes juridiques. (...) On ne peut pas dire que la réalité soit plus évoluée que le CSP, parce que la réalité elle-même n'est pas très homogène. Elle varie selon les régions et selon les catégories sociales. Il existe des femmes dans le milieu urbain qui n'arrivent même pas sur le plan pratique à bénéficier des droits stipulés par le CSP.

Théoriquement, la loi devrait être avant-gardiste. Ceci dit, dans certains cas la société peut être plus évoluée. Pour le Maroc, je pense que la vie sociale ne s'est pas encore stabilisée, elle se trouve dans une phase transitoire pleine de contradictions ; il faut donc analyser selon les cas. Il y a des femmes qui vivent dans des conditions qui dépassent le CSP et d'autres, la majorité, qui vivent dans des conditions dépassées par la Moudawana. Il n'existe donc pas une seule réalité, il y en a plusieurs. {M/AK/40).

Le CSP est discriminatoire envers les femmes. Je ne suis pas de ceux qui prétendent qu'il faut changer les mentalités pour parvenir à changer les lois. Je trouve au contraire que le changement des lois peut contribuer au changement des mentalités. Le seul avantage des derniers amendements, c'est que la Moudawana n'est plus un tabou et ne fait plus partie du sacré. (M/AT/49).

Les faits ont évolué plus vite que le droit, surtout au niveau du statut personnel, quand on sait, par exemple, que plus de 19 % des femmes marocaines sont chefs de famille. Il reste à mettre au même diapason le Code de statut personnel et le Code des contrats et des obligations avec la Constitution. (M/BF/46).

Néanmoins sur le plan empirique de la vie quotidienne deux problèmes se posent : le respect et l'application des lois existantes, mais aussi la connaissance des normes en vigueur par les femmes elles-mêmes.

C'est à partir de ces terrains qu'apparaissent non seulement la possibilité d'interventions concrètes à travers des actions d'information et de formation, mais aussi leur nécessité, tout comme, nous le verrons plus loin, le besoin d'une insertion plus décisive et plus explicite dans le monde productif, et ce à tous les niveaux.

L'éducation demeure la clé du développement, notamment pour les femmes. Des progrès ont été réalisés, mais ils restent très insuffisants. La scolarisation de la petite fille est un impératif incontournable. (M/SO/38).

Si l'analphabétisme « est l'une des sources principales de tous les maux », il n'en reste pas moins que les processus éducatifs doivent changer beaucoup plus profondément pour les femmes, sujets ou « objets » des messages pédagogiques.

La femme accuse un grand retard par rapport à l'homme, particulièrement dans le milieu rural. Ceci est très grave dans la mesure où la scolarisation est la base de toute promotion sociale. (M/NS/36)

La scolarisation à mon sens est le secteur prioritaire. Il faudrait réviser les ouvrages scolaires et le message pédagogique de manière à donner une nouvelle image de la femme que l'on veut promouvoir. Les médias peuvent être aussi exploités à bon escient. La télévision est un moyen très important pour inculquer aux gens, surtout à ceux qui n'ont pas reçu d'éducation, tout ce que l'on veut. On pourrait donc en profiter pour apprendre aux mères à orienter leurs enfants qui n'ont pas encore atteint l'âge de la scolarité, afin qu'ils ne soient pas déjà déformés lorsque l'école les recevra. (M/AB/44).

Sur ces thèmes presque toutes les femmes interviewées ont donné des suggestions nombreuses et articulées (en soulignant la grave situation d'analphabétisme et de désinformation qui caractérise particulièrement les zones rurales). Nous les avons résumées à la fin dans les propositions opérationnelles qui ont conclu cette partie du projet et devraient se concrétiser au cours de sa deuxième phase.

2.3. En Tunisie les interviews faites à des militantes et à d'autres femmes engagées à titres divers dans la défense des droits de citoyenneté se sont articulées davantage sur le versant des contenus théoriques et pratiques de la parité et de l'égalité des chances. Nombre de nos témoins reconnaissent vivre une condition privilégiée et en dehors du commun par rapport à la moyenne des autres femmes de leur pays (si la comparaison se faisait avec les femmes du milieu rural l'écart serait encore plus éclatant) quant à leur position dans la société et plus encore au sein de la famille. Pour beaucoup d'entre elles, qui ont pourtant une certaine familiarité avec les thèmes du féminisme et dénoncent souvent la mentalité patriarcale comme un poids encore très lourd à porter pour les femmes tunisiennes, une grande partie de la « question féminine » finit par se réduire à une question de démocratie au sein de la société et donc, comme l'ont déclaré clairement certaines d'entre elles, à un problème politique qui doit trouver en priorité une solution politique générale.

Personnellement, en tant que femme je me sens privilégiée de par ma situation, de par le fait que je me suis permise de vivre une situation qui m'arrange, de choisir de faire ce que je fais.

Par ailleurs, je me sens très frustrée en tant que citoyenne, là encore par manque de démocratie. Je vis dans un pays qui a 40 ans d'indépendance et pourtant quand j'entends la radio ça me rend malade, la même chose quand je regarde la télévision. Je ne me sens pas concernée. Je déplore le manque de volonté d'améliorer le niveau intellectuel du Tunisien. Entre le discours pour l'égalité et l'image que l'on projette de la femme il y a un fossé : la femme est toujours représentée comme une débile. (T/BH/40).

En définitive pour beaucoup de nos témoins le chemin qui mène à l'égalité et la possibilité d'affirmer une identité féminine spécifique passent précisément tous les deux par la question de la citoyenneté qui verra inéluctablement femmes et hommes unis dans un même processus de démocratisation et de renforcement de la société civile. Malgré les contextes différents il s'agit là d'un point de convergence tant pour le Maroc que pour la Tunisie.

Pour jouer intégralement son rôle la société civile doit se renforcer. Tout ceci ne sera possible qu'avec l'instauration de la démocratie. Les hommes et les femmes doivent lutter pour la démocratie. Sans vraie démocratie, la société civile n'est qu'un simple cadre. (M/DB/41).

C'est un problème de citoyenneté, pour les hommes comme pour les femmes. En fait, nous n'avons pas de société civile et nous avons un problème de démocratie. Le rôle des femmes est toujours important pour affirmer leur citoyenneté et participer ainsi à la construction de la société civile. (...) Je n'aime pas beaucoup cette question qui donne à la femme un rôle à jouer en tant que femme. Certes, elle communique et elle transmet des valeurs, mais une femme qui elle-même n'est pas libre n'est pas citoyenne. Comment alors pourrait-elle être porteuse d'autres valeurs de tolérance, si elle est elle-même réprimée dans sa vie ? Le rôle revient essentiellement au gouvernement et non aux femmes. La lutte des femmes est elle aussi réprimée et elle ne peut donc faire passer son message. (T/SF/44).

Les affirmations radicales énoncées par T/SF/44 sont partagées par une partie de nos témoins, le plus souvent par les femmes qui ont eu une expérience politique dans les partis d'opposition ou dans les groupes féministes des années quatre-vingt. La position des femmes qui ont assumé des charges dans les institutions publiques ou dans les associations proches du gouvernement actuel est plus nuancée sur le plan critique, mais elle est surtout plus optimiste. Elles tendent à mettre en valeur les anomalies positives de la société tunisienne (surtout en ce qui concerne la position de la femme définie avec orgueil « unique dans le monde arabo-musulman »), mais aussi tout le chemin parcouru pour arriver à une vision progressive et réformiste de la société tunisienne dans son ensemble.

En Tunisie la condition de la femme est privilégiée par rapport à celle de beaucoup d'autres femmes dans le monde entier. C'est une condition qui demande à être améliorée au niveau du vécu réel. C'est notre travail au quotidien, notre combat de rendre réelle cette condition privilégiée. C'est une question qui concerne les femmes et les hommes : la société en général doit assumer cette réalité qu'est la condition de la femme et travailler pour qu'elle se concrétise dans la vie quotidienne des femmes. (T/FK/46).

Le Code du statut personnel est un acquis pour la femme tunisienne ainsi que les réformes de 1992, mais il reste toujours des choses à améliorer. Au niveau des textes, par exemple, l'égalité entre la femme et l'homme est consacrée, il n'en reste pas moins cependant que ce n'est pas le cas pour l'héritage. Néanmoins je pense que même à ce niveau les choses peuvent évoluer et s'adapter à la vie moderne, bien que certains sujets restent tabous comme, par exemple, la non participation de la femme à l'Ijtihad. A ce niveau je pense que l'Ijtihad a été fait par des hommes pour les hommes, à leur profit (T/FB/46).

Certaines femmes ont approfondi leur analyse et elles estiment qu'au-delà du plan juridique qui est le reflet de la visibilité sociale féminine, le développement de la société subit désormais les effets positifs non seulement d'une présence féminine quantitativement plus importante, mais aussi des éléments qualitatifs qui finissent par marquer, dans une espèce de circularité positive, la société et les parcours de la vie féminine.

La place de la Tunisienne dans la société civile est visible et cela a induit une reconnaissance de ses droits et de sa participation à la vie économique et politique ainsi qu'à la vie civile. Cette présence est à mon avis essentiellement due à son émancipation qui, par un effet pédagogique, a induit des comportements et des mesures prises en sa faveur, essentiellement au niveau de la formation professionnelle qui est le domaine de mon travail. C'est précisément parce qu'elle est émancipée juridiquement et qu'elle participe au développement que l'on parle de participation féminine. (...) Dire que l'émancipation juridique a induit automatiquement une promotion de la femme ne suffit pas. Il y a un travail à faire sur la norme sociale pour aboutir à une promotion de la femme. Mais disons qu'il y a une dynamique de la promotion, ce qui inspire la situation de la femme, c'est que le juridique a induit du quantitatif. Or, depuis un certain temps, nous sommes au stade du qualitatif : même si on dit que c'est un cadeau, la nomination des femmes dans chaque ministère où la présence féminine a été imposée, a fait que la nomination a pu faire dynamiser une promotion qui aurait été difficile avec les règles ordinaires. La présence massive de la femme dans la société civile, économique et politique est donc passée du quantitatif au qualitatif. Qualitatif qui le deviendra de plus en plus et qui marquera ainsi un peu plus la situation de la femme. (T/SZ/40).

Enfin, il y a celles qui, à partir de leur expérience personnelle, soulignent que l'essentiel c'est de mettre les femmes à même d'utiliser les lois à leur avantage, même si les lois en vigueur dans le pays ne sont pas toujours parfaites.

Sans connaître les lois en détail, je pense que les textes nécessaires existent pour que les femmes puissent jouir de leurs droits en Tunisie. Ces textes existent depuis vingt ans et ce qui est le plus grave c'est que les idées qu'ils contiennent ne sont pas encore vulgarisées dans la tête des Tunisiens, surtout dans celle des hommes. (...) Je vais donner quelques exemples pris dans ma vie. Grâce aux textes, j'ai pu demander et obtenir le divorce, mais surtout garder ma fille, cependant dans l'esprit des avocats, des juges et des hommes en général j'étais fautive. C'est grâce à la loi que j'ai pu terminer mes études, travailler, élever ma fille et lui assurer un meilleur avenir. (T/EH/40).

La capacité de savoir utiliser la loi à leur avantage réclame de la part des femmes force et courage, même potentiels. La loi leur rappelle le rôle qu'elles peuvent jouer dans la société civile (encore assez jeune dans le monde arabe, comme beaucoup l'ont souligné) et dans les institutions politiques ; mais elle leur rappelle également le rôle des femmes dans la transmission de la culture et dans l'éducation : une tâche délicate vis-à-vis des jeunes générations et, en tant que mères, vis-à-vis de leurs enfants, filles et garçons, pour rompre les stéréotypes sexuels qui finissent par appauvrir la vie des hommes et des femmes.

Je reviens aux lois. Elles n'ont aucune utilité si nous continuons à élever nos enfants comme avant, si les femmes intellectuelles continuent à élever leurs fils comme l'ont fait leurs mères, sans ouverture d'esprit. J'ai cinq sœurs et nous avons toutes élevé nos filles non pas comme des garçons, mais comme des êtres responsables, capables de s'assumer. (T/EH/40).

Ou bien certaines d'entre elles estiment qu'en tant qu'enseignantes elles ont pu contribuer à faire prendre conscience de ces problèmes aux jeunes générations, en leur fournissant les instruments pour se défendre et pour combattre, même au plan personnel, la violence qui menace encore trop souvent la vie des femmes au sein même des relations familiales.

Mon travail d'enseignante m'a permis, pendant 17 ans, d'influencer nombre de jeunes filles et de les amener à défendre leurs droits et leur dignité en tant que femmes. Le résultat est qu'à travers elles certaines idées ont pu se répandre. (M/MN/50).

Mais il s'agit là d'un parcours de prise de conscience individuelle, souvent complexe et difficile.

Mon rôle dans le changement des mentalités est très modeste. Moi-même je dois tout d'abord m'efforcer de changer les mentalités de mes proches, de ma famille. Ensuite je dois être sûre d'être en mesure de surmonter tous les obstacles et toutes les hostilités. Je dois être sûre d'avoir l'ambition et le désir de changer. (M/CT/29).

Au cours des interviews beaucoup de nos témoins ont mis en évidence des questions qui sont également débattues au niveau européen. Citons à ce propos deux exemples. D'un côté le problème de l'effectivité du droit, à savoir l'écart qui se creuse trop souvent entre le droit formel codifié et son application dans la réalité de la vie quotidienne, et, de l'autre, la distance qui se crée souvent, même pour beaucoup de femmes émancipées, entre la sphère publique et la sphère privée où le rôle de la femme, à cause de la charge de travail et de l'organisation des temps quotidiens, est fréquemment beaucoup plus lourd que celui de l'homme. Cette condition est due à plusieurs facteurs : le sens de responsabilité des femmes à l'égard des tâches liées aux activités de soins, un attachement au « pouvoir féminin » qui s'exerce dans le cadre de la famille, mais aussi les traits dominants d'une culture patriarcale encore prédominante qui sous-tend cette mentalité, des mœurs et des coutumes durs à mourir, ainsi qu'une division sexuelle stéréotypée des rôles et du travail liée précisément à cette culture. Ce qui risque de créer des frustrations par rapport aux aspirations qu'une femme « consciente et combative » aimerait réaliser dans sa vie.

Au niveau des femmes conscientes, j'estime que si elles sont conscientes elles ne peuvent avoir qu'un comportement égalitaire, puisqu'en principe elles ont intériorisé ce concept. Mais le problème c'est que même parmi ces femmes conscientes et combatives, même à mon niveau personnel, il y a une différence entre ma vie au quotidien et les choses auxquelles j'aspire et qui ne viennent pas nécessairement de moi. J'essaye d'appliquer à ma vie mes principes de vie, je me sens entièrement égale à mon mari en tout et pour tout, mais il se trouve que la distribution du travail à l'intérieur de la famille ne se fait pas sur un principe égalitaire. C'est dû, je crois, au fait que les hommes changent très lentement. En plus avec une femme qui est féministe et qui revendique son féminisme, ça fait un blocage de plus. (T/SB/40).

Même si à l'intérieur d'une pluralité de positions, il existe une convergence sur certains nœuds fondamentaux qui tournent autour de la revendication de la valeur des femmes, une valeur qui est encore trop méconnue. Les critiques faites à l'organisation sociopolitique actuelle vont presque toutes dans la même direction : elles dénoncent principalement une insuffisante mise en valeur des femmes dont l'énergie, les capacités et l'intelligence sont trop souvent sous-utilisées alors que toutes ces qualités pourraient être fort utiles au développement de l'ensemble du pays. Même dans les cas exceptionnels où l'on enregistre une présence féminine au niveau des lieux de pouvoir, on s'aperçoit que même si le toit de cristal de la ségrégation verticale a été brisé on retombe trop souvent dans une autre ségrégation, de type vertical cette fois, qui relègue les femmes dans des rôles et des tâches traditionnellement féminins.

D'un point de vue juridique, il y a reconnaissance de l'égalité dans la vie politique, économique et sociale, mais cette reconnaissance juridique se heurte à la réalité politique, économique et sociale, à l'absence de femmes dans les instances de prise de décision. Même quand elles sont nommées à des postes de ministre ou de PDG, c'est toujours dans des domaines considérés traditionnellement féminins : planning familial, santé, domaine social et éducation ». (T/HC/45)

Les positions de nos témoins n'ont que très rarement fait part de revendications recherchées pour elles-mêmes, réservées à un univers strictement féminin, bien plus les femmes n'ont jamais avancé de protestations inertes. Elles démontrent toujours une attitude active, une envie de faire prédominante, une envie d'agir dans et pour la société. Très peu sont celles qui ont exprimé leur désir de laisser tomber, il s'agit d'ailleurs de femmes qui ont milité dans le mouvement féministe en Tunisie et qui sont aujourd'hui déçues par la lenteur avec laquelle certains processus particuliers vont de l'avant. A partir de ces considérations, nous pouvons donc avancer le postulat, par ailleurs confirmé par d'autres enquêtes, que plus les conditions sont difficiles, plus elles sont, d'une certaine manière, stimulantes. A bien des égards, c'est comme si au Maroc on assistait à l'ouverture d'une nouvelle saison, caractérisée par une grande envie d'agir pour le développement démocratique du pays, tant au niveau des groupes de femmes qu'à celui des projets dont la gestion verrait femmes et hommes ensemble réunis.

3. Identité entre modernité et tradition

Je ne dirais pas que la femme tunisienne a un problème d'identi-té, je dirais plutôt en général que ce sont les sociétés en train d'en-trer dans ce qu'on appelle la modernité qui ont des problèmes d'iden-tité. Que ce soient les femmes ou les hommes nous sommes dans une période de mutation difficile qui embrasse tous les champs de l'activité humaine, y compris le champ du symbolique. Ceci dit, je refuse aussi de dire que la modernité c'est l'Occident et l'identité l'Orient, je crois que c'est une des grandes mutations des sociétés. Dans la société tunisienne, par exemple, la question de l'identité ne se pose plus par rapport à l'Occident, c'est une question intérieure. C'est plus compliqué que cela. (T/TB/42).

Les affirmations de T/TB/42 synthétisent assez bien l'une des questions essentielles qui sont au centre de la recherche conduite dans les deux pays du Maghreb, à savoir le rôle des femmes dans une phase de transition. Il s'agit d'un changement qui regarde tous les sujets, femmes et hommes, d'un changement qui interagit avec eux et concerne autant l'aspect matériel que l'aspect symbolique. La plupart de nos interviewés (femmes et hommes) refusent de voir dans ce changement le résultat d'une polarité antinomique (modernité/tradition), et ils contestent encore davantage l'identifi-cation de la modernité avec l'Occident. Ce changement concerne en premier lieu les femmes, car, comme souligné de façon pertinente par une de nos interviewées, les femmes ont besoin de dépenser des énergies trop longtemps réprimées : « les femmes changent beaucoup plus rapidement que les hommes... En fait, elles ont été réprimées si longtemps que leur joie d'avoir finalement une éducation et des mo-dèles pour une vie différente est beaucoup plus grande, et, au moins dans certaines couches sociales, tout cela fait que les femmes assu-ment une attitude particulièrement active et dynamique ».

Néanmoins, pour la plupart d'entre elles, rompre avec le passé ne signifie nullement abandonner la « culture des origines », mais dis-cerner en son interne en refusant, par exemple, tout ce qui réduit les femmes à un état subalterne et à une situation d'infériorité, à partir de l'impossibilité d'exprimer librement leurs idées, opinions et dé-sirs personnels, jusqu'à une tradition qui considère les femmes des êtres avant tout obéissants aux normes sociales et de la famille dans une société où le pouvoir patriarcal est dominant.

Nombreuses sont donc celles qui se sont insurgées contre le sté-réotype qui voudrait les femmes gardiennes de la tradition, et ont relevé, avec un ton souvent polémique, que ce n'était pas un hasard si l'ouverture des comportements augmentait toujours avec le niveau d'instruction. L'attitude de conservation est donc plus liée à l'ab-sence de scolarisation qu'au fait d'être femme ou homme, dans un pays comme le Maroc, par exemple, où la partie féminine de la po-pulation a un grand poids (comme illustré par plusieurs essais de cet ouvrage).

Néanmoins, pour de nombreuses femmes émancipées l'accepta-tion d'une culture arabo-musulmane (certaines n'en soulignent d'ailleurs que le premier adjectif pour mieux en accentuer la laïcité) est le résultat d'un parcours articulé et complexe, d'une dialectique entre modernité et tradition. Assez souvent d'un refus initial elles finissent par reconquérir petit à petit les valeurs et le sens de cette culture. A travers l'acquisition d'une plus grande sécurité personnelle elles ont pu reparcourir de façon critique la culture de leurs origines, discerner et évaluer les aspects les plus riches de cette tradition sur lesquels fonder l'édification de la propre identité.

Pour ce qui est des traditions, j'étais en rupture de banc totale. Pendant longtemps c'était un rejet en bloc de la tradition arabo-musulmane dû à ma position de femme. Ma révolte de femme s'est faite contre les traditions, les coutumes et la religion. Mais entre-temps on évolue et j'ai mis de « l'eau dans mon vin ». Ce sont probablement l'âge, l'expérience, le contexte, une réflexion plus froide, l'expérience humaine qui vous amènent à vous dire que si l'on ne veut pas être marginale, il faut se réconcilier avec certaines choses, mais c'est une réconciliation conditionnelle. Je me sens Arabe, je suis imbibée de culture arabe, poésies, chansons, etc. alors que je rejetais la langue arabe parce que pour moi elle était véhiculaire d'une idéologie de la femme qui la maintenait en état d'infériorité. Pour moi, il fallait l'arracher à cette langue et lui donner un contenu nouveau. (T/NH/47).

Certes, quelques-unes se prononcent pour une rupture radicale, mais il s'agit d'une minorité, la plupart d'entre elles ayant choisi une forme de médiation avec la culture arabo-musulmane, elle aussi en phase de transformation.

Il y en a qui préfèrent agir de façon moins évidente et radicale, dans la forme notamment, pour pouvoir continuer à vivre ensemble à ce contexte socio-culturel. Il s'agit là d'une attitude de prudence et d'un cheminement par petits pas qui leur permettent de ne pas sacrifier totalement leurs opinions ni leurs choix personnels, tout en assumant un certain sens de responsabilité vis-à-vis d'une société qu'elles estiment susceptible d'évoluer graduellement et en évitant ainsi des ruptures traumatiques.

Je suis de mère française et de père tunisien et je vis en concubinage dans un contexte arabo-musulman. Je ne me sens pas en rupture totale avec mon contexte, mais je pense être un cas atypique, du point de vue social et du point de vue de ma vie de couple. Certes, mais dans ma manière d'évoluer dans la vie j'essaye de faire passer certaines choses. Je compte aussi sur la discrétion, je n'affiche pas mon concubinage. Certaines personnes pensent même que je suis mariée. Au travail il n'y a que deux ou trois personnes qui savent que je vis avec un homme en dehors du mariage. Mes parents le savent, mais je n'en fais pas un fer de lance, une lutte personnelle. Néanmoins la limitation du contexte arabo-musulman joue au niveau de la maternité, si j'avais vécu en Europe ou ailleurs j'aurais certainement choisi d'avoir un enfant, mais ici c'est resté pour moi une contrainte majeure. (...) Mais la société évolue, bien sûr. Il y a des atavismes, une culture qui fait que les choses évoluent lentement au niveau des mentalités, même sur le plan juridique, une femme ou un homme célibataires ne peuvent pas adopter un enfant,

et donc, même sur ce plan, il y a encore des choses à faire.
(T/HG/44).

Certaines femmes aussi, qui ont le plus souvent préféré la voie de
l'émancipation à un parcours strictement féministe, revendiquent
presque intégralement leur identité arabo-musulmane, tout en reconnaissant cependant avec force leur propre liberté et celle des
autres, ainsi que le droit à l'autonomie des choix, le tout au nom
d'une tolérance qui, selon elles, est propre à la religion musulmane.

*Je suis tunisienne, arabo-musulmane, j'ai vécu dans la tolérance
et l'ouverture, dans la pratique tolérante de l'Islam sans fanatisme.
Autour de moi il y en a qui font le Ramadan, d'autres non. Il y a
ceux qui obligent leurs enfants à faire le Ramadan, d'autres non.
Autour de moi il y a beaucoup de liberté. Je suis issue d'une génération de liberté et je suis arabo-musulmane dans le sens qu'autour de
moi on respecte beaucoup la tradition, le livre sacré, le Coran, mais
de façon libre. Voilà pourquoi je n'admettrais pas de vivre dans un
système où l'on vous dicte obligatoirement ce que vous devez faire,
où au moment de la prière par exemple on vous dicte d'aller prier,
comme c'est le cas dans certains pays musulmans. Je respecte la
religion musulmane qui, pour moi, porte en elle beaucoup de tolérance, pourvu qu'on sache la lire et la vivre intérieurement, sans
besoin d'apparence.* (T/FH/46).

Le travail a joué et joue encore un rôle primordial dans le processus de transformation vers la modernité. Cependant, trop souvent
encore, il s'agit d'activités informelles qui ne sont pas reconnues (ce
discours est valable pour les deux pays, avec cependant quelques
nuances). A côté de la négation de la valeur et de la nécessité du
travail lié aux activités de soins, les femmes continuent à avoir, dans
les campagnes surtout, de véritables activités productives, mais celles-ci ne sont pas reconnues sur le plan du travail pour le marché...

L'importance du travail – dans son acception d'activité reconnue
et rétribuée – a été soulignée au Maroc, peut-être plus encore qu'en
Tunisie, comme un élément central de changement dans les conditions matérielles et dans la sphère des valeurs. Une transformation
de l'identité qui détermine un passage à la modernité, sans pour
autant, encore une fois, rejeter les mœurs et les traditions. Il s'agit
surtout, selon l'opinion prédominante de nos témoins, d'une transformation qui doit s'accompagner, sans les dénier, des autres aspects de la vie des femmes. La recomposition d'une mosaïque qui
contrecarre, ou peut-être renouvelle en la relisant, cette attitude
propre à une certaine « mentalité arabo-musulmane » qui continue à
ne voir en la femme qu'un récipient destiné à la reproduction. Un
passage vers la modernité qui implique donc une émancipation par
et dans le travail, mais aussi une révision des rôles au sein de la
famille. Une société nouvelle qui, d'une part, ne soit pas une simple
imitation de l'Occident et, tout en respectant la recherche d'une certaine laïcité, ne dénie pas, d'autre part, les racines de la culture
« locale ». Ce n'est pas un hasard si l'une d'entre elles a voulu faire
noter à ce propos la différence entre se sentir arabe et se sentir musulmane.

La condition des femmes a connu un grand changement, si on la compare à ce qu'elle était il y a trente ans. Aujourd'hui les femmes sont visibles dans tous les espaces publics. Un des vecteurs princi- paux de ce changement a été l'accès des femmes au travail, et no- tamment à un travail de prestige comme celui de l'enseignement. (M/NB/41).

Il y a une grande différence entre les femmes qui travaillent et celles qui ne travaillent pas. Les premières sont obligées à prendre conscience de leur situation et elles commencent même à remettre en question leur rôle domestique. Cependant il faudrait diviser les femmes qui travaillent en deux catégories : celles qui ont pu choisir leur travail et se sentent réalisées et celles pour qui le travail est un poids supplémentaire qui s'ajoute à la charge de la famille. (M/AB/44).

Au sein de la famille, certes, on ne vit plus comme autrefois, comme ont vécu nos mères. Il s'agit là d'un changement positif et nécessaire du moment qu'aujourd'hui les femmes ont la charge d'au- tres tâches, en plus des tâches traditionnelles. La femme s'occupe du travail domestique, mais en même temps elle mène une vie publique et professionnelle. Elle assume également de nouvelles responsabili- tés en famille sur les plans économique et de l'éducation des en- fants. Mais, trop souvent encore, cette « super woman » est pourtant considérée comme une « mineure » par les hommes et par la société. Je suis convaincue cependant qu'il existe un nouveau modèle de famille marocaine auquel la législation n'a pas encore su s'adapter. (M/AP/37).

Fréquemment la signification positive du travail est également soulignée par les femmes qui, en ville ou à la campagne, vivent dans des conditions plus dures et dénoncent souvent la discrimination et l'exploitation qui pénalisent les travailleuses. Nombre d'entre elles qui, au départ, ont dû travailler par nécessité économique tout en devant se contenter souvent de salaires très bas (inférieurs à ceux des hommes) sans aucun contrat de travail régulier, admettent que le travail est devenu pour elles un facteur important d'autonomie, il leur procure reconnaissance et visibilité dans une société qui ne peut maintenir intactes ses valeurs traditionnelles.

Je suis satisfaite de mon travail... autrement comment aurais-je pu élever mes enfants ? (M/SK/25, travailleuse à domicile).

A vrai dire, je suis satisfaite de mon travail, d'autant plus que je travaille à côté de chez moi. Je travaille pour assurer mon autono- mie financière, pour m'acheter des vêtements... (M/RR/19, ouvrière).

Je suis ouvrière dans une usine agro-alimentaire. Auparavant j'ai travaillé à la campagne, mais aussi comme aide familiale. Je change de travail en fonction du salaire qui m'est offert. Actuelle- ment je suis satisfaite de ce que je fais. Je travaille pour aider mes parents et pour pouvoir satisfaire mes besoins, mais aussi pour as- surer mon autonomie sur le plan financier. (M/FC/16, ouvrière).

Cependant, même parmi les jeunes, s'il y en a aussi qui au nom d'une tradition, certes encore bien enracinée, acceptent la supério- rité de l'homme (ce qui pour quelques-unes signifie également l'acceptation de la polygamie) et se limitent à s'occuper de la famille (activité qui d'ailleurs comporte souvent une charge de travail assez lourde), la plupart des femmes interviewées dans les zones où nous avons mené l'enquête soutiennent le contraire. Le travail hors des murs domestiques donne une force de négociation plus incisive au sein de la famille, pour certaines il leur donne également plus de valeur aux yeux de l'homme ainsi qu'une citoyenneté visible dans une société en transformation.

La femme doit travailler même si elle est mariée et si son mari est en mesure de subvenir aux besoins de la famille. Le travail est une bonne chose, d'autant plus parce qu'il permet à la femme de collaborer avec son mari sur le plan financier. (M/NE/25, travailleuse à domicile).

Même si quelqu'un était disposé à me maintenir, je travaillerais quand même. Je ne veux avoir rien à demander à personne, pas même à mon mari. Je suis habituée comme ça et je préfère que les choses en aillent ainsi. (M/FL/37, aide familiale).

Je n'ai pas grand choix ; même si je n'aime pas mon travail, je dois le faire pour maintenir mes enfants... Et puis je préfère avoir mon salaire, mon argent personnel. (M/DC/39, femme de chambre).

Le rapport entre modernité et tradition ne se présente pas comme un processus linéaire et progressif, mais comme un enchevêtrement de thèmes et de questions qui investissent les différentes générations de femmes sans qu'aucun des acquis ne soient jamais définitifs ou sûrs, comme l'a fait observer l'une de nos témoins, avec un peu trop de pessimisme à l'égard des jeunes générations.

Ce qui est malheureux, c'est que ce sont souvent les jeunes qui reprennent les pratiques traditionnelles contre lesquelles les générations précédentes se sont battues farouchement. Beaucoup de jeunes se limitent à recevoir ce que les générations précédentes ont conquis. Je crois que tout cela a quelque chose à voir avec la crise économique, la crise de l'enseignement, le chômage,... (M/NV/45).

Au rapport complexe existant entre les générations de femmes s'ajoute la différence existante entre les diverses zones territoriales quant au rapport avec la modernité.

La condition de la femme marocaine a changé sensiblement, mais il faut faire une distinction entre le monde rural et le monde urbain, et même tenir compte des disparités existantes au sein du milieu rural lui-même. Si la citadine peut accéder à une vie plus ou moins moderne, la paysanne est loin de pouvoir accéder à cette condition. (M/LC/35).

Il y en a aussi qui accusent les hommes d'avoir la nostalgie du bon vieux temps, car ils n'acceptent pas d'avoir perdu leur pouvoir absolu suite à une plus grande liberté des femmes qui élèvent de plus en plus la voix, là où elles étaient habituées à se taire et à subir.

Les hommes rappellent souvent le bon vieux temps quand ils avaient le pouvoir absolu et commandaient sans que personne ne proteste. Encore aujourd'hui ils voudraient pouvoir nous battre sans aucune réaction de notre part. Comme si nous étions des bêtes qu'ils pourraient conduire selon leur bon plaisir. (M/RS/36, femme au foyer).

La diffusion des moyens d'information et des instruments de communication modernes a dans certains cas stimulé une perception de l'égalité comme un fait « naturel », même chez des femmes admettant de ne rien connaître ou presque en matière d'égalité des droits.

Les hommes et les femmes doivent avoir exactement les mêmes droits en tout et pour tout. Les hommes comme les femmes ont passé neuf mois dans le ventre de leur mère, alors pourquoi les choses devraient-elles après être différentes ? Les hommes n'ont rien de plus que les femmes... et pourtant les femmes sont discriminées. (M/NE/25, salariée agricole).

La perception du changement, du rapport avec une modernité qui signifie transformation plus que négation des propres racines, est donc diffuse. Assez souvent, même chez des femmes qui n'ont pas eu beaucoup d'occasions pour réfléchir sur le plan théorique aux conséquences de la modernité dans la vie quotidienne, on perçoit la recherche d'un nouvel équilibre qui sache conjuguer tradition et modernité.

On peut très bien concilier la modernité et la tradition. Une femme qui travaille ne peut pas porter l'habit traditionnel pour se rendre au travail, mais il n'en reste pas moins que les traditions doivent continuer à exister. La foi est au fond du propre cœur et ne se mesure pas au port du foulard. Il y en a qui portent le foulard et vont se prostituer... ! (M/SM/20, salariée agricole).

L'attachement aux traditions n'empêche pas une attitude pragmatique à l'égard de la modernité, une attitude qui apparaît de façon évidente quand il s'agit du futur, quand les femmes parlent des générations à venir et de leur souhait que ces futures générations sachent combiner le nouveau et l'ancien.

Traditionnelle ou moderne... l'essentiel est que ma fille sache sauvegarder son honneur et poursuivre son chemin... Je voudrais qu'elle fasse des études, qu'elle travaille... J'aimerais que nos traditions et nos mœurs persistent. (M/RM/17, salariée agricole).

J'aimerais que ma fille s'habille à la marocaine, qu'elle porte le foulard. Mais cela n'empêche pas qu'elle ait la télévision, un réfrigérateur, ainsi que toutes ces choses qui rendent la vie plus facile. (M/RS/36, femme au foyer).

Certes, le traditionnel se caractérise par des tâches plus difficiles, tandis que le moderne rend l'existence plus facile, mais on peut concilier les deux. Il faudrait mettre chaque chose à sa place : on devrait être traditionnel pour les choses qui le requièrent et moderne dans la vie active. Il faut vivre sa vie en sachant tirer profit de toutes les opportunités qui se présentent. (M/MK/38, femme au foyer).

La majorité des femmes qui sont engagées au niveau des institutions de l'associationnisme estiment que le changement doit être un processus graduel. Un principe de la réalité qui finit par ramener les rêves à une plus juste dimension.

Les ambitions sont grandes. Les rêves n'ont pas de frontières... Il faut agir avec des stratégies à long terme. (M/DB/41)

Mais il est tout aussi vrai, comme le soutiennent les plus optimistes, qu'avancer à petits pas et dans un grand laps de temps ne signifie pas pour autant agir avec moins de décision.

Les femmes continuent à travailler et à s'imposer, doucement mais avec décision. (M/AB/44).

4. Conclusion

Loin de moi le désir de banaliser les questions en soutenant de façon simpliste que dans le monde entier les femmes se retrouvent toutes devant les mêmes problèmes. Peut-être pendant trop longtemps les mouvements des femmes, à la recherche d'une unité susceptible de les rendre plus forts, ont-ils voilé les différences, au risque de créer de graves équivoques. Toutefois, tout en reconnaissant et en étant parfaitement conscient de la spécificité tant du contexte – économique, social et culturel – que du parcours et de l'histoire du mouvement des femmes, on est frappé par la récurrence de questions analogues entre l'Europe et le Maghreb, entre l'Italie et la Tunisie ou le Maroc. On se limitera ici à en citer quelques-unes déjà illustrées dans les pages précédentes par nos témoins elles-mêmes : le rapport entre législation/droits et processus socio-culturels ; le rapport entre travail, émancipation et liberté ; la dyscrasie entre public et privé, même pour les femmes émancipées ; le regard et le jugement « maternel » vis-à-vis des hommes et de leurs lents itinéraires vers un changement des rôles, des attitudes et des comportements ; la relation et la transmission entre les générations ; le rapport entre émancipation féminine et démocratisation de la société et de la politique. On retrouve donc une espèce de circularité des thèmes et des problèmes, bien que suivant des modalités et des niveaux différents, ce qui, à l'échelle internationale, indique une certaine transversalité des parcours et des problèmes affrontés par les femmes qui, saisissant l'occasion d'une instance d'équité, agissent dans le cadre d'un concept « d'égalité complexe ». Certes le discours avancé jusqu'ici a porté essentiellement sur les convergences, sur les points de contact (ce qui est essentiel pour pouvoir donner un fondement au dialogue entre les cultures), tandis que sur d'autres questions, d'ailleurs non directement objet de l'enquête mais sur lesquelles nos interviewées se sont démontrées plutôt réservées comme, par exemple, la culture du corps et la sexualité, il est fort probable que les parcours soient différents et les distances plus grandes. De la même manière, on a ressenti une certaine distance à propos du séparatisme, qui a représenté un passage fondamental dans le féminisme occidental mais risque en revanche de prendre une signification tout à fait opposée dans des sociétés patriarcales où la séparation entre hommes et femmes a représenté une tradition qui n'a pas été choisie par les femmes et qui, en général, leur est défavorable. La conquête de la valeur de l'individu (homme et femme) et de la subjectivité semble être aussi beaucoup plus rude dans une organisation sociale qui, par tradition, tend à éclipser l'autonomie de l'individu devant la valeur et la suprématie du groupe et de la communauté.

Ce qui émerge principalement de cette recherche c'est une attitude dynamique et novatrice des femmes qui, tout en revendiquant un lien avec les cultures locales, se sentent partie intégrante d'un monde moderne en évolution, évolution qui ne signifie pas adaptation ou imitation pure et simple de l'Occident. Le dynamisme des nouveaux sujets féminins se croise dans un rapport d'interdépendance avec les transformations économiques, juridiques et sociales.

Non certes la totalité, mais la majorité de nos interviewées, même parmi les travailleuses les moins acculturées, refusent d'occuper une place marginale car elles se sentent protagonistes du processus de transformation. Au fond, on peut donc affirmer que (et on retrouve, là encore, les termes d'une comparaison avec ce qui se passe en Europe et notamment en Italie) dans une phase de profonde rupture des équilibres et de désorientation, de nouvelles opportunités se présentent à des sujets qui jusqu'à nos jours absents (ou presque) de la scène publique : dans cette fin de millénaire il semble que les femmes puissent jouer un rôle important dans le changement des règles du jeu et la création de sociétés plus justes où la citoyenneté deviendra un droit universel, pour toutes et pour tous.

Femmes et société civile

Réflexions sur le cas du Maroc

Aïcha Belarbi[*]

Des concepts tels que « Société Civile », « Citoyenneté », « Femmes », « Démocratie », « Droits de l'Homme » etc., ont été récemment mis en scène. Les changements politiques intervenus dans le monde, à travers le processus de démocratisation des institutions et le renforcement des principes des Droits de l'Homme, la globalisation de l'économie et l'émergence d'un nouveau modèle de société post-moderne fondée sur le traitement de l'information, sur les technologies intellectuelles et la communication, la mondialisation de la culture font appel à la participation de plus en plus ample et profonde de toutes les forces sociales, dont les femmes, les différentes institutions et plus particulièrement les associations, les groupes informels, et ce, en tant qu'acteurs dynamiques au sein de la société civile, et en tant que groupes conscients de leurs droits et de leurs devoirs.

Si on analyse la genèse et le développement des concepts, nous réalisons combien chacun d'eux est lié, voire déterminé par des conditions historiques, des facteurs socio-économiques et des indicateurs culturels propres. En effet, les concepts ne sont pas une mode qui naît, se répand, pour être dépassée après un certain temps. Les concepts puisent leur origine dans une réalité sociale multidimensionnelle, dynamique et vivante. Ainsi, au Maroc comme dans le monde arabe, est-on passé du concept de *renaissance* qui a dominé au début du siècle ; renaissance dans le sens de réactiver notre système politique et économique, notre culture en recourant à un double référent : arabo-musulman et occidental, à celui de *révolution* qui s'est imposé dans les années 1950, et qui était directement lié à l'extension du communisme de par le monde, et son adoption par un certain nombre de dirigeants, de partis politiques, ou de groupes sociaux, et enfin celui de *société civile* qui est apparu au cours de ces deux dernières décennies, exprimant l'existence d'un nouvel ordre économique et attestant l'expansion de la démocratie avec tout ce qu'elle suppose comme participation, expression libre et respect des droits de l'homme.

En effet, le concept de société civile a gagné de plus en plus de terrain que ce soit dans les discussions politiques, les stratégies d'aide internationale ou les recherches en sciences sociales. Ce qui

---

[*] Docteur es lettres, spécialisée en psycho-sociologie. Maître de conférence à la Faculté des Sciences de l'Education de l'Université de Rabat. Coordinatrice de la Commission Enfance au sein de l'Organisation marocaine des Droits de l'Homme (OMDH). Consultante auprès d'organismes internationaux. Auteur de nombreux ouvrages et publications, notamment sur l'enfance et les femmes.

nous incite à nous interroger sur la place qu'il occupe et sur les nouvelles significations qu'il véhicule et qui lui permettent de remplacer les concepts de classe sociale ou de déterminisme économique et de devenir un instrument d'analyse de base qui nous aide à comprendre les problèmes de notre temps. N'est-il pas une réponse constructive aux diverses questions relatives à l'émancipation de la femme, les nouvelles formes d'exclusion, le développement humain durable, la démocratie etc. que nous affrontons quotidiennement.

Certes, l'émergence de la société civile est liée aux nouvelles configurations sociales. Le développement qu'elle a connu au Maroc, et plus particulièrement à partir des années 1980, nécessite une analyse détaillée de ce phénomène mettant en exergue les facteurs de son émergence, ses diverses composantes et sa participation dans la dynamique sociale. Or, une des principales composantes qui nous intéresse dans cette étude, ce sont les femmes. La participation des femmes à la construction de la société civile prend de plus en plus d'importance. Catégorie sociale marginalisée, les femmes deviennent plus entreprenantes, et plus conscientes de la nécessité de bâtir un système de solidarité, d'entraide, d'échange et d'*empowerment* qui leur permet de prendre place sur la scène politique, économique, sociale et culturelle de leur pays.

Cette étude sera structurée autour de quatre parties :

La première partie tentera d'une part de définir le concept de société civile en général, recherchant une définition plus adaptée au contexte marocain. D'autre part, elle essayera d'aborder les conditions de son émergence et les difficultés de son enracinement et son extension au sein des structures sociales.

La deuxième partie portera sur la participation des femmes à la gestion de la société civile. Société civile en tant que groupes formels cristallisés par les associations de femmes et de groupes informels consacrés par des ensembles non structurés, groupes de recherche, ou de métier, etc.

La troisième partie tournera autour des principales questions qui se posent à la société civile au féminin.

La quatrième essayera de dresser les limites de l'action féminine au sein d'une société civile en pleine structuration.

I. Les conditions d'émergence de la société civile au Maroc et les entraves qui bloquent son développement

Avant d'aborder les facteurs d'émergence de la société civile au Maroc, il serait judicieux de donner quelques définitions pour clarifier la signification générale donnée au concept et la définition particulière que nous lui consacrons en partant d'une réalité composite[1] et en pleine mutation.

---

1. *Société composite* est un concept utilisé par Paul Pascon pour démontrer la coexistence au sein de la société marocaine de modes de production économique multiples, déterminant différents types de mentalités. In *La formation de la société marocaine*, « Bulletin économique et social du Maroc », n¡120-121, Janvier-Juin 1971, pp. 1-26.

Par société civile, « on entend les différentes et multiples formes d'organisation volontaires indépendantes de l'État »[2]. Elle regroupe les institutions sociales civiles, comme les partis politiques, les syndicats, les associations professionnelles, les collectivités locales, qui constituent des réseaux à travers lesquels la société moderne exprime ses intérêts, ses objectifs et les défend d'une façon pacifique vis-à-vis de la domination de l'État[3]. Ces groupes, formellement organisés, constituent les moyens essentiels à partir desquels la société civile manifeste son existence et participe au développement et à l'évolution du pays.

Or, il est à relever que des groupes informels, plus ou moins structurés se trouvent en plein développement au Maroc et viennent ainsi agrandir le rang de la société civile. Dans ce sens, A. Saaf distingue deux sortes de société civile : une société civile officielle composée de partis, de syndicats et associations, et gérée par les élites intellectuelles et technocratiques, les notables, les personnalités scientifiques : il s'agit d'une société civile fonctionnant principalement à l'écrit et proliférant dans les capitales et les grandes villes. Face à l'État, ne faut-il pas ajouter les assabiya régionales et les identités culturelles locales... ?[4].

Ces groupes, formels ou informels, constituent le cadre indispensable au fonctionnement de la société démocratique permettant ainsi la participation d'un vaste public à la gestion de la cité et de la société. « Democracy presupposes a civil society, a recognition by the state that individuals, informal groups and formal institutions should be free to pursue their interest and ideals indipendent of the state in most spheres of life »[5].

A - Les conditions d'émergence de la société civile

La plupart des auteurs maghrébins ou marocains[6] qui ont réfléchi sur la société civile s'accordent à relever que cette nouvelle structure sociale n'a émergé dans le discours social ou sociologique, politique et théorique que dans les années 1980, point de départ de changements profonds répondant à une crise structurelle du système politique, économique, social et culturel.

1. Les facteurs politiques

Le développement de la société civile revient d'une part à l'ouverture politique qu'a connue le Maroc ces deux dernières décennies avec la démocratisation des institutions à travers les

---

2. A. Zghal. Le concept de société civile et la transition vers le multipartisme. In *Changements politiques au Maghreb* S/D de M. Camau. Ed. CNRS 1991, pp. 207-228, p. 208.

3. عبد الرزاق الدواي : حول موضوع المجتمع المدني بالمغرب، مجلة آفاق، العدد 3-4 ، 1992، ص 192-195.

4. A. Saaf. L'hypothèse de la société civile au Maroc. In *La société civile au Maroc*. Signes du Présent. S/D de N. El Aoufi. Ed. Smer 1992. p.11-24, p. 13.

5. Richard Rose. Toward a civil society, *Journal of democraty* n°2, Avril 1992, p. 13-22, p. 13.

6. Consulter les auteurs ayant participé aux ouvrages : *Changements politiques au Maroc*, op. cit. *La société civile au Maroc*, op. cit.

élections locales et législatives, le développement d'un mouvement pour les Droits de l'Homme. D'autre part, le discours partisan a connu une régression pour s'orienter vers des questions de démocratie et de droits de l'Homme. Sans occulter la participation active des partis progressistes pour l'instauration d'une réelle démocratie et leur opposition ouverte à la politique économique, sociale et culturelle menée par l'État.

2. Les facteurs économiques

A la fin des années 1970 et au début des années 1980, le Maroc a connu des déséquilibres économiques internes et externes très graves qui ont obligé le Gouvernement marocain, sous les pressions du FMI et de la Banque Mondiale à mettre en place une politique de stabilisation doublée d'une politique d'ajustement, fondée sur :

* une plus grande rigueur financière, et ce pour réduire le déficit et bénéficier de nouveaux prêts,

* une réduction du poids de la dette,

* le rétablissement des équilibres économiques.

Cette politique a conduit à un retrait de l'État, car à lui seul, il ne peut assumer tous les frais du développement, d'où le recours à la privatisation dans le domaine économique et à la prise en compte du rôle de la société civile dans le domaine économique et social.

3. Les facteurs sociaux

Le programme d'ajustement structurel a touché de nombreux services publics. La réduction des subventions des produits de base, la baisse des dépenses en matière d'éducation et de santé ont atteint en profondeur les familles rurales et urbaines à revenus modestes, voire bas. Aussi, le niveau de pauvreté a-t-il nettement augmenté (selon des données officielles, 15 % de la population marocaine vit au-dessous du seuil de pauvreté absolue, alors que les statistiques de la Banque Mondiale donnent le pourcentage de 35 %[7]), les inégalités sociales se sont accentuées (la dépense annuelle moyenne par personne en 1991 est de 9 224 DH = 800 $ en milieu urbain et de 4 624 DH = 400 $ en milieu rural. Un ménage favorisé dépense 14,5 fois plus que ce que dépense un ménage défavorisé[8], l'exode rural s'est développé[9] et le chômage a atteint de grandes proportions, 12,1 % surtout le chômage des jeunes diplômés, l'essentiel de la population en chômage (près de 8 personnes sur 10) est constitué par des personnes ayant le niveau de l'enseignement primaire ou secondaire, les chômeurs ayant un niveau supérieur constituent le dixième de la population en quête d'un emploi[10]. Tous ces facteurs conjugués ont conduit à un mécon-

---

7. Séminaire sur la pauvreté au Maroc, organisé par la Banque Mondiale et la Direction des Statistiques. Janvier 1994.

8. * Enquête sur les niveaux de vie des ménages. ENVM 1990/1991. Direction de la Statistique, 1991, p. 74.

* Les indicateurs sociaux. Direction de la Statistique, 1993, p. 226.

9. L'exode rural. Direction de la Statistique, 1995.

10. * ENVM 1990/91, op. cit. p. 66.

* Les indicateurs sociaux. Op. cit. p. 195.

tentement populaire et à des révoltes urbaines, notamment celles de janvier 1984 et de décembre 1990. La nécessité d'indiquer ces mouvements et d'encadrer ces jeunes ont poussé l'État à adopter une politique relativement permissive et laxiste à l'égard du mouvement associatif.

4. Les facteurs culturels

L'expansion de l'enseignement, quoique la généralisation de la scolarisation n'ait pas encore été atteinte, l'accumulation culturelle non négligeable ont aiguisé les aspirations de la population et lui ont ouvert de nouveaux horizons. Aussi, sur le plan social et sociétal, les revendications des diplômés, des femmes instruites, des ouvriers, des chômeurs se font de plus en plus entendre, réclamant une participation effective dans les domaines économique, politique, culturel et social.

L'influence des médias n'est pas à négliger, l'instruction d'une part, les médias d'autre part, contribuent efficacement à la conscientisation de la population.

5. Les facteurs extérieurs

Le nouvel ordre économique international a aboli cette image de l'État maître et chef suprême dans tous les domaines. « Ses principaux critères incluent les concepts d'équité, de participation, de créativité, de stabilité, d'autonomie, de protection de l'environnement, de droits de l'homme et de responsabilité individuelle qui vient de s'adjoindre récemment aux autres »[11], pour renforcer l'idée de participation, sous-entendue dans le sens de négociation, de coopération et de prise de décision.

L'État, seul investisseur, seul distributeur, seul organisateur de la société, celui qui possède les clés magiques pour régler tous les problèmes perd de sa crédibilité. L'expérience a démontré que l'État ne peut à lui seul être agent de développement. La participation de la population, que ce soit au niveau politique par la participation aux élections et à la gestion des affaires de la cité et de la société ou par sa contribution au développement économique et humain durable en constitue le noyau central. « La vie sociale actuelle, dit A. Saaf, est marquée par la fin de l'utopie de l'État développementaliste : celle-ci se traduit essentiellement par la réduction de la marge de régulation des flux économiques et financiers, les déficits d'intégration sociale et l'épuisement des ressources de légitimation. On assiste à la proclamation de « l'État assistanciel ». Les prêts et programmes d'ajustement structurel ont imposé une nouvelle conception du développement »[12].

Organisée sous formes de groupes formels ou informels, la société civile devient le garant de la démocratie et du développement. Aussi, les organisations internationales ont-elles adopté comme stratégie de faire participer les associations au développement orientant leurs subventions vers les institutions qu'elles considèrent plus proches

11. *The emerging World Economic Order and the criteria of acceptability. Development and International Cooperation.* Vol. IX, n°16, June 1993.
12. A. Saaf. *Hypothèse de la société civile au Maroc.* op. cit. p. 22.

des populations *grass-roots* et demandant aux États de les prendre en considération dans leurs programmes de développement. L'État, de son côté, recherche de nouveaux modes de légitimation, et ce, par ses références constantes à l'État de droit, par la création du Conseil Consultatif des droits de l'homme et par l'autonomie accordée aux mouvements démocratiques et des droits de l'homme et au mouvement associatif en général. Mais l'État demeure toujours le principal agent de contrôle.

B- Les entraves au développement de la société civile au Maroc

Ce mouvement qui semble acquérir son autonomie et échapper aux contraintes de l'État se trouve cependant sous son emprise, et l'État qui laissa éclore, se développer et se structurer une société civile, agit à l'encontre de son autonomie par le contrôle et l'immixtion dans ses activités. Certes, un État qui a toujours dominé, ne peut d'un jour à l'autre abdiquer et se baisser au niveau des associations, leur distribuant une partie de ses pouvoirs, et non la moindre, « encadrer et quadriller la population ». Une deuxième entrave relative à la construction de la société civile au Maroc réside dans la formation idéologique de ses acteurs et les plus dynamiques, alors que le troisième blocage revient aux structures sociales elles-mêmes et à la superposition d'institutions organisées à d'anciennes formes de solidarité.

La domination de l'État, par l'intervention des appareils administratifs et sécuritaires, l'extension de ses pouvoirs en matière d'information tendent à limiter les actions de la société civile. De même, les structures de base de la société marocaine et qui se cristallisent dans la tribu, la famille, la zaouïa, etc., ancrées dans l'histoire, et la sociologie de la société locale entravent les initiatives des individus et du groupe. « Le Maroc de la fin du siècle vit une lutte et une confrontation aiguës entre une société locale à structure héréditaire et une société civile naissante ; entre la société de la tribu et de la famille et celle du syndicat, de la ligue et de l'association »[13]. Les acteurs en jeu dans la société civile sont imbriqués dans différents cercles de pouvoirs ; pouvoir de l'État, des partis politiques, des syndicats, etc., ce qui empêche toute neutralité et toute autonomie, et, ce qui est plus dangereux, réoriente leurs activités et circonscrit leurs actions.

Ces différents blocages nous invitent à réfléchir sur la portée de la société civile au Maroc et à remettre en question la notion d'autonomie que lui accordent presque toutes les définitions. La société civile ne serait-elle pas, comme l'a délimitée Leca, « une société constituée par des groupes d'individus concrets reliés entre eux par des structures familiales, des relations d'appropriation, des échanges marchands, des interactions langagières, des cultes, des rites, des rixes et, j'ajouterais, des affiliations politiques ; des jeux dont le fonctionnement n'est pas uniquement réglé par le hasard et la violence »[14].

---

13. عبد الإلاه بلقزيز : المجتمع المدني إرادة الانتهاض وكوابح الدولة والموروث، مجلة آفاق، العدد 3-4، 1992 ص 188–189– 191.

14. Leca. Cité par A. Saaf. op. cit. p. 14.

La société civile au Maroc n'est pas fondée essentiellement sur la loi. Des rapports de clientélisme, l'existence d'un esprit de corps, comme l'a relevé A. Belakziz, traversent et transpercent tout le tissu social. Certes, la conception d'une société civile non dépendante, nécessite la reconnaissance d'intérêts sociaux différents et divergents, et exige la reconstruction du champ politique fondé sur la compétition des diverses forces existantes, comme elle réclame la présence des règles qui seront respectées par tous. Selon J. Lock, la société civile se fonde sur le triomphe de la loi, sur les particularismes.

Comment les femmes, la moitié de la population, encore considérées comme mineures par la tradition et certaines lois, analphabètes dans une grande majorité (en 1991, 68 % des femmes marocaines étaient analphabètes, 49 % en milieu urbain et 87 % en milieu rural), exclues du système politique (aucune femme dans le gouvernement, deux femmes parlementaires), occupant généralement des postes mal rémunérés, participent-elles à la construction de la société civile et deviennent-elles des acteurs dynamiques dans la mobilisation des femmes pour la revendication et l'application de leurs droits et leur insertion dans le processus de développement ?

II. L'investissement de la société civile par les femmes

La reconstitution du paysage politique au Maghreb depuis le début des années 1980 a entraîné des bouleversements sur le plan théorique et pratique du problème féminin. L'accès à l'instruction, l'investissement de nouveaux espaces de liberté, l'avènement de l'expression libre, l'entrée des femmes dans les champs économique et scientifique ont contribué au développement d'une conscience féminine sinon féministe et sont à l'origine de l'expansion de cette question qui commence à fonctionner, comme le relève M. Paris, comme le pivot de l'histoire sociale du Maghreb[15].

Dès le début des années 1970, les élites féminines au Maghreb en général sont devenues soucieuses de leur position dans la société et estiment nécessaire de négocier leur place et leur rôle en son sein. Elles ont également commencé à inventer leur propre espace d'intervention. Isolées ou insérées dans des sections féminines de partis politiques, ou organisées en associations, les femmes marocaines des années quatre-vingt cherchaient une ouverture plus grande sur le monde et une audience plus large au sein de la société. On assiste, ainsi, à une volonté affirmée des femmes de créer leur propre espace, de sortir ou de réinterpréter leur insertion dans des champs traditionnellement investis par les hommes, en somme de devenir autonomes et indépendantes dans leurs choix et leurs décisions. Ce qui a conduit :

· à la promotion du discours féminin sur la femme,

· à l'engagement des femmes pour la revendication de leurs droits et l'amélioration de leurs conditions de vie,

---

15. M. Paris. *Mouvement de femmes et féminisme au Maghreb*, « Annuaire de l'Afrique du Nord. » Tome XXVIII. Ed. CNRS, 1989, pp. 431-441, p. 431.

· à l'insertion de la lutte des femmes dans la lutte générale pour la défense des droits de l'Homme, la démocratie et l'instauration d'un État de droit.

La société civile au féminin, état des lieux

La société civile au féminin est composée de deux groupes.

1. *Une société formelle* qui regroupe les associations féminines officiellement reconnues par l'État. Des organisations qui mènent des actions ponctuelles auprès des femmes et qui rentrent en concertation avec les services de l'État pour mener des actions communes pour participer ensemble à des congrès nationaux et régionaux ou pour la préparation de la Conférence Mondiale sur la Femme. Elles sont généralement localisées en milieux urbains et dirigées par des femmes instruites.

2. *Une société civile informelle* qui rassemble des groupes confrontant des questions d'ordre politique ou des conditions de vie difficiles ou des groupes organisés pour la recherche. Elle se présente sous forme d'un ensemble non structuré, fonctionnant comme un système de solidarité qui agit de façon intermittente et aléatoire.

A. Le mouvement associatif féminin au Maroc

De création récente, le mouvement associatif féminin est en pleine expansion. Avant 1970, il n'existait que 5 associations féminines, alors qu'entre 1970 et 1984, 27 associations ont vu le jour. L'implantation des associations, c'est-à-dire la ville ou le centre où se trouvent leurs sièges, dénote l'ampleur de leur activité et le type de population qu'elles encadrent. 20 associations sur 33 se trouvent concentrées dans la capitale administrative, Rabat ; 7 dans la capitale économique, Casablanca ; les autres sont localisées à Marrakech, Meknés, Oujda, Laayoune.

Cette situation invite à deux remarques :

· L'activité des associations féminines a un caractère essentiellement urbain. La population rurale ne bénéficie que rarement de leurs actions mis à part la nouvelle association Oued Srou et quelques actions menées par l'Union Nationale des Femmes Marocaines, UNFM, le Ministère de la Jeunesse et des Sports par le biais des foyers féminins et l'Entraide Nationale par l'intermédiaire des centres d'éducation et de travail, dont la moitié est implantée en milieu rural[16].

· La capitale politique a le monopole de ces associations. Elle se présente comme un champ propice pour leurs activités, étant donné la proximité de l'administration, des bailleurs de fonds et l'adhésion plus grande d'une population sensibilisée aux changements sociaux et désireuse d'intervenir pour améliorer les conditions de vie des femmes[17].

---

16. *Femmes et condition féminine au Maroc*, Direction de la Statistique, 1994, p.310.
17. A. Belarbi. *Mouvements de femmes au Maroc*. Annuaire de l'Afrique du Nord. op.-cit. p. 455-465.

1. Typologie des associations féminines

Les principaux objectifs des associations de femmes tels qu'ils sont définis dans leurs statuts résident dans :

· la promotion de la femme par la sensibilisation et la conscientisation de ses droits ;

l'intégration de la femme pour une participation effective dans le développement.

On distingue cinq types d'associations

a. Les associations à caractère social

b. Les associations professionnelles

c. Les associations à tendance corporatiste

d. Les associations à filiation politique

e. Les associations de droits des femmes.

Nous avons établi cette distinction pour des raisons didactiques, sachant que certaines associations peuvent regrouper plus d'une des attributions qui leur ont été accordées dans notre typologie. Une analyse détaillée de cette dernière permettra de clarifier l'interpénétration des actions menées par les associations féminines.

a. Les associations à caractère social

Elles sont au nombre de 8, elles font essentiellement du travail social consacré à :

· L'alphabétisation des femmes et des jeunes filles

· L'apprentissage de travaux manuels

· L'initiation aux activités domestiques et la gestion du foyer

· L'éducation nutritionnelle et sanitaire adressée aux mères de famille.

A l'instar des foyers et des centres dépendants des ministères, l'initiation aux tâches ménagères et manuelles constitue le champ d'action principal de ces associations. Activités qui tendent à reproduire les métiers exercés par les mères et les aïeules, et à renforcer les images de la femme gardienne du foyer et des traditions. Elles ouvrent moins de perspectives et d'horizons nouveaux à la jeune génération.

b. Les associations professionnelles

Quatre associations ont un caractère professionnel précis et tendant à encadrer les femmes professionnelles ou des corps de métiers :

· La fédération des femmes de carrières libérales et commerciales

· La ligue nationale des femmes fonctionnaires du secteur public et privé

· L'association des femmes de carrière juridique

· Espace point de départ, ESPOD, Association de femmes entrepreneurs.

L'action de ces associations reste limitée. Elles agissent auprès des femmes cadres supérieurs pour les motiver ou les stimuler à occuper des postes de responsabilité, des cadres moyens et subalternes, pour élever leurs niveaux de qualification et activer leur mobilité dans la profession, ou des femmes entrepreneurs pour les organiser, les aider à entreprendre des actions communes pour défendre leurs intérêts et pour promouvoir l'entreprenariat au féminin.

c. Les associations à caractère corporatiste

Le nombre de coopératives féminines est passé de 57 en 1986 au profit de 972 femmes à 118 en 1992 au profit de 2 200 femmes[18]. Ces coopératives sont généralement encadrées par les ministères. On ne trouve que quatre associations orientées vers ce type d'activité. En effet, « la genèse et la croissance des coopératives marocaines n'ont d'ailleurs jamais été des phénomènes liés à des mouvements sociaux associatifs comme ce fut le cas en Europe Occidentale. Si le phénomène coopératif est très souvent étranger à l'action collective, volontaire et délibérée des populations marocaines, son sort est au contraire intimement lié aux motivations des administrations publiques »[19].

Ces associations visent à créer et développer un système d'entraide et de solidarité entre les femmes, les préparant progressivement à s'auto-gérer. Elles participent à la formation des femmes au foyer et de jeunes filles non scolarisées, mettant à leur disposition une aide financière et du personnel qualifié pour le démarrage de la coopérative. Divers produits issus aussi bien des coopératives urbaines ou rurales : broderie, tricot, couture, poupées, tissage des tapis, aussi bien que les produits de l'aviculture et de l'apiculture, sont commercialisés à l'intérieur ou à l'extérieur de la coopérative.

L'exemple de l'intervention d'une association en milieu rural mérite qu'on s'y attarde pour relever le degré de conscience des femmes, leur motivation à une participation effective dans le développement.

L'association Oued Srou, créée en 1993, s'est implantée dans la ville de Khénifra en plein Moyen-Atlas. Son objectif est de contribuer au développement économique des zones rurales avoisinantes. Seules les femmes ont été retenues dans l'activité de micro crédit engagée par cette association.

En effet toutes les associations et groupes qui ont eu l'occasion de travailler avec les femmes (UNFM, Caritas, AMSED) s'accordent sur le fait que les femmes sont plus fiables en matière de remboursement de crédit. Cette fiabilité peut s'expliquer par le fait que :

· les femmes sont depuis toujours responsables de la gestion et du bon fonctionnement du foyer et sont, de ce fait, habituées à gérer avec grande habileté les maigres revenus du ménage,

· les femmes sont également plus prudentes et désirent améliorer la vie du foyer sans s'engager dans des activités lucratives mais risquées,

· la crainte de poursuite ou d'emprisonnement est plus importante chez les femmes que chez les hommes[20].

---

18. *Femmes et condition féminine...* Op. cit. p. 310.
19. A. Ghazali. « Auto-promotion et pratique coopérative au Maroc ». *Société civile au Maroc*, op. cit. pp. 209-227, p. 210.
20. A. Balenghen. Rapport de stage sur *Les mécanismes du micro crédit pour le développement au Maroc.* ENDA - Maghreb, 1993.

En effet, les femmes rurales qui participent à tous les travaux de l'exploitation, qui contribuent parfois à la prise de décision, doivent également bénéficier de crédit. Or, ne disposant d'aucune garantie foncière et n'ayant généralement pas de carte d'identité, elles se trouvent exclues du crédit bancaire. Le micro crédit constitue une aide et un soutien portés aux femmes rurales, mettant à leur disposition des moyens financiers et un programme de formation qui leur permet de se prendre en charge et d'améliorer la qualité de vie de leur famille. Les activités développées sont des activités domestiques propres aux femmes rurales : aviculture, apiculture, artisanat, mais la majorité des bénéficiaires ont investi dans l'élevage des caprins et des ovins.

d. Les associations à filiation politique

Au sein des partis nationaux démocratiques : Istiqlal, Union Socialiste des Forces Populaires, (USFP), le Parti du Progrès et du Socialisme, (PPS), l'Organisation pour l'Action Démocratique et Populaire, (OADP), existaient les sections féminines. Porte-parole des partis auprès des femmes, elles constituaient un lieu de réflexion sur la condition de la femme, ses droits et sa participation à la vie économique et culturelle. Or, l'expérience du terrain a démontré les limites de leurs actions. L'affiliation partisane ne permet pas une mobilisation féministe intensive. Aussi, trois sections de partis parmi les quatre se sont converties en associations autonomes :

· L'association Démocratique des Femmes Marocaines, 1985, affiliation d'origine PPS.

· L'Union de l'Action Féminine, 1987, affiliation d'origine OADP.

· L'organisation de la Femme Istiqlalienne, 1988, affiliation d'origine de l'Istiqlal.

Ces associations autonomes reçoivent peu ou pas de directives de leurs partis, mais continuent à y être affiliées au point de vue idéologique. Elles se sont ouvertes à un grand public agissant sur deux fronts, qui sont d'ailleurs inséparables : le front militant, partisan, d_mocratique et le front culturel et social. La question féminine se trouve aussi insérée dans un cadre plus large, celui de la lutte pour la démocratie, pour le respect des droits de l'homme, pour un partage équitable des richesses, et pour l'élimination de toutes les formes de discrimination à l'égard des femmes.

L'activité générale de ces associations est orientée vers la sensibilisation et la conscientisation des femmes à travers des conférences, des séminaires, des débats, afin de les armer pour devenir des agents actifs et dynamiques dans le processus de transformation sociale, ainsi que des actions relatives au conseil juridique.

Reste que, même si ces associations se situent et se déclarent autonomes par rapport à leurs partis, elles continuent à en dépendre étroitement par le fait que :

Leurs présidentes sont généralement membres de bureau politique ou de commissions administratives des partis.

Leurs actions émanent de l'idéologie et de la stratégie de leurs partis respectifs.

L'esprit de section de parti est encore vivace au sein de ces associations, ce qui bloque toute coordination à long terme.

On peut également y ajouter que l'audience de ces associations est plus grande auprès des femmes instruites qu'auprès des femmes rurales ou de milieux défavorisés.

A l'instar de ces partis démocratiques, les partis de droite et les associations régionales ont également créé des sections féminines ou des organisations de femmes qui leur sont affiliées. Mais l'activité de ces dernières demeure essentiellement politique. Ces institutions sont généralement utilisées par les partis ou les associations pour asseoir leurs bases encore fragiles, pour trouver une audience auprès de la population féminine, notamment lors des élections ; en somme, pour se donner plus de crédibilité.

e. Les associations de protection de la famille

Au nombre de six, elles ont pour objectif d'améliorer la situation générale de la famille (père, mère et enfants) :

– L'Association Marocaine de Planning Familial.

– L'Association « Planning Familial » est une responsabilité masculine.

– L'Association pour la sauvegarde de la famille.

– L'Association de l'Entraide Familiale.

– L'Association pour l'aide aux familles désunies.

– L'Association pour le Conseil des Familles.

Les principales activités de ces associations sont l'alphabétisation, l'apprentissage des travaux manuels et le développement de garderies d'enfants. Elles ne s'adressent pourtant qu'aux femmes et aux jeunes filles, les hommes sont généralement évincés. Les soubassements idéologiques et religieux de ces associations donnent à leurs actions un aspect moralisateur et éthique manifeste.

f. Les associations des droits des femmes

Au moment où l'idée de droits de l'homme prend de plus en plus d'ampleur au Maroc, où le mouvement pour les droits de l'homme se développe, où l'État officiellement se déclare protecteur des droits de l'homme, et ce à travers le préambule de la Constitution qui affirme de veiller à respecter les droits de l'homme tels qu'ils sont universellement reconnus, et la création d'un Ministère des Droits de l'Homme, on voit apparaître des associations qui se donnent comme tâche principale la défense des droits des femmes. Deux associations :

· L'Association Marocaine des Droits des Femmes, 1992.

· La Ligue Démocratique pour les Droits des Femmes, 1993.

L'objectif de ces associations est de lutter contre toutes les formes de discrimination à l'égard des femmes, de défendre leurs droits et de soutenir toutes les victimes de violence et celles dont les droits ont été violés.

Les actions menées par ces différentes associations, toutes tendances confondues, s'inscrivent dans quatre domaines :

1. Une action féministe

Révision ou changement du code du statut personnel.

Application des Conventions Internationales.

Conscientisation des femmes de leurs droits.

Lutte contre toutes les formes de discrimination à l'égard des femmes.

Mise à nu des questions concernant la violence à l'égard des femmes.

2. Une action politique

Révision de la Constitution.

Accès des femmes à la sphère politique.

Participation des femmes aux élections.

3. Une action sociale

Alphabétisation/conscientisation/information.

Apprentissage de travaux manuels.

Éducation en matière de population.

4. Une action économique

Intégration des femmes dans des projets générateurs de revenus.

Développement de coopératives féminines.

Les femmes bénéficiaires de l'activité associative sont en grande majorité des femmes urbaines, soit des femmes professionnelles, soit des femmes au foyer ou des jeunes filles non scolarisées. Toutefois, les actions de ces associations restent limitées vue l'ampleur de la tâche qu'elles se fixent et les exigences d'une jeunesse féminine en quête de groupes mobilisateurs pour exprimer ses besoins et recouvrir son identité.

B. Les groupes informels

Dans la construction de la société civile, il ne faut pas négliger l'organisation des femmes en groupes informels. Les femmes essaient de s'organiser en groupe pour répondre à une question du moment, pour mener une action directe en vue d'apporter une ou des solutions à un problème particulier. Aucun travail d'inventaire, aucune tentative de recherche ou d'analyse n'ont été effectués pour appréhender ce phénomène. Notre travail ci-présent est un essai préliminaire pour aborder cette société civile silencieuse dont l'action devient de plus en plus importante pour la solidarité, le maintien et la survie de la population.

Ces groupes non officiels se présentent comme suit :

1. Les clubs de femmes.

2. Les groupes de mères et de femmes des prisonniers politiques.

3. Les groupes informels de recherche.

4. Les femmes islamistes.

5. Les groupes de solidarité pour une action lucrative pour le maintien et la survie des femmes.

Certains de ces groupes persistent et leurs activités varient d'intensité, d'autres ont été dissous ou ont été défaits à la fin d'une action ponctuelle qu'ils ont menée.

1. Les clubs féminins

Ces clubs ont été constitués au début des années quatre-vingt[21] par des jeunes universitaires, militantes au sein de l'Union Nationale des Étudiants Marocains. Clubs essentiellement féminins, indépendants dans leur orientation et leur organisation des partis politiques ou autres associations, ils menaient une action sociale et culturelle auprès des femmes et des jeunes filles analphabètes.

Douze clubs répartis entre Rabat et Casablanca furent créés, ils avaient pour siège des maisons de jeunes et entreprirent trois types d'actions :

– Alphabétisation des femmes ;
– Formation de cadres féminins dynamiques, responsables de ces clubs ;
– Organisation de séminaires, conférences, expositions, etc.

Seulement, le fonctionnement de ces clubs s'est heurté dès 1985 à plusieurs obstacles, dont le plus important réside dans l'intervention de l'administration des maisons de jeunes dans les activités des clubs. Ajoutons à cela les problèmes internes, relatifs à l'improvisation des activités, l'instabilité des cadres et, surtout, l'absence d'une vision globale et à long terme sur l'organisation et la mobilisation des potentialités féminines.

2. Le groupe des mères et des femmes des prisonniers politiques

La répression qui a sévi au Maroc dans les années soixante-dix a mis entre les barreaux un grand nombre de militants de gauche. Leur incarcération injuste, les conditions de vie catastrophiques dans les prisons, l'ignorance totale des principes des droits de l'homme par les dirigeants ont contribué à une mobilisation de l'opinion publique nationale et internationale. Les femmes ne sont pas restées en marge de cette question. Les plus concernées, les mères et les femmes des prisonniers politiques, ont mené une action sans précédent dans l'histoire du Maroc. Des mères analphabètes, venant de régions lointaines qu'elles n'ont parfois jamais quittées, ignorantes des démarches administratives et des procédés à suivre, ont été projetées dans un monde agressif qui les ignorait autant que leurs fils. Ces femmes pourtant, avec d'autres femmes instruites, souvent des épouses ou des sœurs de prisonniers politiques, se sont organisées en groupe solidaire pour défendre les droits de ces derniers et pour mobiliser l'opinion publique nationale et internationale sur le sort de ces prisonniers et revendiquer leur libération.

Les *sit-in* dans les mosquées, dans les tribunaux, dans les locaux de l'USFP manifestaient la force et l'ampleur de ce groupe qui n'avait ni statut, ni présidente... Il fonctionnait de façon démocratique, l'écoute était respectée et la parole libre. Des affectivités, des amours qui se transforment en actions. La place n'était plus aux larmes, mais à la réflexion silencieuse et à l'affrontement permanent avec les forces de sécurité. « Avec des raisonnements et des réponses

---

21. ليلى الشافعي : الأندية النسائية، مجلة على الأقل، العدد 1، يناير 1991، ص 40–47.

simples, ces femmes ont fini par désarmer les résistances, même des autorités et des forces de l'ordre, et par exister sur la scène politique et médiatique marocaine... Contre l'avis des prisonniers mêmes, elles se glissent dans les défilés ouvriers des premiers Mai et y imposent leurs slogans »[22]. La libération progressive des prisonniers politiques n'a pas mis fin à l'existence de ce groupe mais l'a transformé en famille élargie, interrégionale, en un système de solidarité d'un genre nouveau. Certaines militantes féministes et politiques qui y partici-paient se retrouveront par la suite dans les associations de droits de l'homme, et plus particulièrement dans les commissions femme, alors que d'autres fonderont des associations féminines.

3. Les groupes de recherche

Les femmes instruites, les universitaires ont trouvé comme voie d'expression la recherche, l'écriture, la publication. Aussi, le travail de groupe s'est présenté comme le chemin de salut qui permet à ces femmes de conjuguer leurs efforts et de faire entendre hautement leurs voix. Certes, les groupes ainsi constitués mènent des actions d'ampleur variée, certains ont mené une recherche ponctuelle et se sont dissous, d'autres fonctionnent de façon régulière et d'autres par occasions. Mais reste qu'ils constituent des groupes de pression et d'action dans le monde de la recherche. Les groupes existants sont[23] :

– Le Collectif Approches, 1986.

– Tanit. Équipe pluridisciplinaire de recherche sur la femme, 1992, Université de Meknès.

– Collectif Marocain des Journalistes Professionnelles, 1992.

– EUNOE. Groupe de recherche sur l'histoire des femmes maro-caines, 1993, Université de Kénitra.

– GUEF. Groupe Universitaire d'Études Féminines, 1993, Université de Rabat.

Regroupés autour de la publication d'ouvrages, les groupes qui ont enfanté les collections « Femmes et Institutions », 1988, « Femmes Maghreb Horizon 2000, 1989 », « Marocaines citoyennes de demain, 1991 », « Groupe de recherches sur les pratiques sociales et professionnelles des femmes diplômées du supérieur au Maghreb », 1988-1992, ont progressivement arrêté leurs activités.

A côté de ces groupes de travail permanents ou occasionnels, nous soulignons l'existence de *workshops*, constitués en atelier d'écriture à l'initiative de F. Mernissi. L'atelier d'écriture est une expérience courte, de trois ou quatre jours, et qui permet à un groupe de près de 15 personnes qui ont déjà défini une problé-matique de dessiner ensemble le plan d'un livre qu'elles écriront collectivement avec l'appui d'un coordinateur. Chacun étant respon-sable par la suite de son article.

Ces groupes de recherche, lieux de rencontre et de dialogue, ont donné à la question féminine une nouvelle dimension. Des confé-rences, des débats, des tables rondes sont organisés autour de

---

22. Z. Daoud. *Féminisme et politique au Maghreb.* Ed. Eddif, 1993, p. 310.
23. *Femmes Maghreb deux mille deux*, Fondation Connaissance du Maroc, 1994.

thèmes variés touchant la situation de la femme et son statut. La contribution par les publications permet la connaissance et la reconnaissance de la question féminine par un large public.

4. Les femmes islamistes

Aucune étude n'a encore été faite sur ce phénomène. Cependant, dans la vie quotidienne, on assiste à une activité intense des femmes islamistes, notamment en milieu universitaire, et ce de par leur présence massive aux séminaires, aux expositions, etc. et surtout celles à caractère religieux. Ces femmes sont également actives, mais à un niveau clandestin, dans des actions menées auprès de femmes appartenant à différentes couches sociales, pour une conscientisation, voire un endoctrinement religieux, les incitant à porter le voile et à rejeter tout ce qui n'a pas comme référent l'Islam. Les activistes leaders de ce mouvement sont généralement des parentes proches ou lointaines d'islamistes notoires. L'association des femmes islamistes n'a pas encore vu le jour, malgré que leur chef, dans une émission à la télévision en mars 1995, en ait annoncé la constitution prochaine.

5. Les groupes de solidarité pour le maintien et la survie des femmes

Ce sont des groupes qui se forment et se dissolvent rapidement. Ils n'ont pas de structure de base qui les maintient. Ils se constituent dans des circonstances particulières, s'organisent autour d'une action et se dissolvent. Nous pouvons, dans ce cas, nous référer à quelques exemples :

· les tontines.
· Le groupe des tisseuses.
· Le groupe des vendeuses

1. Les tontines

Les tontines sont encore très mal connues au Maroc. Une étude presque exclusive de M. El Abdani y fait référence[24]. Les tontines sont des organisations qui regroupent un certain nombre de personnes avec pour objectif de collecter les cotisations des adhérents par fréquences régulières, puis de les attribuer aux mêmes membres à tour de rôle selon un calendrier établi par tirage au sort ou par ordre d'urgence. On les appelle également, « associations rotatives d'épargne et de crédit », ou « darat », dans le dialecte marocain, c'est-à-dire à tour de rôle. C'est un moyen d'épargne et les membres qui constituent ces groupes ont confiance les unes en les autres, cependant les liens qui les unissent semblent bien lâches. Les femmes fonctionnaires, cadres moyens ou subalternes recourent à ce type d'épargne qu'elles préfèrent parfois à la banque, car personne n'est au courant des transactions qu'on peut effectuer, ni le mari, ni la famille. On relève un type d'organisation similaire chez certaines femmes qui vivent de la contrebande.

---

24. El Abdani. Le secteur de financement informel. In *Financement et développement*. Ed. John Libbey, 1990.

2. Les groupes de tisseuses

Une expérience menée par les femmes d'un bidonville de Salé, Karyan El Oued, est importante à signaler. Tisseuses de tradition, elles se trouvent à cours de moyens pour acheter la matière première. Alors elles commencèrent par fabriquer un nouveau type de tapis, le « Becharouette », c'est-à-dire le tapis avec les chiffons ou le tapis de la pauvreté. En 1993, une douzaine de femmes se sont réunies en vue d'améliorer ce type de tapis, une *nakasha*, du nom de l'artisane qui réalise les tatouages au henné sur les mains et les pieds, introduit sa conception d'artiste. Le groupe Nakasha a reçu une formation technique, artistique et une initiation à la gestion, ce qui a permis d'améliorer la qualité du tapis becharouette traditionnel, de créer des modèles originaux et, de ce fait, d'ouvrir progressivement de nouveaux débouchés de commercialisation. Le programme de l'atelier vise à développer la créativité des femmes, structurer un groupe de production autonome et solidaire, améliorer leurs revenus et leurs conditions de vie et, enfin, créer un espace de communication et de solidarité. Un an après le démarrage du projet, les bénéfices réalisés sur la vente des premiers tapis permirent de créer un fonds de roulement de 10 000 DH, géré par les artisanes elles-mêmes avec la collaboration de la promotrice sociale[25]. Différentes activités sociales sont venues peu à peu se greffer sur le projet initial dans les domaines de l'alphabétisation, de la santé et de la socialisation de l'enfant. Aujourd'hui d'autres femmes du quartier s'associent progressivement aux activités et à la dynamique du groupe des tisseuses.

3. Le groupe des vendeuses

Le nombre de vendeuses ambulantes parmi les femmes n'a cessé d'augmenter. Femmes pauvres et sans instruction, elles ne peuvent prétendre à un travail régulier, l'aléa constitue une partie de leur sort. Vendeuses de légumes, de fripes, de menthe et de persil, de produits de la contrebande, de crêpes surtout pendant le mois du Ramadan, etc. Le revenu de ces vendeuses est très modeste, 10 à 20 dh par jour[26], leur situation est rendue pénible par la poursuite dont elles font l'objet de la part des autorités. Elles sont soumises au risque continuel d'être chassées, taxées, ou démises de leurs marchandises.

En face de cette situation pénible, ces marchandes n'arrivent pas à s'organiser en groupe structuré pour défendre leurs intérêts et améliorer leurs revenus. Elles se regroupent le plus souvent pour vendre, selon leurs spécialités. Elles se connaissent toutes, s'assoient côte à côte. Une certaine solidarité existe entre elles, elle se manifeste par l'entraide, se garder mutuellement les marchandises, se protéger les unes les autres contre les autorités, se partager l'espace, se mettre d'accord sur un prix de vente, notamment les marchandes de crêpes. Certes, l'informel commercial

---

25. P. Escobar. *De la survie à la créativité populaire ; les tisseuses de l'atelier Nakasha.* ENDA Maghreb, 1995.
26. L. Siani. *Femmes chefs de ménages à Salé.* ENDA Maghreb, 1992

constitue un secteur de survie pour ces femmes, cet auto emploi, sans barrières à l'entrée, agit comme un régulateur au niveau économique.

Seulement, la faiblesse du fonds de commerce, les aléas du métier, la concurrence, la crainte des autorités empêchent ces femmes de s'organiser et limitent leurs actions à une entraide superficielle et conjoncturelle.

L'exemple des entreprises familiales n'est pas à négliger. Elles sont nombreuses et exercent dans différents domaines. L'expérience de cette petite entreprise familiale dans un quartier pauvre de Salé est stimulante pour ceux qui veulent entreprendre des initiatives lucratives. Cette entreprise est constituée par quatre couples. La belle-mère se charge d'acheter 3 000 pièces de pains chaque jour. Quatre femmes se chargent de la distribution de 1 000 pains, les hommes de 2 000 ; distribution qui se fait le matin et à midi. En même temps, elles récupèrent le pain non vendu de la veille et le vendent pour des animaux dans un souk rural une fois par semaine. C'est un travail rémunérateur par rapport au temps consacré. En effet pour deux heures par jour et une journée par semaine leur revenu est de 820 DH[27].

Les groupes informels sont de constitution très fragile, ils ne possèdent pas d'assise, sont souvent mal encadrés et répondent à des exigences du moment avec une quasi absence de vision à long terme. La présence d'une personnalité forte et habile au sein du groupe, ou de bailleurs de fonds qui tiennent à la réussite du projet permet à ces groupes de se maintenir durant quelques années. Rares sont ceux qui continuent à fonctionner en dehors de ces deux conditions.

En somme, les changements politiques et institutionnels, ainsi que les modifications majeures dans la politique de l'État, ont ouvert de nouveaux espaces aux femmes pour l'exercice des libertés, pour la participation au développement et l'instauration de la démocratie. Ces organismes se présentent en tant qu'alternatives aux agences de l'État pour enrayer la pauvreté et promouvoir le développement. Or, ces institutions se trouvent elles-mêmes confrontées à divers problèmes et face à des questions fondamentales auxquelles elles doivent répondre. Leur crédibilité et la portée de leurs actions dépendent étroitement des réponses qu'elles présentent.

III. Quelques principales questions qu'affronte le mouvement féminin au Maroc

Dans la dynamique de l'édification de la société civile, le mouvement associatif féminin se trouve confronté à des questions essentielles relatives à la religion, la laïcité, la modernité, le développement, la politique...

1. Se positionner par rapport à la religion

Les femmes commencent par réfléchir sur la religion, elles

---

27. D. Muriel. *La femme pilier de l'économie familiale urbaine en situation de crise.* Exp slaouis. ENDA Maghreb, 1992.

investissent ce champ qui était jusqu'à présent réservé aux hommes et considéré comme un tabou pour les femmes. Toutes les associations de femmes cherchent à se positionner par rapport au religieux qui prend de plus en plus de place sur la scène sociale et politique. Elles affirment toutes et sans exceptions qu'elles prennent comme référent de base l'Islam, que ce soit dans leurs analyses ou leurs interprétations. Les mémorandums présentés au Palais royal sur la révision du code du statut personnel expriment tous les fondements religieux de la pensée féministe. Les associations présentent une vision positive de la femme dans l'Islam, évitant d'aborder des questions pertinentes, comme l'héritage, mettent en relief tous les textes en faveur des femmes faisant une autre lecture aux interprétations sexistes de certains théologiens musulmans. De jeunes femmes chercheurs, spécialistes des études islamiques remplacent les fouqahas, elles deviennent leaders et toutes les associations de femmes leur font appel.

2. La laïcité c'est de l'interdit

Comme toutes les associations prennent comme référent le religieux, la laïcité reste du domaine de l'interdit. Se prononcer pour la laïcité est un sacrilège. Elle est rejetée comme concept et non admise en tant que pensée. On fonctionne dans un système pré-établi, on peut introduire des réajustements, mais on ne peut aucunement rénover.

D'ailleurs si on se réfère au concept de laïcité dans le monde musulman, on relève une laïcité du permis. « On a l'impression que ces pays vivent et s'organisent dans un cadre confessionnel à l'intérieur duquel il y a du toléré, et c'est le degré d'interdit qui varie d'une société à l'autre qui pourrait permettre de dresser une sorte d'échelle de laïcité »[28]. Si l'on part de cette idée, on constate que certaines associations ont une tendance plus laïque que d'autres, eu égard au degré de permis qu'elles acceptent et adoptent, or, pour être crédible auprès des pouvoirs publics et aux yeux des islamistes, ce permis lui-même se trouve parfois interprété d'une façon religieuse.

3. La modernité, une autre interprétation

Souvent, le mouvement féminin tend à justifier ce qu'il entend par modernité ; modernité qui ne veut pas dire occidentalisation, elle signifierait plutôt l'organisation et la mobilisation des masses féminines en vue de mener des actions diverses pour la promotion de la femme, son insertion dans le développement, son épanouissement personnel. Aussi, la modernité s'exprime-t-elle par la revendication des droits des femmes, droits politiques, civiques, sociaux et dans la famille, en partant de la confection et du respect des lois nationales à la revendication de la ratification et de l'application des Déclarations et Conventions internationales. Ainsi, les revendications féminines passent du spécifique à l'universel.

---

28. S. Vaner. *Laïcité dans le monde musulman*. Encyclopédie Universalis, 1991, pp. 104-110.

4. Le développement, une action encore en tâtonnement

Associations formelles, ou groupes informels, cherchent avec persévérance les chemins les plus efficients pour intégrer les femmes au développement et les faire effectivement participer dans les différentes étapes et dimensions de ce processus. Certains groupes informels tendent à aider les femmes à trouver des moyens de survie, à se regrouper pour pouvoir subsister, à améliorer leurs revenus et leurs conditions de vie. Comme les associations formelles, ils tendent à intégrer les femmes dans des projets générateurs de revenus, leur permettant de créer et de construire un espace d'autonomie et d'auto-affirmation.

Or, entreprendre des projets de développement est une lourde tâche pour les associations féminines, vu que les femmes en général n'ont jamais ou rarement participé à la conception et à l'élaboration de programmes de développement, qui sont en fait entre les mains de planificateurs masculins nationaux et des étrangers. Descendre vers les femmes rurales, celles de milieux défavorisés, les analphabètes pour réfléchir avec elles sur la manière dont elles conçoivent l'amélioration de leurs niveaux de vie, la façon dont elles peuvent collaborer avec d'autres instances, non seulement comme exécutrices mais également en tant que conceptrices, n'en est qu'à ses débuts.

Certes, le développement ne signifie pas seulement l'amélioration de la production, il a pour cible les êtres humains et les changements sociaux et mentaux qui s'opèrent au sein d'une population pour la rendre apte à faire croître sa productivité et son bien-être. Il implique l'insertion dans des circuits d'échanges qui s'acquiert par la participation au travail productif et par un apprentissage technique, professionnel et scientifique et, surtout, à travers l'alphabétisation, la conscientisation et l'éducation. Insérer les femmes dans le secteur productif nécessite l'adoption d'une certaine technologie et l'accès à un autre code par l'initiation à l'écrit. Aussi, par manque d'expérience, ou absence de moyens, ou insuffisance de cadres compétents, la plupart des associations abandonnent les projets à caractère économique et orientent leurs actions vers des activités éducatives et surtout l'alphabétisation qu'elles considèrent comme préalable au développement. L'implication des associations et groupes de femmes dans le développement se trouve ainsi limitée ; des expériences de petite envergure et disparates sont menées auprès d'une population bien réduite. Le mouvement associatif au Maroc n'a pas l'ampleur ni la force du mouvement associatif en Amérique Latine qui est partie prenante dans le développement économique et social du pays, il constitue une force qui entre parfois en compétition avec l'État.

5. La politique, un sevrage difficile

L'obédience politique de certaines associations ou leur affiliation à l'État interfère dans leur autonomie et crée un système de dépendance, de telle sorte qu'il devient parfois difficile de différencier l'activité associative des actions menées par l'État dans le domaine de la femme. Les partis, de leur côté, même s'ils proclament que les associations féminines, les anciennes sections ou celles encore en exercice au sein de leurs partis, sont indépendantes et poursuivent leurs propres stratégies, continuent à les considérer comme partie intégrante de leur idéologie et recourent à ces potentialités féminines pour asseoir leurs bases, pour affirmer leur politique ou renforcer leurs revendications.

Très convaincues de la cause féministe dans la lutte politique, les associations affiliées aux partis démocratiques voulaient se démarquer des sections féminines, en devenant autonomes, en abordant la question féminine dans toutes ses dimensions et en traitant des questions que les partis considèrent encore comme tabou (exemple de la sexualité) ou encore prématurées (exemple du code du statut personnel). Leur lutte se situe sur trois fronts :

· Le front partisan avec les camarades militants dont la plupart pensent que la question féminine sera réglée automatiquement par l'instauration d'un régime socialiste, ou démocratique, accordant la priorité à l'éducation et au travail de la femme et occultant totalement la vie dans la famille, les relations conjugales, le corps féminin, etc.

· Le front féministe en intervenant auprès des femmes pour la conscientisation de leurs différents droits, les amenant à les revendiquer en cas d'usurpation ou de violation et à les faire appliquer. Cette lutte n'est pas des plus faciles, car les femmes elles-mêmes, ayant intégré l'idéologie patriarcale, se trouvent parfois inaptes à la rejeter dans sa totalité pour se revendiquer en être libre et autonome.

· Le front de coordination. L'obédience politique des associations les empêchent de s'engager dans un mouvement de coordination efficace et la constitution d'un *lobbying* autour d'une question déterminée. Lors de la révision du code du statut personnel, par exemple, même les associations appartenant à la Koutla Watanya qui regroupa les quatre partis de l'ancienne gauche (USFP, Istiqlal, OADP, PPS), ne se sont pas mises d'accord pour présenter un seul mémorandum au Palais royal. D'ailleurs, ce dernier ne s'est pas adressé aux associations, mais aux partis auxquels elles sont affiliées.

Ces différentes questions entravent le développement d'une réflexion féministe et une action concertée, collective à l'égard des femmes. Les leaders de mouvements de femmes se trouvent impliquées dans des sphères de pouvoir variées, elles doivent opérer constamment des ajustements, par rapport au politique qui les a enfantées, par rapport au religieux comme référent de base, par rapport au développement comme perception d'avenir, par rapport à la modernité comme objectif à atteindre.

IV. Les limites de l'action du mouvement des femmes au Maroc

Si les statistiques dénotent une croissance du mouvement associatif féminin dans sa définition la plus large, si les écrits soulignent le développement d'une société civile capable de participer à l'amélioration des conditions économiques, sociales et culturelles des femmes, on relève toutefois des limites à l'action de ce mouvement : limites d'ordre organisationnel, social ou politique.

1. *Les limites relatives à l'organisation interne des associations et des groupes féminins*

a. De par leurs effectifs ces organisations ne regroupent qu'un faible pourcentage de membres actifs (8 %) par rapport aux associations intervenant dans le domaine social qui sont au nombre de 441 associations volontaires[29]. Malgré l'émergence de cette structure nouvelle et jeune que représente la société civile, notre probité nous oblige, dit A. Belakziz, à relever que cette société n'est composée que de quelques centaines de milliers d'individus qui constituent la base active de ce mouvement[30].

b. Le nombre d'adhérents reste confus. On avance rarement un chiffre précis, on le gonfle plus ou moins selon les interlocuteurs et les circonstances.

c. Le mouvement des femmes a un caractère essentiellement urbain et la capitale jouit d'une grande concentration. Ainsi, on relève un faible rayonnement au niveau national, les sections des villes sont en gestation, et leurs actions restent limitées car elles sont dirigées par le centre.

d. Le problème de la démocratisation de la décision se pose avec acuité. Celle-ci part généralement du centre vers la périphérie, du bureau national vers les comités et les sections des villes quand elles existent. Les membres des sections souvent jeunes et sans expérience restent en marge des décisions.

e. L'aura du chef, de la présidente qui décide, oriente les activités de l'association avec l'aide d'un groupuscule (prise de décision, représentation nationale ou internationale, etc.), entrave le fonctionnement démocratique au sein de l'association et l'arrivée de jeunes membres aux postes de décision.

f. Le retour sur soi au sein de l'association, la valorisation de son action, le désir d'avoir le *leadership* empêche l'émergence d'un esprit de coopération, de coordination et de complémentarité. Ce qui laisse le champ libre à la multiplication d'initiatives similaires, qui coûtent cher, à un travail morcelé et à des activités disparates.

g. Les associations impliquées dans le regroupement des femmes en coopératives sont réduites, les coopératives se créent et se développent éventuellement dans les secteurs économiques où l'État trouve intérêt à les promouvoir. Aussi, les associations qui créent des coopératives féminines sont généralement des porte-parole de l'État.

h. Les femmes analphabètes, sans expériences, souvent nouvelles résidentes en ville trouvent des difficultés à s'intégrer dans des groupes pour une action commune. L'absence de moyens matériels, des horizons limités réduisent leurs activités collectives. La mauvaise conjoncture, des pressions extérieures, notamment des autorités, ou la présence d'une responsable qui mobilise le groupe créent une solidarité du moment qui se résorbe avec la fin de la crise ou l'abandon du projet par la responsable.

---

29. Guide des associations volontaires du secteur social, Ministère des Affaires Sociales, 1988.

30. عبد الإلاه بلقزيز : نفس المرجع المذكور سابقا ص 190.

2. Les limites relatives à l'insertion du mouvement des femmes dans le contexte social

a. La domination de l'idéologie patriarcale tend généralement à placer les mouvements de femmes sous la tutelle de l'État, d'un parti politique, ou d'une association régionale, etc., et à positionner la femme comme mineure dans la famille, agissant sous l'autorité effective ou symbolique du père ou du mari, laquelle autorité entrave l'émergence et le développement d'une idéologie féministe au sein de ces associations.

b. L'éducation en vigueur dans la famille ou au sein de l'institution scolaire donne la priorité à l'obéissance, à la soumission sur l'esprit critique et la créativité. Ce qui exclut la différence d'opinion qui se transforme souvent en conflit de personnes refusant l'autonomie qui est considérée comme une infidélité au groupe.

c. Le mouvement associatif est encore mal compris par les femmes. Il est soit assimilé au travail social, soit au militantisme politique. D'ailleurs, la politique est ressentie par nombre de femmes, instruites ou non, comme quelque chose d'étranger à leur vie quotidienne et à leurs intérêts immédiats, elle est également considérée comme un champ d'action spécifiquement masculin. La vie des femmes se trouve souvent réglée par des traditions communautaires, familiales, ainsi que par des lois nationales. Le statut de citoyenne leur échappe pour laisser la porte grande ouverte aux places de mère, épouse et travailleuse.

3. Les limites relatives à la référence au politique

a. La tutelle politique manifeste ou latente sur certaines associations bloque leurs initiatives, diffère leurs programmes, oriente leurs actions et entrave la coordination entre les différentes associations. Le travail auprès des femmes s'inscrit pour certaines dans les périodes électorales, ou les congrès pour une mobilisation plus grande des femmes envers ces partis.

b. Un autre handicap est celui que constituent les attitudes et les pratiques des associations qui épousent très souvent certaines formes de domination et de contrôle : traditions, respect de normes sociales, etc. pour intervenir avec plus d'efficacité auprès des populations. Les composantes de l'idéologie patriarcale s'infiltrent dans la société civile au féminin et certaines responsables adoptent les comportements masculins de rigidité, de sévérité, de réserve qui n'aident aucunement à une mobilisation des femmes.

Ces différentes limites attestent le sevrage difficile des associations des femmes du champ politique et leur implication encore réduite dans la sphère économique. Elles se trouvent insérées dans un système de compétition, voire d'opposition qui brise toutes initiatives collectives, fait éclater les projets de grande envergure et présente le mouvement comme un corps morcelé, sans agencement, ni synchronisation entre ces différentes parties. Le moi prime sur le nous, la référence à l'idéologie du groupe d'appartenance prend le pas sur l'adhésion à la cause féministe. Les bases fragiles du mouvement apparaissent de plus en plus.

Conclusion

L'émergence, le développement de la société civile, suppose la participation de toutes les forces sociales à la gestion des affaires publiques, et ce, à travers une vraie démocratisation des institutions, une insertion plus grande du sujet en tant que citoyen dans le développement, une gestion concertée des changements sociaux et une ferme volonté de donner la priorité à la lutte contre les inégalités sociales qui détruisent la société nationale.

La société civile suppose l'existence d'un système démocratique. Une démocratie qui n'est au service ni de la société, ni des individus, mais des êtres humains comme sujets, c'est-à-dire des créateurs d'eux-mêmes, de leur vie individuelle et collective »[31].

Or, au Maroc comme au Maghreb, nous vivons une « série de déficits »[32] :

Un déficit culturel, à travers les taux élevés d'analphabétisme.

Un déficit d'équité sociale à travers les inégalités sociales et régionales.

Un déficit économique, résultat des choix en matière de développement et l'instauration du programme d'ajustement structurel.

Un déficit politique par une démocratisation lente et pleine d'embûches. « Some political leaders in the Arab World have been willing to liberalize, but none has been willing to democratize comprehensively. Liberalization here refers to reformist measures to open outlets for free expression of opinion, to place limits on arbitrary exercise of power, and to permit political association. In contrast, democratization, namely, freely contested elections, popular participation in political life, and – blunty – the unchaining of the masses has not occured »[33]

Ces différents déficits entravent le développement et l'expansion d'une société civile dynamique et efficace. Déficits qui touchent beaucoup plus les femmes, empêchant leur regroupement en fédération d'associations structurées capable de coordonner leurs actions pour des questions qui affectent leur vie en famille, dans le travail ou leur accès au champ politique. Une solidarité féminine ne peut voir le jour que dans un État de droit, dans une société aux structures démocratiques. L'ancrage de l'idéologie féministe se fait parallèlement à l'application de lois sur la non-discrimination entre les sexes, et la démocratisation des structures associatives s'élabore au cours de la démocratisation des institutions politiques. Les femmes relèveraient-elles ce défi, par leur participation plus grande et effective dans les rouages de la société civile, par leur libération du politique et leur engagement à défendre les droits des femmes, en somme par le passage de l'association des élites à l'organisation des grass-roots ?

---

31. A. Touraine. Qu'est-ce que la démocratie. Ed. Fayard, 1991. p. 24.
32. Concept utilisé par N. El Aoufi.
33. A. R. Norton. The future of civil society in the Middle East. In Middle East Journal. Vol 47, n° 2, Spring 1993. pp. 205-216. P. 207.

Les organisations et les actions des femmes
Une expérience d'intervention sociologique en Tunisie

Antimo L. Farro[*]

1. Le mouvement des femmes

1.1 Les initiatives collectives

Les initiatives collectives des femmes dont les buts consistent dans le changement de l'environnement social et culturel où elles vivent, sont des composantes essentielles de la situation féminine. Ces initiatives sont révélatrices de la résistance que les femmes maghrébines exercent pour affirmer leur subjectivité par rapport à la domination masculine, qui se sert de la culture traditionnelle et de certains repères de la rationalisation occidentale pour les inférioriser par rapport aux hommes. Elles sont révélatrices aussi de la capacité des femmes de formuler des projets d'amélioration de leur situation, de poursuivre des objectifs pour changer leur condition et même de préfigurer des alternatives individuelles et collectives à la domination dont elles essaient de se libérer. Ces initiatives ont pour tâche celle d'intervenir en défense de la spécificité féminine qui résiste à l'emprise masculine sur la vie sociale. Elles ont aussi pour tâche la poursuite de certains changements sociaux et culturels qui puissent permettre d'assurer aux femmes cette défense face à la tradition. Cependant le problème du dépassement de cette tradition ne trouve pas sa solution dans la poursuite d'une rationalisation de la vie sociale inspirée au modèle occidental, qui peut être source d'autres formes de domination, différentes des formes traditionnelles, mais non pour autant négligeables. Comme le démontre le fait que les femmes occidentales mènent des initiatives collectives pour s'affranchir de la domination masculine et pour affirmer leur subjectivité face à une rationalisation dont les hommes se servent pour conserver leur suprématie dans les relations individuelles et collectives entre les sexes. Cependant il ne s'agit nullement pour les initiatives collectives des femmes du Maghreb de refuser en tant que telle la rationalisation, qui signifie un mode de connaître et d'organiser le monde dont l'efficacité a été prouvée par les applications des connaissances scientifiques et les technologies (Touraine, 1992, p. 240). Il ne s'agit pas non plus de renoncer à l'affirmation

---

[*] Docteur en sociologie, diplômé de l'Ecole des Hautes Etudes en Sciences Sociales de Paris, il est professeur à la Faculté de Sociologie de l'Université de Roma I, « La Sapienza ». Il a publié de nombreux ouvrages, dont les titres les plus récents sont, entre autres, *Conflitti sociali e città*, *La lente verde*. *Cultura, politica e azione collettiva ambientalista*, *I movimenti sociali diversità, diversità, azione collettiva e globalizzazione*.

d'une subjectivité féminine, dont les spécificités culturelles se combinent pour bien des aspects avec la culture locale. Il s'agit pour ces femmes de trouver des parcours qui puissent leur permettre d'intervenir dans la vie sociale, afin d'affirmer cette subjectivité et de la combiner avec la rationalisation, sans que cette dernière quitte la première ni que celle-ci en fasse autant avec la rationalisation.

Les initiatives collectives sont les moyens les plus directs qui permettent aux femmes d'intervenir sur plusieurs aspects et à des différents niveaux de la vie sociale.

Elles leur permettent de revendiquer des améliorations de leurs conditions dans le contexte du cadre normatif qui règle *l'organisation sociale*, où les rapports d'autorité sont cachés par la prééminence des modèles de relations humaines indépendantes (Touraine, 1993, p. 82). Les relations déséquilibrées de pouvoir sont cachées à ce niveau de la vie sociale par des normes et des règles, selon lesquelles la soumission féminine trouve sa raison d'être dans les modèles culturels, qui disposent la consécration de la femme aux tâches domestiques et à sa subordination à l'homme dans la famille, dont elle doit assurer les soins les plus divers. Ce qui amène à une résistance des femmes face à ces impositions. De cette résistance surgissent les initiatives collectives qui mènent à différentes activités, lesquelles effectuent des revendications qui vont de l'augmentation de l'emploi pour les femmes à l'amélioration des conditions féminines dans la vie de travail, du développement des services sociaux à la création ou à l'extension des allocations familiales, au partage des tâches domestiques.

Ces initiatives collectives permettent aussi aux femmes de construire des stratégies pour intervenir sur les lois et surtout sur les codes du statut personnel qui, comme on l'a vu dans d'autres parties de ce livre, définissent le cadre législatif de la vie des femmes dans les différents pays du Maghreb. Elles permettent, en effet, aux femmes de développer des activités dans le but d'obtenir des lois et d'autres interventions politiques, qui apportent des améliorations de leurs conditions. Ce qui renvoie à deux aspects de la question. Le premier est celui de la capacité, que ces actions doivent acquérir, d'intervenir dans le *système institutionnel*, là où se définissent les décisions politiques et où les lois sont promulguées. Il s'agit d'actions qui doivent être, par conséquent, en mesure d'accéder et d'intervenir au niveau du système politique. Le deuxième aspect est celui de l'ouverture de ce système. Cette ouverture se réfère à la démocratie de ce système. Ce qui est une condition indispensable pour la formation et la construction d'actions collectives. Mais dans le cas où il y a manque ou carence de démocratie, il est possible aussi que certaines actions collectives puissent se retrouver parmi les initiatives qui construisent l'ouverture du système politique. Dans certaines cas où il y a blocage ou difficulté de formation de la démocratie, ces actions peuvent, en effet, entreprendre des activités qui poursuivent les objectifs des femmes, en même temps qu'elles amènent à l'ouverture du système politique. En d'autres termes, quand le système politique est bloqué par l'emprise d'un État autoritaire, les initiatives collectives des femmes, comme celles d'autres mouvements sociaux, doivent surmonter beaucoup de difficultés pour se construire. Elles doivent être engagées sur le terrain de la construction de la démocratie politique et, en même temps, sur celui de la poursuite de leurs objectifs sociaux et culturels. Le mouvement des femmes peut, en effet, situer ses initiatives dans le contexte des actions qui sont à l'origine de l'ouverture du système institutionnel. Il peut également arriver à représenter ses instances dans ce système, quand celui-ci est traversé par des initiatives de construction de la démocratie[1].

Cependant les initiatives collectives qui portent en elles un mouvement de femmes ne limitent pas leurs activités à ce niveau institutionnel de la vie sociale. Elles visent à changer les orientations culturelles de cette dernière. Elles essaient de faire valoir les spécificités de la subjectivité féminine, afin que les femmes puissent maîtriser leur vie et leurs histoires collectives et individuelles. Ces initiatives essaient de soustraire la vie des femmes à l'emprise que les hommes exercent sur elle, en se servant pour y arriver d'outils qu'ils peuvent trouver dans la culture traditionnelle. Certains contenus de cette dernière peuvent, en effet, être interprétés comme la source d'où dérivent l'infériorisation de la femme du Maghreb par rapport à l'homme et sa ségrégation dans les communautés féminines, qui sont en quelque sorte séparées de la vie des hommes et de la vie publique. Par conséquent, les initiatives collectives des femmes n'essaient pas de parvenir à une valorisation de la spécificité subjective féminine qui ramènerait les femmes à cette ségrégation. Elles tentent, au contraire, d'affirmer une subjectivisation qui se libère de l'emprise de ce type de tradition, autant qu'elle résiste à celle des hommes sur la vie des femmes[2].

---

1. Deux orientations principales se distinguent au sein du débat des sciences sociales sur l'accès des actions collectives au système institutionnel. La première explique cet accès comme l'horizon poursuivi par les acteurs des actions collectives pour représenter leurs intérêts dans le système politique en concurrence avec ceux d'autres groupes (Tilly, 1978). La deuxième considère que les actions collectives interviennent dans le système politique pour représenter les intérêts et les orientations culturelles des acteurs qui les construisent pour s'opposer à une domination, par rapport à laquelle ils définissent des alternatives politiques, sociales ou culturelles. Cette orientation considère aussi que l'horizon des actions collectives ne s'arrête pas au niveau institutionnel, mais qu'il se définit au niveau du contrôle des orientations globales de vie sociale (Touraine, 1993 ; Farro, à paraître).

2. Le thème du sujet se rapporte à celui de l'individu, qui affirme son unicité avec la naissance de la société moderne (pour cette définition de l'individu dans la société moderne V. Dumont, 1983). Le sujet peut être défini par une conception philosophique qui l'oppose à l'objet. Il peut être aussi défini par d'autres conceptions philosophiques, dont chacune trouve une relation différente de cette opposition entre la subjectivisation et l'objectivation (Benhabib, 1986, pp. 132/143). Le sujet peut être défini aussi comme un résidu d'irrationalisme qui s'oppose à la rationalisation dont est porteur l'individu moderne, lequel poursuit ses intérêts. mais le sujet peut être défini aussi comme le pôle non rationnel de la modernité, qui est constamment en dialogue avec l'autre pôle, celui de la

C'est pour cette raison que la construction de la subjectivité féminine se relie à la poursuite de l'objectif de l'émancipation et de la
rationalisation de la vie sociale. Mais il s'agit aussi de voir quel parcours poursuivre pour atteindre cette rationalisation.

Il s'agit de voir si ce parcours est celui de l'universalisme que
l'Occident a inventé en accédant à la modernité ; ou si c'est celui
d'un accès à la modernité qui se construit en considérant la spécificité culturelle locale, en essayant de se relier à certaines sources
historiques qui se retrouvent dans la culture arabe. Il ne s'agit pas
pour les initiatives des femmes, par ailleurs, de passer de la subjectivité à la rationalisation, mais de parvenir à combiner la construction d'une subjectivité féminine avec une rationalisation de la vie
sociale, qui s'enracine dans la spécificité culturelle locale.

Il s'agit de voir si la défense de la subjectivité féminine peut devenir le début de la construction d'un mouvement collectif qui tente
de changer l'environnement culturel des femmes en intervenant sur
les orientations culturelles de la vie sociale ; tout en essayant de
trouver un accès à la modernité qui ait son originalité et se différencie par rapport à celui du parcours que l'Occident a déjà effectué.

En raison de l'importance de ces questions, la recherche que
nous avons commencé à mener dans certains pays du Maghreb,
tente de connaître les initiatives du mouvement des femmes et les
significations qu'il produit dans la vie sociale. A travers les données
venant de cette connaissance, il sera possible de définir certaines
activités concrètes, qui consisteront, comme on peut le voir dans
d'autres parties de ce livre, en des « actions positives » à effectuer
dans une deuxième partie de ce travail. Ces activités auront pour
buts l'amélioration de la condition féminine dans certains domaines
de la vie sociale et l'augmentation de la capacité d'action des femmes.

1.2 Les trois aspects de la recherche

Notre recherche, qui a pour tâche la connaissance de la situation
économique et sociale, des statuts juridiques et des mouvements des
femmes du Maghreb, consiste en un travail préalable à la définition
d'activités dont les buts sont ceux de tenter d'apporter des améliorations à la condition et au vécu des femmes. Pour poursuivre ces
buts, les différentes parties de cette recherche se relient entre elles,
afin d'essayer de saisir les aspects les plus révélateurs de la situation féminine de la région.

Dans un premier temps, ce travail a été consacré à la Tunisie et
au Maroc, pays choisis pour commencer la recherche, qui par la
suite portera sur d'autres pays du Maghreb.

---

rationalisation de la vie sociale. Il s'agit d'une définition qui désigne le sujet
comme celui qui veut agir et veut être reconnu comme acteur par les autres
acteurs et comme celui qui s'insère dans les relations sociales, afin de pouvoir
transformer (Touraine, 1992, pp. 242/248). Cette dernière définition est celle
qui est ici adoptée.

La partie de la recherche dédiée au mouvement des femmes est celle qui a pour but la définition d'activités susceptibles d'augmenter la capacité d'action des initiatives collectives féminines dans différents domaines de la vie sociale. Ce but se relie aux buts poursuivis dans les autres parties du travail, qui consistent en des récoltes, des analyses documentaires et des enquêtes consacrées aux deux autres aspects de la situation féminine au Maghreb que nous avons étudiés : le premier est celui de la condition sociale et économique de la femme ; le deuxième est celui de sa condition juridique.

D'autres parties de ce livre sont dédiées à la condition économique et sociale féminine et à l'état de la législation consacrée aux femmes en Tunisie et au Maroc. Par conséquent je me limite ici à considérer la partie de la recherche relative au mouvement des femmes. Cette partie reprend les élaborations qui proviennent d'une intervention sociologique consacrée à ce mouvement. L'intervention sociologique est une méthode de recherche, qui a été adoptée pour l'étude empirique des mouvements collectifs (Touraine, 1993) et d'autres aspects de la vie sociale (V. par ex. Wieviorka, 1988). Quand cette intervention est appliquée à l'étude des initiatives collectives, elle consiste en un travail commun mené par des membres d'un mouvement et des sociologues, afin de connaître la nature de cette action et de tenter de renforcer les capacités d'intervention de ses acteurs dans la vie sociale.

L'intervention sociologique qui est consacrée au mouvement des femmes du Maghreb, trouve sa première application en Tunisie. Mais d'autres interventions de ce genre sont envisageables et elles pourront être définies pour approfondir la connaissance des mouvements de femmes, qui se sont développés et interviennent dans la vie sociale d'autres pays de l'ensemble de la région.

Le texte qui suit est consacré aux matériaux analytiques de la première de ces interventions. Il se réfère au travail qui a été effectué au printemps et en été 1995 par des sociologues et par certaines militantes du mouvement des femmes de Tunisie[3]. Ces chercheurs et ces militantes se sont rencontrés dans des séances fermées, auxquelles ils ont participé pour construire leur analyse du mouvement. Les significations de ce dernier et ses possibilités de développement ont été aussi analysées en vertu du travail effectué par ces sociologues et ces militantes dans d'autres séances, où le groupe s'est confronté à des interlocuteurs. Ces derniers ont été invités à intervenir dans ces séances, après avoir été indiqués par les militantes elles-mêmes dans des discussions de groupe en qualité de partenaires ou d'adversaires de leur action.

---

3. L'intervention a été préparée par les chercheurs dès le début de l'hiver. Elle a été effectuée à partir de la mi-avril et a duré jusqu'en septembre 1995. Cinq week-end, pour quatre-vingt-dix heures environ de rencontre, ont été le temps consacré aux réunions, qui se sont tenues dans des centres culturels et d'autres lieux publics d'Hammamet, de Tunis et de sa région.

Par ailleurs les rencontres avec les interlocuteurs ont été effectuées pour reconstruire dans les séances de l'intervention sociologique le même contexte que celui dans lequel se développe l'action collective des femmes dans la vie sociale[4].

Les deux chercheurs qui ont participé à cette intervention formaient un groupe de travail dont la composition était doublement mixte : dans le sens que l'une était de sexe féminin et l'autre masculin, et l'un citoyen d'un pays de l'U.E. et l'autre, tunisienne, d'un pays du Maghreb. Les membres du groupe des militantes étaient, pour leur part, des femmes ayant mené des activités dans le mouvement autonome des femmes tunisiennes. Elles sont des fondatrices ou des animatrices d'associations des femmes et du syndicalisme. Elles sont autonomes parce qu'elles ne sont liées ni aux organismes gouvernementaux ni au pouvoir politique.

1.3 Le groupe des femmes tunisiennes

Le groupe des femmes tunisiennes a été formé par des sociologues et, plus précisément, par la chercheuse de Tunis, dont le travail de prédisposition de la recherche a été essentiel. Cette chercheuse s'est servi pour former ce groupe de sa connaissance du terrain, dont les sources se trouvent dans certaines études qu'elle a menées auparavant sur le mouvement et la condition des femmes ainsi que dans ses expériences personnelles.

Les critères adoptés pour la constitution de ce groupe, ont été ceux du respect d'une certaine représentativité des différentes composantes du mouvement ainsi que ceux d'un engagement personnel et non organisationnel des militantes dans la recherche. De cette façon ces dernières ne sont pas des représentantes de leurs formations d'appartenance au sein du groupe, mais elles y apportent leurs expériences individuelles de militantes en situation collective.

Bien sûr, cette situation collective est artificielle, parce que constituée sur l'initiative des chercheurs. Mais, malgré cela, le groupe permet de mener une analyse sur toutes les différentes composantes de l'action des femmes, dont les chercheurs se sont préoccupés, par ailleurs, d'assurer la présence dans le groupe lui-même. Au début de l'intervention le nombre des militantes est de onze personnes. Différentes catégories sociales y sont représentées. Nous retrouvons parmi les membres du groupe une enseignante et syndicaliste du primaire, une enseignante du secondaire, trois enseignantes du supérieur, une journaliste, une agent technique, une chercheuse, trois autres syndicalistes[5].

---

4. L'intervention sociologique est une méthode élaborée et proposée par Alain Touraine, qui expose ses principes théoriques, indique ses différentes composantes et ses multiples passages techniques (Touraine, 1993, pp. 183/312).

5. Afin de sauvegarder leur anonymat, les militantes qui ont participé à l'intervention sociologique seront indiquées dans le texte par des initiales qui ne correspondent pas à celles de leurs noms.

Mais le groupe est surtout constitué par trois composantes significatives du mouvement des femmes. La première est celle des anciennes féministes. La deuxième est celle des militantes de la génération successive du féminisme, dont elles reprennent l'esprit critique des origines, en essayant de l'adapter au nouveau contexte politique, social et culturel. La troisième est celle des syndicalistes, qui sont pour la plupart des femmes proches du monde du travail industriel, tertiaire ou agricole, d'où certaines d'entre elles sont issues.

Ces femmes ramènent ces différentes expériences dans les débats du groupe dédiés au mouvement et à ses significations. Cependant ces débats ne sont pas effectués seulement par les membres du groupe et les chercheurs. Ce dernier n'est pas retranché sur lui-même. Il développe, en effet, son analyse non seulement à travers le dialogue qu'il entretient avec les sociologues, mais aussi en vertu des rencontres qu'il a avec ses interlocuteurs, qu'il a lui-même indiqué comme partenaires ou adversaires de son action. Ces interlocuteurs sont des acteurs sociaux ou politiques. Ils sont au nombre de six. Ce sont des femmes et des hommes qui se retrouvent face au groupe à titre individuel et non au nom de l'organisation dont ils font partie. Néanmoins ils sont interlocuteurs du groupe pour le fait que chacun d'entre eux recouvrent des postes de responsabilité ou ont des compétences professionnelles déterminées. Il s'agit, en effet, d'un ensemble d'interlocuteurs formé par une dirigeante de haut niveau de l'Union Nationale des Femmes Tunisiennes (U.N.F.T.), par un dirigeant du syndicat de l'Union Générale des Travailleurs Tunisiens (U.G.T.T.), par un fonctionnaire dirigeant du Ministère de la Femme, par une experte en droit islamique, par une femme députée ayant auparavant occupé un poste important dans l'appareil d'État et, à l'heure de son entrevue avec les militantes dans la recherche, appartenant à la majorité parlementaire.

Le groupe est constitué par les sociologues dans une conjoncture particulière des initiatives des femmes, marquée par l'intention des militantes tunisiennes d'entamer une phase de réflexion sur le mouvement. Le but de cette réflexion est d'arriver à formuler certains thèmes et contenus de mobilisation, qui soient appropriés aux initiatives à mener dans le nouveau contexte du pays. Ces militantes envisagent ainsi de structurer une nouvelle phase du mouvement des femmes, qui suivrait celle des années du féminisme montant ainsi que celle d'un certain repli de l'action autonome des femmes. Mais avant d'aborder cette question et d'autres qui se posent dans ce mouvement, passons à examiner brièvement les phases de son évolution historique.

2 Les phases du mouvement

2.1 Des femmes en Tunisie

Entre la fin des années soixante-dix et le début de la décennie suivante, un mouvement autonome des femmes voit le jour en Tunisie. Ce mouvement est autonome dans le sens qu'il est indépendant par rapport à l'Union Nationale des Femmes Tunisiennes (U.N.F.T.) et à l'État.

L'U.N.F.T. se constitua en 1958, deux ans après la libération. Auparavant il y avait eu d'autres organisations de femmes dans le pays. La première a été l'Union Musulmane des Femmes Tunisiennes (U.M.F.T.) qui, fondée en 1936, est d'inspiration zitounienne. Cette organisation féminine reprend les conceptions défendues par des membres importants de la Zitouna de Tunis, une institution dont la fondation remonte au VIIIe siècle, qui a un rôle religieux et culturel de premier plan dans l'histoire du Maghreb et qui au début des années trente est très active dans la tentative de combiner le modernisme et la défense des valeurs traditionnelles[6]. « L'aristocratie zitounienne, issue des meilleures familles de la bourgeoisie tunisienne – en effet – veut sauver le patriarcat, mais en changeant de méthodes, et pense que si la tradition et la modernisation se heurtent, elles peuvent aussi se légitimer mutuellement » (Daoud, Z., 1993 pp. 43/44). Cette organisation féminine se consacre ainsi à la diffusion de principes modérés d'émancipation des femmes. Elle n'envisage pas pour autant de précipiter l'évolution de cette émancipation.

Deux autres organisations de femmes voient le jour en 1944. Ce sont l'Union des Femmes de Tunisie (U.F.T.) et l'Union des Jeunes Filles Tunisiennes. Ces organisations sont constituées par le Parti Communiste Tunisien (P.C.T.) et elles adhèrent à la Fédération Démocratique Internationale des Femmes. Ces formations, et surtout l'U.F.T., s'engagent dans la défense des femmes travailleuses. Elles interviennent dans les villes, mais aussi dans les campagnes, où elles définissent nombre d'initiatives. Au cours des années quarante, par exemple, elles organisent des luttes contre la vie chère. Dans cette même phase, leur initiative concerne aussi la distribution de vêtements et de vivres. Au début de la décennie successive, l'U.F.T. s'engage aussi dans l'entraide des militants qui luttent pour la libération nationale.

---

6. Dans la première moitié du XIXe siècle, nous retrouvons que l'enseignement est asuré par des organisations privées. A cette époque comme d'ailleurs auparavant après avoir fréquenté l'école coranique au pays, les enfants du Maghreb pouvaient poursuivre leurs études dans une médersa établie dans l'enceinte d'une mosquée ou d'une zaouïa. « L'enseignement essentiellement oral, portait sur la théologie, le droit coranique, la littérature arabe. C'était le moyen de devenir juge ou d'accéder à diverses fonctions culturelles, surtout avec les diplômes délivrés par les médersas les plus réputées comme celles de Tlemcen et de Constantine. Si l'on voulait accéder au degré supérieur, il fallait quitter le pays et suivre le cours d'une des deux seules universités du Maghreb, Karaouyine, la grande mosquée de Fès, celle de Tunis, la Zitouna, ou aller au Caire, suivre ceux d'Al Azhar » (Ganiage, Martin, 1994, p. 29). En Tunisie, c'est après les mesures de laïcisation de 1956 que la Zitouna devient une institution qui assure seulement la fonction d'une faculté de théologie consacrée à l'enseignement de l'arabe et du droit musulman. Une réforme enlève, en effet, à la grande mosquée de Tunis, tenue pour un centre d'opposition politique au Destour, ses annexes provinciales qui se transforment en écoles secondaires alignées progressivement aux autres institutions scolaires du pays (Ganiage, Martin, 1994, p. 565).

La libération de 1956 est le moment de la décolonisation mais aussi celui du début d'une politique de modernisation du pays, dirigée par Bourguiba, d'abord en alliance politique avec d'autres formations, puis en exclusivité. En 1961 le processus qui conduit à cette situation d'exclusivité politique, commence par la mise hors la loi des organisations communistes, pour aboutir en 1963 dans l'institutionnalisation du parti unique, le Parti Socialiste Destouriste du président Bourguiba.

D'après la politique présidentielle le processus de modernisation du pays doit franchir de manière graduelle des étapes d'avancement. Selon le projet poursuivi par cette politique, le parti unique et l'État doivent diriger et assurer la modernisation, qui consiste en un développement économique graduel, auquel doit s'ajouter l'amélioration des conditions sociales et civiles de la population. Ce projet intègre à part entière l'émancipation de la femme dans le processus de modernisation. Avant la libération et au début de l'époque de la décolonisation le bourguibisme intervient, en effet, directement dans la définition et dans la réalisation des étapes importantes du processus graduel de cette émancipation. Au niveau législatif la réalisation la plus importante est le Code du Statut Personnel, promulgué en 1956. Ce code prend ses distances par rapport à plusieurs aspects de la tradition islamique. Il interdit la polygamie. Il abolit le droit de contrainte matrimoniale du père. Il interdit la répudiation et introduit le divorce, qui peut être demandé aux instances judiciaires indifféremment aussi bien par l'homme que par la femme.

L'émancipation de la femme est considérée par le nouveau pouvoir politique comme l'un des aspects les plus importants de la modernisation. Ce pouvoir national n'intervient pas seulement à travers des lois pour assurer cette émancipation. Il se préoccupe aussi d'assurer une certaine mobilisation et participation des femmes à ce processus. L'instrument pour permettre cette participation et cette mobilisation est une association féminine à constituer au niveau de la nation. En 1958 c'est dans cet esprit que l'U.N.F.T. est constituée.

Les affirmations de Bourguiba au 1er congrès de cette organisation en 1958 ont pour finalité de lui donner une place dans le cadre de la construction de la société nationale. En cette occasion, le président reprend dans son discours les thèmes les plus importants du projet d'un pouvoir qui devient de plus en plus personnel, en affirmant : « Je dirais que l'œuvre de réforme des mœurs et des habitudes que j'ai entreprise est un élément indissociable de la lutte contre le colonialisme et l'un des éléments les plus sûrs pour développer dans la nation une force de défense suffisante contre les convoitises et les entreprises de domination étrangères, d'où qu'elles viennent. Il ne faut pas oublier, en effet, que « ce qui nous a livrés à l'impérialisme et aux convoitises étrangères, ce fut notre état de faiblesse, né de l'ignorance et des superstitions auxquelles nous nous accrochons, les croyant, à tort, inséparables de la religion » (Discours cité par Marzouki, 1993, p. 159). La tâche que l'U.N.F.T. doit assurer est ainsi celle d'apporter sa contribution à cette œuvre de modernisation et de développement national.

Néanmoins, la mise à contribution spécifique des femmes s'explique non seulement par le profond retard qu'accusent les citoyennes, mais aussi par la difficulté des rapports qui prévalent entre les sexes. Les cadres de l'U.N.F.T. n'ont pas seulement pour tâche de lutter contre les croyances et les préjugés que les femmes ont intériorisés mais aussi d'éduquer et de convaincre les hommes de la bonne cause.

L'U.N.F.T. a pour charge de réaliser un juste équilibre entre une participation efficiente des femmes à la vie économique et sociale et la promotion d'une vie familiale saine et harmonieuse (Marzouki, 1993, p. 160).

Cette organisation de femmes parvient à intervenir aux différents niveaux de la vie du pays, où elle est une importante promotrice des initiatives gouvernementales dans le domaine de l'amélioration de la condition de la femme. Elle agit aussi en régime de monopole, n'ayant pas de véritables concurrents. Cette situation est la conséquence du régime à parti unique et de la domination d'un État, qui impose ses projets de modernisation tout en maintenant le contrôle et la gestion des principales ressources de développement. Dès sa constitution, mais surtout après l'institutionnalisation du parti unique, l'U.N.F.T. est l'agent de modernisation du régime auprès des femmes. Cette organisation ne représente pas, par conséquent, une action collective, qui serait porteuse d'un mouvement social ou culturel et dont les acteurs interviendraient sur leur environnement et sur les rapports de pouvoir pour les modifier. Elle ne peut pas être identifiée à une telle action, parce qu'elle agit à la suite de l'application d'une politique gouvernementale. Cette organisation applique, en effet, cette politique en absence d'acteurs sociaux et politiques qui puissent vraiment la dénoncer. Elle incarne une tentative de combattre la tradition par une modernisation imposée par le pouvoir politique et par le groupe dirigeant du pays à la population en absence de société civile.

Le mouvement autonome des femmes ne s'oppose pas à la modernisation, mais à la domination qui l'impose[7]. Il trouve ses origines dans d'autres sources que celle de ces organismes du pouvoir et poursuit d'autres objectifs pour la modernisation du pays et pour le changement de la vie des femmes.

2.2 Autonomie des femmes

Un mouvement autonome des femmes ne commence à se constituer en Tunisie qu'avec les premières tentatives de constitution d'une société civile, composée par des acteurs individuels et collectifs dont les actions ne dépendent pas de l'État ni se définissent seulement en termes anti-étatiques. Cette société civile voit des acteurs sociaux qui se battent contre des autres acteurs sociaux pour avoir le contrôle des orientations de la vie sociale.

---

7. Pour cette définition de l'autonomie des acteurs dans la société moderne, voir Melucci (1989).

La construction de cette société civile en Tunisie débute avec des luttes sociales qui sont menées par des travailleurs et par des femmes.

Les phases importantes de ces luttes ne sont pas pour autant sans rapport avec la répression. Au début des années soixante-dix on assiste à une première vague de ces luttes sociales, qui sont menées par des travailleurs dans les usines et par des étudiants d'extrême-gauche dans les universités ainsi que dans les lycées.

Ces luttes sont suivies par la répression qui s'abat surtout sur les militants d'extrême-gauche. En 1973 les plus actifs de ces militants sont emprisonnés. En 1978 les dirigeants de la centrale syndicale subissent le même sort pour avoir appelé à la grève générale, afin de protester contre l'aggravation des conditions de vie des travailleurs. La cause de cette aggravation est la crise socio-économique. La politique gouvernementale est critiquée par les syndicats qui la considèrent responsable de cette crise.

La répression qui s'abat sur les opposants n'arrive pas à détruire le mouvement. Par ailleurs, une mouvance favorable à l'ouverture envers la société civile commence à se constituer au sein du pouvoir. En 1980 la libération, par grâce présidentielle, des dirigeants syndicaux incarcérés, va dans le sens de cette ouverture.

Par ailleurs, entre la fin des années soixante-dix et le début de la décennie successive, un mouvement autonome des femmes commence à se constituer dans ce contexte de construction de luttes sociales et de société civile.

Les premiers passages de la construction de ce mouvement sont ceux de la formation d'un club consacré à la condition de la femme. En 1978, à la rentrée universitaire, un groupe d'étudiantes prend l'initiative de former un club de femmes au sein d'une maison de la culture. Cette maison de la culture est le Club Tahar Haddad, dont la directrice appuie l'initiative des étudiantes (Marzouki, 1993, p. 225). Le Club d'Étude de la Condition de la Femme (C.E.C.F.) se constitue dans ce contexte. Il élabore une plate-forme, dans laquelle il est explicitement affirmé : « Partant de la conscience que la femme en général, et la femme tunisienne et arabe en particulier, malgré les droits formels dont elle bénéficie, continue à subir des conditions d'esclavage et d'oppression, nous avons ressenti la nécessité de créer un club » (Ghanmi, p. 28).

Le club se veut non mixte et indépendant. Il considère être le promoteur d'un nouveau projet de société, qui doit être poursuivi par des acteurs capables d'envisager les alternatives au capitalisme et au patriarcat.

La non mixité du C.E.C.F. est un principe qui est repris aussi par d'autres femmes, qui s'associent au groupe fondateur de l'organisation. Cette non mixité veut représenter l'autonomie des femmes dans l'organisation de leur mouvement. Elle veut également être expression de la sauvegarde de la spécificité de la culture féminine par rapport à la culture masculine. Cette sauvegarde ne veut pas être pour autant à l'origine d'une nouvelle ségrégation pour les femmes. Elle veut signifier la distance que les femmes établissent face à la domination de la culture masculine et au patriarcat.

Les femmes du C.E.C.F. ne veulent pas par ailleurs assimiler leur défense de la spécificité féminine à des valeurs traditionnelles. Cette défense veut en réalité signifier aussi une distance face à ces valeurs, qui veulent maintenir la femme dans un état de ségrégation. Elle s'oppose à cette ségrégation autant qu'elle s'oppose au patriarcat. Elle est, par ailleurs, la composante la plus importante d'un projet culturel de libération des femmes, qui ne veulent pas seulement s'opposer à la domination mais ont aussi l'intention d'affirmer leur spécificité dans le contexte de la construction d'une nouvelle société.

Le C.E.C.F. veut poursuivre ces objectifs et il organise des débats et des mobilisations sur différents thèmes, tels que l'origine de l'oppression des femmes, femmes et médias, femme et travail.

Les thèmes du travail sont, pour leur part, repris d'une manière systématique par le mouvement. En 1981 un processus d'intervention des féministes du C.E.C.F. au sein de l'U.G.T.T. voit le jour. L'idée de la création d'une commission syndicale de femmes est lancée, en effet, par un groupe du C.E.C.F. Cette commission se constitue au sein de l'U.G.T.T. La nouvelle formation prend le nom de Commission d'Études de la Condition des Femmes Travailleuses (C.E.C.T.). Son activité se déroule de sa fondation en 1983 jusqu'à sa déstructuration en 1985, suite à la dissolution de la direction de l'U.G.T.T. causée par le pouvoir.

A cette même époque d'autres organisations de femmes se constituent dans le pays. Ce sont des organisations qui se différencient entre elles de par leurs caractéristiques. Nous retrouvons, en effet, parmi elles, des organisations qui font partir leurs initiatives de thèmes d'autres causes, qu'elles connectent à ceux des femmes. Mais nous retrouvons aussi des formations nées dans un contexte où sont traités les thèmes de la spécificité féminine, formations qui peuvent se battre pour la libération des femmes comme pour d'autres causes. Un premier cas est celui d'une organisation qui voit le jour à la suite d'un appel lancé par des femmes palestiniennes et libanaises en 1982, après une intervention israélienne au Liban. L'organisation des femmes tunisiennes qui reprend cet appel est une formation qui se bat pour la défense de la cause palestinienne, mais elle s'engage aussi dans des conflits sociaux et intervient de même sur les thèmes de la spécificité féminine. Un deuxième cas est celui des femmes démocrates, une organisation féminine constituée en réseau. Les initiatives de ces dernières ont pour objectif la lutte contre le patriarcat et l'oppression subie par les femmes. Mais elles se mobilisent aussi sur d'autres thèmes, liés à la démocratie. C'est dans ce cadre, par exemple, qu'elles mènent des activités contre la répression qui s'abat sur les participants aux mobilisations pour le pain de 1984.

La lutte pour la démocratie se développe pour permettre la construction même du mouvement collectif que ces femmes essayent d'organiser en Tunisie où elles effectuent différentes activités politiques et culturelles. Parmi ces dernières on peut citer les initiatives éditoriales d'une revue, qui est un espace de débat important pour le mouvement. De 1985 et 1987, en effet, le réseau assure la publication de huit numéros de la revue « Nissa », spécialisée sur les multiples thèmes qui font l'objet de l'activité du mouvement des femmes.

Nous retrouvons, enfin, après ces deux cas d'organisations, d'autres formations de femmes. Le contexte des organisations qui construisent les initiatives collectives autonomes des femmes est, en effet, complété par deux autres formations. Ce sont la Commission des Droits des Femmes créée en 1984 auprès de la Ligue Tunisienne de Défense des Droits de l'Homme et de l'Association des Femmes Tunisiennes pour la Recherche sur le Développement (A.F.T.U.R.D.), qui est fondée en 1986.

L'ensemble de toutes ces formations constitue les réseaux des actions organisées du mouvement autonome des femmes tunisiennes. Elles sont les protagonistes des luttes des années quatre-vingt. Les plus importantes de ces luttes définissent trois trajectoires de l'initiative de ce mouvement des femmes. Nous en avons déjà vu deux : a. la première est celle des campagnes contre la patriarcat ; b. la deuxième est celle des thèmes de défense des aspects matériels de la vie des femmes. Mais il y en a aussi une troisième, qui est celle des initiatives qui se développent sur le statut juridique féminin. C'est le cas des actions menées après le 7 novembre 1987, moment de la relève présidentielle, qui se développent contre la menace de la remise en cause du C.S.P., grâce auquel la situation juridique des femmes tunisiennes se distingue par rapport à celle des autres pays de la région.

Il faut, enfin, rappeler les mobilisations des femmes contre la répression, qui se développent en plusieurs phases pour défendre les autres initiatives sociales et pour poursuivre la construction de la démocratie. Toutes ces luttes des femmes sont, par ailleurs, aussi des mobilisations pour la démocratie et pour la formation d'une société civile, qui essaient de trouver les espaces de sa construction face à l'emprise que les politiques de l'État nationaliste ont établie sur le reste de la société.

2.3 Le temps de la réflexion

Dans les années quatre-vingt-dix ce thème de la constitution de la société civile est un des soucis principaux du mouvement des femmes. Ce mouvement, comme d'autres acteurs collectifs, tente de constituer son autonomie face à l'État qui, depuis la libération, a été la seule source de légitimation de la société et qui risque de rester tel. Le mouvement des femmes poursuit l'ouverture institutionnelle et la construction de la démocratie dans ce contexte politique et social. Il se bat contre la répression et essaie de pousser cette ouverture institutionnelle, mais il ne cherche pas l'intégration de ses initiatives dans les activités étatiques. C'est la raison pour laquelle il regarde avec attention aux ouvertures politiques et culturelles effectuées par ces dernières, mais il ne veut pas y être inséré. Cela explique, par exemple, que la constitution de l'agence étatique Centre de Documentation et d'Information sur la Femme (C.R.E.D.I.F.) soit susceptible de certaines interprétations méfiantes de la part des femmes du mouvement, qui considèrent ce même organisme comme une agence de récupération de l'action féminine par le pouvoir politique.

Ces méfiances se définissent dans le contexte des orientations que le mouvement des femmes arrive à élaborer à cette époque, quand les mobilisations des féministes ont moins d'ampleur que dans la phase précédente et une nouvelle action féminine tente de trouver les trajets qu'elle a à parcourir. Ces trajets se croisent avec ceux de la construction de la démocratie que d'autres acteurs essaient de parcourir. Ils s'insèrent dans le parcours de la construction de la société civile et ne veulent pas se confondre avec ceux de l'ouverture institutionnelle. Le mouvement des femmes veut cette ouverture, mais il tente de ne pas confondre son action avec celle-ci. Une nouvelle phase s'ouvre et il veut définir son action culturelle et politique en autonomie, afin d'assurer l'adaptation de ses tâches à ce contexte.

Dans cette nouvelle phase on assiste à la remise en cause des stratégies de développement et de modernisation du pays. Il s'agit même d'une phase de confrontation entre les différents acteurs sociaux et politiques sur les thèmes de la spécificité culturelle dans les pays de la région. Le mouvement des femmes n'échappe pas à cette confrontation ni à ces thèmes. Les anciennes féministes se trouvent, en effet, à faire face aux thèmes du développement et des spécificités économique et culturelle de leur pays.

Elles envisagent de relancer leur action, mais elles doivent se rapporter à d'autres acteurs pour pouvoir faire face à ces questions et pour poursuivre la construction de la société civile.

Par ailleurs d'autres femmes qui ne proviennent pas du féminisme mais du syndicalisme, tentent de s'engager dans la construction d'une action féminine autonome, bien que rapportée au monde du travail.

Ce contexte constitue le terrain de l'intervention sociologique qui vise à comprendre les significations du mouvement des femmes. Un mouvement qui se réfère à une double spécificité des femmes tunisiennes et propose de s'insérer dans la construction d'une société civile.

3 Le mouvement et la société civile

3.1 La double spécificité

Les chemins de l'engagement militant des femmes ont des origines différentes. Ces différences se retrouvent dans le groupe des femmes de l'intervention sociologique. Une partie de ces femmes arrive à un tel engagement à la suite d'une expérience personnelle, comme par exemple un divorce. Une autre partie y parvient sur la base d'un refus culturel de l'oppression de la femme. Une autre partie encore arrive à cet engagement à la suite de l'expérience acquise dans des organisations de gauche. Un certain nombre d'entre elles, enfin, arrivent à intervenir sur les thèmes spécifiques des femmes à la suite de l'expérience acquise sur des lieux de travail et au sein d'organisations syndicales.

Ces différences n'empêchent pas pour autant au groupe de se considérer très rapidement en tant que témoin de la lutte des femmes. Il s'agit d'un témoignage consacré à l'histoire et à la phase vécue par cette action à l'heure actuelle. Ce groupe est, en effet, le témoin tant de l'histoire du mouvement autonome des femmes, que de la phase de réflexion traversée par ses militantes au moment où se déroule l'intervention sociologique.

Dès les premières rencontres, le témoignage de l'expérience militante reprend le parcours historique des actions organisées des femmes. Le groupe rappelle les phases importantes de ce parcours. Cette référence à l'expérience militante fait aussi rappeler les différences qui se présentent entre les composantes du mouvement aussi bien dans les actions passées, que dans celles des expériences vécues à l'heure actuelle.

Une militante, A. B., qui rappelle les actions du passé, celles des années quatre-vingt, affirme à cet égard :

Pour moi il y avait des filles héroïnes et des ténors ; il y avait les autres qui étaient plutôt axées sur le vécu, qui voulaient exprimer des problèmes personnels, d'autres qui voulaient faire du mouvement un groupe de pression, d'autres qui cherchaient à mettre en valeur la culture arabo-musulmane.

Il y avait aussi le clivage U.N.F.T. ou pas U.N.F.T., certaines filles étaient pour investir les structures de l'U.N.F.T. et d'autres étaient jalouses de son autonomie.

Il y avait un autre clivage à propos de la revue « Niss », des filles voulaient parler de tout, des enfants naturels, de la sexualité et de choses qui secouèrent l'opinion, et les autres au contraire voulaient imposer une certaine censure et ménager la sensibilité de l'opinion.

Les différences du présent, pour leur part, ne se retrouvent pas seulement dans les discussions du groupe, mais aussi dans son vécu. Dès le début de son travail ce groupe présente, en effet, en son sein des différences selon les trois formations des femmes qui le forment. La composante du groupe formée par les anciennes féministes et celles de la génération plus récente se mélangent entre elles pour former les deux premières formations. L'une de ces dernières est définie par trois militantes, porteuses d'une orientation surtout culturelle qui s'exprime par le témoignage du vécu acquis dans les luttes et dans la réflexion sur l'état présent de l'action. L'autre formation, qui compte le même nombre de membres que la première, est celle de militantes porteuses d'une attitude qui est surtout politique. Ces militantes privilégient les aspects de la lutte pour la démocratie, entreprise par le mouvement des femmes. La troisième formation est constituée autour de la composante syndicale du groupe par quatre personnes, porteuses d'un discours surtout social, venant de l'expérience du syndicalisme.

Une autre personne du groupe, enfin, se pose en tant que relais entre les trois formations et, surtout, entre la formation qui porte un discours social et celle à propension politique.

Ces formations qui se définissent dans le groupe sont le témoignage des changements du mouvement, mais elles n'incarnent pas pour autant que le présent de l'action. Elles rappellent, en effet, aussi la mémoire des luttes des femmes à travers les orientations venant de leurs attitudes. Les deux premières rappellent l'importance des mobilisations contre le patriarcat. La troisième, qui est un peu à l'écart dans le groupe comme le syndicalisme des femmes l'est par rapport au féminisme, insiste sur le fait que la soumission féminine dans les lieux de travail est un thème ancien de leur lutte.

Cette mémoire des luttes, par ailleurs, est reprise par les femmes du groupe afin de préciser la réflexion sur la relance de leur action. Dans ce but, les syndicalistes, pour qui l'oppression de la femme sur les lieux de travail et l'oppression dans la société en général sont liées, considèrent par conséquent qu'il faut trouver une liaison entre les luttes culturelles contre la prédominance des conceptions masculines dans la vie sociale et les luttes sociales, se référant à la condition sociale des travailleuses ainsi qu'aux groupes populaires plus globalement.

Le rapport entre les spécificités culturelles des femmes et les thèmes sociaux est, par ailleurs, central dans ce premier passage de l'intervention sociologique. Ce rapport est un problème essentiel de la réflexion que le groupe mène sur l'expérience de la lutte des femmes. Mais la réflexion se réfère aussi au fait que cette dernière doit faire face à une double spécificité.

La première spécificité est celle de la culture féminine. Elle se définie face à la culture masculine dominante. Cette définition présente deux aspects. Le premier est défensif. C'est la défense exercée par la culture féminine face à la domination. Elle consiste avant tout dans le refus subjectif des femmes de se soumettre à cette domination. C'est la résistance exercée par la spécificité féminine face à cette dernière. Mais cette spécificité qui se dessine dans ce contexte défensif pour la culture féminine, se repropose aussi dans un autre contexte. Le deuxième aspect de définition de cette spécificité est, en effet, celui de la construction d'un parcours alternatif à cette domination. Il consiste dans la tentative de définir les contenus subjectifs féminins du projet d'émancipation tant des femmes que de l'ensemble de la vie sociale. *La question de la femme comme porteuse d'une spécificité culturelle et d'un projet qui ne veut pas se dissoudre dans celui des hommes, est, de cette manière, posée.* Il s'agit d'un projet de femmes qui veulent affronter le thème de l'accès à la rationalisation de leur propre point de vue. Un projet qui pose, par conséquent, le problème de l'accès à la modernité du point de vue féminin.

Pour les femmes du groupe ce projet doit être construit face aux hommes : aux hommes qui refusent la modernité, mais aussi à ceux qui ont voulu imposer cette modernisation à la population, qui vit la crise en plein.

La deuxième spécificité à laquelle se réfère la réflexion des femmes du groupe, a une autre nature. Elle consiste :

a. dans la collocation du développement de ce pays à l'échelle planétaire ; b dans la culture de ce pays et à sa place dans le contexte de la globalisation (McMichael, 1996) de la vie sociale. Cette collocation est celle d'un pays en voie de développement, dont la modernisation a été et est dirigée de manière autoritaire. La culture, pour sa part, a de fortes racines arabe et musulmane que, dès la libération, les groupes dirigeants ont essayé de combiner avec certaines formes de laïcisation et de modernisation de la société.

La trajectoire de développement imposée par les groupes dirigeants a apporté certains résultats pour la condition des femmes, qui sont bien appréciés par les membres du groupe, surtout quand elles comparent la situation des Tunisiennes par rapport à celle des femmes des autres pays de la région. Mais le groupe est aussi fortement critique face à la poursuite du développement telle qu'elle a été effectuée par ces dirigeants. Certains membres du groupe surtout refusent cette manière de poursuivre le développement, et non seulement pour sa démarche autoritaire. Ces femmes la dénoncent aussi parce que cette manière de poursuivre un projet de rationalisation de la vie sociale par le pouvoir politique présente deux inconvénients : a. ce pouvoir ne tient pas compte des spécificités culturelles féminines ; b. il prend en compte les spécificités culturelles arabe et musulmane seulement d'une manière instrumentale. Les femmes dénoncent le fait que le pouvoir politique a déjà eu à plusieurs reprises cette attitude dans le passé et qu'il la reprend dans le présent. La critique insiste, en effet, sur le fait que pour échapper aux dangers représentés par les intégristes, ce pouvoir permet l'élargissement du rituel religieux à travers les moyens de la télévision. Ce qui constitue pour ces femmes un exemple typique de la faiblesse d'une voie de développement qui à ses débuts, au temps de la phase montante du bourguibisme, se voulait capable de rationaliser la vie sociale et de la faire devenir graduellement laïque.

La question de la construction et du contrôle du rapport entre la spécificité féminine, la spécificité culturelle arabe et la rationalisation de la vie sociale est, de cette manière, posée par le groupe.

Quand elles analysent leurs luttes et même quand elles font face aux problèmes de la double spécificité, les membres du groupe ne peuvent que se confronter au pouvoir politique. Elles ne veulent pas pour autant se rapporter simplement à une politique étatique pour construire leur action. Bien que leurs discours et leurs rappels des luttes se rapportent aux aspects modernisateurs et aux formes répressives du pouvoir politique, ces femmes, en effet, ne renoncent pas à envisager la construction de leur action en tant qu'action culturelle et sociale. De cette manière elles envisagent de prendre en charge les thèmes du développement et ceux de la culture locale, même sous leurs aspects religieux[8]. Mais elles ne veulent pas les considérer seulement d'un point de vue de leur rapport avec la politique étatique et de celui de l'opposition au pouvoir politique.

Ces femmes reconnaissent l'importance de la politique étatique, mais elles envisagent aussi de définir leur parcours autonome d'action, qui ne peut avoir un autre milieu que celui de la société civile à renforcer.

Ces aspects du discours et des initiatives des femmes qui émergent déjà dans les séances fermées, surgissent avec plus de déci-

---

8. Pour une lecture du rapport entre religiosité musulmane des femmes d'aujourd'hui et accès à la modernité, voir Gôle (1993).

sion dans les rencontres du groupe avec ses interlocuteurs, où se définissent les différences entre l'attitude du mouvement face au pouvoir politique et son attitude dans la construction de la société civile. Même lors de ces rencontres avec les représentants de ce pouvoir, le groupe pose, par ailleurs, la question de l'exigence de cette construction et non seulement celle de la démocratisation et du contrôle des orientations politiques de l'État.

Cette attitude du groupe est connectée à la nature culturelle des initiatives des femmes dont sont porteuses toutes leurs composantes et qui ne se dissout pas dans l'action politique.

3.2 Convergences et autonomie

Quand il prépare les rencontres avec ses interlocuteurs, le groupe pose l'exigence de rencontrer parmi ces derniers des représentants du pouvoir d'État et des formations qui lui sont proches ou qui comptent parmi leurs tâche celle de le soutenir, comme, par exemple, l'U.N.F.T.

Dans la plupart de ces rencontres les attitudes du groupe sont doubles.

Une première attitude est de convergence avec les propos des interlocuteurs, quant aux aspects modernisateurs de leurs discours sur les pratiques des formations proches du pouvoir politique ou des appareils étatiques, qui interviennent dans des domaines comme ceux de la condition de la femme ou de l'éducation et de l'école.

Lors de l'intervention de la représentante de l'U.N.F.T, qui expose les objectifs, que son organisation envisage de poursuivre pour améliorer la condition de la femme, le groupe a, par exemple, l'attitude suivante : il montre, en effet, son attention envers certaines aspects des initiatives de cette organisation officielle, comme celui de la lutte contre l'analphabétisme. Par ailleurs, les seules critiques qui se lèvent envers les initiatives de ce genre, sont celles qui dénoncent la partialité des résultas obtenus dans des domaines comme celui de l'abandon scolaire des filles. Un membre du groupe, I. M., militante du syndicat de l'enseignement, dit, par exemple, à cet égard, en considérant les arguments de l'interlocutrice :

Nous aurons encore des filles qui quitteront l'école avec le régime actuel.

Mais la convergence du groupe avec cette interlocutrice devient encore plus importante quand la discussion se réfère à certains thèmes, dont les contenus vont dans le sens de la concrétisation d'initiatives favorables à l'acquisition d'une pleine citoyenneté des femmes ou dans celui de la mixité scolaire. Les dénonciations effectuées par des membres du groupe quant aux retards du pays à ce propos, deviennent des appels au développement d'initiatives pour la modernisation des mœurs. Un de ces membres, J. X., par exemple, dit :

Il y a aussi le problème de la mixité dans les écoles, dans certains lycées où les professeurs ne veulent pas que les garçons s'assoient à côté des filles, et d'autres où dans lesquels les listes d'élèves sont faites avec les filles d'abord et les garçons ensuite.

Quand il rencontre un autre interlocuteur, un représentant du Ministère de la Femme et de la Famille, le groupe exprime une convergence encore plus forte envers les projets modernisateurs que ce haut fonctionnaire poursuit par son initiative institutionnelle. Cette convergence se vérifie à la fois par rapport au contenu des projets et à une procédure adoptée par le Ministère, avec la contribution de la Banque mondiale. Cette procédure dispose d'un suivi pour certains projets d'amélioration de la condition de la femme, afin de comprendre l'importance de leur impact sur la situation féminine. Il s'agit de projets de formation professionnelle, de promotion de la femme rurale et d'aménagement urbain visant à l'amélioration des conditions de vie des familles et notamment des femmes dans les zones périurbaines. Même s'il reconnaît des convergences avec ces projets et les stratégies adoptées par le ministère pour les poursuivre, le groupe ne se prive pas d'exposer ses critiques. Mais ces critiques ne mettent pas en cause la substance des orientations exprimées par le haut fonctionnaire et se concentrent sur les résultats qui sont effectivement atteints par ces projets. Un membre du groupe, K. W., dit à cet égard :

On a l'impression que vous êtes un simple district (qui établit des plans d'urbanisme mais n'a pas le pouvoir pour les réaliser, n. A.L.F.), dans cette période, il y a des orientations formelles envers les femmes, mais ceci n'a pas de conséquences pratiques, au même titre que les programmes d'urbanisme.

La même attitude de convergence est assumée par le groupe à l'occasion de la rencontre avec une autre interlocutrice, une élue de l'Assemblée Nationale, ancienne conseillère du Président de la République et très active dans la prédisposition des politiques dans les domaines de la condition de la femme.

La convergence du groupe envers cette responsable politique a, comme pour les autres interlocuteurs, pour contenu les aspects modernisateurs de la politique de l'État autour de la situation féminine. Mais aussi dans le cas de cette rencontre, comme ce fut le cas pour les autres, le groupe ne manque pas d'exprimer des remarques critiques à l'égard des propos ou des initiatives politiques dont son interlocutrice se fait le témoin. Ce sont des remarques qui vont dans le sens de la nécessité de relancer la politique de modernisation relative à l'amélioration de la condition des femmes, remarques sur lesquelles très souvent la responsable politique elle-même affirme être d'accord. Ces critiques, en effet, insistent tout simplement sur la dénonciation des retards et des initiatives inachevées de la politique gouvernementale en matière de changements de la condition de la femme. Cette attitude critique du groupe se retrouve, par exemple, dans le contenu des affirmations avancées par un de ses membres, K. W., quand elle dit :

J'ai senti que j'étais d'accord avec elle (la représentante politique, n. A.L.F.) sur plusieurs points, même en étant de l'autre côté (pour les convictions politiques, n. A.L.F.). La situation des femmes est unique, c'est pour cela que l'on est d'accord. Quand j'ai entendu vos réponses (aux questions et aux critiques du groupe, n. A.L.F.), j'ai senti que nous étions la même femme. Peut-être est-ce parce que nous sommes toutes les deux du Sud de la Tunisie et que nous venons de la même situation ?

Il y a dans le Sahel (Sud de la Tunisie, région de Sousse) des méthodes utilisées pour empêcher à la femme d'hériter. Or, dans le Sahel, il y a une interprétation du Code du Statut Personnel qui fait que la femme ne peut pas hériter, il y a donc une différence entre le Droit et le fait. On est d'accord que ceci est mauvais, mais comment y remédier ? Ce n'est pas facile, il faut être réaliste.

L'attitude de convergence entre les femmes du groupe et leur interlocuteur, enfin, se représente également au cours de la rencontre entre le groupe et un inspecteur de l'enseignement primaire, ayant participé à la formation des programmes d'enseignement. La convergence a pour contenu, dans ce cas, l'exigence de mieux dépasser la proposition de l'image d'une femme traditionnelle et de la remplacer par une autre plus moderne dans les livres scolaires et dans l'enseignement.

Une rencontre ultérieure du groupe avec un autre interlocuteur, un syndicaliste de l'U.G.T.T., consiste plus en une tentative de définir des terrains de rencontre pour les initiatives militantes entre les femmes et le mouvement des travailleurs, qu'en des convergences de discours.

En conclusion, quand le groupe rencontre ses interlocuteurs, il essaie parfois d'établir des connexions entre la propre lutte et celle d'autres acteurs sociaux qui, comme le mouvement des femmes, se proposent de développer la construction d'actions collectives et de la société civile. Ces connexions se définissent, en effet, entre le groupe et leur interlocuteur syndical, qui représente un certain syndicalisme orienté vers la construction d'actions collectives et se retrouve dans l'U.G.T.T. D'autres fois, quand il rencontre des interlocuteurs qui sont des membres du pouvoir politique ou de l'administration étatique ou d'organisations proches de l'État, le groupe définit des convergences avec les orientations modernisatrices que ces responsables et fonctionnaires représentent.

Cependant ces convergences du groupe avec certains de ces interlocuteurs disparaissent quand le débat prend en considération des thèmes autres que ceux de la modernisation. Par exemple, quand la représentante de l'U.N.F.T. revendique l'attitude d'ouverture de son organisation face à celles des femmes autonomes, certains membres du groupe tiennent à préciser qu'il y a des différences remarquables. Ces membres observent que telles différences viennent du rapport privilégié de l'U.N.F.T. avec l'État, rapport que les associations autonomes des femmes n'entretiennent pas. Ce qui n'est pas sans conséquences pour les relations entre ces dernières et la grande organisation féminine officielle. A cet égard, la composante culturelle du groupe tient à préciser que le travail effectué par cette organisation officielle sur la condition féminine et les initiatives autonomes développées par des femmes sont bien distinctes entre elles.

Quand elle aborde ce thème, un membre de cette composante, E.F., dit, par exemple, à la dirigeante de l'U.N.F.T. :

Madame, je suis heureuse de vous rencontrer, si j'ai demandé à ce qu'un membre de l'U.N.F.T. soit là, c'est parce que j'ai toujours considéré que l'U.N.F.T. était un organe exécutif de la politique de l'État dans le domaine des droits des femmes. J'ai reproché à cet organisme cette allégeance qui fait qu'il n'y a pas véritablement de revendications en dehors de ce qui est tracé par le gouvernement, par exemple au niveau des droits, de ce qui est décidé au sein du pouvoir politique, et l'U.N.F.T. est là pour réaliser sa politique. C'est bien, je ne dis pas que ce n'est pas bien, mais il n'y a pas une revendication spécifique, je n'ai pas l'impression que nous soyons vraiment solidaires d'une même cause, bien que nous ayons le même objectif. Nous agissons en direction des femmes pour une cause féministe, l'égalité, pour l'U.N.F.T., je ne crois pas que la cause soit égale, arriver à instaurer une égalité de droit et de fait entre les hommes et les femmes en Tunisie.

La partie politique du groupe a également la même attitude critique à l'égard de la responsable de l'U.N.F.T. Une femme de cette partie, J. X., affirme, par exemple :

J'ai relevé des mots que vous avez utilisés lors de votre première intervention. Vous avez dit que vous appliquiez une certaine politique, celle le la Tunisie, pas celle de l'État. Vous avez parlé d'alphabétisme et vous avez dit que cela intéressait la femme en tant que mère de famille ; vous avez dit que vous travailliez avec le gouvernement.

Je suis gênée par l'approche de l'U.N.F.T. à l'égard de la question des femmes. D'abord, moi, la question de la cause des femmes, je ne sais pas ce qu'elle signifie. Pour moi, il y a la condition des femmes. Alors j'aimerais savoir ce qu'est cette cause des femmes mais aussi ce que signifie appliquer la politique de la Tunisie. Pour moi, s'il y a une politique à appliquer, c'est celle des femmes pas celle de la Tunisie.

Quand vous parlez de la lutte contre l'analphabétisme, je vous demande pourquoi vous luttez contre l'analphabétisme des femmes, pourquoi vous luttez pour le travail des femmes. Quand vous dites que vous avez créé des centres de formation professionnelle, vous avez parlé de couture et de broderie qui sont des tâches traditionnelles des femmes, cela ne risque-t-il pas de perpétuer le rôle traditionnel de la femme au lieu de la sortir de ses tâches professionnelles pourquoi ne pas les orienter vers d'autres sections ? C'est une politique d'assistanat social, ce n'est pas une politique qui vise à transformer la condition des femmes, mais à ajuster le développement des femmes au développement des sociétés. Pour moi une femme n'est pas une mère de famille, elle est une citoyenne.

Seulement la position des syndicalistes est plus nuancée que celle des autres femmes du groupe, pour ce qui est du rapport entre l'U.N.F.T. et les autres formations tunisiennes de femmes qui sont engagées sur le terrain de la lutte féminine. Une de ces syndicalistes, P. Q., dit à cet égard :

En tant que syndicaliste, j'ai demandé à parler avec l'U.N.F.T. en tant qu'interlocuteur. Nous les femmes maghrébines, nous avons les mêmes objectifs, mais peut-être n'avons-nous pas les mêmes moyens et donc, comment arriver à travailler ensemble pour avancer ?

L'ensemble du groupe est encore plus distant de son interlocuteur, lorsqu'il aborde les thèmes du pouvoir et de la domination politique avec le député à l'Assemblée Nationale, où les femmes sont au nombre de 11 sur 163 et appartiennent toutes au parti gouvernemental. Cette domination est dénoncée par les membres du groupe sur plusieurs terrains. Le premier est celui de la prédominance du parti gouvernemental par rapport aux autres forces politiques dans l'espace public. Après avoir entendu les considérations de la représentante de la majorité sur la force du parti gouvernemental et l'expression de ses regrets sur le manque de femmes de l'opposition dans les rangs des députés, un des membres de la partie politique du groupe, G. H., remarque à cet égard :

Le problème n'est pas là. Il y a une différence entre un parti majoritaire et fort qui peut utiliser les moyens de l'État pour faire obstacle aux autres et les autres partis. Pendant la campagne électorale, par exemple, la police vous encercle quand vous distribuez vos tracts comme si vous étiez en train de distribuer de la drogue, puis de retour à vos voitures, vous trouvez tous vos pneus à plat. Ce que je n'accepte pas, c'est les pratiques antidémocratiques dans un combat qui est sensé être démocratique.

La répression et les abus de pouvoir attribués à l'État, sont aussi l'objet de la dénonciation d'un des membres de la composante des syndicalistes du groupe, N.O. qui illustre ainsi son expérience personnelle :

Je vais vous raconter ce que j'ai vécu depuis un an et demi. Je me suis présentée aux élections législatives, j'ai alors été appelée par notre directrice dans son bureau, où elle m'a enfermée et m'a demandé des explications sur ma candidature. Après avoir subi son agressivité, je suis restée choquée à tel point que j'ai été hospitalisée, la directrice m'a alors déchargé de mes fonctions et j'ai été convoquée par notre conseil de discipline.

Ces formes de répression ne trouvent pas de justifications auprès des membres du groupe. L'emprise de l'État, toujours importante sur la société civile en train de se construire, n'est pas justifiée par le groupe. Ce dernier refuse la légitimité de la répression politique, même si elle est menée au nom des dangers représentés par l'intégrisme[9].

Le groupe ne néglige pas, par ailleurs, la question des intégristes, même s'il ne ressent pas ces problèmes dans les termes d'un danger proche pour la Tunisie. Mais les femmes du groupe savent que ces problèmes sont à l'heure actuelle importants pour leur mouvement, à cause de leur importance dans le monde arabe et dans la région. Cependant les membres du groupe ne sont pas intéressés à rencon-

---

9. Pour une définition du fondamentalisme dans la société moderne voir Eisenstat (1992). Pour une lecture du rapport entre l'intégrisme et la politique, voir Addi (1994).

trer des intégristes pour se confronter avec eux. Le groupe considère que le mouvement des femmes et le courant des intégristes sont alternatifs l'un à l'autre, et qu'ils n'ont pas de terrain commun de rencontre et de conflit. Certaines affirment aussi catégoriquement qu'elles ne participeraient pas à des séances de confrontation avec des intégristes. Elles affirment même que si ces séances devaient avoir lieu, elles suspendraient leur participation à l'intervention sociologique, même si personnellement avec regret. Mais le groupe n'a jamais rencontré d'intégristes.

Quand, par ailleurs, ces derniers ont été contactés par les chercheurs pour organiser une rencontre éventuelle avec le groupe, ils n'ont manifesté aucun intérêt à y participer.

Il n'y a pas de terrain commun entre le mouvement des femmes et les intégristes.

Même si pour les femmes du groupe il n'y a aucun terrain commun avec les intégristes, ces militantes doivent également aborder les thèmes de l'Islam au sein du débat, dans un but de compréhension et pour relancer le mouvement. Dans ce contexte le groupe aborde, en effet, les thèmes de la spécificité culturelle liée à l'Islam.

L'émergence de cette exigence est, par ailleurs, stimulée aussi par les chercheurs, qui avec le travail du groupe tentent de comprendre l'attitude du mouvement par rapport à la spécificité culturelle islamique. Une attitude qui est très importante pour la constitution de ce mouvement en tant que composante d'une société civile en construction. C'est pourquoi le groupe rencontre en qualité d'interlocutrice une experte en droit islamique. Le but est celui d'aborder le sujet de la spécificité culturelle islamique.

Cette rencontre est d'abord pour le groupe une source de renseignements pour l'acquisition de certaines connaissances, dont la plus importante consiste dans le fait que, selon l'experte, non seulement il y aurait plusieurs interprétations possibles du Coran, mais ce Livre Sacré aurait eu plusieurs écritures. L'interlocutrice du groupe déduit de cette analyse que l'on peut adapter à différentes exigences chacune des versions du Coran, dont l'écriture, par ailleurs, n'a été commencé qu'une trentaine d'années après la mort du Prophète qui en avait laissé le récit oral.

Ces différentes écritures démontreraient une certaine ductilité des principes islamiques qui, selon l'experte, pouvant s'adapter aux exigences des temps qui changent, pourraient aussi venir à l'encontre des exigences des femmes. Des exigences qui s'expriment lorsque ces dernières ne veulent plus être opprimées, sans pour autant vouloir entreprendre un chemin d'émancipation qui passe forcément par l'acquis de conceptions culturelles occidentales.

A la lumière de ces élaborations, l'interlocutrice propose au groupe des femmes d'entreprendre un nouveau chemin, celui de tenter de trouver les instruments pour la construction de cette émancipation dans la culture et la tradition islamiques. Par ailleurs, cette experte considère qu'un tel parcours est aussi le plus opportun pour arriver à une laïcisation de la société arabe qui soit originale et distincte de la laïcité occidentale.

Le groupe assume des attitudes différentes face à cette proposition. Une partie des femmes considère que cette proposition est à reprendre, parce qu'elle permet de réaliser la définition d'un projet d'accès à la laïcité et à la modernité, qui ne soit pas déterminé par la tradition occidentale. Une autre partie du groupe a une position plus pragmatique : elle pense qu'il y a une opportunité à exploiter dans cette proposition. Cette opportunité consiste dans le fait que le discours proposé par l'interlocutrice du groupe rend plus facile le contact entre les femmes du mouvement et les femmes croyantes, qui tout en voulant rester attachées à la religion et à la tradition, ne sont pas pour autant disponibles à partager des attitudes fondamentalistes. Une troisième partie du groupe, enfin, est hostile à la démarche proposée par l'interlocutrice. Elle veut tout simplement faire valoir les valeurs de la laïcité et de l'universalisme. Elle trouve que le chemin qui passe par la relecture de la religion et de la tradition islamique est trop long pour arriver au but de la laïcité. Un but qui peut être atteint directement, et tout simplement, par la rationalisation liée à l'universalisme.

Ces trois positions représentent autant d'attitudes différentes des femmes du groupe par rapport à la question de la spécificité culturelle de leur pays. Elles représentent aussi au départ des fondements différents adoptés par ces femmes pour essayer de relancer une mobilisation collective. Par conséquent, la définition de ces trois positions dans le groupe fait surgir la question du rapport que le mouvement des femmes doit établir avec la spécificité culturelle du pays, afin de tenter à la fois d'assurer sa propre construction et d'intervenir sur les orientations culturelles de la société globalisée. En d'autres termes, il s'agit de la question de la possibilité de formation d'un mouvement de femmes, qui se rapporte à la spécificité culturelle du pays et construise un conflit dont l'enjeu se réfère à la culture locale et au contrôle des orientations culturelles de la vie sociale qui se globalise.

En conclusion, le terrain de confrontation établi par le groupe à travers la rencontre avec ses interlocuteurs, se réfère à la tentative du mouvement des femmes de relancer la construction d'un conflit défini dans le contexte local de la Tunisie, mais qui est dédié au contrôle des orientations culturelles de la vie sociale qu'implique la globalisation. Le groupe reviendra sur cette question du contrôle de ces orientations lors des séances fermées. Dans cette phase de l'intervention il se concentre sur la confrontation avec ses interlocuteurs, se réfère au contexte local et laisse sur le fond la question de l'intervention des femmes dans la globalisation de la vie sociale.

En référence au contexte local, le groupe définit sa position sociale dans ce dernier par deux attitudes différentes des femmes. La première est une attitude de convergence que ces dernières établissent avec les interlocuteurs dans la confrontation : a. lorsque ces interlocuteurs représentent la modernisation du pays ; b. quand ils se proposent, même si acteurs étatiques, en tant que stimulateurs de la construction de la société civile. La deuxième est une attitude d'opposition des femmes du groupe face à certains de ces mêmes interlocuteurs, quand elles attaquent ces derniers pour le fait qu'ils sont des hauts fonctionnaires ou des membres responsables d'organisations d'où proviennent la domination politique du pouvoir étatique et son emprise sur la société civile.

Dans cette phase du travail, enfin, le groupe aborde aussi la question de la spécificité culturelle locale, dont la relance du mouvement des femmes doit tenir compte. Cette question surgit du fait que la tentative de relance du mouvement des femmes se détermine dans un contexte culturel d'affirmation des particularités arabes et musulmanes, contexte différent de celui du temps où les féministes lançaient l'action collective féminine.

Par ailleurs, cette question ainsi que les deux attitudes du groupe face aux interlocuteurs se définissent dans le contexte de sa tentative de donner son apport à la construction d'une société civile, seul terrain où la formation d'un mouvement des femmes est possible.

3.3 Construction de la société

Le groupe considère que le mouvement ne peut pas exister sans une société civile. Mais il considère aussi que cette société civile ne peut pas se construire en suivant les modèles occidentaux de la modernité, de rationalisation de l'économie et de la politique. Le groupe aborde de cette manière la question de la difficulté d'adopter ce modèle lui aussi en crise. C'est une crise qui se répercute aujourd'hui dans des aspects importants de ce modèle, comme ceux de la construction de la nation et de la définition de voies de développement déterminées. La crise de ces aspects se retrouve au Nord comme au Sud de la planète. Dans ces deux parties du monde, par exemple, la construction de la nation est en crise parce que cette entité n'est plus un organisme susceptible d'intégrer les différents intérêts dans une perspective de progrès et d'amélioration de la vie collective de la population d'un territoire national. La crise touche aussi, pour continuer l'exemple, la définition de certaines voies de développement, celles qui engageaient une mobilisation des ressources procédant vers le nationalisme, le socialisme ou des formes d'application des modèles de modernisation du Nord au Sud de la planète.

La modernité caractérisée par la rationalisation voulue comme prédominante dans la formation de la vie sociale, est en crise là où elle avait trouvé son terrain privilégié d'installation, à savoir dans le Nord du monde, et là où, dans certains pays du Sud du monde, elle était poursuivie par des États qui se voulaient modernisateurs.

La construction d'un mouvement de femmes en Tunisie ne peut que tenir compte de cette crise quand il se situe dans le contexte de la construction d'une société civile. Une construction qui a commencé depuis une dizaine d'années et qui a eu le féminisme comme l'un de ses protagonistes. Le syndicalisme a été pour sa part un autre protagoniste de cette construction.

Aujourd'hui, par ailleurs, la situation a changé par rapport à la situation initiale, parce que d'autres acteurs sociaux interviennent aussi dans le commencement de cette construction. Cette dernière se définit, en effet, d'une manière plus explicite qu'auparavant, car des acteurs sociaux se constituent aussi du côté dirigeant, ayant l'appareil d'État comme contexte de leur formation. Ces acteurs sont bien représentés par certains des interlocuteurs rencontrés par le groupe. Ce sont des dirigeants d'origine étatique, qui commencent à agir comme acteurs sociaux, tout en restant liés à l'État et à la responsabilité de poursuivre ses politiques. Ces acteurs sont des constructeurs de la société civile, comme le sont les acteurs populaires.

C'est ainsi qu'a commencé la construction de la société civile en Tunisie. Elle est l'œuvre d'acteurs collectifs, dirigeants et appartenant au peuple, qui ont commencé à ouvrir le champ des rapports sociaux et à construire des actions modernisatrices ainsi que des conflits, qui n'ont pas découlé de l'intervention étatique.

Il y a dans ce contexte une *ébauche de société civile*, qui a ses sources dans les initiatives d'acteurs dirigeants venant de l'appareil d'État, dans les luttes menées depuis une dizaine d'années dans le domaine du travail et celui d'autres aspects de la vie sociale, comme la condition et l'action des femmes.

Il y a une dizaine d'années, les actions des femmes du mouvement ont commencé, en effet, à définir la construction de cette société civile. Elles l'ont fait d'une manière originale, en suscitant la question de la naissance d'acteurs sociaux autonomes, mais aussi celle du rapport à établir entre les composantes de la vie civile d'une société qui, à leur avis, n'était pas simplement à moderniser. Le mouvement autonome des femmes avait, en effet, nié l'existence d'une exclusivité de contenu de la modernisation. Au temps du féminisme, son action ne se limitait pas, par ailleurs, à poursuivre des alternatives aux archaïsmes. Cette action était, au contraire, soucieuse d'entreprendre des chemins pour indiquer le contenu autonome d'une culture féminine, susceptible de représenter des alternatives à la domination exercée sur les femmes. Ces alternatives n'auraient pas dû être assimilables aux acquis ni aux projets de modernisation favorables aux femmes. Elles auraient dû, en effet, se distinguer de cette modernisation que les femmes ne voulaient pas récuser, mais qu'elles se proposaient de dépasser.

Un tel dépassement aurait dû permettre aux femmes de poursuivre de façon autonome leurs objectifs de construction d'une nouvelle société, où la ségrégation féminine ne serait plus qu'un souvenir. Mais il s'agissait aussi de construire une société où les femmes puissent construire leur vie en valorisant leurs connotations culturelles, qui sont diverses de celles des hommes. Il s'agissait de poursuivre ce projet dans un contexte qui aurait amené à l'ouverture de la construction d'une société civile en Tunisie.

Après ces débuts du mouvement des femmes la situation a changé. Quand l'intervention sociologique a lieu, le mouvement autonome des femmes se situe dans l'ébauche d'une société civile tunisienne et se réfère à d'autres acteurs, avec lesquels il a des convergences mais aussi des divergences. Nous venons de le voir dans la confrontation entre les militantes du groupe et certains de leurs interlocuteurs.

Mais ce n'est pas pour autant que la tentative de relance de l'activité de ce mouvement se retrouve dans un contexte qui voit prévaloir seulement cette ébauche de construction originale de la société civile. Cette tentative se retrouve, en effet, aussi face à deux autres questions. La première est celle d'un pouvoir politique qui n'a pas abandonné ses méthodes répressives. La deuxième est celle des dangers venant d'une fermeture culturelle exprimée par l'intégrisme pour échapper à la domination occidentale et tenter de construire une certaine cohérence, là où surgissent les incohérences découlant de la crise des anciennes perspectives de la modernisation.

Mais cette tentative de relance du mouvement des femmes ne se trouve pas seulement confrontée aux problèmes qui surgissent dans le contexte local. En effet, elle doit aussi tenir compte du contexte de la globalisation de la société, qui oblige le mouvement à faire face à la domination de ceux qui contrôlent les traitements et la diffusion des informations au niveau de la planète. C'est pour cette raison, par ailleurs, que le groupe d'intervention sociologique reprend, comme nous allons le voir, dans les séances fermées les questions culturelles liées à la globalisation, questions qu'il avait laissées à l'écart lors des rencontres effectuées avec les interlocuteurs.

4 Spécificité féminine et spécificité culturelle

4.1 Les questions du mouvement

La construction du mouvement des femmes se réfère à la fois à la définition de la spécificité féminine dans le contexte de la formation de la société civile en Tunisie et à l'affirmation de la particularité culturelle tunisienne. Cette dernière surgit, pour sa part, comme une question importante, au moment de la crise du modèle classique de la modernisation universaliste et face à l'emprise des contrôleurs du traitement et de la diffusion des informations sur la vie sociale qui se globalise.

Le travail du groupe d'intervention sociologique conduit, comme nous l'avons vu, ses membres à penser que la construction de la société civile ne peut se faire que par la formation de relations entre des acteurs, qui définissent et contrôlent l'espace autonome de leurs confrontations sociales. De cette manière, toutes les femmes du groupe ont des positions convergentes sur cette question de la construction de la société civile. Il n'en est pas de même lorsqu'elles abordent la question de la relation à construire entre la spécificité féminine et la particularité culturelle tunisienne dans le contexte de la globalisation de la vie sociale.

Le groupe aborde cette question en deux phases. Dans une première phase il fait face aux problèmes de la combinaison à établir entre les thèmes culturels et les thèmes d'autre nature afin de relancer le mouvement. Dans une deuxième phase il considère, enfin, plus directement les questions liées à l'affirmation de la spécificité féminine dans le contexte de cette relance.

Commençons par la première phase.

La convergence autour de la question de la construction de la société civile n'empêche pas l'apparition de différences importantes au sein du groupe quant aux thèmes culturels. En effet, toutes les composantes du groupe veulent donner un contenu culturel à la relance des initiatives collectives. Mais chaque composante accorde une priorité différente de celle définie par les autres, dans la combinaison de ce contenu avec d'autres éléments. Le contenu culturel doit se combiner avec les contenus sociaux pour les syndicalistes, tandis qu'il doit se combiner surtout avec la politique pour une autre composante du groupe et il doit se caractériser dans la référence à la spécificité culturelle de la femme tunisienne pour une autre composante encore.

Par conséquent, la relance de l'action des femmes ne peut se développer que par une convergence entre les positions de ces composantes qui restent différentes entre elles.

Dans la deuxième phase où le groupe aborde les questions culturelles, les différences deviennent plus importantes. Elles ne recouvrent pas, par ailleurs, celles qui se sont présenté entre les différentes composantes du groupe dès le début de ces rencontres. Ces composantes sociales, politiques et culturelles restent à la base du groupe.

Néanmoins leurs membres se redistribuent et deux nouvelles parties se forment lorsque le groupe aborde les questions des relations à établir entre la spécificité des femmes, celle de la culture locale, arabe et musulmane et l'universalisme.

Voyons quelles sont ces différences.

4.2 Le piège de la spécificité

Le groupe commence cette phase par la définition de différenciations nettes entre deux parties de ses membres. Si, en effet, une partie de ce groupe est branchée sur l'universalisme, une autre partie est plus soucieuse de le relier à la spécificité culturelle locale, tout au moins à la spécificité de la société tunisienne, si ce n'est à la spécificité arabo-musulmane. Cette exigence est ressentie d'autant plus importante par cette deuxième partie du groupe que la rupture qui avait été exercée par les premières féministes face aux traditions culturelles tunisiennes, arabes et même musulmanes, n'intéresse plus les nouvelles générations de filles. Plusieurs témoignages sont proposés à cet égard par certains membres du groupe. Ceux-ci affirment que les jeunes filles qu'ils rencontrent dans leur travail ou dans d'autres occasions, essaient de ne pas créer de rupture culturelle avec la tradition, sans pour autant renoncer à la modernisation des mœurs. Ces jeunes filles, comme affirment ces témoignages des femmes du groupe, essaient, en effet, de construire et de maîtriser un rapport entre la modernisation de leur comportement et la tradition, dans leur conduite en famille comme dans leurs relations sociales plus larges.

Mais ce souci de définir une référence à la spécificité culturelle locale n'est pas partagé par les femmes du groupe qui sont promotrices de la vision universaliste de l'action du mouvement. Une de ces femmes, E.F., qui donne priorité à l'universalisme, dit à ce propos :

Ce que l'on dit, nous, en tant que femmes, c'est qu'aujourd'hui nous avons besoin de l'universalisme pour réaliser le minimum sur

lequel on peut s'entendre, dans cette diversité du groupe, et attein-
dre l'égalité des droits. Il y a des orientations différentes dans le
mouvement des femmes, et toutes ces femmes sont d'accord pour
l'égalité. Mais comment atteindre l'égalité dans une société holiste ?
Dans une société où l'on est habitué aux discriminations de type
traditionnel, où il y a la division entre l'espace privé et l'espace pu-
blic. C'est par la vulgarisation de cette pensée qui affirme que
l'individu est partout le même, qu'il a des droits, qu'il n'y a pas de
distinction ni de différenciation. C'est une manière d'accéder à la
réalisation de nos revendications. Mais il se trouve aussi qu'en tant
que femmes, nous reconnaissons nos spécificités. La question de la
spécificité est celle de la spécificité femme. Puisque l'universalisme
n'aime pas la spécificité, on se demande pour autant quelle est la
relation entre spécificité femme et universalisme ? Selon l'universa-
lisme il y a une identité complète qu'on établit de façon à ce qu'il n'y
ait plus aucune place à une forme de spécificité. La spécificité cultu-
relle dont je parle est une spécificité non pas de type religieux, tradi-
tionnel ou qui tient à notre civilisation musulmane. Je dis que c'est
au nom de cette spécificité qu'on a maintenu les femmes dans un
statut d'infériorité. Est-ce qu'on a intérêt aujourd'hui à remplir de
nouveau le champ culturel, alors que l'on a des sociétés, des acteurs
sociaux et politiques qui travaillent contre nous ? Est-ce que si, au
contraire, on occulte la question de la spécificité culturelle, on pourra
continuer à être entendu ? C'est peut-être un discours qui n'est pas
entendu aujourd'hui, qui passe par dessus la tête de beaucoup de
gens. Mais, moi, je crois que l'universalisme va connaître dans nos
pays un regain de vitalité, de vigueur.

De cette manière, la sauvegarde d'une spécificité de la femme
musulmane et l'universalisme se situent aux antipodes. Selon plusieurs membres du groupe ce cadre ne peut pas changer, même si
l'on considère l'exigence de la sauvegarde de la subjectivité face à la
rationalisation. Il ne peut pas changer, même si l'on rappelle la crise
que la conception de l'universalisme traverse. Ces membres affirment aussi que cette crise, qui investit l'universalisme et la rationalisation dans le Nord du monde, a des significations différentes dans
les pays du Sud. Ils affirment aussi, par ailleurs, que, dans ces
pays, les significations des concepts sont différentes de celles qui
sont formulées au Nord de la planète. Une des femmes du groupe,
C. D., dit à cet égard :

Nous travaillons sur des notions scientifiquement universelles,
mais qui n'empêchent pas qu'elles prennent une signification diffé-
rente de part et d'autre de la Méditerranée. Par exemple, quand on
parle de subjectivité on voit la référence du Nord, mais on voit aussi
que dans notre pays cela nous pousse à avoir une réaction, qui est
celle de dire que l'on en a plus qu'assez de cette dimension, que
c'est elle qui nous a étouffés. Donc je pense que l'on n'avancera pas
en utilisant des formules qui n'ont pas le même contenu, la même
définition. Pour la question de l'universalisme, il est en crise en
Occident, mais cette crise est aussi alimentée par ce qui se passe
dans les pays où l'intégrisme se manifeste. Mais il a fallu pour ces

pays d'Occident vivre les années des lumières et tout ce qui a suivi, pour parvenir à cette crise. Nous, nous n'avons pas vécu cette période, alors est-ce qu'il faudra que nous attendions de vivre cette période, est-ce que l'on passera par une étape historique où l'universalisme triomphera pour pouvoir un jour être en mesure de voir ses limites, ses défauts ? Ou, est-ce que, comme il a été dit avant, la crise de l'universalisme qui se pose de manière aiguë pour l'Occident, ne nous concerne pas directement ? Mais il n'y a pas de segmentation du monde. Chacun ne vit pas son évolution d'une manière autonome, indépendante, donc, la crise qui se fait quelque part, nous la vivons d'une manière ou d'une autre. Alors nous sommes concernés. Mais comme l'universalisme, dans sa période de triomphe, a eu une répercussion sur nous, en particulier à travers les conquêtes, la violence, aujourd'hui aussi sa crise nous concerne d'une manière différente de ce qu'elle l'a fait pour les pays du Nord du globe.

De cette manière, la question n'est pas simplement celle de savoir s'il y a possibilité de relier entre eux la spécificité et l'universalisme, mais aussi celle de saisir quelles sont les significations de ces deux concepts dans le contexte culturel tunisien, ou, plus en général, dans le contexte arabo-musulman.

Cette question a une grande importance pour la définition des différentes significations que les initiatives des femmes donnent à leur action. Car, bien que le choix universaliste ne conduise pas cette action à renier la spécificité féminine, il la détache de la culture locale et des implications subjectives qu'elle peut avoir auprès des femmes. Au contraire, l'enfermement dans la culture locale pourrait conduire l'action à se bloquer et à rester coincée dans le piège du traditionalisme et de la ségrégation de la femme. C'est pourquoi le groupe essaie de parvenir à préciser l'analyse de ces aspects des significations culturelles de l'action féminine et de sa relance.

4.3 La voie de sortie

Le groupe se trouve bloqué dans une impasse, entre la priorité à accorder à l'universalisme occidental et la sauvegarde de la spécificité culturelle locale. La voie de sortie de cette impasse est proposée par une des femmes du groupe, G.H., qui dit à cet égard :

Le fait que l'universalisme soit en crise, ne veut pas dire qu'il soit condamné historiquement. Il va continuer dans l'histoire et il n'y a pas d'alternatives à cet universalisme. L'universalisme, moi je le prends surtout comme une démarche rationaliste. Mon accès à l'universalisme se fait à travers l'adoption de cette démarche rationaliste par rapport à tout mon patrimoine. Il y a eu, en effet, plusieurs universalismes dans l'histoire. Il y a eu l'universalisme esclavagiste à un certain moment. L'universalisme actuel est la modernité. Cette modernité a ses fondements, ce n'est pas quelque chose d'abstrait, et le fondement essentiel de la modernité c'est le rationalisme. L'Europe est arrivée à l'universalisme essentiellement à travers le rationalisme. Mais le rationalisme n'est pas seulement européen. Il y a eu, par exemple, dans notre civilisation le mouvement humaniste des Moatalizilits. C'est un mouvement qui a recon-

sidéré la raison humaine par rapport au sacré. Par exemple, ils se sont attaqués aux problèmes du Coran. Ils ont dit que ce n'était pas une parole éternelle, mais quelque chose qui se soumet au temps et à l'espace. Ce mouvement a été un échec. Mais son existence est la démonstration que l'on peut parvenir au rationalisme par des chemins qui sont différents des chemins parcours par l'Occident. Actuellement, il y a plusieurs penseurs qui sont en train d'écrire inspirés par cette préoccupation. Il y a une liste qui s'enrichit de plus en plus. Moi, je suis optimiste. La modernité est la seule voie possible. Une fois cette démarche mise sur les roues, là on pourra poser tous les problèmes de la spécificité tunisienne et celle des femmes, en étant plus à l'aise. D'autant plus qu'il n'y a pas, de ce point de vue, de véritable dualité entre spécificité et universalisme. La spécificité européenne s'est combinée avec l'universalisme. La spécificité culturelle tunisienne peut se combiner avec le rationalisme et l'universalisme. La spécificité culturelle de la femme tunisienne peut se combiner avec l'universalisme. Ce que nous voulons, ce n'est pas un simple compromis ou un simple mélange entre spécificité et universalisme. Il s'agit, plutôt, d'une démarche.

Le rapport entre la spécificité et l'universalisme, qui est à la base du modèle d'explication des actions des femmes et de définition de leurs significations, se définit ainsi. Cette explication consiste à dire que le propre du mouvement des femmes tunisiennes est de s'opposer à une modernisation imposée et à une tradition obscurantiste. L'opposition à cette modernisation découle de l'exigence même de construire l'autonomie d'un acteur social face à un État volontariste, qui tâche de maintenir le contrôle du processus de développement. L'opposition à la tradition est celle qui vise à combattre *l'infériorisation consacrée*, par le biais des interprétations conservatrices de la religion, de la femme dans la société tunisienne et arabo-musulmane plus en général. Cette opposition à l'obscurantisme définit, par ailleurs, la différence qui passe entre la référence aux particularités féminines et tunisiennes et l'enfermement dans le fondement de la tradition locale. Cette référence veut être, en effet, un instrument de la résistance à exercer contre les impositions culturelles venant de la modernisation classique mais aussi contre les impositions par les acteurs dirigeants, qui contrôlent le traitement et la diffusion de l'information dans le contexte de la globalisation de la vie sociale actuelle.

Mais le propre de ce mouvement n'est pas seulement celui de poursuivre une telle opposition culturelle. Il consiste aussi dans la construction d'un projet d'alternative culturelle consacré aux perspectives d'avancement de la femme dans la société tunisienne et arabo-musulmane. Ce projet couvre trois aspects de l'action des femmes. Le premier concerne la construction d'un acteur collectif féminin capable d'intervenir dans la construction de la société civile. Le deuxième concerne la formation d'une action capable d'intervenir dans la construction de nouveaux circuits institutionnels, permettant de parvenir à la confrontation entre les intérêts et les propositions culturelles d'acteurs dirigeants et populaires, parmi lesquels les femmes considèrent avoir leur place. Le troisième aspect concerne la construction et la maîtrise d'une relation entre spécificité féminine, spécificité culturelle tunisienne et universalisme. Une construction et une maîtrise nécessaires si l'on veut atteindre l'objectif de l'affirmation des femmes dans la société, où elles ne soient pas soumises aux hommes et puissent poursuivre la formation de leur action par une voie culturelle autonome.

De cette opposition et de ce projet d'alternative, il découle que la signification la plus élevée de l'action des femmes est culturelle. Le mouvement des femmes construit, en effet, un antagonisme culturel autour des thèmes de l'autonomie féminine, qui tâche de s'affirmer dans la construction de la vie sociale. Les autres significations sociales et politiques, dont sont promotrices certaines composantes des initiatives collectives, ont une moindre importance. Cela est dû au fait que le propre de ces actions des femmes ne consiste pas simplement dans l'intervention sur les conditions sociales, sur les rapports de travail ou sur la vie politique. En effet, le propre de ces actions est celui de se battre contre des orientations culturelles dominantes et de poursuivre des alternatives, en matière de définition de l'intervention féminine dans la vie sociale.

Seulement une partie du groupe d'intervention sociologique est fortement impliquée par ces significations de l'action qui sont, par ailleurs, celles qui caractérisent au sens propre un mouvement des femmes en Tunisie. Cette partie est formée par certaines des femmes les plus directement impliquées par les aspects culturels et politiques de l'action. Ce sont en particulier celles qui lors de la dernière phase de l'intervention sociologique ont effectué une conversion par rapport à leur position initiale. Ce sont, en effet, les femmes qui le plus directement sont parvenues à concevoir l'exigence de la construction et de la maîtrise d'une connexion culturelle entre la spécificité féminine, la spécificité tunisienne, la rationalisation et l'universalisme.

Les autres membres du groupe, notamment les syndicalistes, sont, contrairement aux premières femmes, distantes de cette conception culturelle de l'action collective. Elles continuent à maintenir une référence sociale pour leur action, même si elles n'ignorent pas l'importance des thèmes culturels. De cette manière, les femmes qui le plus directement interviennent sur les thèmes culturels, forment la partie des initiatives qui construit les significations les plus élevées du mouvement collectif. C'est, par ailleurs, aussi à ces femmes que l'on doit la promotion de l'antagonisme culturel, dont ce mouvement des femmes est porteur.

Il est difficile de dire quelle transposition cette analyse menée par le groupe d'intervention sociologique peut avoir sur les conduites collectives des femmes dans la vie sociale. Tel passage est, par ailleurs, à construire dans le contexte de la relance du mouvement des femmes. C'est dans ce contexte, où les associations autonomes des femmes occupent des positions importantes, que les élaborations analytiques de l'intervention sociologique doivent rejoindre, dans une nouvelle phase de la recherche, les actions collectives construites par d'autres femmes en Tunisie.

5. Conclusion

La construction du mouvement des femmes en Tunisie a traversé plusieurs passages. Le premier a été celui lié à la libération nationale, le deuxième celui de la tentative de développement du pays, commencée avec la décolonisation, et le troisième a été celui de la construction d'une action autonome des femmes au cours des années quatre-vingt. Dans cette dernière période, l'action des femmes a été à la base de la formation de l'un des acteurs qui a commencé avec le syndicalisme et est arrivé, aussi avec des acteurs dirigeants, à la construction d'une première ébauche de société civile.

Par la suite, ce mouvement de femmes s'est transformé en associations autonomes et en réseaux de relations entre anciennes militantes. Vers cette fin de siècle, ces associations et ces réseaux tentent de maintenir en vie un mouvement, dont ils envisagent aussi une relance et une transformation, face aux changements qui interviennent dans la vie sociale du pays et du monde arabo-musulman.

C'est en ce moment précis qu'a eu lieu l'intervention sociologique menée par des chercheurs et un groupe de femmes de ce mouvement, accompagnés aussi de militantes syndicales. Le groupe analyse les différents aspects de l'action collective des femmes, dont il envisage aussi la relance. Il conduit son analyse en séance fermée ou avec des interlocuteurs, partenaires ou adversaires, de l'action collective qu'il représente.

Le travail du groupe débouche sur une analyse qui voit la construction d'un mouvement collectif des femmes en Tunisie se définir dans le contexte de la réalisation d'une relation, à construire et à maîtriser par les femmes, entre spécificité féminine, spécificité culturelle tunisienne, rationalisation et universalisme. Ce contexte est celui où se définissent les deux aspects fondamentaux de l'action des femmes. Le premier aspect est celui de l'opposition qu'elles exercent face à une modernisation imposée et à un traditionalisme obscurantiste, qui a consacré, par le biais d'une certaine interprétation de la religion, l'infériorisation de la femme dans la vie sociale. Le deuxième aspect est celui de la définition d'un projet alternatif à poursuivre, dont les contenus sont ceux de l'affirmation de l'autonomie féminine, dans le contexte de la valorisation de la spécificité culturelle locale, à soustraire à l'emprise de l'obscurantisme et de l'intégrisme, à opposer à la nouvelle domination définie dans le contexte de la globalisation et à relier à un chemin original d'accès à la rationalisation et à l'universalisme.

La construction de cette action engage surtout la partie du groupe d'intervention sociologique engagée plus directement que d'autres dans la définition d'objectifs culturels, pour la construction des initiatives collectives. Les syndicalistes restent, en effet, à l'écart de la proposition de relance de ces initiatives et continuent à se référer aux aspects sociaux de l'action des femmes.

Au cours du déroulement de l'intervention sociologique, on a vu ainsi se constituer un groupe principal de promotion d'actions collectives. Ce groupe est aussi directement impliqué dans la définition des contenus de l'antagonisme culturel de l'action, qui consistent dans la poursuite de l'affirmation de l'autonomie féminine, face à la prédominance masculine dans la tradition, mais aussi dans la modernisation de la vie sociale.

La transposition de cette analyse dans les initiatives collectives peut être effectuée par le biais des associations autonomes des femmes et de leurs réseaux de relations. Une initiative, celle-ci, qui peut être effectuée dans la deuxième phase applicative de la recherche.

Bibliographie

— Addi, L., L'Algérie et la démocratie. Pouvoir et crise du politique dans l'Algérie contemporaine, La Découverte, Paris, 1994.

— Benhabib, S., Critique, Norm, and Utopia. A Study of the Foundations of Critical Theory, Columbia University Press, New York, 1986.

— Daoud, Z., Féminisme et politique au Maghreb. Soixante ans de lutte, Ed. Eddif., Tunis, 1993.

— Dumont, L., Essais sur l'individualisme. Une perspective anthropologique sur l'idéologie moderne, Paris, Seuil, 1983.

— Eisenstat, S., N., Fondamentalismo e modernità. Eterodossie, utopismo, giacobinismo nella costruzione dei movimenti fondamentalisti, Laterza, Roma, 1992.

— Farro, A. L., I movimenti sociali. Diversità, azione collettiva e globalizzazione della società, Franco Angeli, Milano, à par.

— Ganiage, J., Martin, J., Histoire contemporaine du Maghreb. De 1830 à nos jours, Fayard, Paris, 1994.

— Ghanmi, A., Le mouvement féministe tunisien. Témoignage sur l'autonomie et pluralité du mouvement des femmes (1979-1989), Chama Éditions, Tunis, 1993.

— Göle, N., Musulmanes et Modernes. Voile et civilisation en Turquie, La Découverte, Paris, 1993.

— Marzouki, I., Le mouvement des femmes en Tunisie au XXe siècle, Cérès Productions, Tunis 1993.

— McMichael, Ph., Development and Social Change. A Global Perspective, Sage, London, 1996.

— Melucci, A., Nomads of Present. Social Movements and Individual Needs in Contemporary Society, Hutchison Radius, London, 1989.

— Tilly, C., From mobilization to revolution, Random House, New York (N.Y.), 1978.

— Touraine, A., La voix et le regard. Sociologie des mouvements sociaux, Seuil, Paris, N. Ed., 1993.

— Critique de la modernité, Fayard, Paris, 1992.

— Dubet, F., Wieviorka, M., (Sous la direction de) Penser le sujet. Autour d'Alain Touraine, Fayard, Paris, 1995.

— Wieviorka, M., Société et terrorisme, Fayard, Paris,1988.

Le mouvement des femmes
Critiques et bilan

Analyse d'interviews effectuées auprès de femmes du mouvement et d'hommes représentant la société civile et les décideurs politiques

Leila Chafai[*]

Compte tenu du nombre considérable d'ONG de femmes qui existent au Maroc, de la diversité des stratégies qu'elles adoptent et de la richesse des points de vues exprimés par les interviewés, on va procéder à l'analyse de façon transversale, en essayant d'être fidèle le plus possible à toutes les positions exprimées.

Il est à signaler que les interviews qualitatives ont touché une trentaine de témoins privilégiés dont vingt-cinq femmes représentant le mouvement et six hommes parmi lesquels il y a des décideurs politiques, des universitaires, des représentants de différentes ONG, et un ministre (des Droits de l'Homme). On a adopté ce choix pour pouvoir d'une part examiner le discours des femmes sur elles-mêmes, sur leur propre expérience, sur le parcours de leur mouvement, et, d'autre part, analyser le discours sur les femmes, à savoir le discours des témoins qui se situent en dehors du mouvement (soit aux postes des décideurs politiques, soit dans des ONG) sur les femmes et leur évaluation du rôle qu'a pu jouer le mouvement des femmes dans la société civile en général, et pour la promotion des droits des femmes en particulier.

Le bilan et les obstacles qui entravent le mouvement des femmes

Discours des femmes sur leur propre expérience

Presque la quasi totalité des femmes interviewées sont d'accord sur le fait que le mouvement comporte des aspects positifs et d'autres négatifs. Parmi les aspects positifs elles ont cité : la sensibilisation plus large à la question féminine, la multiplication d'ONG de femmes et leur intervention là où l'État se révèle défaillant, l'intérêt grandissant des femmes au mouvement associatif, la sensibilisation remarquable de quelques hommes qui sont devenus des alliés des femmes, la sensibilisation des responsables aux problèmes des

[*] *Leila Chafai* (Maroc)
Journaliste, elle est en train de préparer un doctorat à l'Université de Madrid. Elle a beaucoup écrit sur le mouvement des femmes et sur le développement de la société civile au Maroc. Elle est membre de L'Union des Ecrivains Marocains.

femmes, ce qui a abouti à l'amendement de quelques articles du code du statut personnel et d'autres codes civils.

En ce qui concerne les aspects négatifs elles ont cité le manque de coordination entre les associations de femmes, la reproduction au sein des ONG de femmes du même schéma traditionnel et hiérarchique qui fait qu'il y a des femmes supérieures et d'autres inférieures, la concentration du mouvement dans le milieu urbain, et notamment dans les grandes villes, la non responsabilisation de la jeunesse féminine et la non préparation de la relève, etc.

Pour ce qui est de l'évaluation des femmes de leur propre mouvement, Lkbira Chater, ex-membre du bureau de l'association marocaine des droits des femmes et actuellement responsable syndicale à l'UMT, trouve « que le mouvement est passé de l'action de sensibilisation proprement dite à la combinaison entre la sensibilisation et les luttes revendicatives, ce qui est très positif, mais on a besoin de plus d'ONG de femmes surtout dans les milieux où il n'y a que des associations gouvernementales », et Khadija Riadi (membre de la commission femme de l'UMT et membre de l'AMDH) d'ajouter : « Le mouvement est passé d'une étape où il essayait de justifier son existence à une nouvelle étape revendicative, et il est intolérable qu'il continue à œuvrer avec les mêmes moyens que ceux d'une étape révolue ».

Ces deux commentaires dévoilent deux réalités bien connues au Maroc. La première, c'est que dans le milieu rural le mouvement des femmes est presque inexistant, ce qui fait que le milieu rural reste le monopole des associations humanitaires et gouvernementales qui bénéficient de l'assistance de l'État et qui, en général, pratiquent la politique du gouvernement qui consiste à sensibiliser les femmes sur le planning familial, à donner quelques cours de formation professionnelle et d'alphabétisation, à aider les familles les plus pauvres et à créer quelques coopératives d'élevage, en général, avec l'aide des ONG internationales, mais sans, pour autant, remettre en cause la condition de la femme au sein de la famille, et dans la société. Cette situation est due tout d'abord à la complexité du milieu rural qui se caractérise par son attachement aux structures traditionnelles et à sa résistance contre le changement. On peut citer, à titre d'exemple, le témoignage de Chami Touria (président du bureau ESPOD à Tifelt, une petite ville du milieu rural qui se situe dans la province de Khemisset) qui déclare que « intéresser les femmes à nous rejoindre dans l'ESPOD à Tifelt n'a pas été facile. Il y a eu des hésitations et des refus. Le niveau de prise de conscience était faible. On considérait l'engagement dans le travail associatif comme étrange et comme une perte de temps. Quant aux membres du bureau, c'était autre chose. La plupart étaient déjà membres d'associations culturelles et « revendicatives » et ont rejoint le bureau avec « enthousiasme et plaisir ». D'autre part cette réalité peut s'expliquer par le fait que le mouvement des femmes est issu du mouvement politique et intellectuel citadin ».

La deuxième réalité consiste en l'impossibilité de coordination entre les associations de femmes au Maroc. Malgré le fait que le mouvement soit passé par une étape qui a combiné la sensibilisation et les combats revendicatifs, ce qui nécessite une coordination entre ses composantes, il n'arrive pas encore à dépasser des conflits qui relèvent d'autres espaces plutôt politiques. Ce qui peut être intéressant c'est que la plupart des femmes interviewées, toutes tendances politiques confondues, insistent sur la nécessité qu'il y ait coordination.

Nadira Berkallil (prof. universitaire. et membre du bureau central de l'association démocratique des femmes du Maroc « ADFM ») déclare : « Si je suis malheureuse c'est parce que les associations de femmes n'arrivent pas encore à travailler ensemble. Il y a énormément de potentialités, mais le mouvement reste traversé de conflits qui relèvent d'autres espaces (politiques), on n'a pas encore trouvé le moyen de travailler ensemble tout en nous respectant les unes les autres ». Zineb Miadi (prof. universitaire., présidente du Centre d'écoute et d'orientation juridique et psychologique pour femmes agressées et coordinatrice de la commission femmes à l'OMDH) estime que « ce qui empêche la coordination entre les associations de femmes c'est que la plupart d'entre elles ont été créées par des partis politiques. Les problèmes qui se posent sont d'ordre politique et n'ont de rapport ni avec les droits des femmes ni avec les droits de l'Homme ». Amina Bouayach (membre du bureau de l'OMDH, et membre de l'association Joussour) trouve « qu'il existe plusieurs ONG de femmes, mais que malheureusement elles ne travaillent pas de manière coordonnée et qu'il n'y a pas de circulation de l'information entre ces associations. Il y a parfois des susceptibilités individuelles et politiques. Si l'on observe ce mouvement on réalise que plusieurs associations travaillent sur le même thème. Il y a peut-être des associations qui font des choses extraordinaires mais sur lesquelles on n'est pas informé ». Khadija Riadi trouve que « le mouvement des femmes est encore sous le poids de calculs politiques », si l'on fait un brassage on réalise que « le nombre des associations de femmes est presque le même que celui des partis et des courants politiques. J'espère que les associations féminines puissent se coordonner sérieusement pour pouvoir imposer les droits des femmes comme priorité tant à l'État qu'aux partis politiques, peut-être faudrait-il être à l'écoute des femmes avant de parler en leur nom. Et le malheur c'est qu'il n'y a aucune stratégie unifiée adoptée par le mouvement ». Quand à Amina Tafnout (informaticienne, membre du bureau central de l'AMDH) elle trouve qu'il « n'existe pas de mouvement de femmes, il n'y a que des associations mais pas un mouvement. Les signes de la création de ce mouvement existaient déjà en 1992 avec la création du conseil de coordination pour le changement de la moudawana, mais malheureusement, l'expérience a été avortée à cause de conflits qui relevaient du politique ». Elle considère que « jusqu'à présent ces associations ne forment pas un groupe de pression, ni par rapport à l'État ni dans la société civile ».

L'unanimité de ces femmes, qui représentent différentes tendances politiques, sur la nécessité de coordination, paraît très intéressante. Est-ce le début d'une étape transitoire où la question de la femme prendrait le dessus sur les questions partisanes ? Ce qui est sûr c'est que les femmes ont pris conscience de l'impérativité de coordination entre les associations à filiation politique malgré les divergences entre les partis politiques parrains.

Cela signifie deux choses : la première c'est que les militantes des partis politiques commencent à avoir un œil critique sur leurs propres partis et sur la politique menée jusqu'a présent par ceux-ci, ces critiques ne sont plus timides puisqu'elles sont déclarées publiquement ; la seconde c'est que ces femmes commencent à réfléchir à haute voix sur leurs propres problèmes, ce qui pourrait signifier qu'elles sont en train de réfléchir à la manière par laquelle elles pourraient constituer des groupes de pression au sein de leurs propres partis. Est-ce que cela veut dire que le cordon ombilical sera coupé ? On ne le pense pas, du moins pour le moment, vu la conjoncture politique. Mais ce qui est peut-être sûr c'est que certaines d'entre elles ont déjà commencé à imposer à leurs partis politiques leur propre conception en ce qui concerne la question de la femme, ce qui a modifié, et on le remarque à travers la presse partisane, la politique des partis envers les femmes. En un mot, ces femmes commencent à féminiser l'espace partisan où, jadis, on n'entendait que des voix masculines.

Lorsqu'Amina Tafnout (ex-marxiste actuellement indépendante) parle de l'inexistence du mouvement des femmes elle entend par là l'inexistence d'une coordination qui permette à ce mouvement de jouer son rôle en tant que groupe de pression appartenant à la société civile. Elle dit « les signes de ce mouvement existaient en 1992 ». En effet, en 1992 l'U.A.F. avait lancé une campagne pour la collecte d'un million de signatures en faveur du changement du code du statut personnel (la moudawana) qui fut à l'origine de l'initiative de la création du conseil de coordination pour le changement de la moudawana, conseil qui a regroupé plusieurs associations féminines. Ce conseil a permis aux associations de débattre des droits des femmes pendant plus d'un an avant de s'essouffler, justement, à cause des calculs des partis politiques dont les femmes étaient partie prenante.

Parmi les autres obstacles qu'a connus le mouvement, les témoignages insistent sur le manque de moyens financiers et matériels, le manque de permanentes payées ce qui fait que les associations comptent beaucoup sur le bénévolat, la lenteur des procédures pour l'autorisation de la constitution d'associations, ou la réalisation de certaines actions, les obstacles juridiques pour la reconnaissance du statut de l'utilité publique qui permet aux associations d'être autonomes, et pour certaines associations qui ne sont pas affiliées aux partis, le faible soutien des instances politiques, les blocages d'ordre culturel liés aux mythes fondateurs d'une société arabo-musulmane, ce qui fait qu'il y a plus de difficultés à sensibiliser et à communiquer avec les femmes surtout parce qu'elles manquent de temps du fait de leurs responsabilités multiples au foyer et au travail, ce qui fait que les femmes s'intéressent moins au travail associatif. Et, enfin, le manque de volonté politique de promouvoir le statut de la femme.

Mais les obstacles ne sont pas toujours externes au mouvement, quelques interviews témoignent des blocages dûs à la mauvaise gestion de l'espace associatif, au caractère élitiste de ce mouvement, au maintien de la hiérarchie et à la méconnaissance des états des lieux. Najia Zirari trouve que « les ONG féminines ne pensent pas à la relève, on vit au jour le jour. Il y a un monopole du pouvoir, de l'information, de la parole et du savoir-faire qui reste concentré au niveau des instances dirigeantes, sans penser à la relève. »

« On reproduit dans les ONG féminines exactement le même schéma traditionnel, il y a au sein de ces associations des femmes supérieures et d'autres inférieures, celles qui réfléchissent et celles qui exécutent, des femmes qui parlent et d'autres qui écoutent. Nous devons donc réfléchir sur nous-mêmes pour ne pas reproduire ce que les hommes ont instauré à travers l'histoire. Il faut sensibiliser et responsabiliser cette jeunesse féminine à travers des séances de formation, parce que cette jeunesse est l'avenir de ces associations, les responsables ne vivront pas éternellement ». Najia Zirari relate ici deux phénomènes très répandus dans les ONG féminines et d'autres ONG. Le premier est le manque de communication entre les fondateurs ou les pionniers de ces ONG et les nouvelles générations adhérentes à ces associations et le deuxième concerne le monopole du pouvoir tout court. En effet, on remarque dans la plupart des ONG de femmes que les présidentes d'associations qui ont été élues dès le congrès constitutif occupent jusqu'à présent ce poste (cela remonte à dix ans pour certaines associations) et ce qui attire l'attention c'est que le même phénomène est reproduit au sein des partis politiques (certains secrétaires généraux persistent dans leur poste depuis plus de quarante ans), c'est à peu près la reproduction du schéma traditionnel de la répartition du pouvoir au Maroc : on ne change de président que s'il meurt.

Les ONG de femmes ont besoin de renverser ce schéma et d'opter pour la démocratisation des structures associatives et pour plus de communication avec les jeunes. Mais n'est-ce pas trop demander aux ONG dans une conjoncture où tout le monde fonctionne de la même façon ? Nous ne le pensons pas, parce que nous croyons vraiment que la femme est l'avenir de l'homme et que c'est aux femmes d'apprendre aux hommes les règles de la vraie démocratie, l'avenir est en faveur des femmes et elles n'ont qu'à en profiter.

Mais « le mouvement des femmes est récent au Maroc, les premières associations sont apparues vers la moitié des années quatre-vingt, fait remarquer Zineb Miadi, d'autant plus que ce mouvement n'a concerné que les femmes du milieu urbain et spécialement dans les grandes villes et qu'il n'attire que des catégories de femmes bien déterminées. D'autre part, les associations féminines se basent essentiellement dans leur activité sur l'organisation de colloques et moins sur des projets dont les femmes pourraient profiter ». Zineb Miadi attire l'attention dans son témoignage sur le caractère restreint du mouvement qui se concentre spécialement dans les « grandes villes », sur son caractère élitiste du moment qu'il « n'attire que des catégories de femmes bien déterminées », dans leur grande majorité des femmes intellectuelles, indépendantes économiquement, et sur son aspect de sensibilisation et d'organisation de débats, qui répond aux besoins intellectuels des femmes fondatrices de ce mouvement, d'autant plus que les obstacles financiers ne permettent pas toujours l'élaboration de projets économiques dont les femmes pourraient profiter.

En ce qui concerne le discours de ce mouvement basé, en somme, sur le droit international, Amina Tafnout remarque que « ce discours a connu une certaine régression avec la montée de l'intégrisme, les associations féminines ont commencé à se référer à l'Islam et à la charia musulmane comme composante de leur identité civilisation-nelle, ce que je trouve insensé. La défense de l'Islam n'est pas la responsabilité des associations de femmes et leur discours ne doit pas être, lui non plus, imprégné par l'Islam ».

Il s'agit là d'une problématique délicate qui relève d'une société très complexe. Quels choix pourraient faire les associations de fem-mes qui optent pour l'égalité entre les deux sexes (une conception tout à fait moderne) dans une société musulmane traditionnelle ? Est-ce le choix d'une rupture avec le patrimoine culturel et civilisa-tionnel, ce qui les marginaliserait forcément, ou le choix d'une com-binaison entre le patrimoine et le droit international de manière à pouvoir agir progressivement sur la société ? Au début des années quatre-vingt, les associations de femmes menaient leurs tâches plus aisément. Les intégristes n'étaient pas aussi forts qu'aujourd'hui, mais de nos jours certaines associations ont modifié leur comporte-ment : aucune concession aux intégristes, mais cela ne veut pas dire qu'il ne faut pas s'intéresser à l'Islam en tant que religion et en tant que culture, pour ne pas être en rupture avec la société. Alors des femmes ont commencé à effectuer des recherches sur l'Islam dont les résultats ont été en faveur des féministes. Elles ont réalisé que l'Is-lam avait été jusqu'à présent sujet à l'interprétation des hommes, et qu'il était temps que les femmes commencent à féminiser cette reli-gion, surtout après la découverte des « ijtihadat » (interprétations) en faveur des femmes de certains « oulémas » dont l'histoire officielle ne parle pas ou peu. Le problème est donc un problème d'interpréta-tion, pour aboutir à partir de l'Islam aux conventions internationales des droits de la femme. Mais là aussi les associations féminines courent un grand danger en essayant d'avoir une certaine crédibilité, surtout lorsqu'on sait qu'il y a des versets coraniques défavorables aux femmes tout en étant inaccessibles à l'interprétation. Les asso-ciations féminines et d'autres associations qui optent pour la moder-nité se trouvent ainsi dans un dilemme sans issue.

Discours des hommes sur les femmes.

Que pensent les hommes interviewés du mouvement des femmes au Maroc ? La réponse est aussi variée que la variété des intérêts que représentent les témoins et la place qu'ils occupent soit au sein de la société ou dans les instances gouvernementales.

Azzedine Bennis (professeur universitaire et membre de l'OMDH) trouve que « l'effort est extraordinaire, mais que le rendement est faible parce qu'il y a un déséquilibre considérable entre une action visible, combative, qui est d'une grande ampleur, et son efficacité et son impact sur les femmes en général. Il y a une grande dépense d'énergie, mais les mécanismes nécessaires pour l'instauration des courroies de transmission entre les associations féminines et la population des femmes ne sont pas encore décelées » cependant il « trouve qu'il faudrait croire en la force du mouvement féminin et considérer qu'il constitue un groupe de pression pour être convaincu de l'action qui s'en suit. Il faudrait adopter l'optimisme comme stratégie pour ne pas se décourager. Partant de cette angle de vision, je dirais que oui, le mouvement féminin constitue un groupe de pression ».

En ce qui concerne son opinion de l'affiliation de quelques associations à des partis politiques, Azzedine Bennis affirme : « Je n'ai pas d'appartenance politique et de ce fait je crois que mon avis sera relativement neutre. Certes, le fait que les partis se mêlent des affaires des associations est une chose négative, mais c'est le prix à payer pour que l'action politique puisse perdurer, et s'il existe une association affiliée à un parti, il est normal qu'il la mobilise quand il en a besoin et la calme en d'autres circonstances. Si le mouvement était capable de s'assurer son autonomie, ce serait l'idéal. Mais soyons réalistes. Qui a donné aux associations féminines leur aspect progressiste ? N'est-ce pas les partis politiques ? La preuve en est qu'un bon nombre de féministes ont une formation politique. Si les femmes ne s'étaient pas politisées, elles n'auraient pas été conscientes de leurs problèmes, parce que la visibilité des problèmes n'est acquise qu'à travers la politique. Les associations féminines devraient donc reconnaître que sans les partis politiques elles n'auraient peut-être pas existé » et d'ajouter concernant le rôle joué par le mouvement au sein de la société civile « je crois que la campagne de millions de signatures a été d'un grand apport dans le sens qu'elle a contraint le pouvoir à se comporter d'une manière démocratique. C'est la première fois que l'État a été à l'écoute de l'une des composantes de la société civile, et c'est une très bonne chose ».

Si Azzedine Bennis valorise le bilan du mouvement d'une manière positive et justifie – à raison ou à tort – l'appartenance de certaines associations à des partis politiques, Mohamed Ziane (ministre des Droits de l'Homme) exprime une opinion tout à fait différente, il affirme que « le mouvement des femmes au Maroc est très faible. Dans un pays où les problèmes des femmes sont aussi nombreux, il faudrait plus d'associations. D'autant plus que ces associations sont affiliées à des partis politiques, et que leurs comportements et leurs prises de position sont alignés à un comportement politique à court terme. Dans la démocratie du troisième millénaire les gouvernements auront comme interlocuteurs les ONG et je ne crois pas que le monde féminin sera organisé ». Mohamed Ziane trouve donc que l'affiliation aux partis politiques affaiblit les associations de femmes, mais ce n'est pas l'avis de Mustapha Daniel (médecin coordinateur général de la conférence nationale des droits de l'enfant et secrétaire général de l'association marocaine de soutien à l'UNICEF) qui trouve que « les associations de femmes forment la partie la plus active de la société civile, mais cette activité n'est pas bien gérée, elle n'est pas fondée sur des approches cohérentes et correctes. Elle est dans la plupart des cas fondée sur des slogans ».

De leur part, Mohamed Mjid (délégué honoraire des Nations Unies pour les réfugiés politiques) et Fouad el Moumni (directeur d'une institution financière, membre du comité administratif de l'AMDH), relèvent dans leurs témoignages le problème de l'élitisme du mouvement. Le premier trouve que « le mouvement des femmes a posé les problèmes des femmes, ce qui est déjà bien, mais il ne constitue pas encore un groupe de pression, ni par rapport à l'État ni par rapport à la société civile, parce qu'il n'est pas créé à partir de la base, il se contente toujours de l'élite » et Fouad el Moumni d'expliquer « jusqu'à maintenant l'ensemble des associations de femmes n'ont pas de re-présentabilité physique, elles restent quelques dizaines d'individua-lités qui émanent spécifiquement des milieux politiques et intellec-tuels, ces associations ont connu une évolution très importante en particulier durant les cinq dernières années en matière de consoli-dation organique, mais tout ceci ne veut pas dire qu'elles ont fait l'essentiel du chemin, il leur reste beaucoup à faire surtout dans la conjugaison des efforts des élites et des masses. Je crois que les ONG de femmes ne pourraient pas évoluer si elles ne vivaient pas un mariage heureux entre l'action au niveau des élites, d'une part, et l'action au niveau des masses d'autre part ».

On remarque après avoir lu ces témoignages qu'il y a une diffé-rence entre la perception des femmes de leur propre expérience et le discours des hommes sur le parcours des femmes. Les femmes par-lent avec plus de précision et de détails possibles (parce qu'elles savent parfaitement de quoi elles parlent), tout en exerçant une auto-critique sur l'ensemble des étapes parcourues par le mouvement. C'est une autocritique constructive qui semble parfois être trop sévère parce que les femmes rêvent d'atteindre l'idéal et aspirent au perfec-tionnement. Par contre le discours des témoins hommes semble être imprégné par deux tendances qui sont les deux façades de la même monnaie : la sur valorisation et la sous-valorisation. Mais ce discours dévoile néanmoins la reconnaissance des hommes des efforts fournis par le mouvement, et son impact sur la société civile, et ce n'est pas par hasard qu'Azzedine Bennis a considéré que c'était la première fois dans l'histoire du Maroc que l'État avait été à l'écoute de l'une des composantes de la société civile, et c'est du mouvement des femmes dont il s'agissait, ce qui est très significatif sur tous les plans.

Le vécu, le bilan de la militante

A la question quel a été l'impact de votre engagement dans le mouvement sur votre vie privée et sur vous-mêmes, la plupart des interviewées ont répondu que leur expérience leur a été d'un grand apport sur le plan individuel, néanmoins quelques unes révèlent la persistance de la répartition traditionnelle des tâches et la contra-diction flagrante entre leur vie de militante (vie publique) et leur vie privée.

Cette question a été adressée aux militantes du mouvement fémi-nin pour savoir si leur prise de conscience et leur acharnement ont été pour quelque chose dans le changement de leur vie privée, et si leur vie a changé, dans quel sens elle l'a été ? Najia Zirari (mariée et mère de deux enfants) déclare : « Le travail associatif m'a apporté un grand enrichissement, il m'a ouvert les yeux sur un modèle de femmes, et m'a permis de poser des questions sur moi-même en tant qu'individu et aussi en tant que membre de la société civile. Je ne pense pas qu'il ait influencé ma vie familiale. Je crois que si l'on n'est pas épanoui au niveau individuel on ne peut pas adhérer à une association, en tout cas c'est mon cas. Je suis mariée à un type exceptionnel, c'est l'amour qui régit notre relation et non le code du statut personnel, nous avons toujours constitué un couple de deux individus complémentaires et égaux, c'est pour cela que je disais tout à l'heure que nous sommes une minorité ».

Nadira Berklil (mariée et mère de deux enfants dont une fille de 17 ans) : « Le travail associatif m'a beaucoup enrichie, j'ai pu participer à des choses que je n'aurais jamais connues, cependant ma vie familiale n'a connu aucun changement parce que je suis mariée à un homme très ouvert d'esprit ; j'ai très bien vécu ma vie de militante. Ma fille a 17 ans, elle est amoureuse de son petit ami, je n'ai pas peur pour elle, il faut qu'elle vive sa vie pour comprendre. Si jamais elle tombait amoureuse d'une femme ? je ne la plaindrais ; je ne pourrais pas m'y opposer, mais je me dirais que ce serait très dur pour elle de gérer cette relation dans une société qui ne tolère même pas la vie d'un couple hors du cadre légal du mariage ».

Naïma Benouakrim (célibataire) affirme que : « A travers le travail associatif, j'ai appris à prendre l'initiative, à prendre la parole, à développer mon sens de responsabilité, à avoir relativement confiance en moi et j'ai appris à faire de la recherche, à analyser, alors qu'avant je ne faisais qu'adopter les analyses des hommes. Le travail dans une association féminine m'a donné la force de lutter pour le plus de liberté possible ».

De sa part, Khadjia Riadi (mariée et mère de deux enfants) relève le changement effectué quant à sa perception de la vie : « J'ai senti que j'avais encore devant moi un long chemin difficile alors qu'avant de m'engager dans l'action féminine, la vie me paraissait plus facile et le changement à la portée de la main, je pensais que tous mes problèmes se seraient résolus une fois que j'aurais travaillé, mais mon action féminine m'a ouvert les yeux sur la complexité de la condition de la femme, aussi l'impact des expressions que lancent les hommes dans la rue m'est devenu plus insupportable. En somme, je suis devenue plus sensible au moindre aspect de la discrimination ».

Rabia Naciri considère que sa vie a changé dans la mesure où « elle est devenue plus difficile (moins de temps pour les enfants) mais en même temps j'éprouve beaucoup de satisfaction », alors que Naima Senhaji (célibataire, membre de la ligue des femmes fonctionnaires) trouve que sa vie « est en perpétuelle mutation (...) je ne vis pas de contradictions puisque je vis seule ! », et Fattouma Benabdenbi qui qualifie le changement de « constructif » déclare aussi que sa vie a changé « j'ai peu de temps pour la famille et les loisirs ».

De sa part Fadela Bennis (enseignante universitaire, mariée et mère de trois enfants, présidente fondatrice de l'ESPOD) déclare : « Ma famille m'encourage dans mon action mais ne participe pas au partage des tâches ménagères ».

Damia Benkhouya (mariée, trois enfants et présidente de l'AMDF) considère qu'« avec l'arrivée des enfants les responsabilités sont devenues nombreuses, mes enfants, je les éduque dans un esprit de respect des femmes et des droits de la personne » et Boucetta Amina (célibataire, membre du bureau de l'association marocaine pour la promotion de l'enfant) ajoute : « ma vie a changé par rapport à celle des femmes des générations précédentes ».

Chami Touria (célibataire, présidente du bureau ESPOD à Tifelt) répond à propos des contradictions entre ce à quoi elle aspire et ce qu'elle vit : « oui, il y a des contradictions, quand le milieu proche n'accepte pas le changement ni l'épanouissement de la femme. Les hommes continuent à vouloir être les maîtres de la décision ». Et elle conclut avec ce cri sincère : « j'ai beaucoup d'ambitions et d'objectifs, je souhaite être un élément positif et non cet être faible et problématique ».

D'après ces témoignages, toutes les femmes interviewées considèrent que leur vie a changé après leur engagement dans le mouvement féminin, mais ce changement n'est pas toujours le même, il y en a qui considèrent qu'elles étaient épanouies dans leur vie privée et qu'elles menaient une relation égalitaire avec leur époux (exceptionnel) avant de s'être engagées dans le mouvement, celles-là déclarent que leur vie a changé dans la mesure où l'expérience les a enrichies, leur a permis d'avoir des contacts avec d'autres femmes, d'avoir plus de confiance en elles-mêmes et de mieux se valoriser. Il y en a même qui considèrent que si elles n'avaient pas été épanouies au niveau individuel, elles n'auraient pas pu adhérer à une association. Aussi pour cette catégorie le changement s'est effectué au niveau personnel et pas au niveau familial, elles sont devenues plus ouvertes d'esprit, plus tolérantes, elles ont plus de responsabilités et moins de temps pour leurs enfants, pourtant elles aspirent à les éduquer dans un esprit d'égalité et de respect de l'autre, elles tolèrent que leurs filles (adolescentes) vivent leurs relations amoureuses pour mieux comprendre la vie. Il y en a même qui vont plus loin en déclarant qu'elles ne pourraient s'opposer à ce que leur fille soit amoureuse d'une autre femme, mais qu'elles les plaindraient parce que c'est dur de gérer une telle relation dans un pays tel que le Maroc.

D'autres considèrent que le changement s'est effectué au niveau de leur conception de la vie et du développement de leur sensibilité, que les choses n'étaient pas aussi faciles qu'elles le croyaient, que leur expérience leur a ouvert les yeux sur la complexité de la condition de la femme, et qu'elles sont devenues plus sensibles au moindre aspect de la discrimination.

Une autre catégorie de femmes trouve que leur engagement dans le mouvement leur a permis d'imposer la répartition égale des tâches à leur époux (qui était déjà prédisposé à l'accepter) et enfin d'autres qui vivent toujours – malgré leur militantisme – ce fardeau de conciliation entre le travail à l'intérieur et à l'extérieur du foyer, déchirement alimenté par d'autres responsabilités associatives. Ces femmes sont encouragées par leur famille à condition que l'ordre des choses ne soit pas bouleversé. On a l'impression que les femmes du mouvement sont des *super women*.

Elles sont dans leur majorité mariées, mères d'enfants envers lesquels elles ont des obligations, fondatrices, responsables ou membres d'associations féminines, elles exercent toutes un travail rémunéré et il y en a même certaines d'entre elles qui sont membres de partis politiques et y occupent des postes de décision outre leur adhésion à d'autres associations de droits de l'Homme, de recherche, de réseaux maghrébins ou d'associations arabes.

La vie de ces femmes n'est pas du tout facile. Elles sont déchirées entre plusieurs tâches, fournissent plus d'efforts pour que les hommes reconnaissent leur action et ce en dépit de leur repos et de leurs loisirs. Elles ressentent une certaine culpabilité vis-à-vis de leurs enfants, et essayent de leur donner le meilleur d'elles-mêmes dans le peu de temps dont elles disposent. Mais arrivent-elles à être efficaces sur tous les plans ?

Décidément, le prix à payer pour être femme et militante dans un pays qui vit une phase transitoire est très cher. Surtout lorsque l'on découvre que la communication ne passe pas (ou pas assez) entre les fondatrices et les nouvelles générations. Vont-elles un jour se poser la question : fallait-il qu'on dépense autant d'énergie pour un résultat aussi maigre ?

Rabia Naciri, en parlant des perspectives, ne se fait pas d'illusions quand elle déclare : « A court terme les perspectives sont assez bonnes. A long terme je ne sais pas. C'est lié à l'évolution politique du pays ». En effet, les acquis des femmes ne sont pas protégés et n'importe quelle régression au niveau politique (montée de l'intégrisme, par exemple) pourrait réduire toute cette expérience au néant.

Propositions et mesures pour l'avenir

En faisant un brassage de l'état des lieux des femmes au Maroc et des ONG de femmes, on réalise qu'il y a encore beaucoup à faire pour que les femmes acquièrent leurs droits, les femmes ont encore devant elles un long chemin à parcourir. Les témoignages recueillis proposent des mesures pour l'avenir avec différentes priorités qui touchent à l'état des lieux et aux ONG.

Sur le plan socio-économique, les témoins insistent sur l'intégration des femmes au développement économique et pour ce faire, Sabah Chraïbi considère qu'« il faut développer la micro-entreprise et les coopératives pour permettre aux femmes une indépendance économique en facilitant l'obtention des micro-crédits » et Fadila Bennis d'ajouter : « Dans un contexte de crise, l'entreprise privée est un espoir. L'avenir pour les femmes en majorité au Maroc, c'est la micro-entreprise (la PME), il faudrait améliorer l'environnement socio-économique de l'entreprise privée, faciliter les procédures de création et de mise en valeur des entreprises et des projets de femmes », alors que Latifa Mourid trouve « qu'il faut élaborer des politiques d'aide à la création de petites et moyennes entreprises féminines ».

Zineb Miadi propose aussi « la création de petites entreprises féminines qui permettraient aux femmes de s'insérer dans le monde du travail, et c'est valable surtout pour les femmes rurales sous forme de coopératives ». Lkbira Chater ajoute : « Œuvrer pour qu'il y ait des coopérative d'élevage des animaux domestiques dont bénéficieraient les femmes rurales et qui joueraient un rôle de sensibilisation des femmes à leur condition économique ».

Le fait que ces femmes insistent sur le secteur privé dévoile le désir de voir les femmes complètement indépendantes et décideurs de leur sort économique, plus encore, des femmes offreuses de travail. La crise économique qui traverse le pays a laissé l'État impuissant devant les crises sociales qui en découlent (notamment la crise du chômage). Les femmes désirent prendre les choses en main non pas en tant que salariées mais en tant que patronnes. Est-ce le premier pas à faire dans la perspective d'occupation de postes de décideurs économiques ? Peut-être. En tout cas le champ économique connaît une mutation considérable où le rôle des femmes est devenu plus visible.

Mais les témoins ne désespèrent pas de l'État au point de le mettre en retraite, il trouve qu'il a encore un rôle déterminant à jouer sur les plans économique, juridique et socio-culturel.

Zineb Miadi trouve qu'« il faudrait assurer un certain équilibre et une certaine justice envers un être censé concilier entre deux fonctions à la fois, il faudrait revaloriser la femme, il faudrait reconsidérer le travail domestique ; si l'on considère ce travail d'un point de vue économique, il s'avère être d'un coût considérable. Si l'on donnait à la femme au foyer ne serait-ce que le SMIG, l'État serait obligé de verser des milliards supplémentaires. D'habitude le travail effectué par les femmes au foyer pendant des années tombe à l'eau si la vie conjugale prend fin pour cause de divorce ou décès du mari (...), il faut que l'État songe à une infrastructure qui aiderait les femmes à concilier entre le travail à l'intérieur et à l'extérieur du foyer, par exemple l'instauration de crèches publiques à des prix symboliques, ce qui permettrait aux femmes d'être plus rentables dans leur travail ». Zineb Miadi met l'État devant deux choix immédiats : ou bien payer les femmes pour le travail qu'elles effectuent au foyer, ce qui paraît pour le moment impossible, ou alors modifier le CSP de manière à ce que les femmes obtiennent à la fin de la vie conjugale la répartition égale des richesses accumulées pendant les années de mariage, même s'il ne s'agit que de femmes au foyer. Revendication qui a été soulevée par le mouvement des femmes et à laquelle l'État a fait la sourde oreille.

Quant à Nadira Berkalil elle trouve qu'il est primordial de limiter le nombre d'enfants par le biais d'une planification efficace : « quand une femme a sept ou huit enfants elle ne peut accéder à d'autres espaces à part l'espace familial. Ce qui est aussi vrai pour le milieu rural où la population croît plus rapidement que la production ».

Mohamed Ziane pense, quant à lui, que « l'État doit intervenir dans le domaine de la santé préventive et il faudrait qu'il protège les femmes des risque sociaux (en cas de divorce par exemple), il faut que la femme sache que même si son mari disparaît elle sera sécurisée dans ses besoins et ses problèmes de santé. Et si un organisme international veut intervenir, je lui proposerais de s'intéresser à la petite fille par le biais de la formation professionnelle et technique. Il faut que les femmes accèdent aux centres de décision économique pour défendre leurs intérêts ».

De son côté Amina Benayach trouve que l'État « devrait faire des efforts dans le domaine de la santé des femmes, l'éducation et le logement parce que les femmes constituent les catégories les plus défavorisées et souvent elles sont les plus mal logées, les moins éduquées et plus vulnérables aux maladies ».

De sa part Ahmed Elkhamlichi considère que « l'État seul ne peut pas faire grand chose, chaque État est le résultat de ce qui se passe dans la société. L'État doit être orienté et dirigé par l'opinion publique, et pour qu'il y ait une opinion publique il faut qu'il y ait une société civile mûre et forte, où les femmes jouent un rôle primordial, le pouvoir où l'État s'influence par son environnement immédiat (...), l'État doit encourager la recherche pour mieux comprendre la réalité et prendre des mesures adéquates. Je ne pense pas que les rapports administratifs soient suffisants pour comprendre les besoins des femmes ».

Toutes ces différentes propositions, qui seront complétées par des stratégies et perspectives d'intervention, essayent de donner des réponses à des problèmes de fond que connaît l'état des lieux des femmes et de leur mouvement au Maroc.

D'autres propositions ont été suggérées quant au rôle que devraient jouer la société civile et les ONG de femmes pour la promotion des femmes. Nadira Berkalil affirme que « la société civile est un espace très favorable pour la mobilisation surtout à un moment où le politique est en train de perdre sa crédibilité et les discours politiques traditionnels n'intéressent plus les gens. Dans ces conditions la société civile et le mouvement associatif féminin doivent prendre la relève ». Najia Zirari propose pour sa part d'organiser des séminaires pour réfléchir ensemble sur la manière par laquelle les ONG de femmes doivent préparer la relève et « réfléchir sur nous-mêmes, sur la démocratisation des ONG de femmes, la rationalisation de ces organisations et sur une stratégie claire et bien définie ». Quant à Zineb Miadi, elle propose de réfléchir à créer des réseaux à l'échelle nationale et maghrébine. « Les associations de femmes devraient aussi tracer un calendrier de manière à ce que leurs activités soient organisées dans le temps ».

De sa part Mohamed Ziane trouve que « si l'homme et la femme résolvaient leurs problèmes dans la culture des droits de l'Homme, la moitié de ces problèmes n'auraient plus lieu ». Cette culture doit être inculquée aux gens à travers l'enseignement, les mass média et les campagnes de sensibilisation, la stratégie du Ministère des Droits de l'Homme est, selon Mohamed Ziane, « d'imposer ses critères à travers le changement des manuels scolaires et d'inculquer à l'enfant une nouvelle échelle de valeurs où l'égalité des sexes s'impose ». Le ministère a parmi ses stratégies celle de promouvoir le mouvement associatif féminin.

Quant à Mustapha Daniel, il insiste sur le fait que « les femmes doivent occuper le champ de l'interprétation de l'Islam pour ne pas laisser un vide dont pourraient profiter les islamistes en utilisant l'Islam contre le développement de la femme. Le paradoxe, c'est que les femmes qui évoluent plus vite sont celles qui luttent contre tout ce qui est religieux. Je pense que cela pourrait être un piège ».

Amina Buayache a d'autres priorités : « S'il y a une organisation internationale qui veut intervenir, parmi les priorités, il faut faire connaître aux femmes leurs droits. Il y a une méconnaissance incroyable des femmes de leurs droits, et pour pouvoir revendiquer de nouveaux droits, il faut connaître ceux qui existent déjà. Il faut donc la sensibilisation et la vulgarisation du droit, de même que la procédure de mise en application de ces droits. Par exemple, la création d'un centre d'aide juridique qui sensibiliserait la femme à ses droits et qui l'orienterait, la publication de guides sur les droits des femmes, etc. Le taux d'analphabétisme des femmes ne leur permet pas l'accès à l'information et c'est le centre qui devrait s'en charger ». Au niveau du travail interne de la commission de la femme à l'OMDH, elle déclare que l'organisation est en train de penser à proposer deux choses : la promulgation d'une loi qui sanctionnerait le harcèlement sexuel et une autre qui sanctionnerait tout genre de violence à l'égard des femmes.

Ahmed Elkhamlichi propose « la création de clubs pour sensibiliser les femmes à leurs problèmes de santé et à la planification familiale, aux inconvénients du mariage à un âge précoce et aux conséquences de grossesses successives ». Quant à Mohamed Mijid, il trouve pertinent de « mettre en place des réseaux de femmes ayant leur propre presse et la possibilité de diffusion aux médias ».

Toujours dans le cadre d'une intervention étrangère, Fouad El Moumni propose que les organisations étrangères encouragent la formation professionnelle et l'aide à la réflexion surtout que les associations de femmes ont une dynamique commandée par l'urgence et non pas par une démarche rationalisée. Dans toutes les ONG confondues il y a un déficit au niveau de la stratégie. Et Amina Tafnout d'ajouter : « Les organisations internationales devraient financer des programmes d'alphabétisation et des projets générateurs de revenus pour les femmes. Elles pourraient aussi financer des ateliers de recherche qui s'intéresseraient aussi bien aux enquêtes de terrain qu'aux associations de femmes ».

Stratégies et perspectives d'interventions

Stratégies

Plusieurs stratégies ont été soulignées par les interviewés, elles concernent elles aussi l'état des lieux des femmes et du mouvement et expriment une vive volonté de faire améliorer les choses. Ces stratégies sont liées à l'aspect juridique, à l'éducation, au travail, aux mentalités et à l'image véhiculée des femmes, et enfin les démarches que le mouvement des femmes pourrait suivre pour atteindre ses objectifs. Quant aux perspectives d'intervention, les interviewés précisent le rôle attribué à l'État, à la société civile et aux organismes internationaux.

Aspect juridique

Presque toutes les personnes interviewées insistent sur la nécessité du changement de la moudawana et d'autres textes discriminatoires si l'on aspire à ce que la femme devienne une citoyenne à part entière. Fadila Bennis déclare qu'« il n'est pas concevable de penser au développement sans amélioration du statut juridique des femmes, une femmes responsable juridiquement le sera sur les plans économique, culturel et social ». Damnia Benkhouya : « Même si l'on avance, on ne pourra pas aller très loin si l'on ne révise pas les textes juridiques, si l'on n'efface pas les signes de ségrégation entre les deux sexes ni si l'on n'applique pas les conventions internationales sans aucune réserve ».

En ce qui concerne la procédure que doivent suivre les ONG pour le changement de la moudawana, Najia Zirari propose pour l'instant qu'il y ait une mobilisation de toute la société pour le changement des articles liés à un seul thème. Par exemple, une campagne pour le changement des articles liés à la répudiation, et après ce changement, lancer une nouvelle campagne concernant la polygamie et ainsi de suite. La revendication du changement du texte entier s'est révélée inefficace : « Plusieurs femmes partagent ce point de vue. On se rappelle qu'en 1992, lors de la campagne pour le changement de la moudawana, les femmes de l'USFP, de l'ADFM et d'autres encore n'étaient pas d'accord avec l'UAF sur la revendication du changement du texte tout entier, elles étaient pour une campagne à long terme où l'on essayerait de réaliser de vrais acquis sur des thèmes précis ». Ces divergences ont, en quelque sorte, contribué à l'affaiblissement du conseil de coordination pour le changement de la moudawana.

Mais sur le plan stratégique Najia Zirari adopte une position plus radicale : « l'abrogation du code du statut personnel et l'instauration d'un code civil qui assure une vraie égalité entre les deux sexes en tant que citoyens ayant les mêmes droits et les mêmes devoirs. Pour arriver à cela il faut changer de référence de sorte que ce ne soit plus la charia musulmane mais les conventions internationales des droits de l'homme qui guident la réflexion ». Quand à Zineb Miadi, elle adopte une position tout à fait différente, elle revendique le changement de tous les textes juridiques de sorte qu'« il n'y ait plus de discrimination sexuelle, mais trouve qu'il y a des textes qui pourraient changer sans susciter la contestation des intégristes », elle est convaincue qu' « il ne peut y avoir de changements pratiques et positifs sans se référer à la charia, parce que notre réalité en veut ainsi, il existe dans l'Islam des textes qui ont été institués par des Oulémas et qui plaident en faveur des femmes mais ne nous sont pas parvenus et qu'il faudrait chercher pour en tirer profit. Les féministes ont peur d'affronter les islamistes pourtant le fait de s'intéresser à la charia pourrait être une arme pour les femmes, d'autant plus que les velléités de l'ignorer relèveraient du suicide ».

Ces deux tendances imprègnent le mouvement des femmes qui cherche une référence solide sur laquelle pouvoir se baser dans ses revendications. Est-ce la référence moderniste basée sur les conventions internationales ? Ou de tout ce qui est illuminé dans l'Islam, ce qui pourrait être un piège ou la combinaison entre les deux, ce qui n'est pas toujours évident. Le mouvement des femmes n'a pas tranché la question jusqu'à nos jours.

Sur le plan économique

Le travail des femmes s'avère d'une importance primordiale, c'est le premier pas vers l'autonomie, comme le rappelle Nadira Berkalil qui affirme qu'il « faut offrir du travail aux femmes. Quand une femme est dépendante d'un homme et d'un milieu patriarcal elle n'a aucune chance de devenir autonome, ni aucun pouvoir de décision » et Mohamed Ziane d'ajouter : « il faut intégrer les femmes dans le processus de production pour qu'elles puissent s'imposer, et pour qu'elles se chargent de développer les générations féminines montantes. Si la femme était productrice elle serait plus associative et elle aurait un moyen de pression sur les gouvernements. On sait que dans l'histoire contemporaine les moyens de pression ont fait évoluer les relations sociales ». Quant à Amina Tafnout elle revendique la valorisation du travail domestique de sorte qu'il soit rémunéré et Khadija Riadi la création de coopératives qui auraient pour objectif la résorption du chômage des femmes, mais qui feraient passer en même temps des messages de sensibilisation et de solidarité entre femmes.

Si la plupart des témoins revendiquent l'intégration des femmes dans le processus de développement, l'éducation relève aussi des priorités : Naima Benwakrim plaide pour « la généralisation et l'obligation de l'enseignement aussi bien pour les garçons que pour les filles, et pour revoir le système de l'enseignement de manière à ce qu'il puisse intégrer les jeunes dans le monde du travail ». Il s'agit là de tâches qui relèvent de l'État, cependant Khadija Riadi trouve que la société civile pourrait intervenir dans la lutte contre l'analphabétisme des femmes : « On remarque actuellement une régression concernant la gratuité de l'enseignement, et je pense que là encore ce seront les femmes qui en payeront le prix. Cette réforme va sortir de nouvelles générations d'analphabètes ».

L'analphabétisme est selon Fouad El Moumni l'une « des principales sources de tous les maux, non seulement pour les femmes mais pour l'ensemble de la société », il faut donc « mener une lutte acharnée avec des objectifs de généralisation de l'alphabétisation à court terme. L'État et la société civile doivent prendre cela en charge ».

Si Fouad El Moumni conçoit le problème dans sa généralité, ce qui est aussi vrai, Lkbira Chater trouve que les femmes sont les plus touchées par ce phénomène et suggère « la création d'associations spécialisées dans le domaine de la lutte contre l'analphabétisme féminin et pour la formation professionnelle » et Sabah Chraibi propose des classes d'alphabétisation et d'initiation au droit pour les citadines confrontées aux problèmes du travail.

Sur le plan socio-culturel

Les interviewées affirment que les mass média et notamment la télévision jouent un rôle important dans la modification des mentalités des gens. Il faudrait donc mettre à la disposition des femmes tous les moyens de communication et d'information possibles, il faudrait aussi que les femmes développent leur propre presse pour pouvoir accéder à une sensibilisation meilleure, surtout que tous les enjeux tournent autour de la femme, que ce soit pour le courant moderniste ou islamiste. C'est pour cela que les témoins plaident pour le changement de l'image de la femme à travers les médias mais aussi les livres scolaires afin d'œuvrer pour les changements de mentalité de manière à intégrer l'esprit de l'égalité chez les deux sexes.

Ils plaident aussi pour l'encouragement de la recherche, notamment sur les jeunes générations féminines, pour mieux comprendre le champ dans lequel œuvrent les associations féminines. Najia Zirari déclare dans le même sens : « j'ai l'impression qu'il n'y a plus d'avenir clair pour les jeunes filles, leur premier souci n'est plus faire une carrière professionnelle ou garantir une autonomie financière, mais trouver un mari quitte à le partager avec une autre femme, l'essentiel c'est qu'il les prenne en charge. Peut-être que ces jeunes filles ne se contenteront jamais de 50 %, on n'en sait rien, ça c'est la recherche qui pourra le démontrer ».

Ils affirment aussi qu'il faut que les femmes s'organisent en groupes de pression pour imposer l'égalité de salaire, la sécurité sociale, et pour qu'on reconnaisse leur rôle dans la société. Mohamed Ziane déclare : « Si les femmes s'organisaient en groupes de pression elles pourraient mettre un terme aux abus des hommes, qui restent par nature égoïstes, ambitieux et cupides, en un mot, loin d'être des anges du ciel. Quand l'homme saura que le mouvement des femmes dénonce un comportement, il ne le pratiquera pas ». Tout en insistant sur le fait que les femmes doivent accéder aux postes de responsabilité et de prise de décision « qui sont, selon Amina Bouayach, très importants pour le changement de mentalité et pour que les gens s'habituent à voir des femmes dans des centres de décision ».

L'avenir du mouvement

Les interviewés, dont la plupart sont préoccupés par l'avenir du mouvement des femmes, proposent plusieurs mesures stratégiques qui pourraient améliorer l'action du mouvement et son influence sur la société. Ces mesures sont :

– La coordination entre ONG de femmes et l'élaboration d'une stratégie commune et de projets communs tout en assurant le suivi. Les ONG de femmes sont actuellement éparpillées et souvent les mêmes activités se répètent dans toutes les associations. Une coordination donnerait plus d'efficacité à ces ONG et leur permettrait de devenir un groupe de pression avec lequel il faut compter. Il faut donc que les ONG de femmes lancent des action fédérées tout en gardant l'autonomie de chaque formation.

– Il faudrait que le mouvement ne se contente plus de discours, mais qu'il soit actif dans la société, ce qui nécessite une autre manière de voir les choses.

– L'État doit assurer la liberté d'organisation et d'expression, pour qu'il y ait plus d'associations de femmes surtout dans le milieu rural.

– Il faut que les ONG puissent se former en groupe de pression pour obliger les législateurs à changer les textes des lois de manière à ce qu'ils soient plus évolutifs. Si les femmes ne s'imposent pas elles ne verront pas leur situation s'améliorer.

– Il faut que les ONG de femmes coopèrent avec les bailleurs de fonds et les ONG internationales parce qu'ils peuvent les aider à devenir de plus en plus professionnelles, et par conséquent les amener à compter de moins en moins sur le bénévolat des permanentes. Elles doivent aussi coopérer avec les organisations des Nations Unies pour l'élaboration de conventions et pour garder un regard sur le degré d'intégration des conventions dans les lois internes.

Perspectives d'intervention

D'après les témoignages, on pourrait répartir les perspectives d'interventions sur trois parties chargées, chacune en fonction de son propre domaine, d'intervenir pour la promotion de la femme au Maroc. Ces parties sont l'État, la société civile et les organismes internationaux.

L'État doit intervenir dans le domaine de l'éducation, de l'emploi et de l'organisation du social de manière à alléger les tâches ménagères de la femme. Il doit aussi œuvrer pour l'harmonisation du droit interne de sorte qu'il soit conforme au droit international, et la publication dans le bulletin officiel des conventions ratifiées par le Maroc dont la convention de Copenhague pour que les instances concernées puissent s'en servir et il doit rendre compte à l'ONU de ses engagements.

L'État doit aussi s'intéresser à la formation et à l'assistance spécifique, par exemple, le recours contre l'ensemble des excès liés à la discrimination au niveau des salaires, des plans de carrière, à la sécurité de l'emploi et l'accès des femmes aux postes de responsabilités. Pour faire face au statut d'infériorité de la femme, il faudrait une action politique responsable et une volonté de très haut niveau dotée de moyens importants, et, enfin, l'État pourrait très bien exploiter les médias qui dépendent de lui (notamment la télévision) à bon escient. La télévision est un moyen très important pour inculquer aux gens, surtout à ceux qui n'ont pas reçu d'éducation, tout ce que l'on veut. On pourrait donc en profiter pour apprendre aux mères comment orienter leurs enfants qui n'ont pas encore atteint l'âge de la scolarité afin qu'ils ne soient pas déjà déformés lorsque l'école les recevra.

La société civile doit, quant à elle, œuvrer pour l'alphabétisation et la sensibilisation des femmes, elle doit, en tant que contrepouvoir, intervenir chaque fois que les droits des personnes ne sont pas respectés, dégager une opinion publique indépendante et jouer un rôle dans le changement des mentalités en utilisant tous les moyens, dont les campagnes publicitaires et médiatiques, et ce pour imprégner la population d'une culture démocratique et égalitaire des droits de l'Homme. Une lutte doit être menée par tous ceux qui prétendent être adeptes de la modernité et des droits de l'Homme contre tout ce qui fait que la femme est perçue comme un être inférieur, parce que libérer le potentiel féminin est un vecteur principal pour la libération de la société. La société civile doit aussi avoir un comportement plus sérieux avec les femmes et leur favoriser l'accès à ses instances dirigeantes.

En ce qui concerne le déchirement de la société civile entre le patrimoine et la modernité, Azzedine Bennis déclare que : « si nous, les dits avant-gardistes, nous options pour la modernité, avec tout le risque que cela comporte sur le plan culturel et civilisationnel, il faudrait que nous acceptions, sentimentalement, de laisser tomber certaines choses que nous admirons dans nos traditions, d'autant plus qu'il n'y a pas que des choses positives dans notre civilisation. L'autocritique devrait donc devenir une méthodologie à préconiser si nous voulons accéder au développement ». C'est une stratégie bien claire, mais est-ce possible de la réaliser dans la conjoncture qui se présente ?

Les organisations internationales, quant à elles, doivent prendre en considération les paradoxes du pays et essayer d'adapter des actions aux spécificités des régions, parce que l'on ne peut pas les généraliser. D'autre part un organisme international ne peut pas faire le travail tout entier, il met en place la pierre angulaire et c'est aux pays de continuer le travail. La mission d'un organisme international c'est d'encadrer les gens. Si l'on met en place un petit projet, on sait qu'il deviendra grand, parce que les personnes encadrées par ces organismes sont en mesure de bien le gérer.

Achevé d'imprimer sur les presses
de l'Imprimerie Najah El Jadida à Casablanca
en Novembre 1997
pour le compte des Editions Le Fennec
89 B. Bd. d'Anfa, 20 000 Casablanca

Dépôt Légal n° 829/97